WAS SAGT DIE BIBEL ÜBER DEN HEILIGEN GEIST?

WAS SAGT DIE BIBEL ÜBER DEN HEILIGEN GEIST?

David Pawson

ANCHOR

Herausgeber der deutschen Ausgabe 2023 in Großbritannien:
Anchor, ein Handelsname von David Pawson Publishing Ltd.,
Synegis House, 21 Crockhamwell Road,
Woodley, Reading RG5 3LE UK

Die Bibelstellen sind folgenden Übersetzungen entnommen:

Hoffnung für alle®, Copyright © 1983, 1996, 2002, 2015 by Biblica, Inc.®.
Verwendet mit freundlicher Genehmigung des Herausgebers Fontis (HFA);
Die Bibel nach Martin Luthers Übersetzung, revidiert 2017, © 2016 Deutsche
Bibelgesellschaft, Stuttgart (LUT); Neue evangelistische Übersetzung ©
by Karl-Heinz Vanheiden (NeÜ); Elberfelder Bibel 2006, © 2006 by SCM
R.Brockhaus in der SCM Verlagsgruppe GmbH, Witten/Holzgerlingen
(ELB); Das Buch. Neues Testament – übersetzt von Roland Werner, ©
2009 SCM R.Brockhaus in der SCM Verlagsgruppe GmbH, Witten (DBU);
Einheitsübersetzung der Heiligen Schrift© 2016 Katholische Bibelanstalt
GmbH, Stuttgart (EU); Bibeltext der Neuen Genfer Übersetzung – Neues
Testament und Psalmen, Copyright © 2011 Genfer Bibelgesellschaft (NGÜ);
Bibeltext der Schlachter, Copyright © 2000 Genfer Bibelgesellschaft (SLT); Die
Zürcher Bibel (Ausgabe 2007), Copyright © Theologischer Verlag Zürich (ZB)

Übersetzung aus dem Englischen: Lisa Schmid, Ditzingen

**Weitere Titel von David Pawson,
einschließlich DVDs und CDs:
www.davidpawson.com**

**KOSTENLOSE DOWNLOADS:
www.davidpawson.org**

**Weitere Informationen:
info@davidpawsonministry.com**

ISBN 978-1-913472-71-9

Printed by Ingram Spark

Inhalt

Grundlage dieses Büchleins ist eine Reihe mündlicher Vorträge. Vielen Lesern wird daher der Unterschied zu meinem gewöhnlichen Schreibstil auffallen. Das soll sie jedoch, wie ich hoffe, nicht vom Inhalt meiner biblischen Erörterung ablenken.

Wie immer bitte ich meine Leser, alles, was ich sage oder schreibe, mit dem biblischen Text zu vergleichen. Wenn sie irgendwo einen Widerspruch entdecken, fordere ich sie hiermit auf, sich am klaren Wortlaut der Bibel zu orientieren.

David Pawson

1. Kapitel

WARUM SUCHEN MENSCHEN NACH DEM HEILIGEN GEIST?

„Wenn ihr mich liebt, werdet ihr so leben, wie ich es euch geboten habe. Dann werde ich den Vater bitten, dass er euch an meiner Stelle einen anderen Helfer gibt, der für immer bei euch bleibt. Dies ist der Geist der Wahrheit. Die Welt kann ihn nicht aufnehmen, denn sie ist blind für ihn und erkennt ihn nicht. Aber ihr kennt ihn, denn er bleibt bei euch und wird in euch leben. Nein, ich lasse euch nicht als hilflose Waisen zurück. Ich komme wieder zu euch. Schon bald werde ich nicht mehr auf dieser Welt sein, und niemand wird mich mehr sehen. Nur ihr, ihr werdet mich sehen. Und weil ich lebe, werdet auch ihr leben. An jenem Tag werdet ihr erkennen, dass ich eins bin mit meinem Vater und dass ihr in mir seid und ich in euch bin."

Johannes 14,15-20 (HFA)

„Ich sage euch dies alles, solange ich noch bei euch bin. Der Heilige Geist, den euch der Vater an meiner Stelle als Helfer senden wird, er wird euch alles erklären und euch an das erinnern, was ich gesagt habe."

Johannes 14,25-26 (HFA)

„Ich hätte euch noch viel mehr zu sagen, doch jetzt würde es euch überfordern. Wenn aber der Geist der Wahrheit kommt, hilft er euch dabei, die Wahrheit vollständig zu erfassen. Denn er redet nicht in seinem eigenen Auftrag, sondern wird nur das sagen, was er hört. Auch was in der Zukunft geschieht, wird er euch verkünden. So wird er meine Herrlichkeit sichtbar machen; denn alles, was er euch zeigt, kommt von mir. Was der Vater hat, gehört auch mir. Deshalb kann ich mit Recht sagen: Alles, was er euch zeigt, kommt von mir."

Johannes 16,12-15 (HFA)

Wir müssen untersuchen, was die *gesamte* Bibel über den Heiligen Geist sagt. Dann können Sie alles beurteilen und unterscheiden und am Guten festhalten. Bis Sie wirklich erfasst haben, was die Bibel über den Geist Gottes offenbart hat, können Sie getäuscht werden und auf falsche Wege geraten. Diese werden weder Ihnen noch anderen Menschen Segen bringen und auch Gottes Namen keine Ehre machen.

Ein kleines Mädchen wurde zum allerersten Mal in eine anglikanische Stadtpfarrkirche mitgenommen. Als es sah, wie der Pfarrer in einem langen weißen Chorhemd hereinschwebte, fragte sie mit einem lauten Wispern, das in der ganzen Kirche zu hören war: „Ist das der Heilige Geist?"

Sofort wurde das Mädchen von seiner Mutter korrigiert, die antwortete: „Natürlich nicht."

Doch die Kleine blieb beharrlich, so, wie Kinder nun einmal sind, und fragte weiter: „Wenn er es nicht ist, wer ist es dann?"

Theologisch und auch sonst völlig überfordert tat die Mutter einfach das, was Eltern immer tun, wenn sie nicht wissen, was sie ihrem Kind antworten sollen. Sie sagte: „Sitz still und sei still." Doch dieses Kind hatte völlig Recht mit seiner Erwartung, den Heiligen Geist in der Kirche zu sehen, und an seiner Frage war überhaupt nichts Falsches.

Eines Tages kam der Apostel Paulus auf einer seiner Missionsreisen an einen Ort namens Ephesus, wo er auf eine Gruppe von Menschen stieß, die Gott anbeteten (siehe Apostelgeschichte 19). Auf den ersten Blick schienen sie sich nicht von anderen Christen zu unterscheiden, doch etwas fehlte ihnen. Paulus erkannte, dass es keine Anzeichen für die Aktivität des Heiligen Geistes in dieser Menschengruppe gab. Daher stellte er ihnen eine wichtige Frage, die man jeder Person stellen sollte, die vorgibt, gläubig zu sein. „Habt ihr den Heiligen Geist empfangen, als ihr gläubig geworden seid?" Ihre Antwort wird in verschiedenen Übersetzungen mit leichten Abweichungen wiedergegeben, doch sie alle laufen eigentlich auf dasselbe hinaus: „Wir haben nicht einmal davon gehört, dass es einen Heiligen Geist gibt." Als würden sie sagen: „Das ist uns völlig neu." Sie glaubten an Jesus, hatten jedoch noch nie etwas über den Heiligen Geist gehört.

In der ersten Hälfte des 20. Jahrhunderts wurde der Heilige Geist in den durchschnittlichen protestantischen Kirchen dieses Landes kaum erwähnt. Auch ihre Mitglieder sprachen wenig über den Heiligen Geist. Manche behaupten sogar, dass man auch vom Prediger so gut wie nichts über den Heiligen Geist erfuhr, außer am Pfingstsonntag, wenn er sich verpflichtet fühlte, dieses Thema anzuschneiden. Diese Aussagen entsprechen meiner Ansicht nach der Wahrheit. Zur damaligen Zeit fand der Heilige Geist unter den normalen Kirchgängern kaum Erwähnung.

Doch dann gab es eine Veränderung, die bewirkte, dass man in einem viel größeren Umfang als früher über den Heiligen Geist sprach, über ihn nachdachte und über ihn predigte. Vor diesem großen Wandel sagte einmal jemand, dass er zu folgendem Schluss gekommen sei: Die Katholiken glauben an eine Dreieinigkeit aus Vater, Sohn und heiliger Jungfrau, während die Protestanten an eine Dreieinigkeit aus Vater, Sohn und Heiliger Schrift glauben. Ihre Sprache lasse darauf schließen, dass weder die einen noch die anderen an Vater, Sohn und Heiligen Geist glauben.

Diese Situation hat sich geändert, und ich werde sechs Gründe dafür anführen. Drei davon sind positiv, die anderen drei sind es nicht so sehr. Ich erwähne beide Arten von Gründen, da wir Unterscheidungsvermögen brauchen. Wir müssen in der Lage sein, diese Dinge klar zu erkennen, sonst könnten wir alles einfach schlucken oder alles einfach ablehnen. Beides wäre eine extreme und gleichzeitig falsche Position. Die Bibel sagt uns, dass wir die Dinge prüfen und herausfinden sollen, was nicht so gut ist, um es dann fallenzulassen. Gleichzeitig sollen wir an dem festhalten, was wir als gut erkannt haben.

Als Erstes zu den drei Gründen, die nicht so positiv sind im Hinblick auf das wachsende Interesse am Heiligen Geist. Erstens, intellektuelle Neugier: Es gibt Menschen, die nur Fragen über den Heiligen Geist stellen, weil es sich um ein Thema handelt, über das sie wenig wissen und über das sie mehr wissen möchten. Manche, die diese Art von Neugier an den Tag legen, sind genauso interessiert an der Gesellschaft für Parapsychologie. Ich erwähne das, weil diese Interessen oft Hand in Hand gehen. Es gibt eine Neugier, die sich auf das Okkulte und Übernatürliche richtet und sich gleichzeitig auch für den Heiligen Geist interessiert. Als Paulus Athen erreichte, stieß er auf eine Gruppe von Leuten, die jederzeit bereit waren, etwas Neues zu erfahren. Das Problem mit der schieren Neugier besteht darin, dass sie sofort zum nächsten Thema springt, wenn sie befriedigt worden ist.

Wenn mir daher jemand sagt, wie es Menschen schon oft getan haben: „Ich interessiere mich für den Heiligen Geist, können Sie mir mehr darüber erzählen?", dann lautet meine Gegenfragte: „*Warum* sind Sie daran interessiert?" Handelt es sich um reine Neugier, so habe ich meine Zweifel, ob es irgendeinen bleibenden Wert hat, dieser Person überhaupt etwas zu erklären. Manchmal trifft es jedoch auch zu, dass Neugier zu etwas anderem führt. Mose sah einen brennenden Dornbusch. Er schaute zweimal hin, denn die Blätter hingen immer noch dran. Er ging aus reiner Neugier etwas näher heran und sagte sich: „Ich werde hier abbiegen und mir diese merkwürdige Sache einmal anschauen." Und völlig unerwartet sah er sich Gott gegenüber. Manchmal hat intellektuelle Neugierde zu einer ernsthaften und gesunden Beschäftigung mit Gott geführt. Doch in den meisten Fällen springt die intellektuelle Neugier, sobald sie etwas mehr erfahren hat, gleich weiter zum nächsten Thema.

Der zweite Grund für ein Interesse am Heiligen Geist, der nicht wirklich positiv zu bewerten ist, ist emotionale Unzufriedenheit. Die Philosophie des Existenzialismus, die zum ersten Mal am Ende des 19. Jahrhunderts dargelegt wurde, nahm in Deutschland ihren Anfang. Sie breitete sich nach Frankreich aus und erreichte später auch England. Dieser Denkansatz sagt über das Leben ungefähr Folgendes: „Den wahren Sinn des Lebens finden wir nicht in unserem Verstand, sondern in unserem Herzen; wir entdecken ihn in den Emotionen, in sinnvollen Erfahrungen im Hier und Jetzt; wir finden ihn überall dort, wo wir etwas vom Leben spüren können." Diese Ansicht verbreitete sich sehr schnell und führte in den 1960er und 1970er Jahren, insbesondere unter jungen Leuten, zu einer Suche nach bedeutsamen emotionalen Erfahrungen. Sie probierten Sex, Lärm, Drogen und fernöstlichen Mystizismus aus. Die Popkultur ab den 1960er Jahren stellte eine sehr wichtige Bewegung dar, die diese neue Suche nach emotional aussagekräftigen Erfahrungen begrüßte. Die Menschen waren bereit, alles auszuprobieren, was ihnen zu einem emotionalen Kick verhelfen würde. Eine Gefahr bei dieser Herangehensweise besteht darin, dass sie zu einem Interesse am Heiligen Geist führt, das nur auf das emotionale Erleben fokussiert ist. Es führt zu keiner wirklichen Befriedigung, da nur die Gefühle berührt werden, jedoch weder der Verstand noch der Wille. Es handelt sich nur um eine vorübergehende Phase. Interessanterweise verspüren junge Menschen, die drogensüchtig waren, sehr oft aus diesem Grund ein Interesse am Heiligen Geist.

Der dritte nicht so positive Grund für das wachsende Interesse am Heiligen Geist ist psychische Unzulänglichkeit. Wir leben in einer stressigen Zeit, einer Periode emotionaler Spannungen, und es gibt ein schnelles Wachstum psychischer Störungen. Man sagt, dass mehr als die Hälfte unserer Krankenhausbetten mittlerweile mit Menschen belegt sind, die an psychischen statt an physischen Krankheiten leiden. In einer derartigen Welt leben wir mit all diesem Druck, dem Stress und allen möglichen Spannungen. Die Psychiatrie mag bei emotionalen Störungen zu einem gewissen Grade hilfreich sein, doch im Allgemeinen streckt sich ein Christ oder Kirchgänger mit psychischen Nöten nach einer geistlichen Erfahrung aus, die diese Krankheit unvermittelt heilen soll – statt nach einer Behandlung zu suchen, die ihm im Laufe einer Therapie helfen könnte, diese Schwäche zu überwinden. Daher gibt es unter den vielen gestressten Christen heutzutage die Suche nach einer geistlichen Erfahrung, die alle ihre Schüchternheit, ihre Minderwertigkeitsgefühle, ihre Beziehungsprobleme und so weiter heilen soll. Wenn solche Menschen etwas über den Heiligen Geist hören und eine Erfahrung mit dem Geist Gottes als Antwort auf ihre psychischen Probleme suchen, so werden sie enttäuscht. Sie werden früher oder später Folgendes entdecken: Auch wenn eine Erfahrung mit dem Heiligen Geist immens hilfreich ist, stellt sie nicht notwendigerweise eine Lösung für psychische Probleme dar.

Was ist nun falsch an diesen drei Gründen: intellektuelle Neugierde, emotionale Unzufriedenheit und psychische Unzulänglichkeit? Sie erkennen es sofort. *Diese drei Personengruppen suchen den Heiligen Geist alle für sich selbst, nicht für andere.* Sie sagen: „Herr, ich wünsche mir, dass mein Intellekt befriedigt, meine emotionalen Bedürfnisse gestillt und meine psychischen Unzulänglichkeiten geheilt werden." Daher führen diese drei Motivationen ausnahmslos zu einer enttäuschenden Erfahrung mit dem Heiligen Geist. Ich musste viele Menschen mit einer derart ernüchternden Erfahrung seelsorgerlich beraten, weil sie eines dieser Motive in ihrem Herzen trugen.

Als uns der Heilige Geist angeboten wurde, wollte uns der Herr die Kraft des Geistes geben, um anderen Menschen zu dienen. Das ist das einzig angemessene Motiv, um die Erfüllung mit dem Heiligen Geist anzustreben. Nicht, um meine Bedürfnisse zu befriedigen, nicht, um meine Störungen zu beseitigen, nicht, um meinen emotionalen Mangel auszufüllen, sondern damit ich anderen Menschen in ihrer Not dienen kann. Von allen Gaben des Heiligen Geistes, die im Neuen Testament genannt werden, ist nur eine für Sie selbst bestimmt. Jede andere Gabe wird verliehen, um etwas an einen anderen Menschen weiterzugeben. *Mit dieser einen Ausnahme sind die Gaben des Geistes nicht Gaben des Geistes für mich, sondern sie sind Gaben, die vom Heiligen Geist kommen, damit einer anderen Person durch mich geholfen wird.* Die Gabe der Heilung ist nicht für mich bestimmt, sondern dafür, einem kranken Menschen Heilung weiterzugeben. Die Gabe der Erkenntnis richtet sich nicht an mich, sondern sie soll jemand anderem helfen, der etwas nicht weiß. Die Gabe, Wunder zu wirken, ist dazu da, einer bedürftigen Person zu helfen. Wenn ich daher etwas für mich selbst begehre, habe ich den entsprechenden Kanal bereits blockiert. Ich habe bereits die Erfahrung verzerrt. Jesus hat gesagt: „Wartet in Jerusalem, bis ihr Kraft empfangt." Erst danach konnten die Jünger losziehen und der ganzen Welt helfen, indem sie überall Zeugnis ablegten. Das war ihr Motiv. Sie beteten nicht: „Herr, ich habe psychische Probleme, füll mich mit deinem Geist" oder „Herr, ich bin emotional unbefriedigt, bitte gib mir schöne Gefühle." Sie sagten: „Herr, wir wollen bis an die Enden der Erde gehen und anderen Zeugnis ablegen und wir können das nicht ohne deine Kraft tun." Sie hatten also die richtige Motivation.

Simon Magus (siehe Apostelgeschichte 8) war ein professioneller Magier. Manche von uns durchlaufen eine Phase, in der wir andere beeindrucken wollen. Wir wollen Dinge tun können, zu denen andere nicht in der Lage sind, und sie schnell und mühelos von uns faszinieren. Daher können wir den Antrieb verstehen, bei dem es darum gehen könnte, anderen in gewisser Weise überlegen zu sein. Simon der Magier kam zu Petrus und bot ihm Geld für die Kraft an, über welche die Apostel verfügten.

Petrus sagte zu Simon: „Dein Geld fahre mit dir ins Verderben", was bedeutete: Fahr zur Hölle mit deinem Geld. Petrus erkannte sofort, dass Simon etwas aus egoistischen Motiven begehrte.

Was sind die drei anderen Gründe, aus denen Menschen sich für dieses Thema interessieren? Einer ist *die Schwäche der Gemeinde.* Wir müssen uns als Christen der Tatsache stellen, dass die Gemeinde schon seit vielen Jahrzehnten einen immer geringeren Einfluss auf unsere Gesellschaft ausübt. Was auch immer mit den Zahlen geschieht (jede große christliche Strömung hat in den letzten 50 Jahren eine Abnahme ihrer Mitliederzahlen zu verzeichnen, obwohl die Bevölkerung angewachsen ist), es geht nicht so sehr um die Quantität, sondern um die *Qualität* des Gemeindelebens, d.h. die Gesellschaft läuft wie ein riesiger Moloch weiter, ohne von den Christen in ihrer Mitte beeinflusst zu werden. Im Parlament werden Entscheidungen getroffen, die offensichtlich überhaupt nicht von christlichen Einstellungen geprägt sind. Das Land bewegt sich vorwärts, während die Christen oft wie ein Museumsstück erscheinen, doch das Leben, das viele Menschen führen, scheint von christlichen Glaubenssätzen ziemlich unbeeinflusst zu sein.

Es gab eine Zeit im 20. Jahrhundert, als viele glaubten, wir müssten einfach nur alle Gemeinden in einem großen Machtblock vereinen, in einer Organisation. Dann hätten wir die Macht, die Gesellschaft zu verändern, und das war eine der stärksten Antriebskräfte der ökumenischen Bewegung. Ein Kommentator verglich diese Bewegung mit einer Gruppe betrunkener Männer am Rande eines Parks, die alle nicht mehr allein aufrecht stehen konnten, es jedoch schafften, einander zu stützen. Das lässt jedoch weder Macht noch Kraft erkennen.

Dann begann man zu begreifen, dass eine reine Vereinigung nicht zu mehr Kraft führen würde. Mehr noch als Einheit bräuchten die Gemeinden Erneuerung. Das war eine gesunde Entwicklung. Wir erkennen ja, dass zwei lauwarme Gläser Wasser, die man zusammengießt, nicht ein Glas heißes Wasser ergeben, sondern nur ein noch größeres Glas mit lauwarmem Wasser. Zwei halbtote Gemeinden ergeben gemeinsam keine lebendige Gemeinde, sondern nur eine größere halbtote Kirche. Es gibt also ein wachsendes Bewusstsein unter allen Gemeinden, das teilweise durch engere Beziehungen untereinander gefördert wird, dass wir Kraft von Gott brauchen. Einfach nur Kirchenströmungen zu vereinigen befähigt uns nicht, die Welt auf den Kopf zu stellen.

Der Eindruck gemeindlicher Schwäche hat bei vielen Christen die Frage aufgeworfen: „Hat Jesus eine so schwache Gemeinde gewollt? Ist es das, was er geplant hat? Hat er uns nicht mehr zur Verfügung gestellt, als uns zu sagen, einfach in unserer Schwachheit weiterzumachen?" Das hat Menschen dazu bewogen, zur Bibel zurückzukehren, und hier haben wir den zweiten Faktor: *das Bibelstudium*. Unter den einfachen Gemeindegliedern ist seit den 1970er Jahren ein größeres Interesse am Bibelstudium entstanden. Mitglieder von Kleingruppen begannen, sich wieder der Bibel zuzuwenden und zu fragen: „Was sagt Gott über die Gemeinde?" Dann entdeckten sie, dass es am Anfang eine Gemeinde gab, die die Welt auf den Kopf stellte, eine Gemeinde, die ursprünglich nur aus einer winzigen Gruppe von Menschen bestand, die das Römische Reich in weniger als 300 Jahren übernahmen. Sie stellten einen erstaunlichen Kontrast zum Bild der heutigen Gemeinde fest. Übrigens hat die Urgemeinde nicht die Welt auf den Kopf gestellt, sondern sie tatsächlich wieder auf die Füße gestellt. Doch alle anderen standen Kopf, daher konnten sie den richtigen Weg nicht erkennen. Doch in den Augen der Welt stellten die Christen die Welt auf den Kopf, in Gottes Augen drehten sie die Welt jedoch wieder in die richtige Richtung.

Die frühen Christen bildeten eine starke Gemeinde. Wie konnten sie so einflussreich sein? Wie war es ihnen möglich, Menschen in so großer Anzahl zu Christus zu führen? Wie konnten sie sich derart über die ganze Welt ausbreiten? Es war eine Bewegung und keine Institution, eine dynamische Gemeinschaft. Die Antwort ist laut dem Neuen Testament ganz einfach: Es geschah durch den Heiligen Geist. Beim Lesen der Apostelgeschichte werden Sie feststellen, dass der Heilige Geist in den ersten zwölf Kapiteln 40 Mal erwähnt wird – es ist die Geschichte *seines Handelns*. Er gab den Jüngern die Kraft Gottes, er ermöglichte ihnen, diese Dinge zu tun. Die Schwäche der Gemeinde, die im 20. Jahrhundert immer offensichtlicher wurde, brachte Menschen dazu, sich wieder der Bibel zuzuwenden. Dadurch erkannten sie das Geheimnis der Urgemeinde, das nicht nur aus dem Glauben an Jesus bestand, sondern auch aus der Kraft des Heiligen Geistes. Das führte sie dann zu folgender Frage: Sind diese Dinge für heute bestimmt? Könnten sie jetzt geschehen, oder hat es seit diesen Anfangszeiten einen radikalen Wandel in der Kirche und in Gottes Plänen gegeben? Um es ganz deutlich zu formulieren: Ist der Pfingstsonntag nur eine Erinnerung an etwas, das in der Vergangenheit passiert ist, oder stellt er die Möglichkeit und die Verheißung von etwas Gegenwärtigem dar? Zu dieser Frage wurden die Christen durch ihr Bibelstudium geführt. Sie lasen von Wundern und von Krankenheilungen. Sie erfuhren etwas über eine sich ausbreitende Gemeinde, die kraftvoll war, und fragten sich: „Gehören diese Dinge der Vergangenheit an?"

Das bringt mich zum dritten Punkt, der das Interesse am Heiligen Geist befördert hat: *die Ausbreitung der Pfingstbewegung im 20. Jahrhundert*. Seit geraumer Zeit ist die Pfingstbewegung die am schnellsten wachsende protestantische Strömung der Welt, und sie ist vermutlich mittlerweile die größte. Dies alles nahm 1907 seinen Anfang. Es ist die bemerkenswerteste Entwicklung in der modernen Christenheit, die andere Christen aufmerken und fragen lässt, ob diese Bewegung nicht ganz Unrecht hat.

Erst einige Zeit nach dem Zweiten Weltkrieg wurden Pfingstler nicht länger als eine Sekte betrachtet. Andere Christen begannen anzuerkennen, dass sie in ihrem Glauben an das Evangelium und an Christus durch und durch orthodox waren. So entstanden Beziehungen zwischen Pfingstlern und anderen Denominationen, die es zuvor nicht gegeben hatte, und das musste zur Frage nach dem Heiligen Geist führen. Der andere Faktor, der sich in den 1960er und 1970er Jahren zeigte, war die Tatsache, dass Dinge, die bisher nur in pfingstlerischen Kreisen geschehen waren, sich nun auch in anderen Kirchenströmungen zeigten, hauptsächlich unter Anglikanern (Episkopalen in Amerika) und später unter Presbytern und Lutheranern in den Vereinigten Staaten; in England passierte dies nicht nur in anglikanischen Gemeinden, sondern auch in baptistischen und in einigen methodistischen Kreisen.

Die alte Pfingstbewegung, die mit einem Methodistenpastor aus Oslo und einem anglikanischen Pfarrer aus Sunderland in Nordengland 1907 ihren Anfang nahm, wuchs und verbreitete sich über die ganze Welt. Streng genommen hatte es bereits in Los Angeles begonnen, doch in England geschah es im Jahr 1907 als Nebeneffekt der Erweckung von Wales, die sich danach auf andere Regionen ausweitete.

Zu diesem älteren Strom der Pfingstbewegung gesellte sich die sogenannte neue Pfingstbewegung, die in vielen Denominationen, einschließlich der Römisch-Katholischen Kirche in Form der Charismatischen Bewegung aufgetreten ist.

Natürlich interessiert sich jeder Christ, der wirklich dynamisch und effektiv für den Herrn Jesus sein will, für den Heiligen Geist, denn es scheint keinen anderen Weg zu geben, effektiv zu sein.

Was fangen wir nun mit diesen Erkenntnissen an? Verabschieden wir uns alle von unserer Kirche und rennen zur nächsten charismatischen Gemeinde in der Nachbarschaft, um dort Mitglied zu werden? Oder werden wir zu geistlichen Landstreichern, wie viele andere auch, die von einer kleinen Gruppe zur nächsten wandern und hier nach einer Sache suchen, sie nicht finden, um dann unbefriedigt zur nächsten weiterzuziehen? Leider hat es zu diesem Thema genauso viel Spaltung gegeben wie Segen. Das ist sowohl auf unkluge und übereilte Aktionen von Suchenden zurückzuführen als auch auf ähnliche Verhaltensweisen von Leitern, die nicht wollten, dass sich ihre Mitglieder auf die Suche machen. Wir brauchen Weisheit, Liebe und Geduld. Wir werden betrachten, was die Bibel tatsächlich sagt, sodass wir klar erkennen können, was Gott für uns vorbereitet und mit uns vorhat.

Dann hoffe ich, dass wir nach gründlichem Nachdenken nicht bei diesen Erkenntnissen stehenbleiben, sondern uns im Gebet nach den Dingen ausstrecken, die Gott für uns bestimmt hat. Wenn er seinen Segen dazu gibt, kommt es schließlich zu einem Moment, in dem wir uns ihm unterordnen. Dann müssen wir loslassen und ihm die Kontrolle übergeben. *Ohne* die Gegenwart des Heiligen Geistes die Eigenkontrolle zu verlieren führt zu Chaos, Spaltung, Unordnung und Katastrophen, denn dann hat niemand die Lage unter Kontrolle und Hysterie kann die Macht übernehmen. Doch wenn der Heilige Geist die Kontrolle innehat, werden wir an einen Punkt kommen, an dem wir die Selbstkontrolle aufgeben und ihm die Führung übergeben. Genau diesen Schritt sind viele nicht bereit zu gehen.

Viele Christen wollen die bestmögliche Version ihrer selbst sein, solange sie nur die Kontrolle behalten können. Drei Jahre lang gab unser Herr seinen Jüngern viel zum Nachdenken: Er lehrte sie, schloss ihnen die Wahrheit auf und insbesondere am Abend vor seinem Tod unterrichtete er sie Schritt für Schritt über den Heiligen Geist. Zwischen seiner Himmelfahrt und Pfingsten widmeten sie sich dem Gebet. Doch am Tag des Pfingstfestes vollbrachten sie außergewöhnliche Taten und stellten fest, dass Gott an diesem Tag 3000 Menschen rettete.

Wenn wir über den Heiligen Geist sprechen, was meinen wir dann damit? Wir denken an fünf Begriffe: Lebendigkeit, Reinheit, Persönlichkeit, Gottheit und Dreieinigkeit.

Zuallererst Lebendigkeit. Der Begriff „Geist" beschreibt genau das. In den meisten antiken Sprachen wird für „Atem", „Wind" und „Geist" dasselbe Wort benutzt. Sowohl beim Wind als auch beim Atem bewegt sich die Luft. Wenn ich daher atme, erzeuge ich sprichwörtlich einen kleinen Windstoß. Wind und Atem – diese Verbindung verstehen wir, doch warum haben „Geist" und „Atem" in der Bibel dieselbe Bedeutung? Die Antwort ist sehr einfach. Ich weiß nicht, ob Sie schon einmal miterlebt haben, wie ein Mensch gestorben ist. Sollte das der Fall sein, haben Sie bemerkt, dass die betreffende Person immer ausatmet und der Wind versiegt, die Atmung stoppt. In dem Moment, in dem jemand „seinen Geist aufgibt", geschieht genau das. Sie können also nachvollziehen, warum die Menschen in der Antike, die noch nicht alle medizinischen und biologischen Fakten kannten wie wir heute, beim letzten Atemzug davon sprachen, dass jemand „seinen Geist aufgibt" oder „sein Leben aushaucht". Geist, Atem, Wind, Sie erkennen, wie alles zusammenhängt.

Eine Tatsache ist sehr interessant: Als Jesus am Kreuz starb, heißt es in einer Bibelübersetzung: „Jesus ... gab den Geist auf" (ELB), in einer anderen, moderneren: „...und hauchte seinen Geist aus" (DBU) und in einer dritten (englischen): „Er tat seinen letzten Atemzug." Alle genannten Übersetzungen sind richtig, denn das verwendete Wort kann Atem, Wind oder Geist bedeuten. Daher verbinde ich diese drei Worte mit dem einen Wort „Geist". Wann immer die Bibel das Wort „Geist" verwendet, bedeutet es Wind, Atem oder Geist, mit anderen Worten: Leben, Energie.

Am Anfang der Bibel sehen Sie ein wunderschönes Bild: Gott gibt einem leblosen Körper Mund-zu-Mund-Beatmung. Es war ein Körper, der noch nie gelebt hatte, ein Körper, den Gott erschaffen hatte. Doch Gott blies seinen Atem hinein, und sein Atem strömten in diesen Körper, der daraufhin selbst zu atmen begann. Jetzt waren Leben und Energie in diesem Körper, und Adam wurde zu einer lebendigen Seele. Das Leben kam durch den Atem in ihn hinein, und wenn Ihnen die Mund-zu-Mund-Beatmung hilft, sich den lebensspendenden Atem vorzustellen, dann verwenden Sie dieses Bild auf jeden Fall.

Wir können noch ein wenig weitergehen. Es gibt in der

hebräischen Sprache eine Komplikation mit diesem Begriff, da sie zwei Worte für Atem kennt. Ein Wort bezeichnet das leise, kaum wahrnehmbare Atmen. Das andere Wort wird für die schwere Atmung beispielsweise eines Asthmatikers verwendet oder einer Person, die gerade einen Kilometer gerannt ist. Ihr Atem ist stoßweise, heftig und laut. Der Begriff für den leisen Atem, *neschama*, ist ein sehr sanftes Wort, der Begriff für den heftigen Atem, *ruach*, hingegen ein intensives, lautes Wort. Interessanterweise verwendet das Hebräische jedes Mal, wenn es um den Atem Gottes geht, dieses starke, laute, heftige, kraftvolle Wort. Anders ausgedrückt, bei der Verwendung des sanften Wortes geht es einfach nur um das Leben im Sinne von Existenz. Doch im Falle des starken Wortes ist das Leben im Sinne von Energie gemeint. Manche Menschen existieren einfach, scheinen jedoch keine Energie zu haben. Vielleicht fühlen Sie sich manchmal montagmorgens so! Sie wissen, dass Sie existieren, haben jedoch keine Energie. Sie sind zwar irgendwie am Leben, doch man würde nicht sagen: „Wie lebendig Sie doch sind", wenn es Ihnen an Energie mangelt.

Das Wort *ruach* bezeichnet Existenz und Energie in einem – wahres Leben, voller Fülle und Kraft, das es Ihnen ermöglicht, etwas zu bewegen. Daher macht der Atem Gottes eine Person nicht nur gerade so lebendig, sondern er füllt sie mit Energie, Kraft und Lebendigkeit. Sie ist dann kein halbtoter Christ, sondern ein vitaler, dynamischer und lebendiger Christ voller geistlicher Energie. Wenn wir also im Gebet um den „Atem Gottes" bitten, beten wir für Energie statt nur für ein reines Existieren.

Der Geist Gottes macht in der Anbetung einer Gemeinde einen immensen Unterschied: aus monotonem, rein routinemäßigem Gesang wird eine lebendige, dynamische Anbetung, ein fröhlicher Jubel für den Herrn.

Der Atem Gottes bewirkte zur Zeit des Alten Testaments erstaunliche Dinge. Er teilte zunächst einmal das Rote Meer, und als dieser Wind wehte, wurden die Wasser zurückgedrängt.

Seither ist das wiederholt geschehen, und es erfordert einen sehr starken Wind, um diesen Effekt zu erzeugen. Als der Wind die Wasser des Roten Meeres zurückdrängte, handelte es sich um einen heulenden Sturm. Mose nannte es: „das Schnauben deiner Nase". Was für ein wunderbarer Ausdruck! Gott atmete schwer, um das Rote Meer zu teilen, und das veranschaulicht Ihnen, wie die Hebräer über den Atem Gottes dachten.

Auch zu Pfingsten handelte es sich tatsächlich um einen Sturmwind, um ein mächtiges Brausen. Genau das hörten sie damals. Windstärke zehn und mehr.

Gottes Atem bringt also Vitalität, Energie und Leben, er bewegt etwas, und wenn ein Sturmwind bläst, werden Dinge von ihrem Platz gerückt. Denken Sie an meine frühere Beobachtung: Wenn jemand einfach nur nach einer emotionalen Erfahrung sucht, einer Art Kick vom Heiligen Geist, mag diese Person bewegt sein, doch sie wird sich nicht irgendwohin bewegen. Diese Person wird sich nicht dorthin begeben, wo sie sein sollte, sie wird nicht vom Heiligen Geist geschoben oder gedrängt, etwas aus dieser Erfahrung zu machen. Doch wenn der Geist Gottes uns anbläst, dann passiert wirklich etwas.

Wenn ich die Apostelgeschichte lese, sehe ich eine Gemeinde, die in Bewegung ist, die mit gesetzten Segeln vom Wind angetrieben wird. Vor Pfingsten hatten die Jünger die Segel gesetzt und beteten. Sie brauchten den Atem Gottes. Sie brauchten das Leben. Sie hatten bereits das Boot, denn die Gemeinde war bereit und wartete auf den Wind des Geistes.

Das Nächste, was der Begriff „Heiliger Geist" für mich bedeutet, ist *Reinheit*. Das ist ein Grund, warum ich Menschen begegne, die den Heiligen Geist fürchten (und es gibt solche, die ihn fürchten, es aber nicht müssten). Die Bibel sagt uns, dass wir keinen Geist der Furcht empfangen haben, sondern einen Geist der Kraft, der Liebe und der Besonnenheit. Warum fürchten dann manche Leute den Heiligen Geist? Weil Sie sehr genau wissen, dass es Geister gibt, die ähnliche Erfahrungen vermitteln und gleichzeitig das Volk Gottes täuschen und in die Irre führen können.

Hier kommen einige Beispiele: Drogen- oder Alkoholrausch. Ein solcher Rausch bringt bemerkenswert ähnliche Symptome wie eine Erfüllung mit dem Geist hervor. Aus diesem Grund beschuldigte man die Jünger zu Pfingsten, betrunken zu sein. Aus demselben Grund schreibt Paulus in Epheser 5, die Epheser sollten sich nicht mit Wein betrinken, sondern sich mit Heiligem Geist füllen lassen und singen. Das Singen ist ein Merkmal beider Erfahrungen, zumindest in einer bestimmten Phase. Ein zweites Beispiel ist Massenhysterie. Sie kommt nicht vom Himmel, sondern wird normalerweise auf der Erde erzeugt. Es gibt eine Technik, Massenhysterie zu produzieren, die umso besser funktioniert, je größer die Menschenmenge ist. Solche Effekte kann man bei einigen Popkonzerten beobachten.

Drittens gibt es Menschen, die sich vor religiösem Wahn fürchten, den es tatsächlich gibt. Allerdings haben wir nicht immer Recht, wenn wir Menschen dieses Phänomens beschuldigen. Festus sagte zu Paulus, dem berühmten Missionar: „Paulus, du bist verrückt; du bist außer dir; du bist schizophren; du hast zu viele Bücher gelesen; du bist einem religiösen Wahn erlegen." Das stimmte nicht, doch manchen Menschen passiert das sehr wohl.

Dann gibt es die Besessenheit von Dämonen und bösen Geistern, und böse Geister können geistliche Gaben reproduzieren und fälschen, um Gottes Volk zu täuschen.

Alle diese Phänomene sind unecht und falsch. Menschen fürchten sich vor dem Heiligen Geist, weil sie wissen, dass es auch andere Geister gibt, die sich ihrer bemächtigen können.

Was ist die Antwort auf dieses Problem? Die Antwort lautet: Es gibt nur *einen* Heiligen Geist. Ich hoffe, Sie finden diesen Gedanken nicht respektlos, doch ich glaube, er wird das, was ich Ihnen vermitteln möchte, in Ihrem Denken festigen: Gott leidet nicht unter Mundgeruch. Wenn er weht, dann ist dieser Atem sauber und rein, und die Ergebnisse können nichts anderes sein. Kommt der Heilige Geist auf jemanden, dann werden daraus heilige Früchte entstehen – etwas anderes ist unmöglich. Eine Methode, die Geister zu prüfen, besteht darin, ihre Frucht zu untersuchen. Schauen Sie sich die Resultate an. Ist diese Person, die behauptet, mit dem Geist erfüllt zu sein, empfänglicher für Gott, liebevoller gegenüber Jesus und anderen Menschen und eifriger, Gott im Geist und in der Wahrheit anzubeten? Dann hat der Heilige Geist diese Früchte gewirkt. Kein anderer Geist ist dazu in der Lage. Wenn ich sage, der „Heilige Geist", dann meine ich den Einzigen, der heilige Dinge, heilige Menschen, heilige Liebe und heilige Haltungen hervorbringen kann. Kein anderer Geist kann das bewirken. Andere Geister bringen Menschen hervor, die stolz sind; Menschen, die gerne streiten; Menschen, die Spaltungen verursachen, statt andere aufzubauen; Menschen, die durch ihren Stolz und ihre Kritik die Gemeinschaft zerstören und das Werk Gottes. Der Heilige Geist fördert die Sache Gottes, er baut die ganze Gemeinde auf, sodass sie wächst und gestärkt wird.

2. Kapitel

DER HEILIGE GEIST IM ALTEN TESTAMENT

Das hebräische Denken dreht sich um den lebendigen Gott, der innerhalb von Zeit und Raum redet und handelt. Solange ich in Zeit und Raum tätig bin, bin ich lebendig. Wenn ich gestorben bin, kann ich immer noch bei vollem Bewusstsein irgendwo anders sein, doch ich bin tot, was Zeit und Raum betrifft. In diesem Sinne hat der Philosoph Nietzsche gesagt: „Gott ist tot." Er meinte damit nicht, Gott habe aufgehört zu existieren, sondern soweit er es erkennen konnte, sagte Gott nichts mehr in der Welt von Zeit und Raum und handelte auch nicht mehr. Ein Student einer deutschen Universität schrieb einmal an die Wand: „Gott ist tot. Nietzsche", doch jemand anders setzte darunter: „Nietzsche ist tot. Gott", was ich für eine ziemlich großartige Erwiderung halte. Der Gott der Bibel ist ein lebendiger Gott und er ist nicht zeitlos. Er steht nicht außerhalb der Zeit, sondern die Zeit ist in Gott enthalten, und alles, was Gott innerhalb von Zeit und Raum tut, bewirkt er durch seinen Geist.

Ich möchte mit dem Namen für seinen Geist beginnen, *Ruach*, ein sehr bedeutsames Wort. Wir sprechen dabei über den *Ruach Adonai*, den Geist Gottes. Dieses Wort nennen wir lautmalerisch – es klingt so wie seine Bedeutung. Diese „ch" am Ende – Sie müssen sehr bewusst atmen, um es aussprechen zu können. Sie können den Atem tatsächlich hören. Das ist wichtig, denn *Ruach* bedeutet eigentlich „sich bewegende Luft", daher kann es für Wind, Atem oder Geist verwendet werden. Doch es steht nicht für jede Art von Wind oder Atem, sondern für solche

Manifestationen, die hörbar sind. Sie können „Geist" sagen, ohne dass irgendjemand Ihren Atem hört, doch im Falle von *Ruach* ist das nicht möglich, und genau das bedeutet dieses Wort. Die hebräische Sprache hat ein weiteres Wort für das normale Atmen, das man nicht hört. *Ruach* ist Atem oder Wind, den man hört, nicht nur eine leichte Brise. Die Luft bewegt sich ständig um unsere Erde, weil die Erde sich dreht, wobei die Luft nicht mit derselben Drehzahl pro Minute zirkuliert. Die meiste Zeit ist Ihnen diese Bewegung nicht bewusst. Doch wenn ein Sturm tobt, merken Sie es natürlich. Das ist *Ruach*. Es handelt sich nicht um normale Luft, die sich bewegt. Genauso ist es mit dem Atem – meistens fällt es uns nicht auf, dass Menschen atmen, wir hören es nicht. Doch wenn sie tief ein- und ausatmen, nach dem Joggen beispielsweise, dann entspricht das dem hebräischen *Ruach*. Daher können Sie den *Ruach* mit Ihren Sinnen erfassen, während Sie *Neschama*, das normale Atmen, nicht bemerken.

Hieraus können wir gleich etwas ableiten. Es handelt sich um *Ruach*, wenn Gott die Luft bewegt, es ist sein Atem, doch es ist die Ausnahme und nicht der Normalfall. Es ist so außergewöhnlich, dass Sie die Auswirkungen in Zeit und Raum anhand Ihrer Sinne wahrnehmen können. Das Wort *Ruach* ist mit vielen Assoziationen verbunden. Als erstes verbinden wir es mit dem *Leben*, denn Atem und Blut sind die beiden entscheidenden Erfordernisse für das Leben. Die Menschen in der Bibel kannten die Verbindung zwischen Atem und Blut nicht, doch sie wussten sehr wohl, dass das Leben endete, wenn man entweder nicht mehr atmen konnte oder sein Blut verlor. *Ruach* bedeutete schon immer Leben – als Gegensatz zum Tod.

Ruach wird auch oft mit Macht und Kraft in Verbindung gebracht, denn ein Sturmwind ist mächtig. Die normale zirkulierende Luft, in der wir leben, hat keine große Kraft, doch ein Sturm, ein Hurrikan trägt Macht in sich. Laut einem Psalm kann er die Zedern des Libanon fällen. Er kann eine Windmühle antreiben, und wir haben in unserem Land Hurrikans erlebt, die uns die zerstörerische Macht des Windes gezeigt haben. *Ruach* hat eine zerstörerische Seite, manchmal wird er im Alten Testament „das Schnauben der Nase Gottes" genannt. Wenn Gott laut atmet und Sie das Schnauben seiner Nase hören, dann leitet er normalerweise einen zerstörerischen Akt seines Gerichtshandelns ein.

Sie werden feststellen, dass der *Ruach* oder *Geist* Gottes gleichbedeutend ist mit der *Hand* Gottes und sogar dem *Finger* Gottes. Beide sind sehr stark. Im Matthäusevangelium sagt Jesus: „Wenn ich aber durch den Geist Gottes Dämonen austreibe, so ist also das Reich Gottes zu euch gekommen" (ELB). Bei Lukas heißt es: „Wenn ich aber durch den Finger Gottes die Dämonen austreibe ..." (ELB). Gott kann mit seinem Finger Dinge bewirken, die über menschliche Macht hinausgehen.

Ruach wird auch mit Bewegung assoziiert – dieser Begriff beinhaltet Mobilität, und der *Ruach* Gottes bringt Menschen in Bewegung. Ich weiß noch, wie eine Dame mir nach einer meiner Predigten sagte: „Ich bin durch Ihre Predigt wirklich bewegt worden." Da ich noch nicht vollkommen geheilt bin, wie Sie sicherlich wissen, fragte ich zurück: „Wohin denn?" Sie ließ mich ziemlich verärgert stehen, und ich konnte beobachten, wie sie mit energischen Schritten die Gemeinde verließ. „Ich muss mich heute Abend nach dem Gottesdienst bei ihr entschuldigen", dachte ich bei mir. Erstaunlicherweise war sie am Abend wieder da, und ich sagte zu ihr: „Es tut mir leid, dass ich das zu Ihnen gesagt habe." Sie antwortete: „Ich bin froh, dass Sie es getan haben. Den ganzen Nachhauseweg hörte ich den Herrn fragen: ‚Wohin denn? Wohin denn?' Ich musste es mit ihm klären, als ich nach Hause kam. Es hatte mich bewegt, doch nirgendwo hin!"

Der *Ruach* Gottes bewegt Sie zu etwas – er berührt Sie nicht nur emotional; der *Ruach* Gottes bringt Sie in eine neue Position. Wir beten einen mobilen Gott an. Er ist ein Gott, der in Bewegung ist, ein Gott, der unterwegs ist. Darum wollte er keinen Tempel aus Stein. Er war mit einem Zelt zufrieden, denn sie konnten die Zeltstangen herausziehen und dieses Heiligtum weitertragen. Lesen Sie, was der Prophet Nathan zu David sagte, als der Gott einen Tempel bauen wollte. Die Männer Gottes sind die Personen, die mit Gott wandeln. Sie bleiben in Bewegung. Der alte Henoch unternahm einen so langen Spaziergang mit Gott, dass er verschwand, weil Gott ihn zu sich nahm. So kam Henoch in den Himmel. Gott ist die ganze Zeit unterwegs, und sein Geist bewegt sich. Wir haben also erfahren, dass Gott mächtig ist und dass der Effekt hörbar ist, wenn sich die Luft im Sinne von *Ruach* bewegt – es ist zwar unsichtbar, aber nicht unhörbar.

Es gibt einen weiteren Anhaltspunkt, der uns das gesamte Alte Testament aufschließt: Zuallererst hat *Ruach* mit Sprache zu tun. Wenn ich mit jemandem rede, muss ich die Luft in Bewegung bringen, um zu sprechen. Selbst wenn mein Kehlkopf vibriert – ohne Luft, die sich bewegt, würden Sie kein Wort hören. Kommunikation ist von sich bewegender Luft abhängig, und alles, was Lautsprecher tun, ist, den Ton zu verstärken und die Luft effektiver zu bewegen, damit sie hören können, was der Redner sagt. Gottes Reden und sein Handeln in dieser Welt aus Zeit und Raum gehen ausnahmslos auf seinen *Ruach* zurück.

Zum allerersten Mal wird *Ruach* in den ersten drei Versen der Bibel erwähnt. Ich habe mich immer gefragt, zu wem Gott sprach, als er sagte: „Es werde Licht." Dachte er einfach laut oder rief er etwas in den Weltraum hinaus, oder aber sprach er mit jemandem? Dann fiel mir auf, dass Gott nicht erst bei der Schöpfung anfing zu sprechen, als es jemanden auf der Erde gab, der hören konnte, was er sagte. Ist Ihnen das auch schon aufgefallen? In 1. Mose 1,1 heißt es: „Er schuf den Himmel und die Erde", doch wir erfahren nicht, was er sagte. Als der Planet Erde einfach aus einer Kugel flüssiger Materie bestand, die durch das All trieb, schwebte jemand direkt darüber. Sobald der *Ruach* über dieser Masse schwebte, sprach Gott, denn jetzt gab es jemanden auf der Erde, der zuhörte und gehorchte. Diese Erkenntnis öffnet Ihnen das Verständnis zur gesamten Bibel. Der

Wille Gottes im Himmel, den er in Form von Geboten auf seinem Thron sitzend ausspricht und dadurch seine Herrschaft zeigt, wird überall dort auf der Erde ausgeführt, wo sein *Ruach* ist.

Darum gibt es so eine enge Verbindung zwischen dem Reich Gottes und dem Geist Gottes. Im Neuen Testament sind sie fast austauschbar. Während die Evangelien über das Reich Gottes sprechen, beziehen sich die Epistel mehr auf den Geist, und beide sind eng miteinander verbunden. Wo sich der Geist auch bewegen mag, es entstehen immer neue Musik und neue Lieder. Dort, wo der Geist sich auf neue Weise bewegt, drehen sich diese Lieder ausnahmslos um den König, seine Majestät und das Reich Gottes. Haben Sie das schon bemerkt? Zuallererst wird uns Gott als König vorgestellt. Das ist das grundlegende Verständnis Gottes im Alten Testament. Sie müssen nicht viel lesen, bis Sie herausfinden, dass Gott der Vater ist. Sie müssen fast bis zum Ende der Bibel weiterlesen, bis Sie auf die Aussage „Gott ist die Liebe" stoßen, doch im gesamten Alten Testament wird Gott als König dargestellt. Er ist der König des Universums. Manche Psalmen handeln von nichts anderem als von seiner Herrschaft. Das Reich Gottes – die Herrschaft Gottes – wird in 1. Mose 1 ausgedrückt. Ihnen wird vermittelt, dass Gott Befehle erteilt und dass daraufhin Dinge geschehen. Die ersten „Zehn Gebote" stehen in 1. Mose 1, und jedes von ihnen wurde absolut, unmittelbar und vollständig umgesetzt.

Als wir unseren kleinen Tochter 1. Mose 1 vorgelesen hatten, sah sie sehr nachdenklich aus und sagte dann: „Gesagt, getan!" – damit hatte sie die Theologie der Schöpfung perfekt auf den Punkt gebracht. Warum wurde alles sofort, nachdem es ausgesprochen wurde, getan? Weil der *Ruach* Gottes dabei war und dafür sorgte, dass es getan wurde. Er ist die ausführende Gewalt der Gottheit. Wir erhalten also sofort, auf der ersten Seite der Bibel, einen Eindruck vom *Ruach* Gottes. Er setzt Gottes Herrschaft auf dem Planeten Erde um – und wo immer der Geist ist, wird sich das Reich Gottes manifestieren.

Hier haben wir den *Ruach* Gottes, der Ordnung aus dem Chaos bringt, Licht aus der Dunkelheit und Leben aus dem Tod – und das tut er heute immer noch. Wann immer Sie das Evangelium predigen, derselbe *Ruach* Gottes bewirkt die Dinge im Leben der Menschen, die Ihnen zuhören.

Der Heilige Geist wird also bereits ganz am Anfang erwähnt. Ist Ihnen bewusst, dass Gott der Vater, Gott der Sohn und Gott der Heilige Geist zusammengearbeitet haben, um die Welt zu erschaffen, auf der wir leben? Alle drei Personen waren beteiligt. Sie sind alle in Kapitel 1 vorhanden und arbeiten gemeinsam daran, dieses wunderbare Universum zu erschaffen, das die Wissenschaft untersucht. Der Geist Gottes brütete über den Wassern. Warum wird uns das gesagt? Weil wir ganz am Anfang schon erfahren sollen, dass Ordnung aus dem Chaos entsteht, wenn der Heilige Geist handelt – und alles, was sich in die entgegengesetzte Richtung bewegt, kommt nicht vom Heiligen Geist. Gott ist ein Gott der Ordnung, nicht der Verwirrung. Wenn der Heilige Geist über das Chaos kommt, so bringt er daraus Ordnung hervor. Er produziert nicht noch mehr Chaos. Über der Formlosigkeit und dem Chaos brütete also der Geist – wörtlich bedeutet der hebräische Begriff, dass der Geist über dem Chaos „schwebte".

Die Erschaffung des Menschen ist weder auf den Begriff noch auf das Handeln des *Ruach* zurückzuführen. Es ist sehr interessant, dass wir das oft falsch interpretieren, diese Aussage, dass Gott Adam den Atem des Lebens einhauchte und er zu einer lebenden Seele wurde. Wie groß ist dieses Missverständnis. Zunächst einmal bedeutet lebende Seele schlicht und einfach ein atmender Körper. Das bezieht sich in 1. Mose 1 auf Tiere, es geht nicht um geistliche Wesen. Der Atem des Lebens ist hier *Neschama*. Es handelt sich um den normalen Atem, der lebendig macht. Gott legte nicht seinen *Ruach* in den Menschen.

Nichtsdestotrotz verfügt der Menschen über einen Geist, da er nach dem Bilde Gottes geschaffen wurde. Es gibt einen *Ruach* des Menschen, genauso wie den *Ruach* Gottes. Von entscheidender Wichtigkeit ist, dass der *Ruach* des Menschen vom *Ruach* Gottes übernommen wird. Er kann auch von anderen *Ruachs* dominiert werden: Lügengeistern oder unreinen Geistern; doch der normale Lebensatem des Menschen ist *Neschama*, das reguläre Atmen, die normalen Aktivitäten des Menschen. *Ruach* steht auch im Gegensatz zum „Fleisch", und auf sehr reale Art und Weise werden wir jetzt etwas erkennen: dass der *Ruach* Männer und Frauen zu etwas befähigt, was vollkommen außerhalb der Fähigkeiten des Fleisches liegt. *Ruach* wird immer mit unnormalen Aktivitäten assoziiert, mit etwas, das die Griechen leider „übernatürlich" nennen, darauf werden wir noch zurückkommen. Das Erstaunliche ist: der *Ruach* Gottes kann den *Ruach* eines Menschen übernehmen. Das Christentum ist die einzige Religion auf der ganzen Welt, die einen Gott verkündet, der in seinen Anbetern wohnt.

Das Nächste, was ich kurz anreißen möchte, ist die sehr schmutzige Geschichte in Genesis 6, als über 200 Engel menschliche Frauen verführten und schwängerten. Für Gott ist das so abscheulich wie Geschlechtsverkehr zwischen Menschen und Tieren. Es widerspricht Gottes Ordnung absolut und führte zu einer Welt, die von Okkultismus erfüllt war. Es begann mit pervertiertem Sex und Gewalt. Gewalt dominierte die Erde, ein sehr schmutziger Vorfall, unter dem wir immer noch leiden.

Inmitten dieser elenden Geschichte finden Sie die Aussage Gottes: „Mein Geist soll nicht ewig im Menschen bleiben " (1. Mose 6,3; ELB). Dieser Satz steht im Zusammenhang mit dem traurigsten Vers der Bibel. Ich kann ihn nicht lesen, ohne dass er mich berührt. Gott sagt: „Ich bereue, dass ich Männer und Frauen erschaffen habe." Als würden Eltern sagen: „Ich wünschte, wir hätten nie Kinder bekommen." Gott bedauerte, uns gemacht zu haben. Er bereute nichts anderes, der Rest war gut, doch er bereute, uns erschaffen zu haben. Damals wollte er die Welt reinwaschen – die Geschichte der Sintflut.

Dieser kleine Vers: „Mein Geist soll nicht ewig ...bleiben", vermittelt uns mehrere Punkte. Zunächst sagt er uns, dass der Geist Gottes im Menschen bleibt, aber ihn nie zu etwas zwingt. Das ist eine wichtige Einsicht, wie wir im Neuen Testament noch sehen werden. Der Geist zwingt Menschen niemals, etwas zu tun. Böse Geister tun das sehr wohl, es gibt ein zwanghaftes Element, doch Selbstbeherrschung gehört zur Frucht des Heiligen Geistes. Wenn jemand behauptet, der Heilige Geist habe ihn voll und ganz gezwungen, etwas zu tun, dann zweifle ich das an. Wir können ihn genau deshalb betrüben, weil er uns zu nichts zwingt.

Wenn wir den Heiligen Geist in der Kirchengeschichte betrachten, stellen wir fest, dass sein Dienst während der gesamten Geschichte davon bestimmt wird, was Menschen von ihm erwarten. Er handelt nicht außerhalb unseres Erwartungshorizonts. Aus diesem Grund erlebte die Gemeinde im großen Maßstab viele Jahrhunderte lang keine Gaben wie Zungenrede, Heilungen und Prophetie, eben weil die Menschen sie nicht erwarteten, sie hielten nicht danach Ausschau und wollten sie nicht. Sie wurden ihnen nicht aufgezwungen, weil der Heilige Geist bei uns bleibt, sich jedoch nicht aufdrängt. Doch daraus können wir auch schließen, dass der Heilige Geist oder Gott einen Punkt erreichen kann, an dem ihm die Geduld ausgeht. Dann sagt er: „Ich werde nicht weiter bei ihnen bleiben", und das ist die ernste Seite des Geistes.

Ich habe bereits angedeutet, dass der Geist Gottes, der den Geist eines Menschen übernimmt, diesen befähigen kann, etwas zu tun, was über seine Fähigkeiten hinausgeht, oder etwas zu sein, was er eigentlich nicht ist, oder etwas zu sagen, was er eigentlich nicht sagen könnte. Das sind die drei Bereiche, in denen der *Ruach Adonai* im Alten Testament wirkt: Er befähigt Menschen, etwas zu tun, zu sein und zu sagen, was über die Möglichkeiten ihres Fleisches absolut hinausgeht und daher nicht normal ist. Der Geist ist immer spürbar, das heißt, wir können ihn hören und sein Handeln wahrnehmen. Er ist mobil und lebendig und kann uns zu anderen Männern und Frauen machen.

Ein Schlüsseltext berichtet von dem Moment, als Saul sich unter den Propheten wiederfand und Gott ihm sagte: „Der Geist des Herrn wird auf dich kommen und du wirst in einen anderen Menschen umgewandelt werden" – er würde nicht mehr derselbe sein, als der er geboren wurde, allein auf seine natürlichen Fähigkeiten beschränkt. Du wirst dich dabei ertappen, Dinge zu tun, die du andernfalls niemals tun würdest – das ist der Schlüssel zum Geist im Alten Testament.

Betrachten wir die Dimensionen, die ich bereits angedeutet habe. Bei der ersten Erwähnung, dass der Heilige Geist auf Menschen kam, geht es überraschenderweise darum, dass diese Menschen mit ihren Händen etwas *tun* sollten. Auf Bezalel, Oholiab und ein Team von Männern fiel der Geist des Herrn, damit sie ein Gebäude errichteten – das Heiligtum, doch bevor der Geist ihnen die handwerklichen Fähigkeiten schenkte, gab er ihnen die benötigten geistigen Fähigkeiten. Es ist ein Hobby von mir, Gemeindegebäude zu entwerfen. Doch ich stelle immer wieder fest, dass viele Menschen keine Pläne lesen können. Sie sind nicht in der Lage, sich die Zeichnung eines Gebäudes anzuschauen und dabei gewissermaßen in ihrem Kopf ein dreidimensionales Bild zu erstellen. Sie können sich ein Gebäude anhand einer zweidimensionalen Abbildung nicht vorstellen. Daher erstelle ich für sie ein Modell. Manche Menschen können mit einem Modell mehr anfangen, doch Bezalel und Oholiab bekamen nicht einmal Pläne zu Gesicht. Ihnen standen keinerlei Zeichnungen zur Verfügung, daher benötigten sie als erstes die Fähigkeit, sich das Gebäude aufgrund einer Beschreibung, jedoch ohne Pläne, vorzustellen. Das ist keine einfache Sache, doch es heißt, dass Gott diesen Männern zuallererst das Vermögen gab, das Gebäude in ihrer Vorstellung zu sehen. Ist das nicht interessant? Anhand einer schriftlichen Beschreibung das Ganze zu sehen, es sich vorzustellen und zu erkennen, wie alles zusammenpassen würde.

Dann gab er ihnen handwerkliche Fähigkeiten. Sie mussten

Gold und Silber bearbeiten, schnitzen und komplizierte Stickereien anfertigen – alle möglichen Dinge, und es heißt, dass der Geist Gottes auf sie kam, um ihnen Weisheit und Erkenntnis zu geben, damit sie verstehen konnten, was Gott wollte. Und dann schenkte der Geist ihnen die handwerklichen Fähigkeiten, damit sie Dinge tun konnten, die sie noch nie getan hatten.

Dabei muss ich an einen Mann in unsere Gemeinde in Guildford denken, der während des Zweiten Weltkriegs in deutscher Kriegsgefangenschaft gewesen war. Dort musste er als Gärtner draußen arbeiten. Er besaß eine einfache Kamera und liebte es, Pilze zu fotografieren. Der Herr entfaltete das irgendwie in ihm, und er begann, seine Dias anderen vorzuführen, die davon begeistert waren. Daher kaufte sein Sohn ihm eine hochmoderne Kamera mit allem möglichem Zubehör und vielen Knöpfen. Der liebenswerte alte Gärtner betrachtete den Fotoapparat, wobei er ihn kaum richtigherum halten konnten. Dann machte er einen Spaziergang mit dem Herrn und betete: „Herr, erklär mir bitte, wie ich diese Kamera bedienen soll." Von da an wusste er genau, was er zu tun hatte und wie er die vollkommensten Aufnahmen von Pilzen machen konnte. Er setzte seine Aktivitäten fort und hielt zwei bis dreimal die Woche Vorträge im ganzen Land, wobei er auch Gott thematisierte. Ihm gefiel das Gerede von Tierfilmer David Attenborough über „Mutter Natur" nicht, daher sprach er über Gott den Vater, der dies alles geschaffen hatte. Und der Herr lehrte ihn, eine hochkomplizierte Kamera ohne jegliche menschliche Hilfe zu bedienen.

Der Herr kann das tun – es ist sehr praktisch. „Herr, fördere das Werk meiner Hände." Sie erkennen also, dass dies alles innerhalb von Zeit und Raum geschieht. Nicht sehr „geistlich", oder? Allerdings ist es das griechische Denken, das die Aktivität des Geistes auf Ihre Seele beschränkt, ihm jedoch nicht erlaubt, Ihren Körper zu berühren. Wir sind ganzheitliche Männer und Frauen, und der Geist kann die ganze Person berühren. Hier begann es also, es ist eine der ersten Begebenheiten, bei der

Gott eine detaillierte Beschreibung schenkte, die Weisheit sie zu verstehen, die Einsicht, sie als Ganzes zu sehen, und dann die handwerklichen Fähigkeiten, eines der schönsten Gebäude zu errichten – ein Abbild der Struktur, die im Himmel steht. Das Heiligtum war ein Ort, an dem Gott wohnen konnte, sein besonderes Zelt inmitten der Zelte der Israeliten, und es musste tragbar sein. Wäre es nicht wunderbar, tragbare Gemeindegebäude zu besitzen, bei denen man einfach die Zeltpflöcke herausziehen und mit ihnen weiterziehen könnte? Das entsprach dem Willen Gottes.

Später erhielt Simson physische Fähigkeiten. Ihm wurde übernatürliche Kraft verliehen. Auf jedem Unterrichtsblatt aus der Sonntagsschule, das mir zu Gesicht gekommen ist, sieht man einen Simson, der aussieht wie Arnold Schwarzenegger. Doch Simson sah nicht so aus. Wäre es der Fall gewesen, warum fragte ihn dann Delilah: „Was ist das Geheimnis deiner Stärke?" Ich danke Gott, dass Simson von seiner Statur her so aussah wie ich. Seine Stärke lag nicht in seinen Muskeln, in seinen Bizeps, sondern es war eine übernatürliche physische Kraft. Das Neue Testament bestätigt diese Tatsache. „Ist der Geist Gottes in euch, so wird Gott, der Jesus Christus von den Toten auferweckt hat, auch euren vergänglichen Körper lebendig machen; sein Geist wohnt ja in euch" (Römer 8,11; HFA). Ist das nicht großartig?

Natürlich führt uns das sofort zu den Wundern, die der Heilige Geist wirkt. Ein Wunder ist etwas, das ein Mensch nicht tun kann, es sei denn der *Ruach Adonai* ermöglicht dies. Übrigens, betrachten wir den Dienst von Elia und Elisa, so müssen wir Folgendes feststellen: Als Elisa um einen doppelten Anteil vom Geist Elias bat, sagte er damit nicht: „Ich will zweimal so mächtig sein wie du." Das ist ein krasses Missverständnis. Starb ein Jude, der vier Söhne hatte, wurde sein Geld oder sein Besitz in fünf Teile geteilt. Der Sohn und Erbe, der den Familienbetrieb übernahm, erhielt eine doppelte Portion, weil er die Last der Verantwortung trug. Wenn man um den doppelten Anteil des

Geistes bittet, sagt man damit: „Darf ich dein Sohn und Erbe sein? Darf ich deinen Dienst fortsetzen?" Doch alle ihre Wunder geschahen durch den *Ruach Adonai*. Der Geist kam über sie und dann vollbrachten sie Wunder.

Ein einzigartiger Aspekt des *Ruach Adonai* in der Bibel ist die Verbindung zur Musik. Auch hier handelt es sich um eine körperliche Fähigkeit, doch sie wurde durch den Geist Gottes verliehen. König David war weise, da er niemals einen Chorleiter auswählte, der nicht auch Seher war. Sie werden nicht so viele Probleme mit Ihren Chören bekommen, wenn die Leiter Ihrer Chöre, Lobpreis- oder Musikgruppen prophetisch begabt sind. Es ist wichtig, in der Gemeinde Musiker mit prophetischer Begabung zu haben, die sich vom *Ruach Adonai* leiten lassen. Anderenfalls kann es sehr gefährlich sein, sie auf Ihre Gemeinde loszulassen. David allerdings war durch den Geist einzigartig musikalisch begabt und komponierte viele Psalmen. Elia verlangte nach einem Musiker, der ihm durch seine musikalische Begabung dienen sollte, damit er prophezeien konnte. Dasselbe tat Hesekiel. Sie werden feststellen, dass es eine sehr enge Verbindung zwischen musikalischer Begabung und dem Wirken des Geistes an Menschen oder seinem Sprechen über Menschen gibt. Die Fähigkeit, Träume auszulegen; die Fähigkeit, von einem Ort an einen anderen versetzt zu werden – das geschieht im Alten und Neuen Testament. Es ist der *Ruach Adonai*, der eine Person wortwörtlich aufgreifen und sie woanders wieder absetzen kann. Die Menschen damals dachten, das sei mit Elia geschehen, bis sie feststellten, dass Gott ihn aufgegriffen und im Himmel wieder abgesetzt hatte.

Diese Dinge sind „unnormal", und leider hat die Gemeinde einen Punkt erreicht, an dem wir den *Ruach* Gottes als etwas Normales betrachten. Wir singen so dumme Lieder wie „sanft wie eine Brise, sanft wie der Abendwind". Haben Sie das schon einmal gehört? Der *Ruach Adonai* kommt nicht so sanft wie ein Abendwind, sondern wie ein mächtiges, starkes Brausen.

Oft „vergeistlichen" wir das Wirken des Geistes. Nehmen wir ein Beispiel aus dem Propheten Sacharja: „Nicht durch Heer oder Kraft, sondern durch meinen Geist, spricht der Herr." Wir wenden das auf alle möglichen geistlichen Dinge an. Dabei geht es um die Errichtung und Fertigstellung eines Gebäudes und darum, den Eckstein im Dach einzusetzen. Sacharja wurde gesagt: „Du wirst dieses Gebäude nicht durch menschliche Anstrengungen oder durch deine eigene Kraft fertigstellen können. Du wirst es durch meinen Geist vollenden." Wir betrachten die Welt durch eine „griechische Brille" und vergessen, dass das Physische und das Geistliche im hebräischen Denken nicht getrennt werden, sondern dass der *Ruach Adonai* beides beeinflusst. Wir sind ganzheitliche Personen, nicht ein Körper, in dem eine Seele wohnt. Im hebräischen Denken ist die Seele ein atmender Körper – er trägt Leben in sich.

Wir haben das Tun betrachtet, jetzt wenden wir uns dem Sein zu. Interessanterweise liegt im Alten Testament der Schwerpunkt auf der Fähigkeit, andere zu führen. Die meisten Menschen, auf die im Alten Testament der *Ruach Adonai* fiel, waren Anführer des Volkes. Jesaja 28,6 ist ein typisches Beispiel: Gott wird ein Geist des Rechts sein für Menschen, die zu Gericht sitzen. Es geht um die Fähigkeit, andere zu führen und zu richten, das Vermögen, zu herrschen und zu regieren – das zeigt sich jedes Mal.

Im Alten Testament gab es drei Arten von Leitern. Sie können sie nach drei Abschnitten der Geschichte einteilen: Kapitel 1, als Israel von Propheten geführt wurde, von Mose bis Samuel; Kapitel 2, als Könige sie anführten, von Saul bis Zedekia; Kapitel 3, als ihnen Priester vorstanden, von Serubbabel bis zu Hannas und Kaiphas. Das sind die drei Hauptphasen der Leiterschaft im Alten Testament. Tatsächlich war der Zeitabschnitt der Könige vergleichsweise kurz, auch wenn wir das oft vergessen.

Alle drei Führungsmodelle versagten letztendlich, doch sie waren die Konsequenz dessen, dass der *Ruach Adonai* auf

Menschen kam. Gottes Geist kam auf Mose, um die Israeliten aus Ägypten zu befreien. Mose bestätigte, dass es der Geist Gottes war, der ihn dazu befähigte. Er kam auf Josua, um sie ins Land Kanaan hineinzubringen. Gottes Geist kam insbesondere auf die Richter – das Buch der Richter ist ein sehr charismatisches biblisches Buch. Sie lesen dort, wie sich Gottes Geist auf Otniël, dann auf Gideon, Jeftah und, am bekanntesten, auf Simson lagerte. Es war eine Zeit prophetischer Führung.

Interessanterweise versuchten sie dann, das Charismatische zu einer Institution zu machen. Als Gideon sie durch die Macht des Geistes von den Midianitern befreite, wissen Sie, was die Israeliten da zu Gideon sagten? „Gideon, wir möchten, dass dein Sohn nach dir unser König wird, und dein Enkel dann später auch. Errichte eine Dynastie, wir wollen einen König, und du hast dich als der ideale Kandidat herausgestellt ..."

Mir ist aufgefallen, dass Gott nur äußerst selten durch physische Abstammung handelt und dass es für Söhne fatal sein kann zu versuchen, ihre Väter nachzuahmen. Söhne sind eigenständige Persönlichkeiten.

Die Richter hatten eine zweifache Aufgabe: Sie sollten nicht nur innerhalb des Volkes Gottes regieren, sondern es auch vor äußeren Feinden verteidigen. Nur eine kleine interessante Nebenbemerkung: Debora regierte im Inneren, verteidigte jedoch nicht nach außen; das musste Barak tun. Die Richter wurden von Gott berufen, als charismatische Führung, doch die Menschen wollten es wiederholen oder konservieren oder institutionalisieren. Wenn man das tut, kommt es zu versteinerten Strukturen, und Gideon sagte Gott sei Dank zum Volk: „Ihr habt bereits einen König und zwar den Herrn." Wir brauchen keine menschliche Nachfolgeregelungen, sondern göttliche Salbung zur Herrschaft.

Weiter geht's. Zur Zeit der Könige kam der Geist des Herrn mächtig über Saul, doch eines Tages wurde ihm der Geist des Herrn wieder entzogen, berichtet die Bibel. Er wurde am selben

Tag auf David übertragen und ein böser Geist wurde in Saul hineingelegt, der den Heiligen Geist ersetzte – das ist eine höchst ehrfurchtsgebietende Aussage.

Ab der Herrschaft Salomos gab es keinen gesalbten König mehr im Alten Testament. Entweder eroberte man den Thron durch einen Militärputsch oder er wurde an die Söhne weitervererbt – und Salomo war eine Mischung von Gutem und Schlechtem. Er bat um Weisheit für seine Regentschaft, und Gott ehrte diese Bitte und gab ihm Weisheit. Zwei Mütter kamen in seinen Palast, die beide dasselbe Baby für sich beanspruchten, nachdem ein weiteres Baby gestorben war. Dieser Mann hatte Weisheit dringend nötig, da er mit zwei Frauen konfrontiert war, die heftig miteinander stritten. Salomo gab die weiseste Antwort, die man hätte geben können. Er sagte: „Schneidet das Baby in der Mitte durch und gebt jeder von ihnen eine Hälfte." Sofort sagte die Frau, die nicht die wahre Mutter war: „Einverstanden, kein Problem", doch die echte Mutter wollte ihr Kind lieber abgeben, wenn es dafür am Leben blieb, und sagte: „In Ordnung. Sie soll das Baby haben", und so erhielt Salomo die benötigte Erkenntnis. Er hatte seine Antwort bekommen, und ihm war Folgendes bewusst: Obwohl er im Traum um Weisheit gebeten hatte, wurde seine Bitte erfüllt, und der Heilige Geist schenkte ihm Weisheit. Als der Heilige Geist auf ihm ruhte, konnte er das Buch der Sprüche schreiben und die weisesten Entscheidungen treffen; doch mit ihm geschah dasselbe wie mit Simson vor ihm: Als Salomo aufhörte, der Weisheit des Geistes zu vertrauen, und ohne ihn handelte, kam es zum Chaos.

Einmal hat mich die biblische Geschichte von Salomo auf sehr praktische Art und Weise inspiriert. Ich predigte in Islington, und nach der Predigt kam ein junges Paar zu mir. Sie sagten mir schlicht und einfach: „David, wenn du uns nicht hilfst, werden wir uns scheiden lassen." Das ist eine ziemliche Herausforderung.

Ich antwortete ihnen: „Leider muss ich in fünf Minuten gehen."

Wieder sagten sie zu mir: „Du musst uns helfen, sonst werden wir uns scheiden lassen."

„Wie lange seid ihr schon verheiratet?"

„Drei Monate!"

„Ihr wollt euch nach drei Monaten wieder scheiden lassen?"

„Ja."

„Liebt ihr einander?"

„Das dachten wir eigentlich."

„Liebt ihr den Herrn?"

„Ja, das tun wir beide."

„Wie um alles in der Welt habt ihr euch kennengelernt?" Dann kam alles heraus: Sie machte Besuchsdienste im Gefängnis und ging dazu in ein Männergefängnis. Das war natürlich verrückt. Sie führte diesen Jungen zum Herrn, das tat sie wirklich, sie machte ihn zu einem Jünger Jesu, woraufhin er im Glauben wuchs und reifte, und nach einer gewissen Zeit wurde er aus dem Gefängnis entlassen. Ohne Familie wusste er nicht, wohin er sich wenden sollte. Sie war Single und lebte allein; im Alter von 30 Jahren fragte sie sich, ob sie jemals heiraten würde. Er sagte: „Weißt du, ich bin dir nicht nur dankbar für alle geistliche Unterstützung, die du mir gegeben hast, ich habe dich auch wirklich liebgewonnen. Hast du mich auch lieb?"

„Ja", antwortete sie.

Er fragte weiter: „Könntest du dir vorstellen, dass wir heiraten und gemeinsam einen Hausstand gründen?"

„Ja," sagte sie, „sehr gerne."

Dann zog er bei ihr ein, und sie stellte fest, dass er ein rauer Kerl war, der mit den Fingern aß statt mit Messer und Gabel. Wenn er sich abends auszog, sprang er einfach aus seinen Klamotten und ließ sie am Boden liegen. Sie war in einem Zuhause mit Spitzenvorhängen aufgewachsen, alles war sauber, ordentlich und aufgeräumt. Sie passten bis auf ihren Glauben überhaupt nicht zusammen, und sie sagten: „Wir können nicht mehr – nach drei Monaten können wir einander nicht mehr ausstehen. Wir haben einen furchtbaren Fehler begangen." Ich weiß noch, wie ich zum Herrn sagte: „Herr, ich habe noch drei oder vier Minuten Zeit. Du hast Salomo Weisheit gegeben, bitte, gib mir auch etwas davon", und das tat er.

Ich sagte zu ihnen: „Hört mir gut zu. Das müsst ihr tun. Ihr müsst es eine Woche lang machen wie er und eine Woche lang wie sie. In der ersten Woche macht ihr alles auf seine Art – und du, als Frau, musst deine Kleider auf den Boden schmeißen und mit den Fingern essen. Doch in der nächsten Woche ist er dran und muss lernen, seine Klamotten in eine Schublade zu räumen und Messer und Gabel zu benutzen. Das macht ihr immer wieder, eine Woche so und die andere so." Sie sah mich an und sagte: „Das ist so verrückt, das muss vom Herrn sein." Dann fragten sie: „Ist das alles?" Ich antwortete ihnen: „Das ist alles, was ich gehört habe. Gott segne euch. Auf Wiedersehen."

Ich habe sie nie wiedergesehen, doch sechs Monate später bekam ich einen Brief von ihnen. Ich hätte vor Freude heulen können. „Lieber David, wir hätten nie gedacht, dass die Ehe so wunderbar sein kann", und sie schrieben weiter, wie glücklich sie seien, doch das Wichtigste, worauf ich wirklich neugierig war, verrieten sie mir nicht: Machten sie es immer noch eine Woche so und die andere so? Jetzt kann ich ein Buch über Eheseelsorge schreiben! Ich habe die Antwort gefunden! Ganz im Ernst, ich habe das seitdem keinem anderen Paar mehr empfohlen. Es war ein Wort der Weisheit, und Sie müssen sorgfältig darauf achten, dass Sie nicht die Dinge immer wiederholen, die der *Ruach Adonai* Ihnen zu sagen aufträgt.

Salomo erhielt Weisheit für alle anderen, nur nicht für sich selbst. In der Sonntagsschule erzählte man mir, er sei der weiseste Mann gewesen, der je gelebt hat. 700 Frauen und 300 Nebenfrauen – würden Sie das als weise bezeichnen? 700 Schwiegermütter! Tatsächlich heißt es in der Bibel nicht, dass der *Ruach Adonai* auf Salomo ruhte, und natürlich brach alles auseinander, als er starb. Einen derart gesalbten König finden Sie nie wieder.

Später, als die Juden aus dem Exil zurückkehrten, kam der Geist auf die Priester. Die Israeliten wurden von Priestern angeführt und erhielten keinen König mehr, bis auf eine sehr kurze Zeit während der Herrschaft der Makkabäer. Sie hatten gesalbte Priester, und der Geist kam auf Serubbabel. Sie probierten also jede Herrschaftsform aus. Was sie wirklich brauchten, war jemand, der Prophet, Priester und König in einem sein würde.

Der Geist Gottes befähigte Menschen, außergewöhnliche Dinge zu tun, insbesondere sein Volk anzuführen, doch der andere Wirkungsbereich war die Fähigkeit, *etwas zu sagen*. Das ist die bekannteste und vielleicht die bedeutsamste Gabe im Alten Testament. Denken Sie daran, dass bewegte Luft mit dem Mund zu tun hat, und *Ruach* hat unmittelbar etwas mit Sprache zu tun. Er befähigt Menschen zu prophezeien.

Mose war hauptsächlich ein Prophet. Viele betrachten ihn als den größten Propheten des Alten Testaments. Interessanterweise kam der Geist des Herrn auf die 70 Ältesten, die er ernannt hatte, und sie prophezeiten. Doch sie taten es nicht wieder, sondern nur dieses eine Mal.

Prophezeiung geschieht immer mit dem Mund. Der Geist Gottes übernimmt den Mund einer Person. Der Geist Gottes kann sogar auf einen Esel kommen und ihn die Worte Gottes aussprechen lassen. Oft sage ich zu Ehefrauen, deren Männer nicht gläubig sind: „Sie sollten mit diesem Problem zu Ihrem Mann gehen, nicht zu mir." Sie antworten mir dann: „Aber er ist kein Christ, er hat sich noch nicht bekehrt." Ich antworte: „Das ist nicht entscheidend, Sie brauchen nur ein wenig Glauben, dass Gott durch Ihren Ehemann zu Ihnen sprechen wird." Sie nehmen mir das nicht ab, weil ihre Männer keine Christen sind. Dann sage ich: „Aber Gott hat doch schon einmal zu einem Mann durch seinen Esel gesprochen", und dann glauben sie es mir! Ist das nicht interessant? Das sagt mir genau, was sie an diesem Punkt von ihren Ehemännern halten; doch wenn der *Ruach Adonai* jemanden ergreift, dann kann er sprechen, weil er hören kann, und Gott wird ihm die Worte in den Mund legen.

Als Saul zu einem anderen Menschen wurde, gemäß dem Sprichwort: „Ist Saul auch unter die Propheten gegangen?", heißt es in der Bibel, dass sie prophezeiten. Das ist sehr interessant – sie spielten Musik, als er diese Gruppe von Propheten traf. Was auch immer sie taten, es war nicht für Menschen bestimmt; sie taten es für Gott, und es war sicherlich ein unnormales Verhalten. Ich will nicht ausschließen, dass sie in Zungen redeten. Die Gabe der Zungenrede gab es ganz sicher in Babel, ebenfalls zur Zeit des Alten Testaments. Sie taten Dinge, die man normalerweise nicht tun würde, und genau das ist eine Eigenschaft des *Ruach Adonai*. Er überwindet unsere Hemmungen. Sie tun Dinge, die Sie normalerweise niemals wagen würden. David, der vor der Bundeslade tanzte, ist nur ein Beispiel dafür. Seiner Frau gefiel das nicht, doch Gott gefiel seine Frau nicht. Es heißt, dass Saul sich auszog und prophezeite – verrückt! Doch Menschen, die vom *Ruach Adonai* berührt werden, tun verrückte Sachen.

Eines ist wirklich wichtig, und ich möchte es betonen: Versuchen Sie nie, eine dieser Verrücktheiten nachzumachen! Der arme Jesaja musste nackt durch die Straßen Jerusalems laufen! Wir sind so schnell dabei, nachzuahmen, was der *Ruach Adonai* mit anderen Menschen macht! Eine Schwäche charismatischer Gemeinden besteht darin, dass sie sich immer nach der neusten Manifestation umsehen, der einen wichtigen Antwort, die alle Probleme lösen wird. Sie hören, dass der *Ruach Adonai* dieses oder jenes getan hätte: „Ah, das ist also die Antwort! Auch wir müssen das jetzt alle tun." Doch er geht unterschiedlich mit uns um. Erlauben wir ihm doch, uns zu sagen, wer wir sein und was wir tun sollen, und es wird einzigartig sein. Denn wir sind alle einzigartig.

Später allerdings hatten Prophetien einen verständlicheren Inhalt, sie wurden zu sehr deutlichen Botschaften Gottes. Nun traten Propheten auf, die unerschrocken im Namen Gottes redeten. Mose hatte das bereits getan, doch dann tritt eine ganze Gruppe von Propheten anlässlich einer speziellen Krise in der Geschichte Israels auf. Ihre Botschaft von Gott bezieht sich auf die Vergangenheit, die Gegenwart und die Zukunft. Prophetie hat diesen dreifachen Bezug, und wir sollten sie nicht auf Zukunftsvorhersagen beschränken, auch wenn sie einen wichtigen Bestandteil darstellen.

Ihre Botschaft verwies auf die Vergangenheit – auf den Bund, den Gott mit Israel am Sinai geschlossen hatte; dann folgte eine sehr scharfsinnige Analyse ihrer Probleme in der Gegenwart; und eine akkurate Prognose der Zukunft, die sich zwingend aus der Gegenwart ergeben würde, wenn sie ihr Verhalten nicht änderten. Sie hatten dieses umfassende Verständnis, dass Gott über die Zeit herrscht. Er war, ist und wird sein, und diese Männer waren ausnahmslos Propheten durch den *Ruach Adonai*, der auf sie kam – der Geist Gottes befähigte sie zu diesem Amt.

Eine bemerkenswerte Eigenschaft sowohl der großen Propheten (sie heißen so, weil sie dickere Bücher schrieben) als auch der kleinen Propheten (die dünnere Bücher verfassten – was für eine alberne Benennung!) war folgende: Sie sprachen die Botschaft aus, die Gott ihnen aufgetragen hatte, was immer es sie kosten mochte – das ist Kühnheit. Im Neuen Testament wird das griechische Wort *paresia* verwendet – und zwar häufiger als Zungenrede oder Sprachen, um zu beweisen, dass jemand mit dem Geist erfüllt war. Kühnheit im Sprechen: der Mut, die Wahrheit zu sagen, ungeachtet der Konsequenzen für den eigenen Ruf, was immer auch geschehen mag. Manche dieser Männer bezahlten wirklich einen hohen Preis dafür, so mutig zu reden. Ich denke beispielsweise an Jesaja. Wissen Sie, was König Manasse ihm antat? Zunächst verbot er ihm zu sprechen, daher schrieb Jesaja seine Prophezeiungen in ein Buch. Gott sei Dank, sonst könnten wir sie heute nicht lesen, doch dann ließ ihn Manasse in einen hohlen Baumstamm stecken und befahl Zimmerleuten, ihn in zwei Hälften zu zersägen. Auf Jesaja bezieht sich der Vers in Hebräer 11, wo es heißt, dass manche zersägt wurden. Man könnte fast sagen, dass Bibelforscher immer noch versuchen, dasselbe mit seinem Buch zu tun – es in Proto-Jesaja, Deutero-Jesaja und alle anderen zu zerlegen. Der arme Jesaja zahlte einen hohen Preis. Jeremia wurde in eine Grube geworfen. Die Propheten mussten ihre Botschaften ausleben, was wiederum Mut erforderte. „Jeremia, du darfst nicht heiraten." „Hosea, du sollst eine Prostituierte heiraten." „Wie bitte?" „Geh und such dir eine Prostituierte und bekomme mit ihr drei Kinder. Das erste Kind wird sie lieben, das zweite nicht, und das dritte wird nicht einmal dein Kind sein, Hosea." „Und dann, Herr?" „Dann wird sie auf die Straße zurückkehren." „Was tue ich dann mit drei Kindern?" „Geh und kauf sie dir von dem Zuhälter zurück, der sie kontrolliert, nimm sie mit nach Hause und liebe sie erneut." „Und was soll ich dann tun, Herr?" „Dann gehst du zu meinem Volk Israel und sagst ihm, dass ich mich ihnen gegenüber genauso fühle wie du", spricht der Herr. Hesekiel verlor seine Frau und durfte nicht einmal um sie trauern.

Diese Männer waren unglaublich mutig. Dieser Mut rührte daher, dass der *Ruach Adonai* auf sie kam, ein Kennzeichen all derer, auf die der *Ruach* fällt. Man hat mich schon öfter gefragt: „Was ist der Beweis dafür, dass man mit dem Heiligen Geist erfüllt wurde?" Ich antworte dann: „Ich sage es Ihnen in einem Wort: Probleme." Wenn Sie seit Ihrer Erfüllung mit dem Geist Gottes keine Probleme gehabt haben, dann frage ich mich, ob Sie im Geist wandeln. Die Wahrheit unverblümt auszusprechen, bringt Ihnen Probleme ein. Ich ärgere mich immer über Zeugnisse, in denen es heißt: Ich kam zu Jesus und alle meinen Schwierigkeiten waren vorbei." Mein Zeugnis ist einfach. Im Alter von 17 Jahren kam ich zu Jesus, und meine Probleme begannen. Jahre später wurde ich im Heiligen Geist getauft, und meine Schwierigkeiten verschlimmerten sich. Das entspricht den Verheißungen Jesu, denn er hat gesagt: „In der Welt werdet ihr große Bedrängnis haben", doch er sagte auch: „Kopf hoch! Ich stehe drüber."

Propheten haben den Preis bezahlt. Micha, Jahasiël, Sacharja, Jesaja, und Hesekiel, sie alle schrieben die Worte, die sie aussprachen, und den Mut, den sie bewiesen, dem *Ruach Adonai* zu – sie empfingen Kraft, etwas auszusprechen.

Zusammenfassend kann man sagen, dass der Heilige Geist im Alten Testament auf nur sehr wenige Menschen kam. Wenn Sie alle von ihnen zusammenzählen, kommen Sie vermutlich auf nicht mehr als 150 Personen. Bedenken Sie, dass zweieinhalb Millionen hebräische Sklaven Ägypten verließen, und zählen alle nachfolgenden Generationen dazu, dann stellen Sie fest, dass tatsächlich nur sehr wenige Personen den *Ruach Adonai* erlebten. Es waren hauptsächlich einige ihrer Anführer, Propheten, Priester and Könige, doch nicht sehr viele Menschen aus dem Volk. Es gab also viele Helden, berühmte Namen, doch wir leben in einem neuen Bund, der ganz anders ist. Jetzt hängt nicht alles von ein paar großen Persönlichkeiten ab. Ich bin froh, dass ich nicht unter dem alten Bund lebe, denn dann hätte ich zu den Millionen von Menschen in Gottes Volk gehören können, die der *Ruach Adonai* nicht berührte. Der Heilige Geist kam auf wenige Menschen, um vielen zu dienen, und niemals wieder verdankten die Vielen den Wenigen so viel. Es kommt in der Bibel überhaupt nicht vor, dass der ganz gewöhnliche Durchschnitts-Israelit den *Ruach Adonai* erlebt hätte. Ich finde es hilfreich, sowohl festzustellen, was die Bibel nicht sagt, als auch zu bemerken, worüber sie berichtet – wenn man die Dinge betrachtet, die fehlen, erkennt man sehr viel.

Doch selbst bei den Wenigen, auf die der *Ruach Adona*i kam, blieb er nicht. Es war kein Dauerzustand, sondern er kam und ging wieder. Allerdings gibt es Hinweise darauf, dass der Heilige Geist in einigen von ihnen mehr oder weniger fortdauernd wirkte. Die Wenigen, die ich als Anschauungsbeispiele finden konnte, waren Josef, Mose, Josua, Daniel, Samuel, Elia und Elisa. Der Hinweis besteht darin, dass sie als Männer beschrieben werden, in denen der Geist Gottes war.

Im gesamten Alten Testament gibt es nur einen einzigen Mann, von dem ausdrücklich gesagt wird, dass der Geist bei ihm blieb, nachdem er auf ihn gekommen war – König David. Er ist der einzige, über den der Geist Gottes kam und der ständig bei ihm blieb. „Sogleich kam der Geist des HERRN über David und verließ ihn von da an nicht mehr" (1. Samuel 16,13; HFA). Wie interessant – der entscheidende Repräsentant der Königsfamilie Davids war ein König, der gleichzeitig Prophet war, jedoch kein Priester. Dann gibt es im Alten Testament ein paar Wenige, die Priester und Propheten waren, wie Hesekiel; und wieder andere, die Propheten und Könige waren, wie David. Doch kein einziger war Prophet, Priester und König in einem.

Allerdings kam der fürchterliche Tag, an dem David fünf der Zehn Gebote brach. Er begehrte die Frau seines Nächsten, legte falsches Zeugnis gegen ihren Ehemann ab, stahl ihm die Frau, beging Ehebruch mit ihr und ermordete den Ehemann. Das war ein Armutszeugnis für einen Mann nach dem Herzen Gottes. Als er damit konfrontiert wurde und der Prophet Nathan ihm sagte: „Du bist dieser Mann", wissen Sie, was Davids größte Sorge war? „Herr, nimm deinen Geist nicht von mir!" In Psalm 51 sehen wir einen Mann, der sich der bleibenden Gegenwart des Geistes bewusst war. Das, was er am meisten fürchtete, war, dass er den Heiligen Geist durch diesen Vorfall verlieren würde, doch das geschah nicht. Das war sein Gebet: „Gott, nimm deinen Geist nicht von mir."

Der andere Punkt, den wir erwähnen müssen, ist, dass im Alten Testament die Fähigkeit stärker betont wird als der Charakter. Es geht hauptsächlich um Macht und nicht so sehr um Reinheit, an der sich das Wirken des Heiligen Geistes im Alten Testament zeigt.

Die alttestamentarischen Zukunftshoffnungen waren zweigeteilt; eine von ihnen konzentrierte sich auf eine viel begrenztere Erfahrung des *Ruach Adonai* als zuvor, während die andere sich auf ein viel weiteres Erleben fokussierte. In gewisser Weise zoomen wir also mit dem Objektiv tiefer hinein und dann wieder heraus. Zunächst sehen wir diesen Hoffnungsfokus auf einen geisterfüllten Herrscher, der den Heiligen Geist ohne Beschränkungen empfangen würde; der alle Fähigkeiten und alle Charaktermerkmal hätte, die der Heilige Geist verleihen kann, ein perfekter König: der Messias auf Hebräisch, *Christos* auf Griechisch und König auf Deutsch. Diese Hoffnung erfüllte sich, als Jesus geboren wurde.

Die andere Seite dieser Hoffnung waren geisterfüllte Untertanen desselben Königs. Die Kombination eines geisterfüllten Herrschers, der über ein Volk regiert, in dem jede einzelne Person ebenfalls den Heiligen Geist hat, ist das, was die Juden unter dem „Reich Gottes" verstehen. Jesus hat den Begriff „Reich Gottes" niemals definiert oder erklärt, da jeder Jude wusste, was er damit meinte. Das Königreich Gottes besteht nicht nur aus einem geisterfüllten Herrscher, sondern jeder Untertan in diesem Reich ist ebenfalls mit dem Heiligen Geist erfüllt. Das ist das Konzept vom Reich Gottes, nach dem sich viele sehnten und für das sie beteten.

Betrachten wir nun die beiden Hälften, zunächst den geisterfüllten Herrscher. Wir erkennen dieses Konzept insbesondere bei Jesaja 1000 Jahre, bevor es eintrat. Hier sehen wir das Bild eines Mannes, der so sehr mit dem Heiligen Geist erfüllt ist, dass er die Funktionen eines Propheten, Priesters und Königs in sich vereint – alles, was wir bei einer Führungspersönlichkeit brauchen; er wird zudem über den erforderlichen Charakter, die Gaben und Fähigkeiten verfügen; der Geist der Weisheit und der Einsicht wird auf ihm ruhen, der Geist des Rates und der Kraft, der Geist der Erkenntnis und der Ehrfurcht vor dem Herrn. All das finden wir in Jesaja 11, und er würde aus dem Stumpf Isais hervorkommen, aus diesem abgehauenen Baum. Als frischer grüner Zweig wächst dieser geisterfüllte König aus diesem Baumstumpf empor. Darum wurde Jesus in Bethlehem geboren, er kam aus der Wurzel Isais hervor.

Machen wir uns erneut bewusst, dass Jesaja 42 auch den Text für die erste Predigt Jesu in Nazareth enthielt: „Der Geist des

Herrn ruht auf mir", wobei dort aufgelistet steht, was er tun würde: den Armen frohe Botschaft bringen, die Gefangenen freimachen, die Geknickten aufrichten etc. Wissen Sie, worum es dabei ging? Um das Erlassjahr oder Jubeljahr. Alle 50 Jahre beging man in Israel ein Erlassjahr. Es beinhaltete gute Nachrichten für die Armen, weil aller Besitz zu seinem ursprünglichen Eigentümer zurückkam und alle wieder auf gleichem Niveau anfingen, eine radikale wirtschaftliche Maßnahme, doch meiner Ansicht nach eine ganz wunderbare. So konnte man regelmäßig verhindern, dass die Reichen zu reich und die Armen zu arm wurden – das ist Gottes Antwort. Sie lautet nicht: Frohe Kunde für die Reichen!

Sklaven wurden ebenfalls im Jubeljahr freigelassen. Es ist das angenehme Jahr des Herrn. Warum ist es für den Herrn angenehm? Jeder ist wieder gleich und die Sklaven werden freigelassen, das macht es angenehm. Jesus verkündete: „Der Geist des Herrn ist auf mir, um ein angenehmes Jahr des Herrn auszurufen" (siehe Lukas 4,19). Das Erlassjahr hatte begonnen.

Jesaja erkannte nicht, dass der König in seinen früheren Prophezeiungen und der leidende Knecht aus der zweiten Hälfte seines Buches, der für sein Volk sterben und wiederauferstehen würde, dieselbe Person waren – und bis heute ist das den meisten Juden nicht bewusst. Obwohl Gott ihnen durch die Schriftrollen vom Toten Meer die Jesaja-Rolle im Jahr der Staatsgründung Israels gab, erkennen sie immer noch nicht die Bedeutung von alledem. Jesaja war das einzige vollständige Buch, das man in den Schriftrollen vom Toten Meer fand. Sie haben es als einziges im Schrein des Buches in der Nähe der Knesset ausgestellt und sehen es immer noch nicht – sie sind verblendet.

Sie können nur nach einem kommenden König Ausschau halten; mit einem leidenden Gottesknecht konnten sie nicht umgehen. Wir wissen, dass diese beiden zusammengehören, denn der Geist des Herrn, derselbe Geist, der auf dem König ruht und ihn mit Weisheit, Rat und Macht erfüllt, liegt auch auf dem Knecht, der für sein Volk stirbt. Durch seine Wunden sind wir geheilt. Das ist die „enge" Zukunftshoffnung; die weite Zukunftshoffnung besteht darin, dass er ein Reich besitzen wird, in dem jeder Untertan geisterfüllt ist.

Der Heilige Geist wird im Alten Testament nicht „Heiliger Geist" genannt, außer in der Bitte Davids: „Nimm deinen Heiligen Geist nicht von mir." „Heiliger Geist" ist sein Name im neuen Bund, und das ist eine sehr wichtige Ergänzung. Er wird im Alten Testament nicht der Heilige Geist genannt, weil er dort nie als Gott bezeichnet und auch nicht als Person behandelt wird. Man betrachtete ihn als Kraft Gottes, doch für die Juden war er wohl mehr ein „Es" als ein „Er". Allerdings gab es ein oder zwei Ausnahmen. Jesaja kam der Wahrheit ziemlich nahe, als er sagte: „Betrübt nicht den Heiligen Geist." Beachten Sie, dass Jesaja diese Aussage als erster traf, noch vor Paulus. Ein „Es" kann man nicht betrüben. Nichtsdestotrotz müssen wir Folgendes feststellen: Hätten wir nur das Alte Testament, so könnte man uns kaum vorwerfen, den Heiligen Geist nicht als Person zu sehen. Darum mussten sie sich damals auch nie mit dem Problem der Dreieinigkeit auseinandersetzen. Sie wussten nur, dass es einen Gott gab, doch gleich zu Beginn der Bibel gibt es eine außergewöhnliche Aussage in Genesis 1. Dort wird Gott *Elohim* genannt, was bedeutet, dass er aus drei oder mehr Personen besteht. *El* ist einer, *Eloha* sind zwei, doch *Elohim* sind drei oder mehr. Und dennoch stehen alle Verben im Singular, obwohl Gott im gesamten ersten Kapitel von Genesis *Elohim* genannt wird.

„Am Anfang schuf [Einzahl] Götter [Mehrzahl] Himmel und Erde ..." Natürlich wissen die Juden nicht, wie sie damit umgehen sollen. Sie behaupten, es handle sich um einen Pluralis Majestatis, die Selbstbezeichnung eines königlichen Herrschers im Plural, wenn Gott sagt: „Lasst uns Menschen machen, ein Bild, das uns gleich sei." Jetzt erkennen wir jedoch den *Geist* als Gott und als Person, aber im Alten Testament wird er nicht wirklich vollständig als Person behandelt. Er ist vielmehr der Atem Gottes, seine Macht, die unsichtbare Kraft Gottes, die kommt, daher ist dieser Ansatz beschränkt. In den Anfangskapiteln des Alten Testaments wird er üblicherweise der Geist Gottes genannt, entweder *Ruach Adonai* oder *Ruach Elohim*. Später, als die Menschen mit dem Wirken des Geistes vertrauter wurden, nannten sie ihn einfach den Geist, doch sobald wir im Neuen Testament sind, ist er der Heilige Geist, die dritte Person der gelobten Dreieinigkeit, und wir erkennen so viel mehr über ihn.

Wir danken Gott für das Fundament, das im Alten Testament gelegt wurde, doch Gott sei Dank leben wir in einem ganz neuen Bund. Hesekiel prophezeite, dass im Kontext dieses Bundes Gottes Heiliger Geist über uns ausgegossen würde. In diesem Zusammenhang erklärte Jeremia, dass der Geist unseren Gehorsam Gott gegenüber in unserem Inneren bewahren würde, anstelle des Gesetzes, das nur von außen wirken konnte; in diesem Bund würden wir alle Propheten sein, erklärte Joel. Das prophetische Reden aller Gläubigen ist jetzt im neuen Bund möglich.

Bei dem bereits erwähnten Vorfall (1. Samuel 9,27ff) erfahren wir, dass Saul dem Propheten Samuel begegnete, der ihm eine außergewöhnliche Botschaft weitergab – dass er der erste König Israels werden sollte. Über Saul wurden prophetische Worte ausgesprochen, und er sollte eine Gruppe von Propheten treffen, die eine Höhe herabkommen und prophezeien würden, während vor ihnen Leute, die auf Harfen, Tamburinen, Flöten und Lauten spielten, herzogen. Dann sollte der Geist des Herrn über Saul kommen, der mit ihnen zusammen prophezeien und in einen anderen Menschen verwandelt würde. Die Menschen würden fragen: „Gehört jetzt Saul auch zu den Propheten?"

Hier sehen wir die Botschaft des gesamten Alten Testaments mit Blick auf den Heiligen Geist: Die Kraft des Heiligen Geistes, die über einen Mann kommt, verwandelt ihn in einen anderen Menschen, er hat jetzt einen anderen Charakter und kann Dinge tun, zu denen er vorher nicht in der Lage war.

Eine Lüge des Teufels, die mir immer wieder begegnet, lautet, dass man die menschliche Natur nicht verändern könnte. Rein menschlich gesehen stimmt das auch. Es gibt nur eine Macht im gesamten Universum, die einen Mann zu einer anderen Person machen kann, die ihn mehr zum Mann werden lässt, als er es zuvor war – die ihn mehr Mensch werden lässt, ihm eine stärkere Persönlichkeit verleiht – und das ist die Macht des Heiligen Geistes.

Mich beeindruckt die Tatsache, dass die Menschen, die zur Zeit des Neuen Testaments an Pfingsten mit dem Heiligen Geist erfüllt wurden, nicht zu Robotern wurden. Sie wurden viel mehr sie selbst, als sie es je gewesen waren. Sie wurden zu attraktiveren Charakteren und stärkeren Persönlichkeiten, sich selbst viel ähnlicher. Im verbleibenden Teil des Neuen Testaments sind Johannes, Petrus und Paulus immer noch in ihren Persönlichkeiten sehr unterschiedlich, sogar noch unterschiedlicher als zuvor. Doch irgendwie sind sie auch neue Menschen; jeder von ihnen wurden zu einem anderen Mann.

Im gesamten Alten Testament lesen wir, dass der Heilige Geist jemanden „überkam", über ihm „ausgegossen" wurde oder eine Person erfüllte. Das sofortige Resultat war, dass sie zu einer anderen Person wurde.

In allem, was der Heilige Geist tut, herrscht Ordnung und Reinheit. Kehren wir zu dem Bild aus Genesis 1 zurück, als der Geist „schwebte". Vielleicht haben Sie schon einmal gesehen, wie ein Falke in der Luft schwebt, fast bewegungslos, und dabei die Dinge beobachtet, die weit unter ihm geschehen. Von Anfang an wird uns quasi das Bild des Heiligen Geistes vermittelt, der wie ein Vogel über uns schwebt und beobachtet, was passiert. Dieses Bild sehen wir erneut im Johannesevangelium, als sich Jesus nach seiner Taufe aus dem Wasser erhob und betete; der Heilige Geist schwebte über ihm – und die Ordnung im Leben unseres Herrn war auf den Heiligen Geist zurückzuführen, der Gottes Ordnung aufrichtete. Wir haben den Eindruck, dass Jesus

nie in Eile war; er war nie zu beschäftigt, obwohl er immer
etwas zu tun hatte. Er führte ein geordnetes Leben, das all das
bewirkte, was es nach Gottes Willen sollte. Der Heilige Geist
schwebte bei Jesu Taufe über ihm, genauso wie er es am ersten
Schöpfungstag über den Wassern getan hatte.

Ich möchte das noch direkter anwenden. Wenn der Heilige
Geist mit Macht über eine Gemeinde kommt, wird das Ergebnis
Ordnung sein und kein Chaos. Das Resultat wird nicht zweckfreier
Lärm sein oder eine Aktivität, die verstörend und chaotisch wirkt.
Wenn der Heilige Geist kommt, bringt er Gottes Ordnung in die
betreffende Gemeinde. Sie mag die Ordnung stören, die bereits
dort besteht, denn diese Ordnung ist vielleicht menschlicher Natur
und kommt nicht von Gott. Doch es wird kein Chaos geben. Sie
wird aufbauen und nicht zerstörerisch wirken. Wenn der Heilige
Geist tatsächlich wirkt, herrschen Ordnung und Anstand, die
von Gott kommen. So kann man die Macht des Heiligen Geistes
prüfen: Bringt sie Ordnung oder Chaos? Der Heilige Geist brütet.

In Genesis 2 sehen wir Gott atmen, und dabei erinnern wir
uns daran, dass die Worte Geist und Atem identisch sind – Gott
haucht einen Körper an; Gott beamtet eine Leiche; Gott gibt
Adam Mund-zu-Mund-Beatmung. Uns wird erneut bewusst,
dass Lebendigkeit, Leben und Kraft da sind; doch *Reinheit* ist
ebenfalls mit der Lebendigkeit verbunden. Ordnung ist mit dem
Leben verbündet, und wenn der Heilige Geist kommt, schenkt
er Leben und Ordnung. Ich weiß noch, wie ich als Student der
Biologie alle lateinischen Namen der Insektenfamilien lernen
musste. Es gibt kaum etwas Langweiligeres, als die lateinischen
Namen der verschiedenen Arten von Fliegen, Spinnen, Käfern
etc. auswendig zu lernen, doch es gehörte zu unserem Kurs, und
wir mussten es durchnehmen. Was mich sehr beeindruckte, war
die Ordnung in dem allen. Mir ist bewusst, dass der Mensch
die lateinischen Begriffe entwickelt hat, doch es war Gott, der
zunächst die entsprechende Ordnung herstellte, sonst könnte der
Mensch nicht alles auf diese Weise bezeichnen. Der Mensch kann

nur das analysieren, was Gott geordnet hat, und es wird mir jetzt bewusst, dass ich, als ich mir diese lateinischen Namen vornahm, das Ordnungssystem des Geistes Gottes lernte. Er schwebte über dem Chaos und brachte diese Kreaturen nach ihrer jeweiligen Art hervor, die Gott bestimmt hatte.

Der Heilige Geist bringt wahre *Größe* hervor. Wenn Sie die Namen aller wichtigen Persönlichkeiten des Alten Testaments aufschreiben sollten, alle, die Ihnen in den Sinn kommen, dann würden Sie wahrscheinlich auf 30 bis 40 Personen kommen, wenn Sie sich anstrengen und Ihre Bibel gut kennen. Sie könnten Abraham, Mose, Josua, Gideon, Simson, Saul, David, Salomo etc. auflisten. Wenn Sie es nachschlagen, würden Sie feststellen, dass es zu jedem einzelnen Namen, den Sie aufgeschrieben haben, eine Aussage gibt, die diese Person mit dem Heiligen Geist in Verbindung bringt. Es ist eine der erstaunlichsten Entdeckungen überhaupt, die ich auch erst machte, als ich alles nochmal durchging und jeden dieser Männer betrachtete: Jeder wichtige Mann im Alten Testament verdankte seine Größe dem Heiligen Geist, nichts und niemandem sonst. Nachdem ich eine derartige Liste von „Helden" erstellt hatte, teilte ich sie in drei Gruppen auf: in Männer, die groß waren, weil sie *etwas getan hatten*, in Männer, die ihre Größe dem Umstand verdankten, dass sie *etwas gesagt hatten*, und in Personen, die als groß galten, weil sie *eine bestimmte Eigenschaft hatten*. Das sind die drei Formen menschlicher Größe. Wenn jemand über Sie sagt: „Sie sind großartig", außer im modernen umgangssprachlichen Sinne, dann meint diese Person einen dieser drei Faktoren: dass Sie etwas Großartiges getan, etwas Großartiges gesagt oder etwas Großartiges gewesen sind.

Betrachten wir zunächst alle, die als große Männer galten, weil sie etwas getan hatten, eine große Leistung erbracht hatten, die sie in die vordersten Reihen der Führungsriege beförderte. Die Namen, die ich bisher erwähnt habe, bezeichnen ausnahmslos Menschen, die Großes vollbrachten. Wie kamen sie zu dieser

Größe? Prüfe ich alle meine Helden, so stelle ich fest, dass sie absolut gewöhnliche Menschen waren, die weder über besonders edle Vorfahren noch über eine entsprechende Bildung verfügten. Wie waren sie also in der Lage, diese erstaunlichen Taten zu vollbringen? Die Antwort lautet: Der Heilige Geist verwandelte sie an einem bestimmten Punkt ihrer Geschichte in andere Menschen.

Wir sollten das Wort „Prophetie" näher untersuchen, das nicht mit einer Predigt zu verwechseln ist. Vielmehr handelt es sich um eine völlig andere Gabe. Predigen ist im Grunde genommen das Resultat des menschlichen Verstandes, der über Gottes Wort nachgedacht hat und es daraufhin Menschen erklärt und auslegt. Doch Prophetie ist etwas völlig anderes. Beim Prophezeien denkt der Verstand des Propheten nicht nach, sondern Gottes Verstand gebraucht den Mund des Propheten, um eine unmittelbare, direkte und inspirierte Aussage Gottes, die an sein Volk gerichtet ist, zu treffen. Jesaja beispielsweise nahm sich nicht die Zeit, um die politische Situation zu durchdenken und dann eine Predigt darüber zu halten. Jesaja öffnete seinen Mund, den Gott dann gebrauchte, um seine Gedanken mitzuteilen. Dafür gibt es viele Beispiele in der gesamten Bibel. Ein Ausdruck, der aus nur vier Worten besteht, wird 3.808 Mal allein im Alten Testament verwendet: „So spricht der Herr", dieser Satz kommt immer wieder vor. Wann immer er auftaucht, wird er nicht von einem Menschen ausgesprochen, der predigt, sondern von jemandem, der prophezeit. Dieser Mann hat die übernatürliche Gabe, seinen Mund zu öffnen und die Gedanken Gottes unmittelbar weiterzugeben. Das passiert im gesamten Alten Testament.

Erstelle ich nun eine Liste dieser Propheten, von Amos, Hosea, Micha, Jesaja über Jeremia und Hesekiel bis zu Habakuk, Zefanja, Haggai und Sacharja, dann stelle ich fest, dass die Bibel über jeden von ihnen Folgendes sagt: Sie konnten ihre Aussagen im Namen Gottes nur treffen, weil ihnen der Heilige Geist die Kraft dazu verlieh. Ohne den Heiligen Geist hätten sie das niemals sagen können; sie hätten nicht gewusst, was sie sagen sollten. Es gibt sogar im Neuen Testament eine Aussage von Petrus, der erklärt, dass die Propheten von damals Dinge voraussagten, die sie selbst nicht verstanden und sich darüber unterhielten. Das ist Prophetie.

Es beginnt schon sehr früh im Alten Testament. Abraham wird als Prophet bezeichnet, ebenso wie Mose. Mose war ein großer Anführer, doch gleichzeitig auch ein Prophet. Wie, glauben Sie, haben wir die Zehn Gebote und das göttliche Gesetz durch Mose empfangen? Setzte er sich hin und dachte sich ein neues ethisches System aus? Beriet er sich mit dem Jura-Professor am Hof des antiken babylonischen Herrschers Hammurabi? Nein, er prophezeite, und seine Worte drückten unmittelbar Gottes Gedanken aus. Wenn Sie die gesamte Bibel durchgehen, stellen Sie fest, dass jeder Prophet diese Gabe hatte – seine Stimmbänder standen den Gedanken Gottes uneingeschränkt zur Verfügung.

Eine der bemerkenswertesten Geschichten im Alten Testament über den Geist Gottes dreht sich darum, dass Gott einen Esel befähigte, vernünftige und verständliche Worte zu äußern. Natürlich hat ein Esel Stimmbänder. Wenn Sie jemals einen Esel auf der Koppel hatten, die an Ihren Garten angrenzt, dann wissen Sie das. Gott kann die Stimmbänder eines Esels genauso leicht beherrschen, wie er die Stimmbänder eines Menschen benutzen kann, um verständliche Worte hervorzubringen. Solange wir nicht erkennen, dass der Geist Gottes über dieses Vermögen verfügt, wird uns die Geschichte von Bileams Eselin vollkommen unverständlich bleiben, doch sie steht in der Bibel. Derselbe Geist, der einen Jesaja, Jeremia oder Hesekiel die Worte Gottes aussprechen lässt, kann auch einer Eselin diese Fähigkeit verleihen.

Der Heilige Geist, der über der Natur „brütet", kann eine vollkommen korrekte Diagnose über die Gegenwart erstellen und zudem auch noch eine absolut zutreffende Vorhersage über die Zukunft treffen. Diese beiden Dinge gehen gänzlich über das menschliche Vermögen hinaus. Wir können eine irgendwie geartete Diagnose der Gegenwart erstellen und Vermutungen über die Zukunft äußern, doch nur der Geist Gottes kann uns exakt sagen, was in der Gegenwart schiefläuft und was in der Zukunft passieren wird. Die Propheten waren Männer, die beides konnten. Lassen wir den Propheten Micha für sie alle zu Wort kommen: „Ich aber bin voll Kraft, voll Geist des HERRN, voll Recht und Stärke, dass ich Jakob seine Übertretung und Israel seine Sünde anzeigen kann" (Micha 3,8; LUT). Übrigens sandte der Heilige Geist normalerweise immer dann einen Propheten zum Volk Israel, wenn die Dinge schiefliefen. Darum waren sie ausnahmslos Unheilspropheten, selbst wenn sie auch Hoffnung für die Zukunft hatten. Sie kritisierten immer die gegenwärtigen Zustände, was sie sehr unbeliebt machte und dazu führte, dass Menschen sie steinigten.

Ich erinnere mich an einen liebenswerten alten Prediger, einen sehr einfachen Mann, der über keinerlei nennenswerte Bildung verfügte. Er hatte sein ganzes Leben lang körperlich schwer gearbeitet. Doch er war ein großer Prediger vor dem Herrn. Ich fragte ihn einmal: „Wie hast du mit dem Predigen angefangen?" Er antwortete mir: „Weißt du, wenn Gott die Eselin Bileams gebrauchen konnte, um verständlich zu reden, dann kann er auch mich gebrauchen." Er fügte hinzu: „Ich habe es ihm einfach erlaubt." Das ist eine sehr interessante Aussage, und genau das möchte ich sagen. Jede einzelne Person in unserer Gemeinde könnte durch die Kraft des Heiligen Geistes etwas Großes für Gott tun und sagen; selbst wenn Sie über keinerlei Begabungen verfügen, selbst wenn Ihre familiäre Abstammung völlig unbedeutend ist und Ihnen Ihr Umfeld keine Chance gegeben hat – jeder könnte das tun, denn beim Heiligen Geist gibt es kein Ansehen der Person; er kann jeden gebrauchen, der sich von ihm gebrauchen lässt.

Nun komme ich zur dritten Gruppe meiner „Helden" – die Personen, die durch ihr Sein groß waren. Ich halte das für die wichtigste Größe überhaupt. Vielleicht erinnert man sich an unsere großen Taten oder unsere gewichtigen Worte – doch wie wunderbar wäre es, für unser Sein im Gedächtnis anderer Menschen zu bleiben. In einer kleinen Kapelle in Cumberland, die ich einmal besucht habe, sind die Wände mit Marmortafeln gepflastert. Auf ihnen steht die Geschichte dieser Kirche. Auf jeder Tafel werden wichtige Persönlichkeiten ausführlich beschrieben. Ich ging in dieser Kirche umher mit ihren großen Ehrentafeln vergangener Würdenträger – und gelangte schließlich zu einer ganz kleinen, ganz am Ende. Sie war dem Dorflehrer gewidmet. Statt eines langen Textes, der seine Errungenschaften und Leistungen aufzählte, standen dort nur drei Worte: „warmherzig und gut". In gewisser Weise drehten sich alle anderen darum, was diese Menschen getan hatten. Doch hier ging es darum, welche Eigenschaften er hatte, um sein Sein, und ich hatte das Gefühl, vor der großartigsten Tafel von allen zu stehen.

So gedenken wir also wahrer Größe – wie Menschen waren, nicht nur, was sie gesagt und getan haben. Wer waren die Größten im Alten Testament? Ich werde Ihnen einen sofort verraten: König David war ganz sicher ein Mann nach dem Herzen Gottes. So wird er beschrieben. Was mich am meisten an David beeindruckt, sind nicht seine Taten, auch wenn er die Grenzen Israels stärker erweiterte als jeder andere König; auch nicht seine Aussprüche, obwohl er wunderbare Dinge sagte, die wir im Buch der Psalmen nachlesen können. Doch aus seinem Lebenswandel erhalte ich den Eindruck, dass seine wahre Größe in seinen Eigenschaften bestand. Denken Sie an Davids edelmütige Haltung gegenüber Saul, als der versuchte, ihn zu töten; wie er seinen Feinden vergab – ein großer Mann.

Was war Davids Geheimnis? Sie entdecken es, wenn Sie betrachten, was geschah, als David etwas Falsches tat und Probleme bekam. Noch einmal, Sie wissen, worum es geht: Er beobachtete Bathseba beim Baden und brach vier der Zehn Gebote in einem Aufwasch: Er begehrte seines Nächsten Weib, er arrangierte, dass ihr Ehemann in der Schlacht getötet wurde, d.h.

er tötete, er stahl ihm die Frau und beging Ehebruch. Daraufhin kam der Prophet Gottes zu David und sagte: „Du hast gesündigt."

David bat im Gebet um Vergebung und sagte: „Herr, nimm deinen Heiligen Geist nicht von mir." Er wusste, dass er es nicht verdiente, den Heiligen Geist in seinem Leben zu haben. Er war nicht würdig, diese Kraft zu besitzen, ein Heiliger zu sein. Er bat: Nimm deinen Heiligen Geist nicht von mir. Erfreue mich wieder mit deiner Hilfe und mit einem willigen Geist rüste mich aus; vergib mir, setze mich wieder in meinen früheren Stand ein; ich habe sehr gegen dich gesündigt. David wurde bewusst, dass Gott ihm nun seinen Heiligen Geist entziehen konnte. Es ist ein wunderbares Gebet.

Das Alten Testament erwähnt viele weitere große Persönlichkeiten. Wussten Sie, dass Josef der einzige Mann im gesamten Alten Testament ist, über dessen Fehler uns nichts berichtet wird? Es sei denn, wir berücksichtigen, dass er seinen Brüdern seine Träume mitteilte. War das nicht ein wenig stolz? Ich glaube nicht, sondern bin der Auffassung, dass ihre Reaktion ihn ziemlich überraschte. Möchten Sie Josefs Geheimnis erfahren, wie er in einem fremden Land der Versuchung durch Potifars Ehefrau widerstehen konnte, obwohl niemand von diesem Ehebruch erfahren hätte? Wie konnte er zu Unrecht ins Gefängnis geworfen werden und dabei freundlich mit seinen Mitgefangenen umgehen? Was war das Geheimnis dieses Mannes, der von seinen eigenen Brüdern so grausam behandelt wurde und der ihnen vergeben und sie mit Lebensmitteln versorgen konnte? Hier ist das Geheimnis, in 1. Mose 41. Josef wird dort als Mann bezeichnet, in dem der Geist Gottes wohnte.

Erkennen Sie, worauf das alles hinausläuft? Ich finde es wunderschön. Alle großen Persönlichkeiten der Bibel sind ganz normale Menschen wie wir, ohne besondere Vorzüge – und sie tun außergewöhnliche Dinge. Durch den Geist Gottes vollbringen sie Gottes Werk. Sie werden in andere Menschen verwandelt und sind daher nicht länger auf natürlich Gaben beschränkt, sondern sie haben nun auch übernatürliche Gaben. Ich bete, dass jeder Gläubige Folgendes erkennt: Jeder von uns kann durch den Geist Gottes alles tun und sollte aufhören zu sagen: „Das könnte ich niemals tun. Es geht über meine Fähigkeiten hinaus." Menschlich gesehen mag das stimmen; aus göttlicher Sicht verfügen Sie jedoch über diese Fähigkeiten, denn die Kraft des Heiligen Geistes hält sie für Sie bereit.

Das Alte Testament schließt mit einer Vorausschau auf das, was die Propheten offenbart hatten: die Zukunftshoffnungen, die den Heiligen Geist betrafen: dass eines Tages ein König wie David kommen wird, ein „Sohn Davids", der vollkommen mit dem Heiligen Geist erfüllt ist und alles nur Erdenkliche tun, sagen und sein wird. Diese Hoffnung nennt man die Hoffnung auf den Messias, wobei das Wort Messias Gesalbter bedeutet. Im gesamten Alten Testament wird Öl als Symbol für den Heiligen Geist verwendet. Jeder König wurde mit Öl gesalbt, um das Gebet zu versinnbildlichen, dass Gott den Heiligen Geist auf ihn ausgießen möge. Im Griechischen bedeutet das Wort Christus ebenfalls Gesalbter.

Das Alte Testament sieht einen Tag voraus, an dem ein König erscheinen wird, der durch den Heiligen Geist mit Kraft gesalbt ist. Er wird vollkommen sein und jedes nur erdenkliche Wunder vollbringen sowie alles aussprechen, was im Sinne Gottes ist. Die Israeliten hatten noch nie einen solchen König in seiner ganzen Fülle, und daher hielten sie nach dem kommenden König Ausschau, dem Messias, dem Christus, dem gesalbten Herrscher, voll Heiligen Geistes. Sie warteten 1000 Jahre, bis sich dieser Traum durch die Geburt Jesu in Bethlehem erfüllte.

3. Kapitel

DER HEILIGE GEIST IM NEUEN TESTAMENT: EIN ÜBERBLICK

Im Neuen Testament finden wir viel mehr Informationen über den Heiligen Geist als im Alten. Doch es gibt einen riesigen Unterschied, sobald wir uns im Neuen Testament befinden: Wir begegnen dem Heiligen Geist – nicht dem Geist Gottes, *Ruach Adonai,* sondern dem Heiligen Geist. Dabei handelt es sich nicht einfach nur um eine Beschreibung oder um einen Titel, sondern um den Namen der dritten Person der heiligen Dreieinigkeit. Er hat im Neuen Testament viele andere Namen, die im Alten nicht vorkommen: der Geist der Wahrheit, der Geist der Prophetie, der Verheißung, der Heiligkeit, des Lebens, der Freude; der Geist der Gnade und der Geist der Herrlichkeit. Gott hat einen Vornamen und viele weitere; genauso ist es beim Geist. Vor einer Weile übersetzte ich einen Teil von Genesis und sagte: „Herr, ich möchte dieses Wort ‚Jahwe' nicht benutzen – das ist dein Name, doch er hört sich merkwürdig an, wenn ich ihn ausspreche, und er löst bei mir keine Spannung oder Begeisterung aus." Ich bat: „Bitte gib mir doch ein englisches Wort, das dem hebräischen Jahwe entspricht [es handelt sich um ein Partizip des Verbs „sein", wie Sie bestimmt wissen]. Und sofort kam mir das Wort „immer" in den Sinn.

Ich dachte bei mir: Das ist ein guter Name für Gott, doch es ist nur sein erster Vorname. Er ist immer mein Helfer, immer mein Versorger, immer mein Banner – *immer.* Von den 250 Namen und Titeln seines Sohnes, mehr als irgendjemand in der Menschheitsgeschichte je sein Eigen nennen kann, ist einer meiner Lieblingsnamen „Ja". Er ist das „Ja" zu jeder Verheißung Gottes. Ein Vater, der „Immer" genannt wird, und ein Sohn, der „Ja" heißt – positivere Merkmale werden Sie nirgendwo finden.

Auch der Heilige Geist hat viele zweite Vornamen, und ich haben Ihnen gerade nur ein paar davon genannt. Die großen Veränderungen gegenüber dem Alten Testament sind folgende: Erstens, im Neuen Testament wird der Heilige Geist als absolut *persönlich* gezeigt. Er ist eine Person, er hat die Eigenschaften einer Person, er besitzt ein Herz, das fühlt, einen Verstand, der denkt, einen Willen, der handelt, all das sind Merkmale einer Persönlichkeit. Im Neuen Testament zeigt er auch alle Aktivitäten einer Person. Er spricht, sucht, er ruft aus, er betet, er bezeugt, er lehrt, er leitet, er führt, er verbietet, er ruft, er setzt Menschen ein; nur eine Person kann alle diese Dinge tun. Wir haben es jetzt also nicht nur einfach mit der Kraft Gottes zu tun, sondern mit einer Person, die über alle Merkmale und Aktivitäten einer Person verfügt.

Es gibt Dinge, die man ihm antun kann und die nur gegenüber einer Person möglich sind. Sie können ihn unglücklich machen und ihn betrüben, ihn belügen und ihn kränken. Im Neuen Testament wird also der absolut persönliche Geist Gottes offenbart, der gleichzeitig auch der vollkommen *göttliche* Geist ist. Er wird als der ewige Geist beschrieben. Er wird als allgegenwärtig bezeichnet, er ist überall; als allwissend und als allmächtig: Er weiß alles und kann alles tun. Alle diese Eigenschaften sind göttlicher Natur, daher handelt es sich um eine Person, die vollkommen Gott ist, doch vom Vater und Sohn unterscheidbar ist und oft explizit erwähnt wird: Vater, Sohn und Heiliger Geist. Er wird vom Vater und vom Sohn gesandt, nach ihnen benannt, und er ist der Geist Gottes und der Geist Jesu. Er spricht im Namen des Vaters und im Namen des Sohnes und verherrlicht Christus, so wie dieser den Vater verherrlicht. Es gibt hier eine klare Unterordnung, obwohl er vollkommen persönlich und absolut göttlich ist, nimmt er seine Position ein, dem Sohn zu dienen, während der Sohn seinerseits dem Vater dient. Er ist eins mit ihnen, und Sie können den Geist nicht ohne den Vater und den Sohn haben. Sie können nicht eine Person der Dreieinigkeit ohne die anderen beiden haben. Sie sind so sehr eins, dass Jesus Folgendes verhieß: Wenn der Geist käme, um in uns zu wohnen, würden gleichzeitig auch der Vater und Jesus in uns Wohnung nehmen.

Empfangen wir also den Geist, so empfangen wir auch Vater und Sohn, und doch gibt es eine klare Unterscheidung zwischen ihnen. Der Geist ist eine Person, und der bestimmte Artikel verweist auf *den* Heiligen Geist, es gibt keinen anderen. Obwohl er vollkommen persönlich ist, ist er im Alten Testament gleichzeitig die unpersönliche Macht, und leider geben die meisten englischen Bibelübersetzungen nicht die An- und Abwesenheit des bestimmten Artikels wieder. Manchmal wird er einfach nur als Heiliger Geist bezeichnet. In diesem Fall weist das Fehlen des bestimmten Artikels auf die Kraft hin statt auf die Person. Es ist daher kein Zufall, dass Ausdrücke wie „getauft in Heiligem Geist", „erfüllt mit Heiligem Geist", „gesalbt mit Heiligem Geist" und „versiegelt mit Heiligem Geist" keinen bestimmten Artikel haben. Denn es handelt sich eigentlich um Erfahrungen der Kraft statt Erfahrungen mit der Person.

In Heiligem Geist getauft zu werden ist notwendig, um seine Kraft zu erleben und mit Heiligem Geist erfüllt zu werden. Leider fügen unsere Übersetzungen ständig den bestimmten Artikel hinzu, was dreist ist. Wir werden in Heiligem Geist getauft.

Ich möchte das Wirken des Heiligen Geistes in drei Phasen einteilen: die vor-messianische Phase, die messianische Phase und die nach-messianische Phase. Ich habe bisher wenig über seine Person gesagt, weil Sie zunächst diese Phasen verstehen müssen. Tatsächlich ist es viel besser, unser Verständnis des Geistes durch sein Wirken prägen zu lassen als durch das Konzept einer abstrakten Person. Noch einmal, die Hebräer betrachteten den Heiligen Geist vor allem als lebendig, aktiv und wirkend, während das griechische Denken ihn als eine abstrakte, zeitlose Person einordnen will.

Nichts hat die Gemeinde mehr beschädigt als die Einführung der griechischen Philosophie in die biblische Theologie. Kirchenvater Augustinus brachte das platonische Denken ein, während Thomas von Aquin die Ideen des Aristoteles mitbrachte, und ich fürchte, wir leiden immer noch darunter. Die Bibel ist ein hebräisches Buch, und obwohl das Neue Testament auf Griechisch verfasst wurde, wurde es mit einer Ausnahme von Hebräern geschrieben. Die Denkweise der Bibel ist daher hebräisch, und das Hebräische beginnt mit lebendigem und aktivem Heiligen Geist statt Theorien über die Dreieinigkeit.

400 Jahre lang gab es keine dokumentierten Aktivitäten des Heiligen Geistes. Doch plötzlich kam es zu einer Explosion von Prophetien und Wundern, die sich um die Geburt Jesu drehten. Johannes, der keinerlei Wunder wirkte, war schon vor seiner Geburt bis zum Ende seines Lebens mit dem Geist erfüllt. Er zeigte eine sonderbare Mischung aus extrovertiertem Mut und innerer Tiefe.

Dieser vor-messianische Ausbruch des Geistes im Kontext der Geburt Jesu zeigte alle Merkmale des alttestamentarischen Wirkens des Geistes – der Geist kam auf Menschen, damit sie etwas Außergewöhnliches tun konnten. Doch es handelt sich noch nicht um das Muster, das wir später zu erkennen imstande sind. Jesus sagte, selbst Johannes der Täufer sei weniger bedeutsam als der Geringste im Reich Gottes.

Kommen wir jetzt zur messianischen Phase: Jesus war die Erfüllung der alttestamentarischen Hoffnung auf einen geisterfüllten Herrscher. Er war vom Geist gezeugt, und mit Jesus wurde ein neues Muster der Aktivität des Geistes eingeführt. Die Taufe Jesu wurde zu einem Modell für alle späteren christlichen Taufen. Der Heilige Geist kam nicht *in* seiner Taufe auf ihn, sondern *danach* – als er aus dem Wasser hinaufstieg und betete. Das ist die allerbeste Zeit, um für jemanden zu beten, damit er den

Heiligen Geist empfängt. Es gibt ein oder zwei Ausnahmen, doch die Norm für den Rest des Neuen Testaments ist Wassertaufe gefolgt von der Geistestaufe, und bei Jesus geschah es genauso. Der Geist kam in Form einer Taube auf ihn, was uns daran erinnert, dass es sich um den Beginn einer neuen Schöpfung handelte. Der Geist gab Jesus die Zusicherung, dass er wirklich der war, für den er sich selbst hielt: „Du bist mein geliebter Sohn, an dem ich Wohlgefallen habe."

Den einzigen früheren Einblick in das Leben Jesu erhalten wir, als er zwölf Jahre alt war. Zur damaligen Zeit wanderten die Frauen auf Reisen mit den Kindern unter zwölf Jahren voraus. Nach zirka 25 Kilometern stellten sie die Zelte auf und kochten das Abendessen, sodass es fertig war, wenn die Männer ankamen. Maria sagte bei einer solchen Gelegenheit vermutlich: „Josef, wo ist Jesus?" Josef antwortete: „Ich dachte, er ist bei dir." Doch er war schon zwölf Jahre alt. An diesem Abend entdeckten sie also, dass er weder bei Maria noch bei Josef war. So kann man nachvollziehen, wie das geschehen konnte. Ich dachte früher immer, sie seien unaufmerksam gewesen. Doch das stimmt nicht, jeder von ihnen war sich sicher, dass Jesus beim anderen war. Und so kehrten sie nach Jerusalem zurück, um ihn zu suchen. Mit zwölf Jahren wurde ein jüdischer Junge zum Mann. In unserer Kultur leiden wir darunter, dass es keinen anerkannten Schritt wie diesen gibt. Darum bleiben Männer in unseren Tagen Jungen, und der einzige Unterschied zwischen Männern und Jungen ist der Preis ihres Spielzeugs! Im Alter von zwölf Jahren legte ein jüdischer Junge kindische Sachen zur Seite und wurde zum Partner im Gewerbe seines Vaters – und wo fanden sie Jesus? Im Tempel. Ist es nicht interessant, dass Maria sagte: „Dein Vater und ich haben überall nach dir gesucht" – sie war frustriert, und diese Aussage zeigt, dass sie ihm noch nicht gesagt hatte, wer er wirklich war. „Dein Vater und ich." Jesus sagte: „Habt ihr denn nicht gewusst, dass ich im Haus meines Vaters sein muss?" (Lukas 2,49; HFA) Er war jetzt zwölf, ein

Partner im Unternehmen seines Vaters, völlig normal für einen jüdischen Jungen. Bei seiner Taufe, als der Geist kam, sagte der Vater: „Du bist mein geliebter Sohn", und an dieser Tatsache gab es keinerlei Zweifel.

Im Rahmen von evangelistischen Aktivitäten kommt der Moment der Gewissheit, die Bestätigung Gottes, das Siegel, der Beweis, die Stunde der Wahrheit, die Garantie, dass die Beziehung entstanden ist in dem Moment, wenn jemand im Geist getauft wird. Ein Evangelist sollte sich nicht zufriedengeben, bis jemand den Heiligen Geist und Kraft empfangen hat. Sie evangelisieren nicht wirklich, wenn Sie die Menschen nur dazu bringen, „sich für Jesus zu entscheiden." Das Herz der Bekehrung ist der Empfang des Heiligen Geistes. Der andere Teil ist die Vergebung der Sünden. Diese beiden Dinge müssen wir gleich am Anfang in die Evangelisation integrieren, sonst folgen wir nicht der Methode des Neuen Testaments. Es heißt nicht: „Komm zu Jesus" oder „Lass Jesus in dein Herz hinein" oder „Gib dein Leben Jesus". Der richtige Weg ist vielmehr: „Lass dir deine Sünden vergeben und empfange den Heiligen Geist." Das ist neutestamentarische Evangelisation. Jesus war natürlich sündlos. Doch nach seiner Wassertaufe kam der Geist auf ihn und mit ihm die Gewissheit.

Wenn jemand den Geist empfängt, weiß nicht nur diese Person, dass es geschehen ist, sondern auch die anderen Anwesenden wissen es. Sofort wurde Jesus vom Geist geführt.

Jesus trat seine Mission erst nach dem Empfang des Geistes an, denn er war der Menschensohn und würde *durch die Kraft des Heiligen Geistes* predigen und Wunder wirken. Er vollbrachte Wunder als der Menschensohn, der mit dem Heiligen Geist Gottes erfüllt war. Auf dieser Grundlage konnte er sagen: „Die Werke, die ich tue, werdet auch ihr tun." Da er sie als der Menschensohn vollbrachte, der nach seiner Wassertaufe die Salbung mit Kraft empfing, können auch wir das tun, was er tat. Seine erste große Schlacht bestand darin, mit Satan eine Rechnung zu begleichen

– er musste den Starken binden, sonst wäre er nie in der Lage gewesen, dessen Besitz zu rauben. Jede Versuchung begann mit: „Wenn du Gottes Sohn bist …" „Wenn…" – bist du dir sicher? Ach, du hast den Geist empfangen und die Stimme gehört? Dann versuch doch, diese Steine in Brot zu verwandeln! Tatsächlich bestand sein erstes Wunder in der Verwandlung von Wasser in Wein. Was ist nun der Unterschied dazu, Steine in Brot zu verwandeln? Der Unterschied besteht darin: Steine zu Brot wäre ihm zugutegekommen, Wasser zu Wein jedoch anderen Menschen. Er war nicht gekommen, um sich selbst etwas zu beweisen oder ein Königreich für sich selbst zu empfangen.

Satan bot Jesus den Posten des Antichristen an, und eines Tages wird ein Mann dieses Angebot annehmen. „Ich werde dir alle Königreiche dieser Welt geben, wenn du dich vor mir niederbeugst." Jesus lehnte das ab. Da er in dieser ersten privaten Schlacht Satan überwand, konnte er jetzt dessen Besitz ausplündern. Er kam voller Geist und Kraft nach Galiläa und begann dort, etwas zu tun, zu sagen und zu sein – die drei Kategorien, die wir im Alten Testament gesehen haben. Doch er tat sie in überragender Weise, denn der Geist war ihm unbeschränkt gegeben worden.

Alle seine Wunder vollbrachte er durch die Kraft des Geistes, ob es sich um menschenbezogene Wunder handelte, wie Dämonenaustreibungen, Krankenheilungen, Totenauferweckungen, oder um Wunder an Dingen: das Verfluchen eines Baumes, sodass er verdorrte, oder der Befehl an Wind und Wellen, sich zu legen. Er sagte nicht: „Schweig! Verstumme!" Das ist die höfliche deutsche Version. Er sagte: „Aus!", das steht dort wirklich. So spricht man mit einem Rottweiler, und Jesus sagte quasi: „Hör auf, an meinen Jüngern hochzuspringen" – und der Wind und die Wellen mussten sich legen. All das geschah durch die Kraft des Geistes.

Darüber hinaus stellte alles, was er sagte, Prophetie dar. Ist Ihnen das schon einmal aufgefallen? Er sagte: „Ich sage nur das, was man mir zu sagen aufgibt." Er war *der* Prophet und er öffnete nie seinen Mund, ohne zu prophezeien, denn er sagte nur das, was ihm aufgetragen wurde.

Der Geist war auf ihm, der Geist des Rates, der Weisheit und der Erkenntnis. Alle Gaben des Geistes können wir in überragender Weise an Jesus wahrnehmen, mit einer Ausnahme. Laut der biblischen Berichte gebrauchte er niemals die Gabe der Zungenrede. Allerdings wissen wir nicht, ob er es tat oder nicht, denn die Bibel berichtet einfach nicht, dass er diese Gabe genutzt hätte. Daher wissen wir es nicht, doch ich könnte verstehen, warum er es möglicherweise nicht tat. Wenn es eine Person gab, die in ihrem Gebetsleben keinerlei Hilfe brauchte, dann war es Jesus, und genau dafür wird diese Gabe gegeben. Er hatte eine so perfekte Gemeinschaft mit dem Vater, dass ich verstehen kann, warum er sie nicht benutzte, doch jede andere Gabe, das Wort der Erkenntnis, das Wort der Weisheit, Wunder, Heilungen, sie waren alle bei ihm vorhanden. Genauso wie sich alle diese Gaben damals in gewisser Weise in seinem physischen Körper befanden, ist es jetzt sein Wille, dass alle seine Gaben in seinem Leib vorkommen, damit der seinen Dienst fortsetzen kann. Er ist die Gemeinde, konzentriert in einer Person. Er ist der ganze Leib, und die Fülle der Gottheit wohnte in seinem Körper, genauso wie Gott in unserem Körper wohnen will.

Durch den Heiligen Geist brachte Jesus sich selbst als Opfer dar, so beschreibt es der Hebräerbrief. Was trug ihn durch, als er am Kreuz hing? Sie wissen, dass er drei Stunden lang durch die Hölle ging, als er am Kreuz hing, oder? Woher weiß ich das? Die Hölle ist ein Ort, an dem es kein natürliches Licht gibt, ein Ort der absoluten Finsternis und des äußersten Durstes. Damals sagte Jesus: „Mich dürstet." Die Hölle ist der Ort, an dem Gott nicht ist. Darum rief er aus: „Eli, Eli, lama sabachtani?" „Mein Gott, mein Gott, warum hast du mich verlassen?" Das ist die Hölle, und Jesus durchlitt sie drei Stunden lang, damit wir es nicht tun müssen.

Wie um alles in der Welt konnte er das ertragen? Es war das allererste Mal überhaupt, dass er von seinem Vater getrennt wurde. Durch den Heiligen Geist konnte er sich selbst opfern.

Seine Auferstehung war ebenfalls ein Werk des Heiligen Geistes. Die meisten Christen erkennen nicht die Bedeutung der Auferstehung. Sie musste am ersten Tag der Woche geschehen, denn sie stellte die erste Neuschöpfung dar, die Gott der Vater seit der Erschaffung des Universums vornahm. Gott schuf das Universum in sechs Tagen, ob sie lang oder kurz waren, weiß ich nicht. Der siebte Tag war sehr lang, er dauerte während des gesamten Alten Testaments an. Das Wort „neu" kommt im Alten Testament äußerst selten vor. Der einzige Vers, der mir einfällt, lautet: „Es gibt nichts Neues unter der Sonne." Der Schöpfer, der sein Werk abgeschlossen hatte, ruhte während der gesamten Zeitspanne, die das Alte Testament abdeckt. Doch an diesem ersten Sonntagmorgen – es musste am ersten Tag der Woche geschehen, denn das ist Gottes erster Arbeitstag – kehrte Gott an seine Arbeit zurück und erschuf einen neuen Körper für seinen Sohn. Denn es war ein neuer Körper, den Jesus erhielt, ein Schöpfungsakt, der Beginn einer neuen Schöpfung.

Daher leben wir nun in der zweiten Schöpfungswoche, am achten Tag der Schöpfung. Das ist unser Standort in Gottes Kalender. Der einzige Unterschied besteht darin: Bei der ersten Schöpfung machte er zuerst den Himmel und die Erde und hob sich Männer und Frauen bis zum Schluss auf. Dieses Mal erschafft er zuerst neue Männer und Frauen, und der neue Himmel und die neue Erde kommen erst am Ende. Er handelt jetzt in umgekehrter Reihenfolge, damit er Menschen aus dem Alten heraus und in das Neue hineinbringen kann. Menschen werden nun erneuert. Der erste Schöpfungsakt seit der Erschaffung des Universums bestand darin, Gottes Sohn von den Toten aufzuerwecken und ihm einen unsterblichen Körper zu geben, einen Körper, der Fisch essen und durch verschlossene Türen gehen konnte. Ich werde noch ausführlicher auf die Auferstehung zu sprechen kommen, doch all das geschah durch die Kraft des Geistes. „Wenn aber der Geist dessen, der Jesus aus den Toten auferweckt hat, in euch wohnt, so wird er, der Christus Jesus aus den Toten auferweckt hat, auch eure sterblichen Leiber lebendig machen wegen seines in euch wohnenden Geistes" (Römer 8,11; ELB). Ich freue mich schon auf meinen neuen Körper. Wissen Sie, wie alt ich sein werde, wenn ich ihn bekomme? 33, und ich kann es kaum erwarten, wieder so jung zu sein, denn die Bibel sagt, dass ich einen Körper bekommen werde, der so herrlich ist wie seiner. Für einen alten Pensionär ist es eine gute Nachricht, wieder 33 zu sein, auf dem Höhepunkt seiner Kräfte, und einen Körper zu haben wie Jesus.

In gewisser Weise ist Jesus die Krönung aller Propheten, Priester und Könige, die im Alten Testament vom Geist gesalbt wurden – alles konzentriert in einer Person, in der der Geist auf überragende Weise wohnt. Was geschah dann? Die Perspektive weitet sich wieder, mehr als je zuvor, und geisterfüllte Untertanen beginnen, die Bühne zu betreten. Das ist der Anfang der Entwicklung, bei der alles Fleisch prophezeit. Jesus kam nicht, um sich ein Dienstmonopol zu sichern, sondern um den Dienst zu multiplizieren. Er kam auf diese Erde, um seinen Geist in einem neuen Leib freizusetzen, der aus Millionen von Menschen bestand. Jetzt weitet sich das Wirken des Geistes also aus.

Sobald Paulus in der Apostelgeschichte auftritt, verschwinden alle anderen, denn das Lukasevangelium und die Apostelgeschichte wurden geschrieben, um Paulus vor Gericht zu verteidigen, doch Gott beabsichtigte mit diesen beiden Büchern noch viel mehr und ließ sie Teil unserer Bibel werden. Das Johannesevangelium wurde zwischen diesen beiden Büchern angeordnet. Warum? Weil in den Evangelien von Matthäus, Markus und Lukas die Betonung auf dem Geist und auf Jesus liegt, während wir im Johannesevangelium alle Verheißungen finden, die sorgfältig aus dem Dienst Jesu zusammengetragen wurden und besagen, dass der Geist an andere weitergegeben würde. In der Apostelgeschichte geschieht genau dies, der Geist wird anderen übermittelt. Ich halte das für sehr wichtig, denn das Neue Testament ist, wie wir noch sehen werden, durch ein bestimmtes Verständnis des Heiligen Geistes geformt worden.

Wenn Sie die Aussagen des Johannesevangeliums zum Heiligen Geist durchgehen, stellen Sie fest, dass es immer um diese geisterfüllten Untertanen geht, um Menschen, die den Geist empfangen werden. Die allererste Aussage über den Geist bei Johannes vermittelt uns etwas, das noch nie gesagt worden war: dass durch den geisterfüllten Herrscher seine Untertanen mit dem Geist erfüllt werden. Gott selbst sagte zu Johannes dem Täufer: „Der, auf den du den Geist kommen sehen wirst, der wird andere mit demselben Heiligen Geist taufen." Das ist eine neue Offenbarung. Sie bedeutet, dass der Ausdruck „getauft im oder mit Heiligem Geist" von Gott stammt. Schämen Sie sich daher nicht, ihn zu gebrauchen. Predigen Sie ihn! Ich glaube, das ist ein Schlüssel, denn ich begegne charismatischen Predigern, die die Tatsache verwässern, dass Jesus der Täufer im Heiligen Geist ist. Gott selbst hat das gesagt, daher sollten wir diese Aussage beibehalten. Es belastet mich sehr: Viele Menschen sind jetzt bereit, die Gaben des Geistes zu akzeptieren – doch nun ist die Taufe im Geist der neue „Stolperstein".

Ich möchte Ihnen eine persönliche Geschichte erzählen. Einer der Gründer der Vereinigung unabhängiger evangelikaler Gemeinden (Englisch abgekürzt FIEC) lag sterbend im Krankenhaus, hatte nur noch wenige Stunden zu leben, war erschöpft und litt unter Schmerzen. Ein Freund besuchte ihn am Sonntagmorgen und fragte ihn: „Gibt es irgendetwas, was ich für dich tun kann?"

Er antwortete: „Ich kann heute nicht in den Gottesdienst gehen und ich vermisse den Gottesdienstbesuch am Sonntag. Würdest du mir aus der Bibel vorlesen?"

Der Freund antwortete ihm: „Ich habe noch etwas Besseres für dich. Ich gehe jetzt nach Hause und hole dir einen Kassettenrekorder, dann kannst du dir eine Predigt anhören."

Dieser Freund ging nach Hause und brachte eine Kassette von mir zu Johannes 1 mit. In dieser Aufnahme sagte ich: „Johannes der Täufer sagte, der Messias würde zwei Dinge tun: die Sünden der Welt wegnehmen und Sie im Heiligen Geist taufen." Alles drehte sich darum, dass wir sowohl die negative als auch die positive Seite des Evangeliums predigen sollten. Die Sünden aus dem Leben eines Menschen zu entfernen lässt ihn leer, unglücklich und verletzlich zurück. Wenn das gesamte Evangelium nur bedeutet: „Siehe das Lamm Gottes, das die Sünde der Welt wegnimmt", handelt es sich nur um die Hälfte der guten Nachricht, weil es den Menschen leer zurücklässt, und kaum jemand ist so unglücklich wie eine Person in der Wüste zwischen Ägypten und Kanaan. Der Schwerpunkt lag darauf, dass Menschen mit dem Geist erfüllt würden und von ihren Sünden befreit.

Der gute Mann hörte sich die Kassette an, begann zu weinen und sagte: „Herr, ich habe jahrelang versucht, treu dein Evangelium zu predigen, doch ich habe es nur halb verkündet." Daraufhin bat er den Herrn, ihn im Geist zu taufen – und das tat er! Als seine Familie mit der Absicht in sein Krankenzimmer kam, sich von ihm zu verabschieden, sagte er zu seinem Schwiegersohn, der Pastor einer Gemeinde war: „Ich werde am nächsten Sonntagmorgen in deiner Gemeinde predigen."

Sein Schwiegersohn sagte: „Ja, Papa, wenn du dafür stark genug bist, okay?"

Er antwortete: „Nein. Ich habe den Herrn gebeten, mir eine Chance zu geben, das volle Evangelium zu verkündigen."

Am nächsten Sonntag war er noch am Leben. Sie fuhren ihn in einem Krankenwagen zur Gemeinde und setzten ihn in seinem Pyjama auf einen Stuhl auf der Kanzel. Er erklärte: „Ich habe mein ganzes Leben lang nur das halbe Evangelium gepredigt, doch Gott hat mir die Chance gegeben, euch die vollständige gute Nachricht zu verkünden…"

Er starb am darauffolgenden Dienstag und manche, die es hörten, sagten: „Er muss senil geworden sein, wie tragisch!"

Doch er predigte das volle Evangelium: das Lamm Gottes, das die Sünde der Welt trägt, *und* im Heiligen Geist tauft. Johannes erklärte, dass wir beides brauchen, und ich kann es nicht für Sie tun, doch er kann und wird es tun – das ist der Anfang des Johannesevangeliums.

In Johannes 3 lehrt Jesus, dass Wiedergeburt bedeutet, „aus Wasser und Geist" geboren zu werden. Sie können nicht aus etwas geboren werden, wenn Sie nicht in diesem Element sind. In meinem Buch *Wiedergeburt. Start in ein gesundes Leben als Christ* erläutere ich, dass Jesus sich mit seiner Aussage, „aus Wasser und Geist geboren" zu sein, auf die Wasser- und die Geistestaufe bezog und dass beide für die Wiedergeburt unverzichtbar sind. Versuchen Sie nicht, die Aussage symbolisch zu deuten und damit weg zu argumentieren.

Wir werden auch Johannes 7 betrachten und die Bedeutung der Worte Jesu am letzten Tag des Laubhüttenfestes untersuchen: „Wenn ihr durstig seid, kommt zu mir, ich gebe euch zu trinken. Ich werde euren Bauch mit lebendigem Wasser füllen, wie eine Quelle."

Kapitel 14-16 führen, wie wir noch sehen werden, zu einem Höhepunkt. Im Johannesevangelium geht es bei fast jeder Erwähnung des Geistes darum, dass er durch Jesus an andere weitergegeben wird, während die synoptischen Evangelien davon handeln, dass der Geist in das Innere Jesu ausgegossen wurde. Doch Johannes schreibt, dass Jesus sich auf diesen Tag freute: „Das sagte er aber von dem Geist, den die empfangen sollten, die an ihn glaubten ..." (Johannes 7,39; LUT). Es ist außergewöhnlich: Johannes 14-16 berichtet vom letzten Abend vor Jesu Tod: Die Jünger hätten Jesus trösten sollen, doch er musste sie trösten. „Euer Herz erschrecke nicht!" (Johannes 14,1; LUT). Sie ahnten schon, dass sie ihn verlieren würden, und er sagte, dass dies nicht geschehen würde; er würde den Geist als seinen Stellvertreter schicken, und sie wären mit dem Geist besser ausgerüstet. Das ist erstaunlich. Wir werden noch sehen, warum das der Fall ist.

Dann wenden wir uns Johannes 20 zu. Ich glaube nicht, dass die Jünger den Heiligen Geist zu Ostern im Obergemach empfingen. Nach meiner Überzeugung war es typisch für Jesus, den guten Lehrer, ihnen eine Generalprobe zu geben. Genauso, wie er zum Beispiel in demselben Saal Brot und Wein genommen hatte, noch bevor sein Leib hingegeben und sein Blut vergossen wurde, so bereitete er sie auch hier auf später vor. Ich glaube, Ostersonntag war eine Trockenübung für das Pfingstfest, und ich habe viele gute Gründe für diese Interpretation. Es gibt keinerlei Bericht, dass damals irgendetwas geschehen wäre. Es heißt dort, dass er sie anblies (*Ruach*), und *nachdem* er das getan hatte, forderte er sie auf, den Heiligen Geist zu empfangen. Wäre es tatsächlich damals geschehen, hätte er die andere Reihenfolge gewählt – zudem war der arme Thomas gar nicht anwesend. Als sie später über den Empfang des Geistes redeten, sprachen sie nie über Ostersonntag-Abend, sondern über das Pfingstfest. Damals gab er ihnen ein Zeichen und einen Befehl. Das Zeichen: Er blies sie an. Der Befehl: „Empfangt." Er steht im Imperativ: „Empfangt den Heiligen Geist." Nur wenige Wochen später, als sie im Tempel waren und das Brausen hörten, sagten sie sich: „Er bläst uns an, lasst uns den Geist empfangen." Ich glaube, genau das ist damals geschehen, und wir sollten die Doktrin des „doppelten Geistempfangs" vermeiden, die normalerweise auf diesen Vers Bezug nimmt. Im Neuen Testament empfangen Menschen den Geist einmal: zur Errettung, zum Dienst und für alles andere auch. Es gibt einen Empfang des Geistes in Fülle für jeden Gläubigen – das ist sein Erbe.

Was den Geist betrifft, so liefert uns Johannes das Verbindungsstück zwischen den synoptischen Evangelien und der Apostelgeschichte. Die synoptischen Evangelien zeigen, dass der Geist in Jesus wohnt. Im Johannesevangelien wird uns Folgendes verdeutlicht: der Geist wird auch *in euch* wohnen. In der Apostelgeschichte sehen wir: Er ist *in uns*. Erkennen Sie den Fortschritt? Wie konnte Jesus, als er den Jüngern nach seiner Auferstehung erschien, versprechen, dass er immer bei ihnen sein würde, wenn er sie an die Enden der Erde schickte? Auf den ersten Blick wirkt das wie ein absoluter Widerspruch. Jesus konnte in seinem Auferstehungsleib nur an jeweils einem Ort sein. Ein Körper hält Sie an einem Ort fest. Er konnte in Jerusalem, in Emmaus oder in Galiläa erscheinen, doch er konnte nicht an allen drei Orten gleichzeitig sein. Und dann verheißt er ihnen, sie in alle Welt zu senden und gleichzeitig immer bei ihnen zu sein. Er konnte bei ihnen sein, als er im Obergemach war. Doch sobald sie erkannten, dass er präsent war, war er auch schon wieder verschwunden. Sie müssen sich gefragt haben: „Wohin geht er, wenn wir ihn nicht sehen können?"

Die Jünger begannen zu begreifen, dass er uns nie wirklich verlässt. All das war Vorbereitung auf eine Zeit, in der sein Geist immer bei ihnen bleiben würde. Er entwöhnte sie quasi davon, sich auf ihre Sinne zu verlassen, was seine Gegenwart betraf, bis sie diese Lektion gelernt hatten und er zu seinem Vater zurückkehren konnte. Das letzte Mal, als sie ihn sahen, verschwand er nicht, sondern er reiste einfach weiter. Er verließ sie, und sie gingen voller Freude nach Jerusalem zurück. Warum waren sie so fröhlich? Weil er ihnen gesagt hatte: In wenigen Tagen werde ich euch näher sein, als ihr mich jemals erlebt habt.

So kommen wir nun zum Pfingstfest und kehren zur Apostelgeschichte und zum Kern der Kontroverse um den Heiligen Geist zurück. Die Frage lautet: Inwieweit ist die Apostelgeschichte für uns ein Modell? Oder ist sie nur ein einzigartiger Zeitabschnitt der Geschichte, der sich nicht wiederholen wird? Viele Menschen tun die Apostelgeschichte als Erzählung ab, die nicht zum sogenannten didaktischen Teil der Bibel gehören würde. Damit sagen sie uns, dass wir dieses Buch nicht als Grundlage einer Glaubenslehre heranziehen dürften.

Tatsächlich kenne ich niemanden, der die gesamte Apostelgeschichte als ein Anschauungsbeispiel für heute betrachten würde. Gibt es beispielsweise jemanden, der behaupten würde, dass eine Person nicht im Heiligen Geist getauft wurde, weil sich keine Feuerzunge auf ihr niederließ? Oder würde irgendjemand sagen, ein Gebetstreffen sei nur erfolgreich, wenn es zu einem Erdbeben kommt, das den Veranstaltungsort erschüttert? Alle von uns ziehen bei diesen Fragen eine Grenze, und die Frage lautet, wo wir es tun – wir müssen sie auf biblische und korrekte Art ziehen.

Das gilt besonders für den Tag des Pfingstfestes. Erstens, beachten Sie bitte, dass die Apostelgeschichte durch und durch trinitarisch ist. Die drei Themen dieses Buches sind das Reich Gottes, der Name Jesu und die Kraft des Geistes, und sie befinden sich in einer erstaunlichen Balance. Wie oft, glauben Sie, wird der Heilige Geist in den ersten 13 Kapiteln erwähnt? Die Antwort lautet: zirka 40 Mal. Wie oft wird der Name Jesus genannt? Ungefähr 40 Mal. Wie oft findet Gott der Vater Erwähnung? 100 Mal. Ich nenne dieses Buch: „Die Taten Gottes durch Jesus Christus, gewirkt durch den Heiligen Geist in den Aposteln und der Gemeinde." Es ist tragisch, dass wir folgende Tatsache übersehen haben: Gott selbst steht im Zentrum dessen, was in diesem Buch geschieht. Sein Wort taucht so oft auf, dass wir es für selbstverständlich halten.

Stellen Sie sich ein Neues Testament ohne die Apostelgeschichte vor (manche bevorzugen es, das N.T. so zu behandeln). Wir wären völlig planlos. Wer ist dieser Paulus, der alle diese Briefe schreibt? Wir wüssten es nicht. Und am Allerwichtigsten: Sie wüssten nicht, was Taufe im Heiligen Geist bedeutet. Sie wird in den Briefen und in den Evangelien erwähnt: Doch wie sieht sie aus? Was uns zu der nächsten Frage führt: Ist Pfingsten einmalig, außergewöhnlich oder allgemeingültig? Ich fürchte, diese drei Ansätze spalten die Gemeinde überall auf der Welt in drei Gruppen. Meiner Ansicht nach ist es sehr wichtig, uns diesem Problem zu stellen und eine ehrliche biblische Antwort zu entwickeln.

Allgemein betrachtet sagen Katholiken und Liberale (wobei ich mit Katholiken nicht nur die Römisch-Katholischen meine), dass Pfingsten ein einzigartiges und einmaliges Ereignis war. Das bedeutet, der Pfingstsonntag ist nur ein Gedenktag für etwas, das vor Jahren geschehen ist – vergleichbar der Art und Weise, wie die Juden an die Durchquerung des Roten Meeres denken – mehr nicht. Die Mehrheit der Kirchen weltweit verfährt so. Pfingsten ist vor so langer Zeit geschehen, dass wir uns nicht mehr damit beschäftigen müssen.

Die nächste Ansicht ist die evangelikale Position: Die Pfingstereignisse haben sich wiederholt, doch das war außergewöhnlich. Ich möchte diese Ansicht sehr sorgfältig untersuchen und ihr sehr entschieden begegnen. Tatsächlich gab es drei Wiederholungen von Pfingsten, nämlich in Samarien, im Haus des Kornelius und in Ephesus. Die traditionelle evangelikale Lehre vertritt, dass sich der Heilige Geist insgesamt viermal manifestierte und dass diese Manifestationen mit den verschiedenen ethnischen Gruppen korrespondierten, die Gott erreichen wollte. Apostelgeschichte 2 gilt als Pfingsten der Juden, Apostelgeschichte 8 als Pfingsten der Samariter, Apostelgeschichte 10 als Pfingsten der Heiden und Apostelgeschichte 19 als Pfingsten der Johannesjünger. Doch dann war es nur ein zeitlich beschränktes Geschehen, da die Jünger des Johannes sowieso ausgestorben sind, daher können Sie das vergessen. Wir haben also drei „Pfingsten" – Apostelgeschichte 2, 8 und 10 – und deren Wiederholung sollte man nicht erwarten.

Dann gibt es noch die Ansicht, dass das, was bei diesen mehrfachen Pfingstereignissen geschah, nicht außergewöhnlich, sondern normal war. Das einzig Unnormale bei den späteren Fällen war ihr Tempo, jedoch nicht das Geschehen an sich – im Fall der Samariter empfingen diese den Geist langsamer als alle anderen und bei Kornelius schneller als alle übrigen, bevor sie überhaupt belehrt werden konnten. Nur das Timing dieser Situationen war außergewöhnlich, nicht das, was passierte. Das Entscheidende in allen vier Fällen war, dass der Heilige Geist in einer eindeutig wahrnehmbaren, hörbaren und sichtbaren Weise empfangen wurde. Sogar Simon der Magier sah, dass etwas passierte. Ist das normal oder unnormal? Die Bibel und nicht meine Erfahrung hat mich überzeugt, dass die dritte Position tatsächlich die biblische ist – dass es für jeden Gläubigen normal ist, den Heiligen Geist auf wahrnehmbare Weise zu empfangen, und dass es sich nicht um vereinzelte Ausnahmen handelt.

Betrachten Sie zunächst die Samariter, zu denen Petrus und Johannes geschickt wurden. Sie hatten Buße getan von ihren Sünden, an den Herrn Jesus geglaubt und waren im Namen Jesu im Wasser getauft worden und: „Es war große Freude in jener Stadt" (Apostelgeschichte 8,8; ELB). Ich kenne keinen heutigen Evangelisten, der nicht sagen würde, dass sie den Geist empfangen hätten, doch zur damaligen Zeit hieß es, das sei gerade nicht geschehen. Hier kommt eine Frage, auf die ich noch nie in einem Kommentar zur Apostelgeschichte gestoßen bin, ganz zu schweigen von ihrer Antwort. Diese Frage ist für mich entscheidend: Woher wusste man, dass sie den Heiligen Geist nicht empfangen hatten? Versuchen Sie, sich diese Frage selbst zu beantworten. Sie taten Buße, sie glaubten, sie wurden getauft und waren voller Freude. Woher wusste man, dass sie den Heiligen Geist nicht empfangen hatten? Doch alle wussten, dass es noch nicht geschehen war! Es gibt nur eine mögliche Antwort: Bis zu diesem Zeitpunkt hatten alle anderen den Heiligen Geist wie am Pfingstfest empfangen. Können Sie mir folgen? Das ist ein höchst wichtiger Punkt. Die einzige Möglichkeit zu wissen, dass diese Menschen ihn noch nicht empfangen hatten, bestand darin, dass alle anderen ihn auf eine äußerlich wahrnehmbare Art erhalten hatten. Die zweite Frage lautet: Woher wusste man, dass die Samariter ihn schließlich empfingen?

Kommen wir jetzt zu Kornelius. Sein Beispiel enthielt für mich das entscheidende Argument, das alle Zweifel ausräumte. Als Petrus predigte und plötzlich der Heilige Geist auf diesen Haushalt fiel, was sagte er da? „Wer könnte ihnen jetzt noch die Taufe verweigern, wo sie genau wie wir den Heiligen Geist empfangen haben?" (Apostelgeschichte 10,47; HFA). Wer ist „wir"? Zu wem spricht er da? Er redet nicht mit den 120 Personen, die am Pfingsttag anwesend waren, sondern zu den Brüdern aus Joppe, die er mitgenommen hatte. Er bezieht sich also auf ihre Erfahrung. Kornelius und sein Haushalt machten keine unnormale Erfahrung. „Wer könnte ihnen jetzt noch die Taufe verweigern, wo sie genau wie wir den Heiligen Geist empfangen haben?"

Als Petrus schließlich nach Jerusalem zurückkehrte, sagte man zu ihm: „Wir haben gehört, dass du ein heidnisches Haus betreten und Menschen getauft hast." Wissen Sie, was er daraufhin sagte? Und er erklärte es nicht den 120, sondern der gesamten Gemeinde in Jerusalem, die nun aus Tausenden von Menschen bestand: „Und Gott, der jedem Menschen ins Herz sieht, hat sich zu ihnen bekannt, als er den Nichtjuden genauso wie uns den Heiligen Geist gab" (Apostelgeschichte 15,8; HFA).

Zählt man nun eins und eins zusammen, so war der Empfang des Heiligen Geistes in der Apostelgeschichte auf eine wahrnehmbare, hör- und sichtbare Art und Weise der Standard für jeden Gläubigen. Die Samariter waren nicht der Regelfall, weil sie ihn nicht sofort empfingen; Kornelius fiel aus dem Rahmen, weil es bei ihm so schnell geschah, doch was sie empfingen, entsprach der normalen und alltäglichen Erfahrung. Noch einmal, das ist ein höchst wichtiger Punkt. Auch wenn ich keine Feuerzungen noch einen mächtigen, brausenden Wind erwarte, so rechne ich doch immer damit, dass der Geist auf eine wahrnehmbare Weise empfangen wird. Wenn der Herr Jesus im Geist tauft, so weiß das nicht nur die betroffene Person, sondern alle anderen Anwesenden auch. Das sollten wir nach meiner Überzeugung oft predigen. Predigen wir mit Überzeugung, so stärkt das den Glauben der Zuhörer. Verkündigen wir jedoch etwas zögerlich, indem wir sagen: „Nun, einige glauben dies und andere das, und meine Meinung lautet ... Ich bin mir auch noch nicht ganz sicher, ist aber nicht schlimm", so wird der Glaube von niemandem gestärkt. Die Zuhörer mag das zwar interessieren, und sie werden es nach dem Gottesdienst mit Ihnen diskutieren wollen, doch niemand wird sich nach der Geistestaufe ausstrecken. Stellen Sie sich einmal vor, Sie würden die Vergebung der Sünden auf die gleiche Art predigen: „Wissen Sie, die Sündenvergebung ist umstritten ... manche glauben, sie können sie wirklich bekommen, andere sind sich nicht sicher, ob das sofort geschieht. Probieren Sie es einfach aus und schauen Sie, was passiert." Nein, eine glaubensstärkende Predigt sieht so aus: „Jesus kann Sünden vergeben. Er verlangt, dass ihr Buße tut, doch Buße führt sofort zur Vergebung; euch kann vergeben werden, streckt euch danach aus und ergreift sie." Genauso sollten wir sagen: „Jesus tauft im Heiligen Geist. Er will seinen Geist in eure Herzen ausgießen. Er will, dass ihr empfangt und dass ihr wisst, dass ihr empfangen habt, denn das ist die Grundlage eurer Gewissheit."

Wir können das Wirken des Geistes in den Briefen in zwei Kategorien einteilen: erstens, sein Wirken im einzelnen Gläubigen, und zweitens, sein Werk in der Gemeinde. Alle Briefe richten sich an gläubige Christen. Daher vermittelt Ihnen kein einziger, wie Sie Christ werden können – denn sie alle richten sich an Menschen, die den Geist empfangen haben, die im Wasser getauft worden sind, die Buße getan und geglaubt haben. Daher sollten wir in den Episteln nicht nach Evangelisationsmethoden Ausschau halten.

Die Apostelgeschichte ist das Buch der Evangelisation, das vor Ort verfasst wurde. Es ist das einzige Buch im Neuen Testament über Evangelisation. Wenn wir also zu den Briefen kommen, stelle ich fest, dass die vier entscheidenden Grundlagen schon gelegt sind: Tue Buße gegenüber Gott für deine Sünden; glaube an den Herrn Jesus; lass dich im Wasser taufen und empfange den Heiligen Geist. Ich glaube, dass jemand erst wiedergeboren ist, wenn wir ihn durch diese vier Schritte geführt haben, und das ist mein Anliegen in meinem Buch *Wiedergeburt. Start in ein gesundes Leben als Christ.* Wir haben sie in unserer durchschnittlichen Evangelisationstechnik auf eineinhalb Schritte reduziert, doch wir müssen den Menschen alle vier Schritte vermitteln und vor allem mit der Buße anfangen. Für die Wiedergeburt ist es unerlässlich, die Menschen durch diese „vier geistlichen Türen" (wie ich sie nenne) hindurchzuführen.

Wir produzieren zahlreiche schlecht entbundene Christen. Viele Gläubige sind schon mit einem Problem zu mir gekommen, woraufhin ich ihnen gesagt habe: „Sprechen wir nicht über das Problem. Erzähle mir lieber von deiner Bekehrung, deiner Wiedergeburt." Dann höre ich aufmerksam zu, ob diese vier Dinge geschehen sind. Verstehen Sie, ein Evangelist ist eine Hebamme, und eine Hebamme muss bestimmte Dinge für den Säugling tun, um sicherzustellen, dass er gesund und stark wird. Sie müssen das Baby baden und die Nabelschnur durchschneiden und abbinden. Das ist übrigens die Buße. Ich bat unsere ortsansässige Hebamme, mir die Dinge aufzuschreiben, die man für ein Baby bei der Geburt tun muss, und sie gab mir fünf engbeschriebene Seiten. Ich dachte, es wäre einfach, ich dachte, Babys kämen einfach so raus. Doch eine ganze Fülle von Schritten muss durchlaufen werden – und jeder von ihnen schien eine geistliche Entsprechung zu haben, es war also sehr interessant für mich. Die meisten Hebammen legen dem Säugling die Hände auf, damit er anfängt zu atmen und zu schreien. Sie glauben an die Handauflegung, die natürlich einen ganz bestimmten, zeitlich begrenzten Zweck verfolgt!

Das Wirken des Geistes in einer Einzelperson beginnt, wenn er sie von Sünde, Gerechtigkeit und Gericht überzeugt. Meiner Ansicht nach nimmt Buße ihren Anfang, wenn jemand erkennt, dass Gott bei Weitem besser ist, als er gedacht hat, denn der normale nicht-gläubige Mensch meint, Gott sei schlecht und er selbst sei gut. „Warum hat Gott das getan? Ich hätte das an Gottes Stelle nicht gemacht." Doch Buße beginnt damit, dass man erkennt, wie gut Gott ist und wie schlecht man selbst ist. Sie fängt wirklich mit einem Umdenken an, und das ist das Werk des Heiligen Geistes. Wiedergeboren aus Wasser und Geist – das ist das Werk des Heiligen Geistes.

Gewissheit gründet sich gemäß dem Neuen Testament nicht auf die Schrift, sondern auf den Geist. Ich möchte das unterstreichen. Es gibt eine evangelikale Doktrin der Gewissheit, die einfach nur eine logische Ableitung aus der Bibel darstellt: „Die Bibel sagt es, ich glaube es, damit ist es entschieden." So oder ähnlich wird argumentiert. Sie überzeugen sich selbst auf Grundlage der Bibel, dass Sie Gottes Kind sind, doch die Bibel selbst bezeichnet Folgendes als Grundlage der Gewissheit: „Ich habe den Heiligen Geist empfangen. Ich weiß, dass ich zu Gott gehöre, weil er mir seinen Geist gegeben hat." In meinem Neuen Testament ist die Doktrin der Gewissheit geistgegründet, der Geist ist es, der uns Bestätigung gibt. Haben Sie jemanden durch die Schritte der Buße, des Glaubens und der Wassertaufe geführt, können Sie immer noch nicht sicher sein, dass Gott diese Person angenommen hat. Doch wenn sie den Heiligen Geist empfängt, dann sind Sie 100 Prozent sicher, dass Gott sie akzeptiert hat. Das ist der Beweis; es ist der wichtigste Teil des Prozesses, jemanden zu Christus zu führen – dass die betreffende Person den Heiligen Geist empfängt. Wir haben allerdings davon gesprochen, dass jemand Jesus „empfängt". Ist Ihnen schon einmal aufgefallen, wie wir das tun? „Empfange ihn als deinen Herrn; nimm ihn in dein Herz auf; nimm ihn als Erlöser an." Doch die Apostel verwendeten diese Ausdrücke nicht, und ganz bestimmt nicht die modernen Umschreibungen: „Gib Jesus dein Herz" und „Gib dein Leben Jesus." Nirgendwo in der Bibel finden Sie derartige Formulierungen. Was finden Sie jedoch? „Jeder von euch soll Buße tun, sich taufen lassen zur Vergebung eurer Sünden, und ihr werdet empfangen…" Wen empfangen? Den Heiligen Geist.

Das Wort „empfangen" oder „aufnehmen" wird in den Evangelien nur für Jesus verwendet, als er als Mensch auf dieser Erde war, doch von dem Tag an, als er in den Himmel verschwand, wird das Verb „empfangen" durchgängig für die dritte Person der Dreieinigkeit verwendet. Jesus sitzt zur rechten Hand des Vaters, doch Sie können den Geist empfangen, der seinen Platz auf der Erde eingenommen hat.

Genau das sollten wir tun, dann sind unsere Neubekehrten von Anfang an mit der Dreieinigkeit vertraut. Sie haben gegenüber Gott Buße getan, an Jesus geglaubt und den Geist empfangen. Wann kehren wir nur zu diesem Muster zurück? Bei mir dauerte es 17 Jahre, bis ich diese vier einfachen Schritte durchlaufen hatte: Buße tun, glauben, getauft werden und den Geist empfangen. Ich werde keinen meiner Neubekehrten 17 Jahre lang warten lassen, wenn sie die gesamte „Petrus-Packung" (so nenne ich Apostelgeschichte 2,38) sofort bekommen können. Von da an beginnt der Geist ein Werk der Errettung.

Ich möchte nun eine Aussage treffen, die ein wenig kontrovers ist, doch überprüfen Sie es selbst anhand der Bibel: *Errettung ist ein Prozess, der sich nicht mit einem Tag erledigt hat.* „Sieben Personen wurden letzten Sonntagabend gerettet." Nein, das stimmt nicht, sieben Menschen *haben angefangen*, gerettet zu werden. Errettung ist ein Prozess. Ich benutze das Wort „Rettung" dieser Tage nicht sehr häufig, sondern ziehe den Begriff „Recycling" vor. Das ist eine perfekte Entsprechung. Wenn Menschen mich fragen: „Was machen Sie beruflich?" Dann sage ich: „Ich bin in der Recycling-Branche." „Flaschen, Papier und Dosen?" „Nein, Menschen!" Gott ist in der Recycling-Branche tätig und Recycling bedeutet, Menschen von der Müllhalde zu retten, die Gehenna genannt wird. Es geht darum, sie „wiederzuverwerten", bis sie für Gott wieder nützlich sind und vollkommen dem ursprünglichen Bild entsprechen – und das braucht Zeit. Errettung ist ein Prozess, Recycling ist ein Prozess, und Gott recycelt Männer und Frauen, bevor er den gesamten Planeten Erde erneuert. Ein Christ ist besorgt um die Umwelt, doch er verfällt nicht in Panik – und er betet ganz sicher nicht diese sonderbare Dame namens „Mutter Natur" an. Wir glauben, dass es eine neue Erde geben wird. Wir sind die einzigen, die das wissen, doch das ist eine großartige Nachricht. Gott wird diesen Planeten recyceln, und er recycelt Menschen, die ihn bewohnen sollen. Errettung heißt nicht, gerettet zu werden, sondern „geborgen" zu werden. Das war der gängige Begriff während des Zweiten Weltkriegs – „bergen" – doch jetzt sagen wir „recyceln". Unsere Aufgabe besteht darin, dass wir mithelfen, Menschen zu recyceln, und das beginnt, wenn sie den Heiligen Geist empfangen. Der Geist wird in ihnen fortlaufend den Charakter Christi reproduzieren. Wir nennen es die Frucht des Geistes, und es gibt nur eine einzige Frucht, die neun Geschmacksrichtungen hat. Sprechen Sie nicht über die Früchte, sondern über die Frucht, denn sie steht nicht im Plural. Folgendes beweist es: Nicht-Gläubige können ohne den Geist zwei oder drei, sogar vier dieser neun Geschmacksrichtungen demonstrieren, doch wenn die Frucht des Geistes im Leben einer Person erscheint, treten alle neun Geschmacksrichtungen gemeinsam auf. Sie können nicht eine von ihnen ohne die anderen acht haben, und sie braucht Zeit zu wachsen. Wenn wir im Geist wandeln, so wächst die Frucht. Es gibt eine Frucht, von der man den ersten Bissen nimmt, und er schmeckt nach Orange, dann nehmen Sie einen weiteren Bissen, und der schmeckt nach Zitrone – verschiedene Geschmacksrichtungen in einer Frucht. Die Frucht des Geistes ist damit vergleichbar – in einem Christen „schmecken" Sie Geduld, Sie schmecken Frieden und Freude. Das ist der Charakter Christi, und er wächst nur in dieser neunfachen Geschmacksrichtung in den Menschen, die im Geist wandeln.

Es gibt immer noch eine zukünftige Errettung, die ich noch nicht erlangt habe und auf die ich mich freue. Eine Errettung, die erst am Ende der Zeit offenbart wird. Christus kommt ein zweites Mal, um denen die Rettung zu bringen, die darauf warten. Eines Tages wird er den Gläubigen Errettung bringen, und damit den Abschluss des Recycling-Prozesses.

Genau das ist Errettung. Es geht nicht allein darum, jemanden „über die Linie" zu bringen oder ihn zu einer Entscheidung zu führen, sondern diese Person vollkommen recyceln zu lassen. Gott tut das, und all das ist das Werk des Geistes.

Es gibt das individuelle Wirken des Heiligen Geistes, der uns überführt, bekehrt und uns Christus ähnlich macht, doch die Hauptbetonung im Neuen Testament liegt auf der Gemeinschaft des Heiligen Geistes. Daher sollte uns bewusst sein, dass der Empfang des Heiligen Geistes die *Grundlage für die Mitgliedschaft* in der Urgemeinde war. Wir haben Glaubensbekenntnisse und alles Mögliche andere zur Bedingung der Gemeindezugehörigkeit gemacht, doch die Gemeinde ist der Tempel Gottes, der Leib Christi und die Gemeinschaft des Geistes. Solange jemand keine Beziehung zu den drei Personen der Gottheit hat, ist er meiner Überzeugung nach nicht für die Gemeindemitgliedschaft qualifiziert. Der entscheidende Faktor, der eine Person dazu befähigte, zum Leib Christi dazuzugehören, war die Taufe im Geist, der Empfang des Geistes, die Erfüllung mit dem Geist, was im Neuen Testament ein und dasselbe ist. Mit anderen Worten: Wenn jemand den Heiligen Geist empfangen hatte, konnte man ihm die Gemeindezugehörigkeit nicht verwehren; doch solange dies nicht geschehen war, machte sich die Gemeindeleitung Sorgen.

Ein Aspekt, den meine Frau am meisten vermisste, nachdem ich nicht mehr als Pastor einer Ortsgemeinde arbeitete, waren unsere Gemeindeversammlungen. Bei diesen Zusammenkünften sagte uns der Heilige Geist wunderbare Dinge, er gab uns seine Wegweisung. Solange Ihre Mitglieder den Geist nicht empfangen haben, sind Ihre Gemeindeversammlungen ein Desaster. Sie werden zu demokratischen Veranstaltungen, und wenn Sie Menschen als Mitglieder aufnehmen, die den Heiligen Geist nicht empfangen haben, dann werden Sie unweigerlich Probleme bekommen. Ich glaube an eine offene und transparente Gemeindeleitung. Ich finde es wunderbar, wenn Hirten und

Schafe sich austauschen und die Hirten das „Blöken" der Schafe zu hören bekommen, das ist wichtig! Doch wenn Ihre Mitglieder den Geist nicht empfangen haben, öffnen Sie allem möglichen Missbrauch Tür und Tor.

Der Heilige Geist sollte nicht nur die *Grundlage der Gemeindemitgliedschaft* sein, sondern auch die *Quelle jeden Dienstes*. Sie können niemandem zu einem Geistlichen machen, das kann nur der Geist. Das bedeutet, dass jedes Mitglied ein Geistlicher ist. Wir müssen wirklich das Konzept, „in den geistlichen Dienst zu gehen", über Bord werfen. Diese Spaltung in Kleriker und Laien hat das Wirken des Geistes und den geistlichen Dienst beschränkt. In der neutestamentlichen Gemeinde konnte Paulus zu Recht sagen: „Jeder von euch hat eine Gabe empfangen." Das bedeutet nicht, dass jemand alles tun sollte. Dabei handelt es sich um den Dienst nach altem Muster, bei dem man einen Mann anstellte, der alles tun sollte. Es bedeutet auch nicht, dass jeder alles tun könnte, sondern dass jeder etwas tun kann. Der Geist bringt Ordnung in die Gemeinde, sodass jeder etwas tun kann, und der Geist will, dass jeder im Dienst ist.

Zu viele Menschen wollen die Gaben und die Frucht gegeneinander ausspielen. Sie sagen: „Ich bevorzuge eine Gemeinde, die Frucht hat statt Gaben." Ehrlich gesagt wäre mir das auch lieber, denn das ist viel einfacher. Doch die Frucht ohne die Gaben ist ineffektiv, genauso wie die Gaben ohne Frucht gefährlich sind. Stellen Sie sich vor, Sie besuchen jemandem im Krankenhaus und demonstrieren dieser Person die Frucht des Geistes. Sie zeigen ihr durch Ihren Besuch im Krankenhaus Liebe. Sie lassen Freude sichtbar werden, indem Sie den Kranken aufheitern. Sie demonstrieren ihm Frieden, indem Sie ihn beruhigen. Sie offenbaren Geduld, indem Sie sich alle Details der Operation anhören, und Freundlichkeit, indem Sie Weintrauben mitbringen. Ihre Treue wird daran sichtbar, dass Sie die Person täglich besuchen. Ihre Sanftmut wird deutlich, wenn die Schwester Ihnen sagt: „Die Besuchszeit ist vorbei" und Sie tatsächlich nach Hause gehen. Sie zeigen Selbstbeherrschung, indem Sie die Trauben nicht selbst aufessen. Sie haben die Frucht des Geistes gezeigt, doch den Kranken nicht gesund gemacht, denn Heilung ist eine Gabe. Wir brauchen Beides, wobei der Heilige Geist die Frucht in jedem Gläubigen wachsen lassen und die Gaben unter allen Gläubigen verteilen will.

Kehren wir nun zum gemeinschaftlichen Aspekt des Heiligen Geistes zurück, dem Schwerpunkt im Neuen Testament: Der Geist wohnt im Leib Christi. Es gibt vier Aspekte des Wirkens des Heiligen Geistes in der Gemeinde, und wir haben angefangen, über zwei von ihnen nachzudenken. Der Geist ist die Grundlage der Gemeindemitgliedschaft ab Apostelgeschichte 2,38; es handelt sich um die Gemeinschaft der Menschen, die den Geist empfangen haben und daher die *Koinonia* bilden, die Gemeinschaft des Heiligen Geistes. Koinonia bedeutet, etwas vollkommen gemeinsam zu haben. Der Geist in Ihnen unterscheidet sich nicht vom Geist in mir. Daher ist der Leib Christi amputiert, wenn eine Person sich von ihm trennt. Selbst wenn Sie nur einen kleinen Finger im Leib darstellen, ist der Leib ohne Sie unvollständig.

Zweitens, wir haben gesehen, dass der Heilige Geist die Quelle des Dienstes ist. Er gibt verschiedene Gaben, eben weil er will, dass jeder in der Gemeinde einen Dienst ausübt. Er gibt jedem und allen eine Gabe. Das traf auf die Urgemeinde zu. Er hat jedem eine Gabe gegeben, damit die Übrigen davon profitierten, zur Auferbauung, damit wir einander stärken.

Drittens, der Heilige Geist in der neutestamentlichen Gemeinde ist das Modell für die Leitung der Gemeinde. Ist Ihnen schon einmal aufgefallen, dass der Heilige Geist sich sehr vom Vater und vom Sohn unterscheidet? Sowohl der Vater als auch der Sohn sind Könige, doch der Heilige Geist wird nie „König" genannt. Der Vater und der Sohn tragen Kronen; der Heilige Geist tut dies nicht. Der Vater und der Sohn sitzen auf Thronen; auf den Heiligen Geist trifft das nicht zu. Vater und Sohn sind beide „Herr", doch der Heilige Geist wird mit nur einer möglichen Ausnahme im Neuen Testament nicht „Herr" genannt. Als ich die Verben untersuchte, die diesen Titeln und Bezeichnungen entsprachen, entdeckte ich Folgendes: Die Verben, die sich auf Vater und Sohn beziehen, sind Verben des absoluten Gehorsams und der absoluten Unterordnung. Doch die Verben, die im Verhältnis zum Heiligen Geist vorkommen, sind Worte der Zusammenarbeit statt der Unterordnung. Was leite ich davon ab? Ganz einfach: Der Heilige Geist versucht niemals, sich Menschen untertan zu machen, sondern er führt und leitet sie, damit sie sich vollkommen dem Vater und dem Sohn unterordnen. Überprüfen Sie es anhand Ihrer Bibel. Der Heilige Geist will, dass wir dem Vater und dem Sohn gehorchen. Er umwirbt uns.

Auch bei der Anbetung gibt es einen ähnlichen Unterschied: Anbetung im Geist über den Sohn zum Vater. Vater und Sohn werden im Neuen Testament in der Anbetung direkt angesprochen, während das beim Geist nie der Fall ist. Ich finde das interessant. Das bedeutet nicht, dass es eine Sünde wäre, den Geist anzubeten; ich verweise nur auf das neutestamentarische Bild.

Vater und Sohn übertragen nicht ihre Autorität auf uns. Dieselben Verben, die für den Geist verwendet werden, finden auch auf die Gemeindeleitung Anwendung. Unsere Aufgabe besteht nicht darin, Menschen dazu zu bringen, sich uns unterzuordnen, sondern sie dem Vater und dem Sohn zu unterstellen. Je mehr wir das tun, desto unabhängiger werden Menschen von uns sein – und desto abhängiger vom Herrn.

Viertens, der Geist gibt die Kraft zur Mission. Wir versuchen, das Evangelium mit einer Methode weiterzuverbreiten, die dem Neuen Testament fremd ist. „Den ersten Bericht habe ich verfasst … von allem, was Jesus angefangen hat zu tun und auch zu lehren …" (Apostelgeschichte 1,1; ELB) – fällt Ihnen die Reihenfolge auf? Im Neuen Testament *demonstrierten* sie etwas, bevor sie es *erklärten*. Tatsächlich kommunizierte man das Evangelium in drei Dimensionen: Wort, Tat und Zeichen. Oder, falls Sie

Alliterationen mögen: Worte, Werke und Wunder. In Römer 15 schreibt Paulus: „Ihr habt meine Botschaft gehört. Ihr habt mein Leben gesehen, und ihr seid Zeuge von Zeichen und Wundern geworden, die alle durch den Heiligen Geist gewirkt wurden. So habe ich euch das Evangelium vollständig weitergegeben ..." Worte, Taten und Zeichen – ist Ihnen bewusst, dass zwei dieser Dimensionen für die Augen und nur eine für das Ohr bestimmt sind? Das war die Methode: Lasst die Menschen das Evangelium sehen und es dann hören. Doch wir sind so Wort-orientiert geworden. Wenn wir an Evangelisation denken, geht es immer nur um Worte. Worte, die gepredigt, dokumentiert und gesungen werden, Worte, Worte und nochmal Worte. Wir glauben, wenn wir den Menschen nur alle Worte gegeben, sie quasi in ihren „Briefkasten" eingeworfen haben, dann hätten wir irgendwie evangelisiert. Allerdings wartet die Welt nicht darauf, das Evangelium zu *hören*, sondern es zu *sehen*. Sie hat das Recht, es zu sehen, und unsere Verantwortung besteht darin, es sichtbar zu machen. Nietzsche, der Hitler sehr beeinflusst hat, sagte einmal: „Erlöster müssten mir seine [Jesu] Jünger aussehen, (...) wenn ich an ihren Erlöser glaubten sollte ." Er kannte viele Kirchgänger und er konnte zwischen ihnen und anderen Menschen keinerlei Unterschied feststellen.

Denken Sie daran, wie Jesus die Jünger jeweils zu zweit losschickte. Ich weiß, dass sie überhaupt keinen Glauben hatten, als sie loszogen. Lesen Sie zwischen den Zeilen der Bibel. Sie waren ziemlich sicher, dass sie das nicht tun konnten, was Jesus getan hatte. Alles, was sie tun mussten, war Tote auferwecken, Kranke heilen und Dämonen austreiben. Dann, nachdem sie all das vollbracht hatten, sollten sie den Menschen sagen, das Reich Gottes sei angebrochen. Das Evangelium wird durch Worte, Taten und Zeichen vermittelt. Es muss mit Worten geschehen, denn ohne Worte würden die Menschen nicht verstehen, was gerade geschieht. Doch zuerst müssen wir sie es sehen lassen. Wann immer es einen Widerspruch gibt zwischen dem, was wir sehen und was wir hören, so verlassen wir uns auf unsere Augen.

Es ist sehr wichtig, dass wir das Evangelium auf neutestamentarische Art und Weise verkünden. 1. Thessalonicher 1 erwähnt ebenfalls Worte, Taten und Zeichen. Taten sind die Art und Weise, wie wir leben, und Zeichen sind die Wunder, die Gott wirkt. Die Worte können Sie ohne den Heiligen Geist weitergeben. Ich habe miterlebt, wie Ungläubige die Worte des Evangeliums weitergegeben und Menschen sich bekehrt haben, doch Sie können weder die Taten noch die Zeichen ohne den Heiligen Geist wirken.

Vor vielen Jahren waren meine Frau und ich mit 1500 jungen Menschen auf einem Lager namens Canvas Camp in Neuseeland, in der Weihnachtswoche. Es war 30 Grad Celsius heiß. Wir nutzen einen Wollschuppen als Versammlungshalle, in dem die Jugendlichen auf Heu- und Strohballen saßen. Auch die Bühne bestand aus Heuballen. Von den Teilnehmern waren 500 noch nicht gläubig – es waren Bandenkinder von den Straßen Aucklands, hauptsächlich Maoris, mit schrecklichen Tattoos bedeckt. Einer hatte „Gesetzloser" auf den Hals tätowiert, bei einem anderen stand „Hass" auf beiden Händen, sodass man sofort wusste, was er von einem hielt, wenn er auf einen zukam. Die Veranstalter baten mich, über das Reich Gottes zu sprechen, morgens und abends. Das ist mein Lieblingsthema (Jesus teilt diese Vorliebe mit mir). Am Donnerstagmorgen sprang ich auf die Bühne, um meine Predigt zu halten, und der Herr flüsterte mir zu: „David, du hast es ihnen schon gesagt, aber es ihnen noch nicht gezeigt." Ich antwortete: „Womit fangen wir an, Herr?" Er sagte: „Schuppen." Schuppen?

Ich erklärte meinen Zuhörern: „Ich habe euch gesagt, dass Jesus der Herr der Herren und der König der Könige ist und dass jede Situation unter seiner Kontrolle steht. Jetzt werdet ihr es auch mit eigenen Augen sehen, denn Jesus ist der König über Schuppen." Meine Frau saß hinten zwischen den Zuhörern, und wir sind lange genug verheiratet, um das Gesicht des anderen lesen zu können. Ihr Gesicht sagte: „Jetzt ist er tatsächlich durchgedreht; ich erwarte es seit Jahren, doch nun ist es passiert!" Sie sah aus, als wollte sie die Veranstaltung sofort verlassen.

Ich fragte: „Was kommt als Nächstes, Herr?" Er sagte: „Fußpilz." Daraufhin ich: „Du lässt nichts aus, von Kopf bis Fuß, Herr." Dann sagte ich: „Er ist König über Fußpilz." Ich fragte: „Was kommt als Nächstes, Herr?" „Warzen." Neben meiner Frau saß ein Mann, der zirka 50 Jahre alt war und dessen Hände mit diesen kleinen Beulen übersät waren – als würde man einem Erdnussbauern die Hände schütteln! Auf seiner anderen Seite saß ein Chirurg, der ihm drei Minuten zuvor gesagt hatte: „Kommen Sie nächsten Donnerstag in meine Klinik, ich gebe Ihnen eine örtliche Betäubung und dann entfernen wir sie alle."

Zwei Tage später segelte ich mit dem Chirurgen auf dem Pazifik. Er sagte: „David, warum versuchst du, mich diese Woche zu demütigen?" Ich antwortete: „John, das würde mir nicht im Traum einfallen. Was meinst du damit?" Er sagte: „Du hast mir zwei meiner Patienten gestohlen! Einer war der Mann mit den Warzen. Sie fielen alle von seinen Händen ab und ließen nur kleine rosafarbene Löcher zurück, wo sich neues Fleisch bildete."

Während der Veranstaltung dachte ich bei mir: „Wo wird das alles enden?" Ich fragte: „Was kommt als Nächstes, Herr?" Er sagte: „Eine verdorrte Hand." Ich kenne das Maß meines eigenen Glaubens und weiß, wann er anfängt, etwas wackelig zu werden. Ich sagte: „Ist jemand hier, der seine rechte Hand nicht benutzen kann?" Es war ein ungefähr 15-jähriges Mädchen, das so geboren worden war. Eine Stunde später schrieb sie ihren Eltern einen Brief: „Liebe Mama, lieber Papa, ich schreibe euch diesen Brief mit meiner rechten Hand."

Schließlich kamen wir mit einem 16-jährigen Jungen namens Andrew zum Höhepunkt. Als Zweijähriger war sein linker Arm bei einem Autounfall gelähmt worden. Zwei Monaten vor dem Camp hatte er versucht, einen Baum mit einer Motorsäge, die er in nur einer Hand hielt, zu zerlegen. Er kniete auf diesem Baum und sägte sich dabei sein Knie ab. Sie brachten ihn schnell ins Krankenhaus und konnten sein Leben dank einer Bluttransfusion retten. Es gelang ihnen, die Knochen wieder miteinander zu verbinden, sodass er mit einem verkürzten Bein zum Camp kam, während sein linker Arm auf einer Aluminiumkrücke ruhte. Dabei war er so liebenswert und lebenslustig; jeder liebte Andrew. Am Donnerstagnachmittag lief dieser Junge von einem Ende des Sportplatzes bis zum anderen, mit voll funktionsfähigen Gliedmaßen! Er rannte zurück in den Wollschuppen, sprang auf die Bühne und tanzte vor uns allen. Ich sagte: „Wirf deine Krücke weg." „Nein", erklärte er, „ich muss sie wieder ins Krankenhaus zurückbringen, sie gehört mir nicht."

Doch niemand wurde von Schuppen geheilt, und am Freitagmorgen sagte ich meinen Zuhörern: „Wenn der Herr diese Woche etwas für euch getan hat, kommt bitte nach vorne und erzählt es uns. Zeugnis zu geben ist gut, und ich brauche etwas Stärkung für meinen Glauben. Alles, was ich gesagt habe, ist geschehen, außer einer Sache, doch ich werde euch nicht sagen, was es war."

Da fragte ein Mädchen: „Waren es die Schuppen?" Ich antwortete: „Ja." Sie sagte: „Schauen Sie mal, ich hatte sonst immer richtigen Schneefall auf meinen Schultern" und zeigte mir ihren wunderschönen, glänzenden Haarschopf.

Als sie noch redete, kam ein etwas älterer junger Mann mit einem langen roten Bart und schütter werdendem Haar auf die Bühne. „Ich glaube es nicht, ich glaube es nicht", sagte er. „Was glaubst du nicht?", fragte ich zurück. „Die Sache mit den Schuppen." „Du kommst genau zum richtigen Zeitpunkt", sagte ich. „Hier steht sie." „Nein", sagte er, „es geht um mich. Ich habe jede Art von Shampoo und jede Behandlung ausprobiert. Als ich heute Morgen mein Haar kämmte, waren sie weg. Da ging ich ins Erste-Hilfe-Zelt und ließ die Krankenschwester meine Haare und meinen Bart kämmen. Sie konnte nichts finden. Ich glaube es nicht!" Ich sagte: „Tu es doch! Freu dich drüber, Gott segne dich, komm gut nach Hause."

An einem anderen Abend manifestierten sich Dämonen. Es gab Maori-Jungen, die auf allen Vieren wie Hunde bellten und Stroh aßen wie Tiere. Andere Jugendliche scharten sich um sie und kümmerten sich im Namen Jesu darum. Was für eine Woche! Doch am Freitagmorgen sagte ich: „Jetzt habt ihr vom Reich Gottes gehört, ihr habt es gesehen und ihr wisst, dass Jesus König ist. Heute Nachmittag komme ich um vier Uhr wieder in den Wollschuppen und werde euch erzählen, wie man ins Reich Gottes hineinkommt, wenn ihr hineinwollt. Es ist mir egal, ob es nur zehn sind, Hauptsache, ihr meint es ernst."

Sie kamen alle wieder, doch ich werde Ihnen erzählen, wie das passierte. Es war ein wunderschöner, heißer Tag. Zirka drei Kilometer entfernt war der Pazifische Ozean, und sie gingen alle schwimmen, bewacht von 15 Rettungsschwimmern. Ein Rettungsschwimmer ging zum Nächsten und fragte ihn: „Könntest du meinen Strandabschnitt übernehmen? Ich möchte in den Wollschuppen gehen und hören, was David zu sagen hat." Der andere antwortete: „Da will ich auch hin." So gingen sie zum dritten Rettungsschwimmer, der ebenfalls gehen wollte. Beim Vierten war es genauso. Alle 15 Rettungsschwimmer wollten herausfinden, wie man ins Reich Gottes kommt, doch sie durften den Strand nicht verlassen, weil sie auf 1500 Jugendliche aufpassen mussten. Also stellten sie sich alle zusammen, und einer von ihnen sagte: „Lasst uns das mit dem Gebet mal versuchen. Gott, wenn du da bist, bring uns bitte zu Davids Vortrag." Sie blickten aufs Wasser und sahen, wie drei Haie in die Bucht schwammen. Sie riefen: „Haie!" – und ich bekam 1500 Zuhörer. So habe ich das Geheimnis entdeckt: Sie brauchen einfach nur drei Haie, um den Job für Sie zu erledigen!

Jetzt mal im Ernst: Auf ganz einfache Weise vermittelten wir das Evangelium durch Worte, Taten und Zeichen. Sie hörten die Worte und sahen die Taten, denn diese jungen Leute wohnten eine Woche lang mit Christen in Zelten. Sie sahen, wie diese lebten, und erlebten Zeichen und Wunder. Es war eine wunderbare

Woche. Als sie dann am Freitag kamen, sagte ich ihnen: „Es gibt vier Schritte, die ihr machen müsst, und ich werde euch helfen, heute Nachmittag mit dem ersten Schritt zu beginnen. Heute werde ich euch helfen, Busse zu tun." Ich ging mit ihnen nicht weiter, doch sie taten Buße. Als wir die nächsten fünf Wochen unterwegs waren, hörten wir, dass die Jugendlichen überall in Neuseeland Interesse an der Taufe zeigten, Buße taten und weitere Schritte unternahmen.

Sie können Menschen nicht in fünf Minuten zur Welt bringen, am Ende einer Veranstaltung, doch Sie können sie auf den richtigen Weg bringen. Genau das tue ich: Ich erzähle ihnen von den vier Schritten und sage: „Lasst uns mal mit dem ersten Schritt beginnen." Ich habe festgestellt, dass sie unbeirrt ihren Weg gehen, wenn man ihnen mit der Buße einen guten Anfang gibt. Sie werden alle anderen drei Schritte auch machen, sobald es ihnen möglich ist.

Schließlich müssen wir bei diesem Überblick über das, was das Neue Testament uns über das Wirken des Heiligen Geistes sagt, betonen, wie wichtig das Buch der Offenbarung ist.

Leider kümmern sich die meisten Protestanten, die sich auf die Reformation stützen, nicht um das Buch der Offenbarung. Doch versuchen Sie einmal, sich das Neue Testament ohne die Offenbarung vorzustellen. Das wäre so, als würde man ein Theaterstück aufnehmen und dabei feststellen, dass es später angefangen hat und einem daher die letzten fünf Minuten fehlen. Oder man würde einen Krimi lesen und am Ende merken, dass die letzten drei Seiten herausgerissen wurden. Das Neue Testament ohne das Buch der Offenbarung wäre sinnlos, denn das Ganze ist mit einer Romanze vergleichbar. Es endet mit: Nach der Hochzeit lebten sie glücklich bis an ihr Lebensende. Der Geist und die Braut sagen: „Komm!", denn die Braut hat sich für die Hochzeit bereitgemacht. Der Vater hält nach einer Braut für seinen Sohn Ausschau.

Es gibt eine Glaubenslehre über den Heiligen Geist in der

Offenbarung, die äußerst wichtig ist. Warum behaupten manche, das Buch sei kompliziert? Sie sind der Ansicht, es sei für Akademiker und Theologiestudenten geschrieben worden. Das stimmt nicht, die Offenbarung wurde für ganz einfache Menschen verfasst. Die Menschen, die die Botschaft der Offenbarung begreifen, sind solche, die sie für bare Münze nehmen.

Die Kapitel 1–3 beschäftigen sich mit dem gegenwärtigen Zustand der Gemeinde. Dann bewegen wir uns in die Zukunft und den Rest der Offenbarung können wir in zwei einfache Abschnitte aufteilen: Erstens, es wird viel schlimmer werden, bevor es besser wird; zweitens, es wird viel besser werden, nachdem es schlimmer geworden ist. Das ist meine Zusammenfassung der Offenbarung, wobei es sich um eine apokalyptische Sicht der Geschichte handelt.

Dann gibt es noch eine kontrastierende griechische Sicht der Geschichte, die zyklisch ist: Sie bewegt sich in Kreisen, die Geschichte wiederholt sich, und Sie enden dort, wo Sie angefangen haben. Zusätzlich haben wir noch die epische Sicht der Geschichte: Sie bewegt sich vorwärts und geht immer rauf und runter, rauf und runter – Zyklen der Geschichte, Reiche erstarken und gehen wieder unter. Die optimistische Sicht der Geschichte war demgegenüber die bestimmende Perspektive zu Beginn des 20. Jahrhunderts: Wir befinden uns auf einer Rolltreppe des Fortschritts, die uns in die perfekte Gesellschaft befördert. Im Gegensatz dazu steht die pessimistische Sicht der Geschichte, mit der wir in das 21. Jahrhundert eingetreten sind. Das Schlüsselwort lautet hier nicht mehr „Fortschritt", sondern „Überleben". Viele Menschen glauben, dass es nur noch abwärts geht.

Eine Geschichtsperspektive besagt, dass alles abwärts geht, plötzlich besser wird und dann auch so bleibt. Doch der Geist hat uns darauf vorbereitet, dass es schlimmer wird, daher erwarte ich, dass sich die Dinge negativ entwickeln, bevor sie besser werden. Das bewahrt mich vor falschen Hoffnungen und utopischen Träumen – denn falsche Hoffnungen machen das Herz krank.

Leider wurde uns vor einigen Jahren die Hoffnung gemacht, das Reich Gottes würde gleich anbrechen, und die Ernüchterung ist groß, weil so viel falsche Erwartungen geweckt wurden. Ich glaube, dass es für die Christen schwieriger wird. Das Buch der Offenbarung ist voller Märtyrer; was genau daran liegt, dass der Geist vorhergesehen hat, dass Christen vor die Wahl gestellt werden – zwischen Leben und Tod.

Schließlich muss uns bei diesem kurzen Überblick bewusst sein, dass es einen Unterschied gibt zwischen einem Zustand, in dem Menschen mit dem Geist *erfüllt werden*, und einem Zustand, in dem sie *voll* Geistes sind. Alle Gläubigen sollten mit dem Geist erfüllt werden, doch manche von ihnen sind voll. Als sie in der Urgemeinde nach Leitern Ausschau hielten, suchten sie nicht nach denen, die erfüllt worden waren, sondern nach Menschen, die voll waren. Es gibt im Neuen Testament einen scharfen Kontrast zwischen Menschen, die erfüllt worden sind und immer wieder erfüllt werden, und solchen, die ständig voll sind.

„Voll" beschreibt in der Bibel nicht nur Frucht, sondern Gaben und Frucht. Lesen Sie Apostelgeschichte 6. Dort wurde Stephanus ausgewählt, weil er voll Heiligen Geistes war. Sie werden feststellen, dass er voller Gnade und Kraft war.

Der ideale Reifezustand eines Christen besteht nicht nur darin, voller Gnade zu sein, sondern voller Gnade und Kraft. Sie können erfüllt werden und dann voller Kraft sein, doch voll zu sein bedeutet, über Gnade und Kraft in Fülle zu verfügen – die Frucht und die Gaben in perfektem Zusammenspiel.

4. Kapitel

DER HEILIGE GEIST BEI MATTHÄUS, MARKUS UND LUKAS

„Jesus aber, voll Heiligen Geistes, kam zurück vom Jordan. Und er wurde vom Geist in der Wüste umhergeführt vierzig Tage lang und von dem Teufel versucht. Und er aß nichts in diesen Tagen, und als sie ein Ende hatten, hungerte ihn.

Der Teufel aber sprach zu ihm: Bist du Gottes Sohn, so sprich zu diesem Stein, dass er Brot werde.

Und Jesus antwortete ihm: Es steht geschrieben (5. Mose 8,3): ‚Der Mensch lebt nicht vom Brot allein.'

Und der Teufel führte ihn hoch hinauf und zeigte ihm alle Reiche der ganzen Welt in einem Augenblick und sprach zu ihm: Alle diese Macht will ich dir geben und ihre Herrlichkeit; denn sie ist mir übergeben und ich gebe sie, wem ich will. Wenn du mich nun anbetest, so soll sie ganz dein sein. Jesus antwortete und sprach zu ihm: Es steht geschrieben (5. Mose 6,13): ‚Du sollst den Herrn, deinen Gott, anbeten und ihm allein dienen.'

Und er führte ihn nach Jerusalem und stellte ihn auf die Zinne des Tempels und sprach zu ihm: Bist du Gottes Sohn, so wirf dich von hier hinunter; denn es steht geschrieben (Psalm 91,11-12):

‚Er wird befehlen seinen Engeln für dich, dass sie dich bewahren. Und: Sie werden dich auf den Händen tragen, damit du deinen Fuß nicht an einen Stein stößt.'

Jesus antwortete und sprach zu ihm: Es ist gesagt (5. Mose 6,16): ‚Du sollst den Herrn, deinen Gott, nicht versuchen.'

Und als der Teufel alle Versuchung vollendet hatte, wich er von ihm bis zur bestimmten Zeit.

Und Jesus kam in der Kraft des Geistes wieder nach Galiläa; und die Kunde von ihm erscholl durch das ganze umliegende Land. Und er lehrte in ihren Synagogen und wurde von jedermann gepriesen.

Und er kam nach Nazareth, wo er aufgewachsen war, und ging nach seiner Gewohnheit am Sabbat in die Synagoge und stand auf, um zu lesen. Da wurde ihm das Buch des Propheten Jesaja gereicht. Und als er das Buch auftat, fand er die Stelle, wo geschrieben steht (Jesaja 61,1-2):

,Der Geist des Herrn ist auf mir, weil er mich gesalbt hat und gesandt, zu verkündigen das Evangelium den Armen, zu predigen den Gefangenen, dass sie frei sein sollen, und den Blinden, dass sie sehen sollen, und die Zerschlagenen zu entlassen in die Freiheit und zu verkündigen das Gnadenjahr des Herrn.'

Und als er das Buch zutat, gab er's dem Diener und setzte sich. Und aller Augen in der Synagoge sahen auf ihn. Und er fing an, zu ihnen zu reden: Heute ist dieses Wort der Schrift erfüllt vor euren Ohren."

Lukas 4,1–21 (LUT)

Ich habe die Erfahrung gemacht, dass ein Grund, warum Menschen auf die eine oder andere Art beim Thema Heiliger Geist unausgewogen werden, darin liegt, dass sie gerade nicht die ganze Bibel betrachten. Sie konzentrieren sich auf bestimmte Teile der Bibel und verlieren daher die Balance. Die ganze Bibel und nichts als die Bibel sollte unsere Grundlage sein.

Zwischen dem Ende des Alten Testaments und dem Anfang des Neuen gibt es eine zeitliche Lücke von 400 Jahren. Das liegt nicht daran, dass es damals keine Aufzeichnungen gegeben hätte. Wir haben Bücher aus dieser Zeit, die die Apokryphen genannt werden. Darin liegt bis heute einer der vielen großen

Unterschiede zwischen Römisch-Katholischen Gläubigen und Protestanten: Protestanten sagen, diese Bücher sollten nicht zur Bibel gehören, da sie nicht Gottes Wort seien, während Katholiken vom Gegenteil überzeugt sind. Warum sind sie nicht Teil unserer Bibeln? Die Antwort liegt in einer Aussage, die 3.800 Mal im Alten Testament vorkommt, jedoch kein einziges Mal in den Apokryphen: „So spricht der Herr …" Kein Wort Gottes ist aus dieser Zeit dokumentiert. Es gab keinen Propheten während dieser Zeit, der sagen konnte: „Das ist es, was Gott sagt." Das Alte Testament beginnt also mit den Büchern Mose, der der erste große Prophet war, und es endet mit dem Buch Maleachi, dem letzten Propheten – und die Bibel setzt erst wieder an, als Gott erneut zu sprechen beginnt. Wie spannend die Geschichten der Makkabäer auch sein mögen, wie viele aufregende Dinge sich möglicherweise in diesen 400 Jahren ereignet haben, Tatsache ist Folgendes: Wenn der Heilige Geist nicht an Menschen wirkt, gibt es aus Gottes Sicht nichts zu berichten.

Bedeutet das nun, dass niemand während dieser 400 Jahre an den Heiligen Geist gedacht hätte? Nein, das stimmt nicht. Im Alten Testament gab es zwei große Verheißungen: erstens, dass eines Tages ein König von Gott ausgehen würde, der mit dem Geist Gottes erfüllt und in der Lage wäre, die Werke Gottes zu tun und seine Worte auszusprechen; zweitens, dass alle Menschen mit dem Geist erfüllt werden könnten, wenn diese Person käme; Gottes Geist würde auf alles Fleisch ausgegossen werden, auf Männer und Frauen, Jung und Alt. Diese beiden Träume sind alles, was ich Ihnen über das Wirken des Heiligen Geistes zwischen dem Alten und Neuen Testament berichten kann. Die Menschen damals müssen den Eindruck gewonnen haben, dass diese Träume in immer weitere Ferne rückten. Niemand wurde mit dem Heiligen Geist erfüllt, niemand sprach das Wort Gottes und niemand wirkte Wunder. Der Geist schien verschwunden zu sein, doch 400 Jahre lang warteten sie auf das Kommen des Geistes, dass er einen König, einen Sohn Davids erfüllen und auf alles Fleisch ausgegossen werden sollte. Diese Träume vergaßen sie nie. Die Juden haben ein bemerkenswertes Gedächtnis. Fast 2000 Jahre lang haben sie an ihr heiliges Land gedacht, während sie sich im Ausland befanden. Sie geben ihre Hoffnungen nicht so leicht auf! Die jüdische Hoffnung auf ein eigenes Land ist erfüllt worden, und sie vergaßen auch diese beiden Träume über den Heiligen Geist nicht.

Was tut der Heilige Geist bei Matthäus, Markus und Lukas? Um das Jahr 5 v.Chr. begann der Heilige Geist, Menschen nach dieser Wartezeit zu berühren. Er fing von Neuem an, einige gewöhnliche Juden zu erfüllen und zu befähigen, Übernatürliches zu sagen und zu tun, zuallererst dadurch, dass er ein älteres Ehepaar und ein jugendliches Paar anrührte. Das ältere Paar war gottesfürchtig – Zacharias und Elisabeth. Die jungen Leute, die verlobt waren und bald heiraten wollten, waren Josef und Maria. Beide Paare waren kinderlos: das eine, weil es zu alt war, um Kinder zu bekommen, und auch vorher keine empfangen hatte, das andere, weil es noch nicht verheiratet war. Doch beiden Paaren gab der Heilige Geist einen Sohn, dem einen Johannes, dem anderen Jesus. Menschlich gesehen hätte es in keinem der beiden Fälle ein Kind geben dürfen, doch der Heilige Geist begann erneut, Wunder zu wirken. Das junge Paar lebte im Norden des Heiligen Landes, das ältere Paar eher im Süden. Doch sie waren miteinander verwandt, sodass die beiden Jungen wahrscheinlich Cousins waren. Betrachten wir diese beiden Paare und was der Heilige Geist laut den Berichten von Matthäus, Markus und Lukas an ihnen wirkte.

Zacharias hatte zwei Träume oder Ziele, von denen bisher keiner erfüllt worden war, und es sah so aus, als würde es auch nie geschehen. Seine beiden Ziele waren Folgende: Zacharias war Priester, einer von vielen Tausenden, die ihre Pflichten im Tempel von Jerusalem versahen. Er lebte nur wenige Kilometer entfernt, unten im Tal, und ging nach Jerusalem hinauf, d.h. er pendelte in die Stadt und arbeitete als Priester im Tempel.

Einmal im Jahr hatte einer der Priester das große Privileg, in das Heiligtum hineinzugehen, ganz allein in diese Dunkelheit, um das Räucheropfer darzubringen. Da es Tausende von Priestern gab, war es ziemlich offensichtlich, dass die wenigsten von ihnen die Möglichkeit erhalten würden, dies jemals zu tun. Wie organisierte man das nun? Sie warfen Lose. Jeder Priester hoffte, dass ihn eines Tages vor seinem Ruhestand das Los treffen würde – das war Zacharias erster Traum.

Das zweite Ziel jedes Priesters war es, einen Sohn zu bekommen, denn das Priesteramt wurde vererbt. So konnte er sein Privileg weitergeben. Doch Zacharias Ehefrau war schon lange über das Alter des Kindergebärens hinaus. Er hatte daher den einen seiner beiden Träume schon aufgegeben. Als jemand, der vermutlich seit 40 Jahren Priester war und bald in den Ruhestand ging, war er kurz davor, auch die Hoffnung auf den anderen Traum fahren zu lassen. Doch eines Tages, als die Priester sich versammelten, um per Los darüber zu entscheiden, wer in das Heiligtum eintreten durfte, wurde sein Name gezogen. Es muss ein höchst dramatischer Moment für diesen alten Mann gewesen sein – allein mit Gott an einem Ort, wo der Allerhöchste unter seinem Volk wohnte. Dort verbrannte Zacharias den Weihrauch.

Dabei machte er die überwältigende Erfahrung, dass er dort drinnen nicht die einzige Person war, abgesehen von Gott. Er sah jemanden in der Ecke stehen. Als er genauer hinschaute, erkannte er, dass es sich weder um einen Menschen noch um Gott handelte, sondern um einen der übernatürlichen Geister Gottes, einen Engel, wie sie in der Bibel genannt werden. Zacharias muss sich sehr erschrocken haben. Der Engel sagte ihm, er werde einen Sohn bekommen, woraufhin ihn Zacharias, menschlich verständlich, fragte, wie er sich dessen sicher sein konnte.

Er bezog den Heiligen Geist nicht in sein Denken ein – genau das tun Menschen, die sagen, etwas, das Gott verheißen habe, sei unmöglich. Wann immer eine Gemeindeversammlung, die von Gott dazu berufen ist, etwas Großes zu tun, anfängt zu sagen: „Das können wir nicht tun; es ist unmöglich; das geht über unsere Fähigkeiten hinaus", dann denken diese Menschen ohne den Heiligen Geist. Das Wort „unmöglich" gibt es in Gottes Wortschatz nicht. Jeremia fragte: „Sollte dem Herrn etwas zu schwer sein?" Jesus sagte: „Mit Gott sind alle Dinge möglich." Der Engel sagte Zacharias daraufhin, er würde neun Monate lang stumm sein, weil er nicht geglaubt hatte. Das bewies ihm und anderen, dass Gott etwas in seinem Leben tat.

Der arme Kerl konnte seiner Frau nicht einmal erzählen, was geschehen war, als er aus dem Tempel kam. Doch als sie in ihrem hohen Alter miteinander schliefen, empfing sie und erzählte ihrem Ehemann, sie werde ein Kind bekommen. Sie wusste nicht, dass es ein Junge sein würde. Dieses Geheimnis war tief in Zacharias verborgen, bis er es ihr aufschrieb. Dann kam der große Tag, an dem der Junge geboren wurde, und als es an der Zeit war, dem Baby einen Namen zu geben, schrieb Zacharias den Namen Johannes auf, den Namen, den Gott ausgewählt hatte. Sofort löste sich seine Zunge, und er fing an, Gott zu preisen. Ist Ihnen schon aufgefallen, dass normalerweise aus dem Mund von Menschen, die mit dem Geist erfüllt werden, Worte herauskommen? Es heißt, Zacharias wurde mit dem Heiligen Geist erfüllt und begann Worte auszusprechen, die durch die Jahrhunderte hinweg von Christen zitiert oder gesungen worden sind. „Gelobt sei der Herr, der Gott Israels! Denn er hat besucht und erlöst sein Volk …" (Lukas 1,68; LUT).

Zacharias wurden bestimmte Dinge über den Jungen gesagt, die wir näher betrachten sollten. Zwischen Johannes und Jesus gibt es einige sonderbare Gegensätze. Jesus beschimpften seine Feinde als Weinsäufer. Er war kein Abstinenzler. Doch von Johannes wurde gesagt, dass er von Geburt an weder Wein noch starkes Getränk anrühren würde. Wir erfahren auch, dass er die erste Person in der Geschichte war, die vom Mutterleib an mit dem Heiligen Geist erfüllt wurde. Simson war ein erwachsener

Mann, als der Geist ihn erfüllte, Mose ebenfalls, und wenn wir das gesamte Alte Testament durchsehen, erfahren wir, dass die Menschen zur damaligen Zeit erst als Erwachsene die Erfüllung mit dem Geist Gottes erlebten.

Doch eine der bemerkenswertesten Eigenschaften von Johannes dem Täufer war folgende: Ab dem Moment seiner Zeugung konnte er außergewöhnliche Dinge tun und sagen. Damit niemand auf die Idee kam, andere Arten von Geistern würden dies bewirken, musste Johannes sich streng vom Alkohol fernhalten, damit glasklar wurde, dass die sonderbaren Dinge, die er tat, von Gott kamen. Dieser Junge wuchs auf höchst ungewöhnliche Weise auf. Er unterschied sich von allen anderen. Die meiste Zeit verbrachte er allein in der Wüste. Das war seine Schule, in der ihn Gott lehrte. Ich weiß nicht einmal, ob er irgendeine andere Schule besuchte, wahrscheinlich nicht, doch er lebte allein dort draußen. Im Alter von ungefähr 30 Jahren begann er zu predigen, wobei er die gleichen Kleider trug wie Elia. Elia stand in der Liste der Propheten auf Rang zwei hinter Mose. Jeder sagte: „Mose war der größte Prophet, danach kam Elia." Johannes aß zudem genau dasselbe wie Elia. Jesus sollte ein Prophet wie Mose werden, doch Johannes war es bestimmt, wie Elia zu sein, und selbst das verkündete der Engel dem Zacharias. Johannes begann also zu predigen, und die Nachricht verbreitete sich wie ein Lauffeuer, dass es in Israel wieder einen Propheten gab. Das Volk hatte darauf gewartet, dass Gott sprechen würde, und jetzt tat er es wieder. Sie begannen in Scharen hinauszugehen, um diesen Propheten zu hören. Diese Generation hatte noch nie einen Propheten erlebt, auch wenn sie von den Propheten gehört und erfahren hatten, dass ihre Ur-, Ur-, Ur-, Urgroßeltern einem begegnet waren. Die Menschen, die jetzt Johannes zuhörten, kannten nur Schriftgelehrte, die ihnen die Bibel auslegten, und keine Propheten, die das Wort des Herrn unmittelbar aussprachen.

Johannes vollbrachte keine Wunder für sie. Das Außergewöhnliche an ihm war, dass seine übernatürliche Kraft in dem lag, was er *sagte*, nicht darin, was er tat. Das einzig Ungewöhnliche war, dass er Menschen taufte, indem er sie im Wasser untertauchte. Das brachte ihm den Spitznamen „Johannes der Täufer" oder „Johannes der Untertaucher" oder „Johannes der Eintunker" ein. Das war die Bedeutung seines Namens, daher nannte man ihn „Johannes der Täufer". Eines Tages erschien in der Menge, die gekommen war, um ihn zu hören, auch der andere Junge, der mittlerweile selbst ein erwachsener Mann war, und der Heilige Geist begann, etwas noch Außergewöhnlicheres zu tun.

Kehren wir nun zu dem anderen (jungen) Paar zurück, Josef und Maria, und betrachten wir, wie der Heilige Geist an ihnen wirkte. Hier haben wir zwei miteinander verlobte Teenager. Mädchen wurden im Alter von 15 Jahren verlobt. Ein Junge wurde mit zwölf Jahren zum Mann, mit 16 Jahren übernahm er die volle Verantwortung eines Erwachsenen und heiratete. Daher liegen Bilder von Josef und Maria als ein Paar mittleren Alters völlig daneben. Stellen Sie sich einen 16-jährigen Jungen und ein 15-jähriges Mädchen vor, dann kommen Sie der Wahrheit schon näher. Diese beiden Teenager sind sehr glücklich. Sie sind verlobt und werden bald heiraten, was eine sehr ernste Sache ist. Eine Verlobung zur damaligen Zeit bedeutete viel mehr, als nur gemeinsam auszugehen oder sich zu verabreden. Sie bedeutete, dass das Mädchen den Namen des Mannes annahm. Starb er, bevor sie heiraten konnten, galt sie als Witwe. Sie waren einander versprochen, doch die Ehe wurde noch nicht vollzogen. Damit mussten sie noch einige Monate, manchmal sogar Jahre warten, bis zur offiziellen Hochzeitszeremonie. Eines Tages war dieses 15-jährige Mädchen im Haus beschäftigt, vielleicht mit ihren Gebeten, als sie jemanden im Raum erblickte, der weder Mensch noch Gott war. Sie begriff, dass einer von Gottes Boten etwas zu ihr sagen würde, eine höchst außergewöhnliche Botschaft. Sie würde einen Sohn empfangen und zur Welt bringen. Da sie immer noch Jungfrau war, fragte sie, wie das geschehen könnte. Die Antwort des Engels lautete, der Heilige Geist würde über sie kommen – die Kraft des Höchsten würde sie überschatten.

Vor einiger Zeit wurden Behauptungen über Jungfrauengeburten überprüft. Berichten zufolge nahm man zirka sieben Aussagen von Frauen näher unter die Lupe, die erklärten, ein Kind geboren zu haben, ohne vorher mit einem Mann zu schlafen. Bis auf zwei Behauptungen wurden alle anderen zurückgewiesen. Allerdings waren Ärzte und Wissenschaftler bereit, zuzugestehen, dass es in diesen beiden Fällen wahrscheinlich tatsächlich geschehen war. D.h. die weibliche Eizelle in der Gebärmutter hatte spontan angefangen sich zu teilen und ein Baby zu formen. Diese Möglichkeit besteht physisch gesehen, und es gibt andere Arten, bei denen Jungfrauengeburten häufiger vorkommen – bei Seeigeln beispielsweise; die Eizelle kann beginnen sich zu multiplizieren, zu teilen und einen Körper zu formen. Doch hier kommt die entscheidende und höchst wichtige Tatsache: Im Falle Jesu war es physisch unmöglich, weil der Engel Maria ankündigte, sie werde einen Jungen bekommen. Bei einer natürlichen Jungfrauengeburt kann, selbst wenn sie stattfindet, niemals ein Junge herauskommen. Daher haben wir es hier mit einem Wunder zu tun. Maria war sehr aufgeregt, da sie sechs Monate zuvor erfahren hatte, dass ihre ältere Verwandte Elisabeth ebenfalls ein Kind bekommen würde. Damals hatten sie gedacht, etwas Wunderbares nähme gerade seinen Anfang, daher machte sie sich auf den Weg, um Elisabeth zu besuchen, die bereits im sechsten Monat ihrer Schwangerschaft war. Maria betrat das Haus, und Elisabeths Baby hüpfte in ihrem Mutterleib. Elisabeth wurde mit dem Geist erfüllte und prophezeite. Sie sagte: „Gesegnet bist du unter den Frauen, und gesegnet ist die Frucht deines Leibes! Und wie geschieht mir, dass die Mutter meines Herrn zu mir kommt? Denn siehe, als ich die Stimme deines Grußes hörte, hüpfte das Kind vor Freude in meinem Leibe. Ja, selig ist, die da geglaubt hat! Denn es wird vollendet werden, was ihr gesagt ist von dem Herrn" (Lukas 1,42–45; LUT).

Wieder sehen wir prophetisches Reden, diesmal prophezeit

eine Frau. Sobald sie geendet hatte, wurde Maria vom Heiligen Geist erfüllt und prophezeite, sie sagte: „Meine Seele erhebt den Herrn …" (Lukas 1,46; LUT).

Seither wird das „Magnificat" von Christen gesungen. Jetzt können Sie erkennen, was geschah. In diesen wenigen Jahren, im Kontext der Geburt dieser Jungen, prophezeiten gewöhnliche Männer und Frauen. Sie wurden mit dem Geist Gottes erfüllt, öffneten ihre Münder und sprachen außergewöhnliche Worte, die direkt von Gott stammten und die wir seither auch so behandeln.

Der Junge Jesus wurde geboren, und 30 Jahre lang erfahren wir nichts über ihn, mit Ausnahme eines kurzen Moments, in dem sich der Vorhang hebt: Wir sehen einen Jungen, der bereits weiß, dass sein Vater nicht Josef ist, sondern Gott. Lange Zeit hat es mich verblüfft: Warum hat Gott uns nichts aus den ersten 30 Jahren des 33-jährigen Lebens seines Sohnes berichtet? Warum steht in der Bibel nichts über Jesu Kindheit? Warum erfahren wir kein Wort über seine Beziehung zu den Menschen von Nazareth, als er als Zimmermann in diesem Dorf arbeitete? Die Antwort ist sehr einfach: 30 Jahre lang wirkte der Heilige Geist nicht durch ihn. 400 Jahre der Geschichte Israels werden ausgelassen und 30 Jahre aus dem Bericht über Jesus. Das mag ein heftiger Gedanke für Sie sein, den ich Ihnen so direkt präsentiere, doch lassen Sie mich Ihnen erklären, was ich damit meine. Jesus entwickelte sich körperlich – er wurde größer. Er entwickelte sich mental – er nahm an Weisheit zu; sozial – er hatte Gunst bei anderen Menschen. Geistlich – Gottes Gunst ruhte auf ihm. Seine körperliche, mentale, soziale und geistliche Entwicklung verlief sehr positiv. Das entspricht dem Wunsch aller Eltern, dass es ihrem Nachwuchs genauso ergehen möge.

Zweifellos war Jesus überdurchschnittlich, d.h. die Lehrer im Temple erkannten, dass die Fragen, die er stellte, für sein Alter sehr scharfsinnig waren. Doch der entscheidende Punkt ist: Die Bewohner von Nazareth sahen nichts Besonderes in diesem Jungen, das sie dazu veranlasst hätte, ihn für mehr als nur ein außergewöhnliches Kind zu halten. Sie sahen keine Wunder; sie hörten keine Predigten. Er gab ihnen weder das Wort Gottes noch seine Taten weiter. Er war ein Junge, der sich zu einem Mann entwickelte und seine Arbeit tat. Das war alles, was sie während der ersten 30 Jahre wahrnahmen. Hätten Sie zur damaligen Zeit in Nazareth gelebt, wären Sie nicht zu der Schlussfolgerung gelangt, dass der Sohn Gottes in ihrer Nachbarschaft wohnte. Sie hätten gesagt: „Ist Ihnen der Sohn von Josef schon aufgefallen? Er ist ein netter Junge, sehr ausgeglichen. Ich mag ihn."

30 Jahre lang sagt Gott uns nichts über seinen Sohn, weil es nichts zu erzählen gibt, bis auf diesen einen Moment, der uns zeigt, dass er bereits wusste, dass er Gottes Sohn war – das ist alles. Selbst diese Tatsache war etwas Privates zwischen ihm und seinen Eltern – es gibt nichts, was Sie wissen müssten, und selbst wenn Sie alle Details kennen würden, wären sie von rein menschlichem Interesse. Sie würden Ihnen keinesfalls helfen, ein besserer Christ zu werden. Anders als bei seinem Cousin Johannes wird uns nicht berichtet, dass Jesus von Geburt an mit dem Geist erfüllt war.

Wir erreichen den Zeitpunkt, an dem sich der Vorhang vollständig hebt und wir aufgefordert werden, uns sein Leben ganz genau anzuschauen. Damals, im Alter von 30 Jahren (machen Sie sich sein Alter bewusst) verließ Jesus sehr bewusst seine Zimmermannswerkstatt in Nazareth, verließ seine Brüder und wanderte 110 Kilometer weit an den Jordan, an den niedrigsten Punkt der Erdoberfläche. Dort ging er zu seinem Cousin Johannes und bat darum, getauft zu werden. Johannes wusste, dass Jesus kein Sünder war und es überhaupt nicht nötig hatte, von irgendwelchen Sünden reingewaschen zu werden. Johannes wollte von Jesus getauft werden. Doch Jesus bestand darauf, getauft zu werden. Gott hatte ihm aufgetragen, dies zu tun. Daher taufte ihn Johannes. Dann geschah etwas höchst Ungewöhnliches. Nachdem er getauft worden war, stand Jesus auf und betete – als er dies tat, sah Johannes etwas hoch oben am Himmel, etwas Weißes, Flatterndes, das immer tiefer herabkam bis ganz nach unten und direkt auf dem Kopf Jesu landete. Er dachte zunächst, es sei ein Vogel, doch als er genauer hinsah, stellte er fest, dass es nur einem Vogel ähnelte. Es war etwas Himmlisches, mit keinem irdischen Vogel zu vergleichen.

Johannes wusste es, weil Gott es ihm gesagt hatte: Eines Tages würde er einen Mann taufen und sehen, wie der Heilige Geist herabkommen und diesen Mann salben würde. Auf diesen Mann hatten die Menschen 1000 Jahre lang gewartet. Sie hatten sich nach einem geisterfüllten Prinzen gesehnt. Johannes sah, wie es passierte, und Jesus wurde an diesem Tag mit Kraft gesalbt. Nur aufgrund dieses Geschehens konnte er später Wunder tun. Als Jesus, der Sohn Gottes, geboren wurde, war er genauso wie wir von der Kraft des Heiligen Geist abhängig, um irgendetwas tun zu können – das Wort Gottes zu verkünden, die Werke Gottes zu tun –, und zuvor wäre er dazu nicht imstande gewesen.

Wir wissen, dass er sofort nach seiner Taufe vom Teufel versucht wurde. Ist Ihnen das aufgefallen? Als er voll Heiligen Geistes war, wurde er *vom Geist* in die Wüste geführt, um versucht zu werden. Sehen Sie, dass er *in der Kraft des Geistes nach Galiläa kam*, nachdem er diese Schlacht gewonnen hatte? Es wiederholt sich immer wieder: „Jesus, voll Heiligen Geistes ...", „Jesus ... geführt vom Heiligen Geist ...", „Jesus ... in der Kraft des Geistes".

Diese Begriffe wurden vor seiner Taufe nicht für ihn verwendet, weil sie vor seiner Taufe nicht auf ihn zutrafen. Darum ging es in der Wüste wirklich: Würde Jesus als Mensch vom Teufel (Satan) oder vom Heiligen Geist kontrolliert werden?

Verzweifelt versuchte der Satan, ihn dazu zu bringen, seinen eigenen teuflischen Weg auszuprobieren: Verwandle diese Steine in Brot; spring von der Zinne des Tempels. Die Schlacht war in vollem Gange. Jesus stand als Mensch aus Fleisch und Blut an einer Weggabelung. Er konnte sich vom Teufel oder vom Heiligen Geist bestimmen lassen, entweder von dem einen oder von dem anderen. Auch im Leben eines jeden Menschen kommt der Punkt, an dem er diese Weggabelung erreicht und sich entweder vom Teufel oder vom Heiligen Geist kontrollieren lässt. Von wem wird er sich bestimmen lassen? Welchen Weg wird er wählen? Das ist die Bedeutung von Versuchungen.

Erst jetzt begann Jesus, seine Wunder zu vollbringen. Er fing an, Tote aufzuerwecken und Kranke zu heilen. Er ließ Taube wieder hören, die Blinden wieder sehen und die Stummen wieder sprechen. Noch nie hatte man einen Menschen erlebt, der so sprach und handelte. Jesus sagte: „Wenn ich aber durch den Finger Gottes die Dämonen austreibe, so ist ja das Reich Gottes zu euch gekommen" (Lukas 11,20; LUT).

Ich kann mir keine härtere Prüfung für den Dienst eines Mannes vorstellen, als in seine Heimatstadt zurückzukehren und denen zu predigen, die ihn vorher gekannt hatten. Jesus kam zurück nach Nazareth, zu seinen eigenen Leuten, denen er als Zimmermann bekannt war. Doch jetzt hatten sie von diesen außergewöhnlichen Wundern gehört. Warum glaubten sie nicht an ihn?

Er erhob sich in der Synagoge. Ich weiß nicht, ob der Heilige Geist jemanden entsprechend führte, sodass er die richtige Schriftrolle auswählte, jedenfalls gaben sie ihm die Jesaja-Rolle, die er öffnete und aus der er vorlas: „Der Geist des Herrn ist auf mir, den Armen das Evangelium zu verkünden …, den Blinden, dass sie sehen sollen …" Was sagte er da? Es zeigt uns, was nun anders war, und verdeutlicht, warum er kein einziges Wunder in Nazareth vollbrachte, als er dort lebte. Das war der Grund, aus dem er nun tun konnte, was er tat, einschließlich den Blinden das Augenlicht zu geben. Jesus ließ die Menschen wissen, dass er mit dem Heiligen Geist und Kraft gesalbt worden war. Zuvor hatte er Stühle und Tische hergestellt, jetzt konnte er Körper berühren und sie wieder heil machen. „Der Geist des Herrn ist auf mir …" Was für eine Predigt!

Er behauptete mit dem Zitieren der Prophetie Jesajas übrigens, dass er der geisterfüllte Prinz war, der kommen sollte. Kein Wunder, dass sie versuchten, ihn die Klippen hinunterzustoßen

– ein Zimmermann, der so etwas behauptete? Sie konnten es nicht ertragen und versuchten, ihn nach seiner ersten Predigt in seiner Heimatstadt umzubringen. Seine Predigt offenbarte genau das, dass er die Erfüllung von Prophetie war. Er lehrte sie, wie niemand es je zuvor in ihren Synagogen getan hatte. Das Volk hörte ihm gern zu, denn er unterrichtete sie nicht wie ein Schriftgelehrter, sondern wie jemand, der Autorität hat. Wie meinten sie das? Es war keine Abwertung der Schriftgelehrten. Ein Schriftgelehrter nimmt das Wort Gottes, das jemand anders ausgesprochen hat, und erklärt es dem Volk. Ich bin ein Schriftgelehrter. Ich tue dasselbe wie die Schriftgelehrten. Ich lege den Menschen das Wort Gottes aus, doch es sind nicht meine eigenen Worte, die ich ihnen erkläre, sondern die Worte, die Jesaja, Matthäus, Markus oder Lukas ausgesprochen haben. Das ist alles, was Schriftgelehrte tun, doch Jesus lehrte sie als jemand, der direkt das Wort Gottes sprach. Er zitierte ihnen nicht einfach die Bibel; er gab ihnen neue Teile der Bibel.

Als er die Bergpredigt hielt, predigte er nicht nur aus den Schriften, sondern verkündete den Menschen weitere Schriften. Er hatte die Autorität eines Menschen, der das Wort Gottes direkt von Gott empfing. Der Grund dafür liegt darin, dass der Heilige Geist Jesus erfüllte, daher konnte er sagen: Der Geist des Herrn ist auf mir, um den Armen frohe Botschaft zu verkündigen, ein Gnadenjahr des Herrn auszurufen ... Er erzählte seinen Zuhörern, was Gott *jetzt* sagte.

Ich kann nicht anders, als daraus zwei außergewöhnliche Schlussfolgerungen zu ziehen, die Sie vielleicht noch nie in Erwägung gezogen haben. Sie sind für Ihr Verständnis, wie das Leben eines Christen aussehen sollte, absolut revolutionär. Hier kommt die erste: *Die Kraft Jesu, die er während der uns bekannten drei Jahre ausübte, war nicht die Kraft der zweiten Person der Dreieinigkeit, sondern der dritten.*

Um es einfacher zu fassen, als der Sohn Gottes Mensch wurde, war er den Begrenzungen menschlicher Stärke unterworfen. Daher konnte er selbst keine Wunder tun oder die direkte Offenbarung Gottes selbst predigen, bis er durch den Heiligen Geist mit Kraft gesalbt wurde. Erst dann, wie Petrus es Jahre später formulierte, zog er von Ort zu Ort und „hat überall Gutes getan" (Apostelgeschichte 10,38; HFA). „Gutes getan" ist in diesem Kontext eine Untertreibung. Es ging nicht darum, jemandem die Hecke zu schneiden oder sein Zimmer zu tapezieren, sondern darum, die Lahmen und die Toten wiederaufstehen zu lassen – und er tat es, weil er mit Kraft gesalbt worden war. Er hatte diese Kraft als Mensch, nicht weil er göttlich war. Das ist das erste revolutionäre Verständnis, zu dem ich gelange, wenn ich den Heiligen Geist bei Matthäus, Markus und Lukas betrachte.

Die zweite Schlussfolgerung, die noch revolutionärer ist, besagt: *Wenn es stimmt, dass die Kraft Jesu nicht seine eigene war, sondern die Kraft des Geistes, dann kann jeder andere Mensch dieselbe Kraft empfangen.* Das riecht nun wirklich nach Revolution! Dabei finde ich eine Aussage, die Jesus getroffen hat, schwer zu glauben (und ich habe bisher kaum jemanden kennengelernt, der sie wirklich glaubt): „Wer an mich glaubt, der wird auch die Werke tun, die ich tue, und wird größere als diese tun" (Johannes 14,12; ELB). Wenn Sie den Kontext dieser Aussage nachschlagen, stellen Sie fest, dass er über das Kommen des Heiligen Geistes auf die Jünger sprach.

Mit anderen Worten: Die Kraft, die Jesus hatte, können auch Sie bekommen. Wenn es sich dabei um die Kraft des Geistes handelte und seine Wunder nur geschahen, weil er mit dem Heiligen Geist gesalbt war, und wenn diese Salbung des Heiligen Geistes uns auch zur Verfügung steht (was uns die gesamte Bibel lehrt), so kann uns das gleiche geschehen wie Jesus.

D.L. Moody, der große Evangelist, erkannte das ebenfalls. Er dachte zunächst, dass er die erstaunlichen Dinge, die Jesus tat, als etwas verkünden musste, zu dem nur Jesus in der Lage war, doch dann wurde es ihm klar, und er schrieb Folgendes in sein

Tagebuch: „Was könnte Gott durch einen Mann vollbringen, wenn dieser sich voll und ganz dem Geist Gottes unterordnen würde?" Dann schrieb er weiter: „Warum sollte nicht ich dieser Mann sein?" Er begann, zu beten und Gott zu bitten, dass er ihn mit derselben Kraft salben möge wie Jesus. Und eines Tages, als Moody die Hauptstraße einer amerikanischen Stadt entlangging, wurde er mit Kraft aus der Höhe gesalbt und begann noch am selben Tag seinen Dienst. So wurde Moody auf beiden Seiten des Atlantiks und tatsächlich weltweit bekannt.

Es gibt bei Matthäus, Markus und Lukas eine weitere Passage über den Heiligen Geist, die ich noch nicht erwähnt habe. Jesus sprach über das Gebet. Er gab den Jüngern das Vaterunser und sagte ihnen dann: „Wenn ihr wirklich durch Gebet etwas empfangen wollt, müsst ihr immer weiterbitten, bis ihr es bekommt." Er erzählte die Geschichte eines Mannes, der um Mitternacht an die Tür seines Nachbarn klopfte und sagte: „Ich habe Gäste, gib mir Brot." Der Nachbar antwortete: „Zu spät, ich liege schon im Bett." „Nein, ich werde weiterklopfen, bis du aufstehst und mir dieses Brot gibst." Der Nachbar holte das Brot und Jesus sagte: „Wenn ihr weiter anklopft, wird Gott euch öffnen, wenn ihr weiterfragt, so werdet ihr empfangen." Dann sagte Jesus: „Habt keine Angst vor dem, was Gott euch geben wird, denn irdische Väter geben ihren Kindern keine schädlichen, hässlichen Dinge. Wenn ein Kind nach einem Stück Brot fragt, gibt ihm der Vater keinen Stein oder Skorpion, und wenn eure irdischen Väter das nicht tun, wie wird sich dann der himmlische Vater verhalten?"

Dann fuhr er fort: „Trotz all eurer Bosheit wisst ihr Menschen doch, was gut für eure Kinder ist, und gebt es ihnen. Wie viel mehr wird euer Vater im Himmel denen den Heiligen Geist schenken, die ihn darum bitten!" (Lukas 11,13; HFA). Mit diesem einen Satz sagte er uns, dass auch wir die Salbung haben können; wir sind imstande, dieselben Dinge zu tun wie er; wir können den Dienst fortsetzen, den er begonnen hat, wenn wir weiterfragen, bis wir die Kraft dazu empfangen.

5. Kapitel

DER HEILIGE GEIST AM ANFANG DES JOHANNESEVANGELIUMS

Je weiter Sie durch die Bibel blättern und je weiter Sie in Ihrem Leben als Christ kommen, desto mehr interessieren Sie sich für den Heiligen Geist. Es gibt eine Art Steigerung: Bevor Sie Christ wurden, glaubten Sie möglicherweise schon an Gott. Das tun die meisten Menschen, mir begegnen nur sehr wenige echte Atheisten. Was ich eher getroffen habe, sind einige überzeugte Agnostiker, die sagen, sie wüssten nicht, ob es Gott gibt. Doch die Mehrheit der Menschen in England glaubt an irgendeinen Gott. Allerdings hilft ihnen das nicht, es rettet sie nicht und es macht sie auch nicht zu Christen. Dann kommt der Tag, an dem Sie persönlich erkennen, dass Gott mehr ist als nur eine Person und dass Jesus Christus, sein Sohn, sowohl Gott als auch Mensch ist – und Sie werden Christ. Normalerweise braucht es einige Zeit, bevor Gläubigen bewusst wird, dass Gott aus drei Personen besteht. Dann fängt man an, sich auch für den Heiligen Geist zu interessieren. Im Idealfall sollte das geschehen, sobald man Christ wird, doch häufig passiert es erst später.

John Bunyan hat einen der eindringlichsten und scharfsinnigsten Sätze geschrieben, die ich je gelesen habe: „Manche denken, die Liebe des Vaters und das Blut Jesu würden schon ausreichen, ohne die Heiligkeit des Geistes Gottes, doch sie täuschen sich." Mit anderen Worten: Eine vollkommene, ganzheitliche Gotteserfahrung schließt die dritte Person der Dreieinigkeit mit ein, den Heiligen Geist.

In diesem Kapitel werden wir vier kurze Erwähnungen des

Heiligen Geistes in der ersten Hälfte des Johannesevangeliums betrachten. Jede einzelne von ihnen hat mit Wasser zu tun – einem höchst gewöhnlichen Element. Wasser wird von uns Menschen auf zwei bestimmte Arten verwendet, wobei wir ohne Wasser große Probleme hätten. Ich habe Wasserknappheit in der arabischen Wüste selbst erlebt. Dann begreift man, wie wichtig es für unser Leben ist, über Wasser zu verfügen, und es ist kein Zufall, dass die Bibel den Heiligen Geist immer und immer wieder mit Wasser in Verbindung bringt. Wasser brauche ich im Alltag für zwei Dinge: außerhalb des Körpers, um mich zu waschen und zu reinigen; innerhalb des Körpers, um zu trinken und mich zu erfrischen. Diese beiden Aspekte werden von der Bibel aufgegriffen, wenn sie sich auf die geistliche Bedeutung von Wasser bezieht.

Die „äußere" Bedeutung hat mehr mit der Taufe zu tun, die ein völliges Untertauchen im Wasser ist, um uns zu reinigen, zu waschen und den Schmutz unserer Vergangenheit zu entfernen. Doch das Wasser im Inneren beschreibt Jesus immer im Kontext des Heiligen Geistes. Das eine ohne das andere ist unzureichend. Sie mögen die Wassertaufe erlebt haben, doch das ist nur eine Hälfte dessen, was Sie brauchen. Sie müssen auch im Inneren mit lebendigem Wasser angefüllt sein, damit Ströme lebendigen Wassers bis ins ewige Leben quellen. Wir werden erkennen, wie sich dieses Konzept entwickelt, während wir das Johannesevangelium durcharbeiten.

Jesus kam an den Jordan, um von seinem Cousin Johannes getauft zu werden:

„Und Johannes berichtete weiter: Ich sah den Geist Gottes wie eine Taube vom Himmel herabkommen und auf ihm bleiben. Wer er ist, wusste ich vorher noch nicht, wiederholte Johannes, aber Gott, der mir den Auftrag gab, mit Wasser zu taufen, sagte zu mir: ‚Du wirst sehen, wie der Geist auf einen Menschen herabkommt und auf ihm bleibt. Dann weißt du, dass er es ist, der mit dem Heiligen Geist tauft.' Und weil ich das gesehen habe, kann ich bezeugen: Dieser Mann ist der Erwählte Gottes!"

Johannes 1,32–34 (HFA)

Hier kommt eine Aussage, die Sie kritisieren können, wenn Sie wollen: Jesus war und ist ein Baptist, in der direkten Bedeutung des Wortes. Das ist keine billige Propaganda einer bestimmten Kirchenströmung, denn das Wort in der Bibel beschreibt keine Denomination. Je schneller man diesen Gebrauch einstellt, desto glücklicher werde ich sein, denn es beraubt uns der wahren Bedeutung des Wortes „Baptist", genauso wie das Wort „Brüder" als Bezeichnung der Brüderbewegung uns den wahren Sinn dieses Begriffes verschleiert.

Jesus war ein Baptist, ebenso wie Johannes. Mit ihnen nahm dieses Wort seinen Anfang. Es bezeichnet nicht jemanden, der selbst getauft wurde, denn soweit wir wissen, ist das mit Johannes nicht geschehen. Genau aus diesem Grund sagte er, Jesus sollte lieber ihn taufen statt umgekehrt. Wir erfahren also aus dieser ersten Bibelstelle aus dem Johannesevangelium, dass Jesus der Täufer war, genauso wie Johannes selbst. Beide waren Täufer, doch die Taufen, die sie vornahmen unterschieden sich grundlegend voneinander und zwar in einem einfachen Detail: Johannes taufte im Wasser, doch Jesus taufte im Heiligen Geist.

Sie nutzten also verschiedene Substanzen, in denen Menschen getauft wurden. Johannes überflutete sie mit Wasser von außen, während Jesus sie von innen mit lebendigem Wasser flutete – beide durchnässten sie mit unterschiedlichen Mitteln. Das ist der Unterschied zwischen einer menschlichen Taufe und einer göttlichen, denn eines ist unübersehbar: Ihr Prediger oder Pastor kann sie zwar in Wasser taufen, jedoch nicht im Heiligen Geist. Nur eine göttliche Person ist dazu in der Lage.

Hier, ganz am Anfang des Johannesevangeliums, werden uns diese beiden Aspekte deutlich gelehrt und vor Augen geführt – und interessanterweise gingen die Urchristen davon aus, dass beide notwendig waren. Die eine Taufe verdrängt oder ersetzt nicht die andere, und in der gesamten Geschichte der frühen Christenheit wurden beide Taufen angestrebt: im Wasser und im Heiligen Geist. Eine Taufe erbat man von einem menschlichen Wesen, die andere von einem göttlichen, und beide bestanden nebeneinander. Wenn Sie daher die Briefe studieren, die an die ersten Gemeinden geschrieben wurden, stellen Sie fest, dass man die Beschreibungen *getauft* im Wasser und *getauft* im Heiligen Geist gleichermaßen verwendete. Alle Urchristen kannten beide Taufen und gingen davon aus, dass beide parallel weiterbestehen sollten.

Das wirft die wichtige Frage auf: Wie strecke ich mich nach dieser Taufe im Heiligen Geist aus? Die Antwort liegt in anderen Passagen des Johannesevangeliums, und nun wenden wir uns dem zweiten Abschnitt zu, um den ersten Schritt zur Erfüllung mit dem Heiligen Geist kennenzulernen:

„Es war aber ein Mensch unter den Pharisäern mit Namen Nikodemus, ein Oberster der Juden. Der kam zu Jesus bei Nacht und sprach zu ihm: Rabbi, wir wissen, dass du ein Lehrer bist, von Gott gekommen; denn niemand kann die Zeichen tun, die du tust, es sei denn Gott mit ihm.

Jesus antwortete und sprach zu ihm: Wahrlich, wahrlich, ich sage dir: Wenn jemand nicht von Neuem geboren wird, so kann er das Reich Gottes nicht sehen.

Nikodemus spricht zu ihm: Wie kann ein Mensch geboren werden, wenn er alt ist? Kann er denn wieder in seiner Mutter Leib gehen und geboren werden?

Jesus antwortete: Wahrlich, wahrlich, ich sage dir: Wenn jemand nicht geboren wird aus Wasser und Geist, so kann er nicht in das Reich Gottes kommen. Was aus dem Fleisch geboren ist, das ist Fleisch; und was aus dem Geist geboren ist, das ist Geist. Wundere dich nicht, dass ich dir gesagt habe: Ihr müsst von Neuem geboren werden. Der Wind bläst, wo er will, und du hörst sein Sausen wohl; aber du weißt nicht, woher er kommt und wohin er fährt. So ist ein jeder, der aus dem Geist geboren ist."

Johannes 3,1–8 (LUT)

Der erste Schritt, um mit dem Geist erfüllt zu werden, besteht darin, aus dem Geist geboren zu werden. Sie werden nie erfahren, was es heißt, im Heiligen Geist getauft zu werden, wenn Sie nicht aus dem Heiligen Geist geboren wurden. Eine sehr klare Aussage, die Jesus später im Johannesevangelium trifft, lautet: Die Welt kann den Heiligen Geist nicht empfangen, sie kann es einfach nicht – das ist kategorisch. Jesus verwendete diese Verneinung sehr oft. Und wenn Sie alle diese Verneinungen Jesu untersuchen, werden Sie einige sehr grundlegende geistliche Wahrheiten entdecken. Eine lautet, dass die Welt den Heiligen Geist nicht empfangen kann. Wenn Sie kein Christ sind, können Sie den Heiligen Geist nicht empfangen – Punkt.

Zweitens, wir erfahren, dass Sie das Reich Gottes nicht sehen können, wenn Sie nicht aus Geist geboren werden. Sie werden niemals einen Blick in den Himmel erhaschen und Gottes Herrschaft und Macht sehen, nicht einmal einen Hauch davon. Sie sind dafür blind, bis Sie aus dem Geist geboren werden.

Wird ein Baby im Mutterleib empfangen, so ist es zunächst blind für die Welt, in der es lebt. Es kann die Welt außerhalb seiner Mutter nicht berühren. Wenn es geboren worden ist, kann es die Welt da draußen sehen, hören, ertasten und riechen. Wissen Sie, dass es heute Menschen in Ihrem Umfeld gibt, die für das Reich Gottes absolut blind und taub sind? Sie können auf den Straßen unterwegs sein und alle möglichen interessanten Dinge wahrnehmen, jedoch überhaupt nichts vom Wirken Gottes mitbekommen. Geistlich gesehen sind sie blind und taub. Bis sie durch den Geist Gottes wiedergeboren werden, sehen und hören sie nicht einmal ansatzweise, was Gott in ihrer Stadt tut, selbst wenn das Reich Gottes dort anbricht.

Jesus sprach zu einem Mann, der in Jerusalem Prediger war.

Wahrscheinlich arbeitete Nikodemus als Theologiedozent und Lehrer. Wir sehen hier einen Mann, der andere die Wahrheit hätte lehren sollen und gleichzeitig selbst keine Ahnung hatte. Er war religiös und theologisch gebildet, er hatte alles, doch eines fehlte ihm: Er war geistlich blind und konnte das Reich Gottes nicht sehen. Bei Nacht kam er zu Jesus. Ich weiß nicht, ob er das tat, weil er sich schämte oder sich fürchtete. Er war auf mehr als nur eine Art der „Mann im Schatten".

Nikodemus hatte begriffen, dass er lehrte und nichts geschah, während Jesu Lehre durch Zeichen von Gott bestätigt wurde. Wie war das möglich? Hier war ein Mann, der wusste, dass Theologie funktionieren sollte, dass die Wahrheit Menschen freimachen sollte, doch nichts passierte. „Du bist ein Lehrer, der von Gott gekommen ist", sagte Nikodemus zu Jesus. Wo kam er selbst seiner Meinung nach her?

Der Unterschied zwischen einem Lehrer in Israel und einem Lehrer, der von Gott kommt, ist folgender: Ein Lehrer, der von Gott kommt, erlebt, wie Dinge geschehen. Jesus zeigte Nikodemus, was falsch lief: „Lass uns ganz zum Anfang zurückkehren; bis du von Neuem geboren bist, kannst du diese Kraft nicht erleben; du kannst die Zeichen in deinem eigenen Dienst nicht sehen, bis du Kraft empfangen hast, und es beginnt damit, aus Geist geboren zu werden."

Nikodemus wollte sich nicht dummstellen, und ich glaube auch nicht, dass es ihm um Wortklauberei ging. Vielmehr fragte er sich wirklich, wie er in dieser Phase seines Lebens zum Anfang zurückkehren und noch einmal von vorne anfangen könnte. Wie kann man das Leben von Neuem beginnen?

Jesus lehrte Nikodemus, dass die Kraft des Geistes dies bewerkstelligen kann. Das Fleisch kann Ihnen nur eine fleischliche Geburt bescheren. Ich wurde am 25. Februar 1930 im Fleisch geboren, und alles, was ich bei dieser Geburt erhielt, war fleischlich: ein Wesen, das Gott gegenüber blind und taub war; ein Charakter, der selbstbezogen war und in dieser Welt leben wollte, in keiner anderen. Eine Natur, die aus Fleisch geboren wird, ist fleischlich. Ich brauchte viele Jahre, um herauszufinden, was Fleisch bedeutet, doch sobald ich das Teenager-Alter erreichte, entdeckte ich es: Was auf dem Fleisch geboren wird, ist fleischlich. Ich weiß nicht genau, wie es geschah, doch dann, 1947, wurde ich in einem Wohnzimmer aus Geist geboren und dachte bei mir: „Jetzt sieht die Welt ganz anders aus."

Ich erinnere mich noch, wie ich mich am nächsten Morgen aufmachte, um die Kühe auf diesem Bauernhof zu melken. Ich musste um 4.00 Uhr morgens aufstehen und 90 Kühe melken – um diese Uhrzeit macht das keinen Spaß. Doch an diesem Morgen stand ich auf und sang den Kühen beim Melken Kirchenlieder vor. Ich bin mir ziemlich sicher, dass es auch für sie eine neue Erfahrung war, genau wie damals bei der Erweckung in Wales: Die Ponys in den Kohlebergwerken konnten ihre Arbeit nicht mehr tun. Warum? Weil die Arbeiter, die nun vom Heiligen Geist beeinflusst wurden, aufgehört hatten, sie zu treten und mit Schimpfwörtern zu belegen.

Die Kühe, um die ich mich kümmerte, waren immer noch dieselben wie am Morgen davor. Warum sahen sie plötzlich so anders aus? Verstehen Sie, es war tatsächlich eine neue Welt. Wenn man aus Geist geboren wird, eröffnet sich eine geistliche Welt, die einen schon immer umgeben hat.

„Herr, öffne dem jungen Mann die Augen", betete Elisa, und der junge Mann erhob seinen Blick und sah die Streitwagen Gottes. Zuvor hatte er gedacht, sie stünden ganz allein da. Ihnen wird eine neue Welt bewusst. So beginnt es. Sie werden niemals mit dem Heiligen Geist erfüllt werden, wenn Sie nicht in die geistliche Welt hineingeboren wurden. Das geschieht, wenn Sie an Jesus Christus glauben. So einfach ist das. Jesus lehrte Nikodemus, während sie auf dem Hausdach in der Dunkelheit saßen und ihnen der Abendwind durch die Haare fuhr. Um zu veranschaulichen, was er meinte, nahm Jesus den Wind als Beispiel, den beide spüren konnten. Du weißt nicht, woher der

Wind kommt oder wohin er fährt. Man begreift es nicht wirklich, doch man spürt, dass er einen berührt hat, nicht wahr? Genauso ist es mit jedem, der aus Geist geboren wird – man kann es nicht erklären, aber man erlebt die Auswirkungen. Sie können nicht sagen, wie alles geschehen ist und was schließlich dazu führte. Aber Sie wissen einfach, dass Sie eines Tages der Wind Gottes anblies – da erkannten Sie, dass sich Ihr Leben verändern und noch einmal von Neuem beginnen würde. Sie wurden durch den Geist Gottes von Neuem geboren.

Das war nun der zweite Abschnitt. Der erste besagt, dass es zwei Täufer gibt, zwei Taufen, zwei Substanzen, in die Sie eingeweicht werden müssen: Wasser und Heiliger Geist. Der erste Schritt besteht also darin, aus Geist geboren zu werden und in die geistliche Welt einzutreten.

Die nächsten Verse, denen wir uns zuwenden, stehen in Johannes 4:

„Da kommt eine Frau aus Samarien, um Wasser zu schöpfen. Jesus spricht zu ihr: Gib mir zu trinken! Denn seine Jünger waren in die Stadt gegangen, um Speise zu kaufen.

Da spricht die samaritische Frau zu ihm: Wie, du, ein Jude, erbittest etwas zu trinken von mir, einer samaritischen Frau? Denn die Juden haben keine Gemeinschaft mit den Samaritern.

Jesus antwortete und sprach zu ihr: Wenn du erkenntest die Gabe Gottes und wer der ist, der zu dir sagt: Gib mir zu trinken!, du bätest ihn, und er gäbe dir lebendiges Wasser.

Spricht zu ihm die Frau: Herr, du hast doch nichts, womit du schöpfen könntest, und der Brunnen ist tief; woher hast du denn lebendiges Wasser? Bist du etwa mehr als unser Vater Jakob, der uns diesen Brunnen gegeben hat? Und er hat daraus getrunken und seine Söhne und sein Vieh.

Jesus antwortete und sprach zu ihr: Wer von diesem Wasser trinkt, den wird wieder dürsten; wer aber von dem Wasser trinkt, das ich ihm gebe, den wird in Ewigkeit nicht dürsten, sondern das Wasser, das ich ihm geben werde, das wird in ihm eine Quelle des Wassers werden, das in das ewige Leben quillt.

Spricht die Frau zu ihm: Herr, gib mir dieses Wasser, damit mich nicht dürstet und ich nicht herkommen muss, um zu schöpfen!

Spricht er zu ihr: Geh hin, ruf deinen Mann und komm wieder her!"

Johannes 4,7–16 (LUT)

Das ist eine erstaunliche Unterhaltung, zuallererst, weil Juden und Samariter nicht miteinander sprachen, und zweitens, weil Männer sich nicht in der Öffentlichkeit mit fremden Frauen unterhielten. Hier sehen wir einen jüdischen Mann, der offensichtlich ein bedeutender Lehrer ist, wie er eine Frau mit zweifelhaftem Ruf um einen Schluck Wasser bittet. Diesen Schluck hat er am Ende nicht bekommen, sondern musste ohne ihn auskommen. Die Frau war einfach zu interessiert an ihrer Unterhaltung! Ich habe schon aus demselben Brunnen getrunken und kann bezeugen, dass es sich um das beste und frischeste Wasser handelte, das ich je probiert habe. In der Hitze des Nahen Ostens Jakobs Brunnen zu erreichen, den Eimer fast 20 Meter hinunterzulassen und dieses frische, reine Wasser zu schöpfen, ist einfach wunderbar.

Jesu Worte verwiesen auf die Tatsache, dass die Frau immer wieder zum Brunnen kommen musste, da ihr physischer Durst niemals befriedigt werden konnte. Sie müssen ihr ganzes Leben lang trinken, daher war es unumgänglich, dass sie immer wieder zum Wasserschöpfen ging und den Eimer herunterließ. Doch Jesus konnte ihr etwas zu trinken geben, dass einer Quelle im Inneren gleichkam – nicht auf dem Grund eines Brunnes, sondern ganz tief in ihrem Inneren. Sie würde immer wieder hochsprudeln und ihren Durst stillen.

Jetzt versuchte sie die Unterhaltung mit einer flapsigen Bemerkung in eine andere Richtung zu lenken, was manchmal geschieht, wenn Sie andere Menschen herausfordern. Jesus hatte nicht einmal einen Eimer. Wir könnte er ihr zu trinken geben? Doch es war ein ernstes Thema. Jesus konnte ihre tiefsten Bedürfnisse stillen, geistlich, moralisch und emotional. Jetzt forderte er sie auf, ihren Ehemann zu holen, und sie antwortete: „Ich habe keinen."

Daraufhin erinnerte er sie daran, dass sie fünf Männer gehabt hatte und jetzt die Geliebte eines sechsten war. Er wusste es: Sie suchte immer noch nach etwas in ihrem Leben, dass ihre Sehnsüchte befriedigen und stillen würde. Sie war sowohl moralisch als auch emotional unbefriedigt.

Dann probierte sie es mit einem typischen Ausweichmanöver. Ich weiß noch, wie ich mich mit einem Mann unterhielt, als wir beide auf einer Transportkiste in einem alten Flugzeug saßen, das die Wüste überflog. Wir fingen an, uns über moralische Fragen auszutauschen, und nach einer Weile gab er zu, dass sein Leben nicht ganz so einwandfrei war, wie es hätte sein sollen, während ich zugab, dass dies auch auf mich zutraf. Um das Gespräch umzulenken, sagte er: „Was ist mit all den verschiedenen Kirchenströmungen? Welche ist denn nun die Richtige?" Das ist ein sehr geschicktes Ausweichmanöver. Wenn Sie es ein paar Mal gehört haben, können Sie sich dagegen wappnen. Es lenkt ganz wunderbar vom Thema ab, denn wir müssen uns Gott stellen und nicht den verschiedenen Denominationen.

Als Jesus der entscheidenden Frage noch etwas näherkam, versuchte die Samariterin, der Unterhaltung eine andere Richtung zu geben und sie auf den richtigen Ort der Anbetung zu lenken. Die Samariter sagen, dass man Gott auf diesem Berg anbeten sollte, dem Berg Garizim; Juden behaupten, man müsse Gott in Jerusalem anbeten. Wer hat Recht? Jesus führte sie zur persönlichen Frage zurück. Gott ist Geist, und man muss ihn im Geist und in der Wahrheit anbeten.

Die Form der Anbetung ist nicht wirklich entscheidend, sondern die Frage, ob sie im Geist und in der Wahrheit geschieht, denn dann ist sie echt. Die Zeit würde kommen, in der die Menschen ihn überall anbeten – im Geist. Der Ort der Anbetung ist dann nicht mehr wichtig.

Dann wechselte die Frau aus Samarien wieder das Thema und sprach über den Messias, der den Menschen alles erklären würde, und Jesus sagte: „Der Mann, der mit dir spricht, ist der Messias."

Damit fing alles an. Drei Jahre später wurde Samarien von einer Erweckung heimgesucht, und alles begann mit dieser Frau. Mehr und mehr Menschen fingen an zu glauben, und drei Jahre später kam der Heilige Geist in Kraft. Sie alle wurden im Wasser getauft, und dann kam der Heilige Geist, er wurde über sie ausgegossen, genau an diesem Ort. Sie können das alles in Apostelgeschichte 8 nachlesen.

Ich habe mit Theologen in Expertengremien gesessen, um die Anbetung im Gottesdienst zu verbessern, und meiner Ansicht nach haben sie es alle nicht begriffen. Sie diskutierten Gottesdienstformen und Abfolgen, doch wenn Sie nur Ihr Gottesdienstschema am Sonntag ändern, erreichen Sie wenig: Es ist so, als würde man jemanden, dem die Speisenfolge im Restaurant nicht gefällt, das Essen in einer anderen Abfolge servieren. Wenn es wahre Anbetung sein soll, dann ist entscheidend, ob die Menschen sie im Geist praktizieren. Werden Sie mit dem Lobpreis unzufrieden, so liegt die Antwort in Ihnen selbst. Der Durst, den Sie verspüren, ist entscheidend. „Herr, ich lebe nicht so, wie sollte, ich bete dich nicht richtig an, ich bin unzufrieden. Ich bin durstig nach mehr."

Ein paar Monate später war Jesus beim Laubhüttenfest in Jerusalem.

„Aber am letzten, dem höchsten Tag des Festes trat Jesus auf und rief: Wen da dürstet, der komme zu mir und trinke! Wer an mich glaubt, von dessen Leib werden, wie die Schrift sagt, Ströme lebendigen Wassers fließen. Das sagte er aber von dem Geist, den die empfangen sollten, die an ihn glaubten; denn der Geist war noch nicht da; denn Jesus war noch nicht verherrlicht."

Johannes 7,37–39 (LUT)

Das wunderbare Laubhüttenfest war das fröhlichste Fest im jüdischen Kalender. Es war ihr Erntedankfest, und sie alle wohnten in Zelten bzw. Laubhütten auf den Hügeln Jerusalems, wobei sie zu den Gottesdiensten in den Tempel kamen. Die Israeliten erinnerten sich dabei nicht nur an die Lebensmittel, mit denen Gott sie in den vorangegangenen 12 Monaten bei der Ernte versorgt hatte, sondern auch daran, dass er zweieinhalb Millionen Menschen 40 Jahre lang immer wieder Brot in der Sinai-Wüste finden ließ – in einer Wüste, in der die ägyptische Armee keine drei Tage durchhalten konnte. Gott ernährte sein Volk mit Manna vom Himmel. Sie brauchten auch Wasser in diesem absolut dürren Land, und Gott versorgte alle diese Menschen und ihre riesigen Viehherden plus Schafe und Ziegen mit ausreichend Wasser, das er aus dem Felsen hervorbrachte. Daher dankten sie Gott für Wasser, und darum frage ich bei jedem Erntedankfest: „Steht ein Glas Wasser auf dem Tisch?" Wir sollten Gott für das Wasser danken.

Der Höhepunkt des Festes wurde am letzten Tag erreicht. Der Hohepriester nahm ein Schöpfgefäß aus Gold und Silber und ging vom Tempel, der ganz oben stand, durch die Stadt Zion abwärts, bis zum Teich Siloah, ganz nach unten. Dort füllte er das Gefäß mit Wasser. Dann ging er den Hügel wieder hinauf, wobei er ein Lied sang, das auf Jesaja 12 beruhte: „Lasst uns mit Freuden Wasser schöpfen aus den Brunnen des Heils." Als er mit seinem Schöpfgefäß den höchsten Punkt wieder erreicht hatte, ging er zum Brandopferaltar und goss das Wasser vor Gott aus, um an das Wasser zu erinnern, das 40 Jahre lang aus dem Felsen hervorgesprudelt war. In einem bestimmten Jahr, als er dies tat, zerriss eine Stimme die Stille, während die Menschen andächtig der Ausgießung des Wassers beiwohnten: „Wenn jemand Durst hat, so komme er zu mir und trinke!" – ein höchst dramatischer Moment. Jesus proklamierte damit, dass er ihren Vorfahren das Wasser gegeben hatte. Er ist derjenige, der Wasser aus den Quellen des Heils schöpfen kann. Er kann in Ihnen selbst eine Quelle lebendigen Wassers hervorbringen. Sie müssen nicht an etwas in der Vergangenheit denken. Er sagt: „Ich bin hier, kommt zu mir und trinkt."

Die einzige Einschränkung, die hinzugefügt wurde, war, dass ein wenig Zeit verstreichen musste, bevor sie trinken konnten. Jesus war noch nicht verherrlicht, er musste zuerst sterben, auferstehen, in den Himmel hinauffahren und sich zur rechten Hand des Vaters setzen, bevor der Geist ausgegossen werden konnte. Dann würden sie in der Lage sein zu trinken.

Wir befinden uns zeitlich gesehen nach dem ersten Pfingstfest, nicht davor. Daher müssen wir nicht abwarten, bis Jesus verherrlicht wird. Er ist schon verherrlicht worden. Daher lautet die Einladung an uns: Kommt *jetzt* und trinkt. Wenn Sie sagen: „Ich bin durstig", und ich gebe Ihnen ein Glas Wasser, und Sie halten es in der Hand mit den Worten: „Danke, das hat mich wirklich erfrischt", hat es noch gar nichts bewirkt – das geschieht erst, wenn Sie handeln, wenn Sie empfangen bzw. das Wasser in sich aufnehmen. Ein Geistlicher kann über den Heiligen Geist predigen. Doch bis Sie tatsächlich von Jesus trinken, ist es einfach nur eine weitere Predigt – interessant, aber sie hat noch nichts bewirkt.

Bisher haben wir zwei Täufer und zwei Taufen betrachtet, im Wasser und im Heiligen Geist: Wasser außerhalb Ihres Körpers und lebendiges Wasser in Ihrem Körper, die uns beide mit Christus durchtränken. Wie? Werden Sie aus Geist geboren und lassen Sie sich durch den wachsenden Durst und die Unzufriedenheit dazu bewegen, sich an Jesus zu wenden: „Jesus, ich komme zu dir. Ich will trinken. Wirst du deinen Heiligen Geist über mir ausgießen?"

Wenn er darauf positiv reagiert, nehmen Sie einen großen Schluck und tun dann alles, was er Ihnen sagt und aufträgt. Trinken Sie den Heiligen Geist. Dann werden Sie in sich eine Quelle des lebendigen Wassers erleben.

Die Besatzung eines Bootes erlitt im Atlantik Schiffbruch. Das Boot ging unter und die Seeleute überlebten auf einem

Rettungsboot, das wochenlang dahintrieb. Sie hatten ein wenig Essen bei sich, doch bald ging ihnen das Wasser aus – und ohne Wasser helfen Ihnen die Lebensmittel nichts. Immer müder und erschöpfter lagen sie auf dem Boden des Rettungsbootes. Da hob einer von ihnen den Kopf über die Reling, entdeckte Rauch am Horizont und rief: „Ein Schiff, ein Schiff!" Alle sprangen auf und rissen sich die Überbleibsel ihrer Kleidung vom Leib, winkten mit ihnen dem Schiff zu und riefen laut um Hilfe.

Das große Schiff drehte bei und fuhr auf sie zu, bis es über dem kleinen Rettungsboot mit diesen armen Männern darin thronte. Einer der Schiffbrüchigen rief einem Matrosen auf dem Deck zu: „Wasser, Wasser!" Der Matrose rief zurück: „Lass deinen Eimer zu Wasser, Mann." Was für ein grausamer Witz – oder? Halb wahnsinnig vor Durst ließ der Schiffbrüchige seinen Eimer zu Wasser, trank ihn aus und entdeckte dabei, dass es sich um frisches Wasser handelte. Sie trieben in der Flussmündung des riesigen Amazonas umher, der Frischwasser in den Atlantik hinausschiebt. Sie trieben schon die ganze Zeit darin herum und hätten nur einen Eimer über die Reling lassen, Wasser schöpfen und es trinken müssen. Wenn es jemals ein Bild für die Gemeinde Jesu Christi gegeben hat, dann ist es das: Sie lässt sich treiben. Manche sagen, sie würde sterben, während sie sich treiben lässt und die Gemeindeglieder versuchen, sich gegenseitig am Leben zu erhalten. Andere betrachten die christliche Gemeinde und sehen sie als Rettungsboot voller sterbender Menschen, nicht einer von ihnen kann andere retten. Jesus ist schon verherrlicht worden und er wartet darauf, dass Menschen zu ihm sagen: „Ich bin durstig, Herr, fürchterlich durstig, und ich werde immer wieder zu dir kommen, bis du mir einen tiefen Schluck zu trinken gibst. Ich will lebendiges Wasser in mir. Ich bin durstig, und ich möchte im Inneren getauft werden und eine Quelle lebendigen Wasser empfangen, die in das ewige Leben quillt."

6. Kapitel

DER HEILIGE GEIST IN JOHANNES 14–16

„Ich sage euch die Wahrheit: Wer an mich glaubt, wird die gleichen Taten vollbringen wie ich – ja sogar noch größere; denn ich gehe zum Vater. Worum ihr dann in meinem Namen bitten werdet, das werde ich tun, damit durch den Sohn die Herrlichkeit des Vaters sichtbar wird. Was ihr mich also in meinem Namen bitten werdet, das werde ich tun.

Wenn ihr mich liebt, werdet ihr so leben, wie ich es euch geboten habe. Dann werde ich den Vater bitten, dass er euch an meiner Stelle einen anderen Helfer gibt, der für immer bei euch bleibt. Dies ist der Geist der Wahrheit. Die Welt kann ihn nicht aufnehmen, denn sie ist blind für ihn und erkennt ihn nicht. Aber ihr kennt ihn, denn er bleibt bei euch und wird in euch leben. Nein, ich lasse euch nicht als hilflose Waisen zurück. Ich komme wieder zu euch. Schon bald werde ich nicht mehr auf dieser Welt sein, und niemand wird mich mehr sehen. Nur ihr, ihr werdet mich sehen. Und weil ich lebe, werdet auch ihr leben.

An jenem Tag werdet ihr erkennen, dass ich eins bin mit meinem Vater und dass ihr in mir seid und ich in euch bin. Wer meine Gebote annimmt und danach lebt, der liebt mich wirklich. Und wer mich liebt, den wird mein Vater lieben. Auch ich werde ihn lieben und mich ihm zu erkennen geben.

Da fragte ihn Judas – nicht Judas Iskariot, sondern der andere Jünger mit demselben Namen: Herr, weshalb willst du dich nur uns, deinen Jüngern, zu erkennen geben, warum nicht der ganzen Welt? Ihm antwortete Jesus: Wer mich liebt, richtet sich nach dem, was ich gesagt habe. Auch mein Vater wird ihn lieben, und wir beide werden zu ihm kommen und für immer bei ihm bleiben. Wer mich aber nicht liebt, der lebt auch nicht nach dem, was ich sage. Meine Worte kommen nicht von mir, sondern von meinem Vater, der mich gesandt hat.

Ich sage euch dies alles, solange ich noch bei euch bin. Der Heilige Geist, den euch der Vater an meiner Stelle als Helfer senden wird, er wird euch alles erklären und euch an das erinnern, was ich gesagt habe. Auch wenn ich nicht mehr da bin, wird doch der Friede bei euch bleiben. Ja, meinen Frieden gebe ich euch – einen Frieden, den euch niemand sonst auf der Welt geben kann. Deshalb seid nicht bestürzt und habt keine Angst!

Ihr habt gehört, was ich euch gesagt habe: Ich gehe jetzt, aber ich komme wieder zu euch zurück. Wenn ihr mich wirklich lieben würdet, dann würdet ihr euch darüber freuen, dass ich jetzt zum Vater gehe; denn er ist größer als ich. Ich sage euch das alles, bevor es geschieht, damit ihr an mich glaubt, wenn es eintrifft."

Johannes 14,12-29 (HFA)

Stellen Sie sich vor, Ihr bester Freund würde morgen früh um 8.00 Uhr hingerichtet werden, wobei Sie wissen, dass er das Verbrechen, das man ihm zur Last legt, nicht begangen hat. Dann schickt er Ihnen eine Nachricht, in der er Sie eindringlich bittet, seinen letzten Abend mit ihm in seiner Zelle zu verbringen, weil er Ihnen ein paar Dinge mitteilen möchte. Versetzen Sie sich in diese Situation hinein: Sie machen sich auf den Weg zu Ihrem Freund und Ihr Herz bricht bei dem Gedanken, dass sein Leben völlig sinnlos und ungerechtfertigt ausgelöscht werden wird. Wie groß wird Ihre Aufmerksamkeit sein, mit der Sie alles verfolgen, was er an diesem denkwürdigen Abend sagt? Sie werden sich Ihr ganzes Leben lang daran erinnern. Falls Sie sich das vorstellen können, beginnen Sie, sich ein Stück weit mit dem zu identifizieren, was die zwölf Jünger an diesem letzten Abend empfanden, als Jesus ihnen dies alles erzählte.

Am nächsten Tag würde man ihn für ein Verbrechen hinrichten, dass er nicht begangen hatte. Er würde sie verlassen, und sie wussten es. Ihre Herzen waren zutiefst bestürzt. Jesus wollte Ihnen mehrere Dinge anvertrauen, an die sie sich später erinnern sollten. In dieser Atmosphäre thematisierte er viele verschiedene Punkte. Zu Anfang wusch er ihnen ihre schmutzigen Füße und am Ende betete er für sie. Die Erinnerung an diesen Abend war so eindrücklich, dass sich Johannes auch 60 Jahre später noch an jedes Wort erinnern konnte, als er seinen Bericht verfasste. Wahrscheinlich wäre es Ihnen genauso ergangen.

Zu den vielen Aussagen, die Jesus traf, gehört auch: „Ich gehe …ich komme …" Das sagte er immer wieder. Sie wären äußerst verblüfft, wenn jemand, der kurz vor seiner Exekution steht, Ihnen das ständig erzählen würde. Daher ist es kein Wunder, dass die Jünger, als der Sohn Gottes so mit ihnen redete, sich fragten: „Was meint er nur damit? Er sagt immer wieder, dass er weggehen wird, doch dann erklärt er: Macht euch keine Sorgen, ich komme wieder. Ich gehe weg, und ihr werdet mich nicht mehr sehen, doch keine Sorge, ich werde bei euch bleiben. Ich gehe zurück zum Vater, aber sorgt euch nicht, ich werde für immer bei euch sein. Ich muss mich jetzt von euch verabschieden, aber ihr müsst euch niemals von mir trennen." Es wirkt so rätselhaft, und je intensiver Sie die Kapitel 13–17 des Johannesevangeliums studieren, desto verwirrender wird es, bis Sie etwas über den Heiligen Geist begreifen, und dann ergibt alles einen Sinn. Plötzlich verstehen Sie aufgrund Ihrer eigenen Erfahrung, worüber er in diesen Kapiteln spricht. Tatsächlich sprach der Herr Jesus über drei verschiedene Wege, auf denen er fortgehen und wiederkommen würde: drei unterschiedliche Methoden zu unterschiedlichen Zeiten. Ich werde Ihnen erklären, um welche drei Wege es sich handelt, auf denen er fortgehen und wieder zu ihnen zurückkehren würde. In gewisser Weise sind sie alle durcheinander gewürfelt, Jesus sprach über alle drei gleichzeitig. Erst später konnten sie diese drei Stränge entwirren. Erstens, und das ist die einfachste Erklärung, er würde durch den Tod von ihnen gehen und in der Auferstehung zu ihnen zurückkehren – das ist sein erstes Fortgehen und Wiederkommen. Es handelte sich nur um einen Zeitraum von drei Tagen Abwesenheit. Er sagte: „Eine kurze Zeit noch, dann seht ihr mich nicht mehr. Und ihr werdet weinen und klagen, und dann werdet ihr mich nach einer kurzen Zeit plötzlich wiedersehen, und ihr werdet euch sehr darüber freuen, wie eine Frau, kurz nach der Geburt ihres Kindes." Es ist offensichtlich, dass sein Weggehen und Wiederkommen in diesem Fall sein Sterben und seine Wiederauferstehung drei Tage später beschreiben, sodass die Jünger ihn sehen und berühren konnten. Allerdings gibt es bestimmte Aussagen über sein Gehen und Kommen, die nicht dazu passen, daher müssen wir einen zweiten Fall in Erwägung ziehen. Dabei geht es eindeutig darum, dass er sie in Richtung Himmel verlässt und später wieder zurück auf die Erde kommt. Der zeitliche Abstand zwischen diesen beiden, d.h. die Lücke seiner Abwesenheit, sollte viele hundert Jahre dauern. Er sagte nicht, wie lange, und wir wissen es immer noch nicht, weil er noch nicht zurückgekehrt ist. Doch als er sagte: „Ich gehe zum Vater und werde zurückkommen und euch dorthin mitnehmen, wo ich bin", bezog er sich darauf, dass er in den Himmel gehen würde, und nicht auf seinen Tod (der von seiner Himmelfahrt zu unterscheiden ist). Nun sprach er also über etwas, das sechs Wochen später geschehen sollte, als er in den Himmel auffuhr; von dort wird er eines Tages wiederkommen. Das deckt vieles von dem ab, was er über das Weggehen und Wiederkommen sagte, jedoch noch nicht alles.

Eine Aussage, die er traf, ist immer noch rätselhaft: Zwischen seinem Weggang und seiner Rückkehr (in den Himmel und wieder zurück auf die Erde) würde er immer noch *bei ihnen sein*. Er würde in ihnen Wohnung nehmen und sie tatsächlich nie verlassen. In diesem Fall, sagte er, würden sie ihn zwar nicht sehen, doch er wäre zu ihnen gekommen. Dieses dritte Gehen und Kommen meint seinen körperlichen Weggang und sein Kommen im Geist. Der zeitliche Abstand zwischen beiden sollte nur zehn Tage betragen.

Über diese drei Fälle des Weggehens und Wiederkommens spricht Jesus also am letzten Abend seines Lebens. Beim Lesen dieser Kapitel müssen Sie die drei verschiedenen Fälle ständig vor Augen haben, um nicht verwirrt zu werden. Vielleicht habe ich Sie schon gründlich in Verwirrung versetzt, doch ich weise auf diese Dinge hin, um eine Grundlage für die Aussagen Jesu über den Heiligen Geist zu legen. Es ist das dritte Gehen und Kommen, das uns in diesem Kontext interessiert. Es ist das Allerschönste, denn es überwindet folgendes Problem: Wenn Jesus sich im Himmel befindet, wie kann ich ihn hier auf der Erde in meinem Herzen tragen? Sitzt Jesus zur Rechten des Vaters, wie können wir dann sagen, dass Jesus lebt und heute auf dieser Welt wirkt? Verstehen Sie dieses dritte Weggehen und Wiederkommen, dann haben Sie die Antwort auf dieses Problem schon ergriffen.

Jesu Worte bedeuteten: Ich gehe zwar, doch keine Sorge, ich tue es nicht wirklich; ich verlasse euch, doch ihr müsst euch nicht von mir verabschieden, denn ich verlasse euch tatsächlich nicht; ihr werdet mich nicht mehr sehen, bis ich wieder aus dem Himmel zurückkehre, doch ihr werdet nicht das Gefühl haben, dass ich mich von euch entfernt habe. Genauso fühlen sich Christen, selbst wenn sie es nicht erklären können. Ich weiß, dass Jesus gerade jetzt am höchsten Punkt des Himmels, im Kontrollraum des Universums an der rechten Seite von Gott dem Vater sitzt. Gleichzeitig spüren Christen seine Gegenwart in ihrem Innern. Jesus lebt und wirkt heute auf dieser Welt.

Die Antwort lautet, dass er körperlich gegangen ist und ich seinen Körper nicht mehr sehe. Ich werde ihn eines Tages wiedersehen, wenn er in seinem Körper auf die Erde zurückkehrt. Doch im Geist ist er bereits hier, und er kam auf diese neue Art zu seinen Jüngern.

Am besten kann man sich diesem Phänomen anhand von zwei Schlüsselversen nähern. Der erste steht in Johannes 14,16 (HFA): „Dann werde ich den Vater bitten, dass er euch an meiner Stelle einen anderen Helfer [Tröster, Ratgeber, Fürsprecher, Beistand, Freund, Lehrer; Sie können so gut wie jedes dieser Worte hier einsetzen] gibt, der für immer bei euch bleibt." Was für eine Verheißung! Das größte Geschenk, das Gott den Menschen je gegeben hat, ist sein eingeborener Sohn. Das zweitgrößte Geschenk ist der Heilige Geist. Die Tragödie ist nur, dass es viele Tausende Christen gibt, die das erste Geschenk zwar angenommen haben, jedoch nichts über das zweite wissen. Früher oder später entsteht bei jedem Christen ein Interesse am zweiten Geschenk, an der dritten Person der heiligen Dreieinigkeit.

Jesus starb für uns, stand für uns von den Toten auf und bat, nachdem er zum Vater zurückgekehrt war, um ein weiteres Geschenk für uns. Interessenterweise wird der Heilige Geist im gesamten Neuen Testament oft als „die Gabe" oder „das Geschenk" bezeichnet. Offengesagt ist es eines der schönsten Worte in unserer Sprache. Gaben zu geben oder Geschenke zu machen ist eng mit der Person Gottes verbunden: Gott gibt gerne und seine Gaben und Geschenke sind wunderschön – die Dinge, die der Geist unter den Menschen wirkt, werden immer noch Gaben oder Geschenke genannt. Die entscheidende Bedeutung, die das Wort „Geschenk" oder „Gabe" mir vermittelt, ist etwas, das ich (mir) nicht verdient habe. Ich erhalte es, weil jemand anders so gütig ist. Ich möchte das Wort „geben" und „Gabe" in Ihrem Denken verankern.

Dass Sie Christus kennengelernt haben ist ein unverdientes Geschenk. Nur weil Gott so großzügig ist, sind Sie ihm begegnet. Wenn Sie mit dem Heiligen Geist erfüllt werden, geschieht dies, weil Gott freigiebig ist und Ihnen ein Geschenk macht, dass Sie sich niemals verdienen könnten. Lassen Sie uns daher dankbar sein, dass wir einen Gott haben, der gerne gibt.

Betrachten Sie den Ausdruck „einen anderen Tröster". Ich weiß nicht, was das Wort „Tröster" für Sie bedeutet. Etwas, das Sie beruhigt, das Sie in etwas Schönes, Weiches und Warmes einhüllt? Was bedeutet „Trost"? Leider hat das Wort seine Bedeutung verändert, und wenn Sie heute sagen: „Ich werde dich trösten", dann meinen Sie immer damit: „Ich werde dich aus deinem Problem herausholen. Ich werde dich aus der schwierigen Situation entfernen, weg von dem, was dein Unwohlsein verursacht." Doch ursprünglich bedeutete „Trost" das genaue Gegenteil. Es bedeutete, jemanden mitten in ein Problem hineinzustellen und ihm die Stärke zu geben, sich der Schwierigkeit zu stellen. Es kommt vom lateinischen Wort *fortis* für mutig, kühn, tapfer, von dem wir auch das Fort, die Festung ableiten. Es bedeutet, mitten in der Schlacht zu stehen, in die man hineingedrängt wurde.

Der Wandteppich von Bayeux illustriert diese Bedeutung. Er ist eine Art lange Bildergeschichte aus der Zeit, als es noch keine Zeitungen gab, und zeigt die Schlacht von Hastings und weitere Ereignisse der Militärgeschichte. Ein sehr interessanter Abschnitt stellt eine heftige Auseinandersetzung dar, die den Titel trägt: „Bischof Odem tröstet seine Truppen". Seine Soldaten sind dem Feind gegenüber in Schlachtreihe aufgestellt, zwischen ihnen liegt ein schmaler Landstreifen. Der Bischof steht hinter ihnen, hält ein Schwert in der Hand und treibt sie damit in die Schlacht. Zu behaupten, er würde sie trösten, wäre das Letzte, was Sie dazu gesagt hätten! In unserem modernen Gebrauch würde das Wort bedeuten, die Soldaten in ein Erholungsheim in den Fronturlaub zu schicken, doch das „Trösten" bedeutet hier tatsächlich, jemanden anzuspornen, ihn zur Schlacht aufzustacheln – es geht darum, Sie stark und mutig zu machen, sich dem Feind zu stellen. Die große Verschiebung zur modernen Bedeutung von „Trost" ist der Grund, warum die meisten Übersetzungen nun versuchen, das Wort „Tröster" zu vermeiden. Tragischerweise gibt es jedoch kein anderes Wort in unserer Sprache, um den Sinn des

Originals angemessen wiederzugeben. Ein Gelehrter hat darauf hingewiesen, dass „Tröster" heutzutage eine Dosis Beruhigung verspricht, was aber eigentlich nicht gemeint ist. Der griechische Begriff *paráklētos* ist hingegen sehr faszinierend: *pará* bedeutet „bei", „an der Seite von"; *klētos* „gerufen", daher bedeutet der Gesamtbegriff „jemand, den man ruft, damit er einem zur Seite steht; jemand, der einem in der Schlacht beisteht".

Es ist hilfreich, christliche Freunde zu haben, die furchtlos im Glauben sind und uns zur Seite stehen können. Gibt es einen solchen Beistand, einen Herbeigerufenen in Ihrem Leben? Sie haben ein Problem, etwas belastet Sie oder Sie haben gerade katastrophale Neuigkeiten erhalten und denken bei sich: Wenn nur jemand einfach kommen und mir in dieser Sache zur Seite stehen könnte, dann werde ich es schaffen. Die meisten von uns haben eine solche Person, und natürlich ist gerade das die Bedeutung der Ehe: Ein Mann und eine Frau sind dazu berufen, einander zur Seite zu stehen, nicht nur in der Gemeinde, sondern in ihrem ganzen Leben, sodass sie sich gemeinsam den Problemen stellen können.

Der Paraklet ist jemand, den Sie herbeigerufen haben, um an Ihrer Seite zu sein, damit er Ihnen Mut gibt, wenn Sie in einer Art Schlacht stehen. Das Wort wurde in der griechischen Antike für Anwälte verwendet: Wenn Sie mit dem Gesetz in Konflikt gerieten und einen Anwalt brauchten, einen Verteidiger, dann war der Paraklet derjenige, der kam, um ihnen in der Hitze der Schlacht beizustehen und sie durchzubringen.

Jesus lehrte seine Jünger, dass er nach seiner Rückkehr in den Himmel den Vater um einen Paraklet, einen Tröster für sie bitten würde, jemand, der ihnen in der Hitze des Gefechts beistehen würde. Er würde sie mitten in die Schlacht hineinstoßen und dann bei ihnen bleiben – der göttliche Tröster, der gepriesene Heilige Geist. In ihm liegt das Geheimnis des Mutes der Heiligen verborgen. Sie hatten jemand, der ihnen beistand, der ihnen Kraft und Mut verlieh.

Das andere Wort, das wir beachten sollten, ist „einen anderen", und wieder muss ich Begriffe aus dem griechischen Neuen Testament erwähnen. Die beiden Worte *heteros* und *allos* kann man beide mit „anderer" übersetzen. Beschreiben Sie etwas anderes im Sinne von *unterschiedlich*, so verwenden Sie das Wort *heteros*. Wollen Sie jedoch sagen, hier gibt es einen anderen, der genauso ist wie der erste, mit denselben identischen Eigenschaften, sodass man den Unterschied nicht feststellen kann, dann benutzen Sie das Wort *allos*. Nun kommt das Erstaunlichste an der Aussage Jesu, er sagte: „Wenn ich zurück in den Himmel gehe, werde ich den Vater bitten, dass er euch *allos parakletos*, einen anderen Beistand gibt, der genauso ist, wie der, den ihr bisher hattet." Hier kommen wir zu einer der tiefgreifendsten und wunderbarsten Wahrheiten, die sich immer wieder im Neuen Testament zeigt: Der Heilige Geist und Jesus sind sich so ähnlich, dass Sie die beiden nicht auseinanderhalten können. Erfüllt Sie der Heilige Geist, fühlt es sich genauso an, als würde Jesus Sie erfüllen. Sie unterscheiden sich weder im Charakter noch in ihrer Perspektive, und genau das, was Jesus für seine Jünger war, als er körperlich auf der Erde lebte, ist der Heilige Geist heute für den Christen. Welche Taten er auch für sie vollbrachte, der Heilige Geist bewirkt dasselbe für uns. Aus diesem Grund wird er so oft im Neuen Testament als der Geist Jesu beschrieben.

Darum reden Menschen, die mit dem Geist erfüllt worden sind, so viel über Jesus. Sie sagen: „Jesus ist so real für mich, realer als je zuvor." Denn den Geist zu kennen, bedeutet, Jesus zu kennen. Darum haben Christen, die mit dem Heiligen Geist erfüllt sind, eine so lebendige Beziehung zu Jesus Christus – dem anderen Tröster. Der andere Schlüssel-Vers, der unser Verständnis dieser Tatsache fördert, ist Johannes 16,7 (HFA):

„Doch ich sage euch die Wahrheit: Es ist besser für euch, wenn ich gehe. Sonst käme der Helfer nicht, der an meiner

Stelle für euch da sein wird. Wenn ich nicht mehr bei euch bin, werde ich ihn zu euch senden."

Eine kindische Ansicht, die der erwachsene Christ ablegt, besagt, es wäre besser für uns, wenn Jesus noch körperlich auf der Erde lebte – das stimmt nicht. Es ist vorteilhaft für uns, dass er jetzt im Geist anwesend ist. Warum? Es gibt zwei sehr einfache Gründe. Erstens, wäre Jesus noch körperlich auf der Erde, könnte er nicht überall sein. Er würde uns möglicherweise einmal im Leben besuchen, vielleicht zu einem besonderen Anlass, doch bis zum Anbruch des 20. Jahrhunderts hätte er nicht mühelos auf der ganzen Welt herumreisen können, und Menschen hätten ihn nie gesehen oder wären ihm nie persönlich begegnet. Selbst in den Tagen seines Fleisches war er auf einen Ort beschränkt. Es gibt keinen Bericht darüber, dass er jemals an zwei Orten gleichzeitig war, was daran liegt, dass er in seinem Körper lebte. Manchmal muss ich in einem Brief Folgendes schreiben: „So gerne ich auch bei Ihnen wäre, ich kann leider nicht an zwei Orten gleichzeitig sein und ich habe schon andere Pläne."

Wir können das noch ein wenig ausbauen. Martha, die Schwester, die ihren lieben Bruder verloren hatte, sagte einmal zu Jesus: „Wenn du nur hier gewesen wärst, wäre mein Bruder nicht gestorben." Ihre Schwester Maria sagte dasselbe. Ist Ihnen schon aufgefallen, dass Jesus nur dort Menschen heilte, wo er sich befand, als er unterwegs war? Es gab einen Fall, in dem er jemanden auf Distanz heilte, doch es lag daran, dass ein naher Familienangehöriger der kranken Person bei Jesus war. Alles, was Jesus zu der Zeit tat, als er körperlich auf der Erde war, konnte er tun, weil er mit der betreffenden Situation physisch verbunden war. Ich lese von keinen Wundern, die Jesus in China, Indien oder Afrika vollbracht hätte, als er auf der Erde lebte. Wünschen Sie sich wirklich, er wäre wieder im Hier und Heute körperlich anwesend? Dass er sich nur auf einem begrenzten Fleckchen Erde aufhalten würde, wo alle seine Wunder passierten? Ich nicht! Es ist unser Vorteil, dass er fortging und einen anderen Tröster schickte, der immer und überall bei uns bleiben kann. Dasselbe gilt auch für die Gegenwart des Herrn, die bei Christen an vielen verschiedenen Orten ist, während sie ihn alle gleichzeitig anbeten. Wäre Jesus noch im Fleisch, könnten wir das nicht tun.

Danken Sie dem Herrn, dass Jesus den Vater bat, uns den Geist zu schicken, und dass sein Geist gekommen ist. Denn so kann ich mit Jesus verbunden sein, genauso wie alle anderen Christen auf der ganzen Welt und sogar im Weltraum! Es ist bemerkenswert, dass die Mehrheit amerikanischer Astronauten überzeugte Christen sind. Das ist der erste große Vorteil: Er kann überall sein.

Auf der kleinen Insel Patmos lag ein alter Mann namens Johannes angekettet in einem Verlies. Es ist sein Evangelium, das wir gerade betrachten. Eines Tages hatten seine Ketten plötzlich keine Bedeutung mehr. Er war im Geist, und Jesus war bei ihm in dieser Zelle. Jesus versetzte ihn im Geist in den Himmel. Johannes blickte durch eine offene Tür und sah die Zukunft. Sie können heute im Geist sein und Jesus kennen. Sie können jetzt mit ihm sprechen – all das ist Ihnen möglich, weil er fortging und den Vater darum bat, uns einen anderen Tröster zu senden.

Es hat einen weiteren Vorteil, dass Jesus jetzt im Himmel ist. Stellen Sie sich vor, er wäre immer noch in seinem Körper auf der Erde, selbst in seinem Auferstehungsleib. Ich habe bereits darauf hingewiesen, dass er dann nicht überall sein könnte. Wenn das zutrifft, folgt daraus noch etwas: *Er könnte auch nicht in uns sein, sondern wäre immer außerhalb von uns.* Sie können einer Person neben sich sehr nahekommen, doch nie nah genug. Die ganze Zeit, die Jesus in seinem Körper auf der Erde verbrachte, selbst nach seiner Auferstehung und auch schon davor, konnte niemand ihm näher sein als Sie einer anderen Person auf Erden näherkommen könnten. Er war immer noch außerhalb der anderen. Sie waren in der Lage, seine Hand zu berühren. Sie konnten sich, wie Johannes es getan hatte, beim Abendessen an seine Brust lehnen. Sie konnten ihm zwar sehr nahe sein, jedoch nicht noch näher. Das war eine Begrenzung der Beziehung, denn was wir uns im tiefsten Innern wünschen, ist es, in den anderen quasi hineinzukriechen. Wenn Eheleute lange Zeit zusammen sind, fangen Sie an, sich mental in den anderen hineinzuversetzen, und zwar so stark, dass sie beginnen, die tiefen Gedanken und Gefühle des anderen zu verstehen, doch es gibt immer noch eine Grenze, weil sie noch in ihrem Körper sind. Doch als Jesus in den Himmel auffuhr und seinen Geist sandte, blieb sein Geist nicht länger außerhalb, sondern kam in die Jünger hinein.

Eine Erkenntnis, die wir aus den Worten Jesu in diesen Kapiteln gewinnen, ist folgende: Ihr habt den Heiligen Geist außerhalb von euch kennengelernt; er war *bei euch*. Natürlich war er das, in der Person Jesu war der Heilige Geist ihnen nahe gewesen. Sie hatten mit dem Heiligen Geist gegessen und getrunken und neben ihm geschlafen, denn der Heilige Geist war in Jesus. Jesus sagte: „Er war bei euch, doch nun wird er in euch sein." Das ist der Unterschied: Jesus, den Geist Jesu direkt *in mir* zu haben. Jetzt werden Dinge möglich, die ich mir nie hätte vorstellen können. Sie können nur geschehen, weil er so tief in mich hineinkommt, dass er anfängt, meine Gedanken durch seine zu ersetzen. Er gebraucht meine Hände, doch tief in meinem Inneren bin nicht mehr ich es, der meine Hände benutzt, sondern er tut es. Er beginnt, meine Stimme zu gebrauchen, und all dies eröffnet neue und ungeahnte Möglichkeiten. „Wer an mich glaubt, wird die gleichen Taten vollbringen wie ich – ja sogar noch größere" – das wird möglich, und es eröffnet sich eine ganz neue Zukunft.

Am Ende des Johannesevangeliums erfahren wir, dass Maria Magdalena Jesus in seinem Körper festhalten wollte. Nach seiner Auferstehung war sie möglicherweise die erste Person, die ihm von Angesicht zu Angesicht körperlich begegnete. Sie fiel ihm zu Füßen, umklammerte diese heiligen Knöchel und hielt sie fest, als wollte sie sagen: Niemals sollen sie mir deinen Körper wieder wegnehmen. Denn sie hatte gerade die Person, die sie für den Gärtner hielt, gefragt: „Wo hast du seinen Leichnam hingelegt?" Sie wollte an seinem Körper festhalten. Jesus sagte: „Maria, halte nicht länger an mir fest, denn ich bin noch nicht zum Vater in den Himmel zurückgekehrt." Verstehen Sie jetzt, was er damit sagte? So lange Maria an ihm festhielt, konnte niemand anderes ihn empfangen. Er würde zum Vater gehen, und dann könnten sie und andere ihn in sich aufnehmen. Als Jesus im Geist kam, konnte sich jeder so stark an ihm festhalten, wie er wollte. Verstehen Sie, was er damit sagte? Klammern Sie sich daher nicht an einem physischen Jesus fest. Wünschen Sie sich nicht, dass er immer noch körperlich hier wäre. Sehnen Sie sich nicht danach, anstelle der Jünger gewesen zu sein und die staubigen Straßen Galiläas erwandert zu haben. Preisen Sie einfach den Herrn und rufen Sie laut „Halleluja", dass Sie seinen Geist in Ihrem Herzen tragen können, wo auch immer Sie sich befinden, dass Sie Jesus überall hin mitnehmen können, in das Herz der Schlacht, dass sein Geist Ihr Beistand ist, der Sie stärkt und Ihnen Kraft gibt inmitten Ihres Kampfes – und dass er Ihnen den Sieg schenkt, der diese Welt überwindet.

7. Kapitel

DER HEILIGE GEIST IN DEN ABSCHLUSSKAPITELN VON JOHANNES

Wenn der Heilige Geist ein Beistand, ein Stärkender, eine Person ist, die Sie in einer Krise genauso bei sich haben wollten wie Jesus, dann folgen daraus zwei Dinge, die sehr wichtig sind. Erstens, der Heilige Geist ist eine *Person*. Bezeichnen Sie den Heiligen Geist niemals als ein Neutrum. Sie wären erstaunt, wenn Sie erführen, wie oft das im Gebet oder beim Sprechen geschieht. Man sagt: „Gib *es* uns." Tun Sie das niemals. Ist der Heilige Geist ein anderer Tröster wie Jesus, dann ist er ein *Er*, eine vollständige Persönlichkeit, die denken, fühlen, anleiten, lehren, führen, sprechen und auch betrübt, wütend und aufgebracht sein kann – jemand, der für Sie all das sein kann, was Jesus ist.

Interessanterweise stellen wir bei allen sogenannten Sekten, die behaupten, als einzige die Wahrheit für sich gepachtet zu haben, wie beispielsweise den Zeugen Jehovas, der Christlichen Wissenschaft (Christian Science), den Mormonen, Spiritisten etc., etwas Bemerkenswertes fest: Sie bezeichnen den Heiligen Geist als eine Art Kraft oder Atmosphäre, als ein unpersönliches „Es". Damit missverstehen Sie, was Jesus lehrte: Er würde den Vater bitten, und der Vater würde einen anderen Tröster geben, der ihm absolut gleich war. Daher ist der Heilige Geist eine Person, jemand, den Sie kennenlernen und mit dem Sie sprechen können. Das ist die erste Schlussfolgerung aus dem Wort „anderer" – die Persönlichkeit des Heiligen Geistes: er.

Verlässt jemand einen Gottesdienst oder eine Veranstaltung und sagt dabei: „Da war eine gute geistliche Atmosphäre", so bezeichnet er nicht ausdrücklich den Heiligen Geist, sondern nur „etwas". Doch wenn ein gläubiger Christ über eine Veranstaltung spricht, in der der Heilige Geist anwesend war, redet er anders darüber. Er sagt dann: „Hast du den Geist heute Morgen auch gespürt? *Er* war da. *Er* hat uns geholfen, Gott anzubeten. *Er* hat uns die Wahrheit gezeigt." So reden Christen, wenn sie den Heiligen Geist kennen. Die andere Tatsache, die sich daraus ergibt, dass der Heilige Geist ein anderer Tröster wie Jesus ist, ist seine Göttlichkeit; er muss Gott sein.

Wir wissen, dass Jesus Gott ist. Die Menschen damals brauchten drei Jahre, um es herauszufinden – und schließlich sagte ein zweifelnder, gelehrter Skeptiker, der Jesus gut kannte: „Mein Herr und mein Gott." Zum ersten Mal in ihrem Leben erkannten diese jüdischen Jünger, dass Gott mehr war als nur eine Person, und sie nannten Jesus Gott, sie beteten ihn an und beteten zu ihm. Als Juden wussten sie, dass nur Gott ihrer Gebete und ihrer Anbetung würdig war, und jetzt beteten sie Jesus an und beteten zu ihm. Der dritte Schluss, zu dem sie kamen und der schließlich zur christlichen Doktrin der Dreieinigkeit führte, war folgender: Der Heilige Geist musste Gott sein, wenn er ein anderer Tröster genau wie Jesus war. Daher können Sie ihn anbeten, zu ihm beten und ihn preisen. Christen glauben an Vater, Sohn und Heiligen Geist – alle drei sind Personen, alle drei können betrübt und zornig werden, alle drei lieben Sie und haben Erbarmen mit Ihnen und alle drei sind Gott. Daher sagen wir: „Vater, Sohn und Heiliger Geist" und beten alle drei uneingeschränkt an.

Kehren wir nun zu Johannes 14–16 zurück. Noch 24 Stunden, dann wird unser Herr sterben. Was ein Mann am letzten Tag seines Lebens sagt, ist in der Regel bedeutungsvoll und denkwürdig. Der Sohn Gottes muss viele wunderbare Dinge gesagt haben („Wenn alles aufgeschrieben werden sollte, würde die Welt die Bücher nicht fassen, die zu schreiben wären"), doch in diesen Kapiteln ist die längste dokumentierte Rede Jesu in der gesamten Bibel enthalten. Ich weiß nicht, ob Ihnen das bewusst ist, doch die Lehren Jesu im ganzen Neuen Testament machen nur zirka sechs Stunden aus. Falls Sie mir nicht glauben, probieren Sie es aus und lesen Sie alle dokumentierten Worte Jesu. Das wäre eine sehr nützliche und gute Sache. Dieser Abschnitt im Johannesevangelium ist länger als die Bergpredigt, die zweitlängste Rede Jesu. Wenn Sie die Lehre Jesu wirklich erfassen wollen, wenden Sie sich diesen Kapiteln zu. Manchmal sagt jemand zu mir: „Alles, was wir brauchen, ist, dass sich jeder an die Anforderungen der Bergpredigt hält, mehr nicht." Allerdings habe ich noch niemanden getroffen, der die Bergpredigt tatsächlich ausleben konnte – das ist der Haken an der Sache! Wie könnten wir? Die Antwort finden wir in der letzten Predigt, die Jesus hielt: durch den Heiligen Geist. Das Herzstück der Bergpredigt, so sagt man, liege in der positiven Aufforderung „Behandelt die Menschen stets so, wie ihr von ihnen behandelt werden möchtet" – und das ist auch in Ordnung. Doch überlegen wir einmal: Wie viele von uns haben unseren Nachbarn so viel Aufmerksamkeit gegeben, wie wir uns selbst wünschen würden? Wie viele von uns haben diese einsamen Menschen in unserer Straße mit so viel Freundschaft beschenkt, wie wir sie uns wünschen würden, wären wir allein? Mit wie vielen hungernden Menschen auf der Welt haben wir uns identifiziert? Keiner von uns in irgendeiner Gemeinde könnte sagen: „Ich habe das in vollem Umfang getan, was die Bergpredigt mir aufträgt." Wie wird uns das jemals gelingen? Die Antwort lautet, dass wir einen anderen Tröster, einen anderen Beistand brauchen, der kommen muss, um uns zu helfen.

Genau darüber sprach unser Herr am letzten Abend seines irdischen Lebens. Vater, Sohn und Heiliger Geist sind in ihrem Charakter identisch; lernen Sie einen kennen, haben Sie alle kennengelernt. Wir wissen, dass wir die ganze Zeit auf Jesus schauen sollten, dann werden wir anfangen, ihn widerzuspiegeln. Bei Paaren, die sich sehr nahe sind, ist es ähnlich: Haben Sie einen Partner getroffen, sind Sie auch dem anderen begegnet;

hören Sie, wie einer von beiden denkt, wissen Sie auch, welche Einstellung der andere hat, kennen Sie die Reaktion des einen, wissen Sie schon, wie die Reaktion des anderen ausfallen wird. Genauso ist es auch mit Vater, Sohn und Heiligem Geist. Kennen Sie den Vater, so kennen Sie auch den Sohn und umgekehrt – lernen Sie den Sohn kennen, so wissen Sie auch, wie der Vater ist. „Wer mich gesehen hat, hat den Vater gesehen." Das gilt genauso für den Heiligen Geist: Wenn Sie den Geist Gottes kennenlernen, dann lernen Sie Jesus besser kennen, ebenso wie Gott den Vater, denn sie alle denken genau gleich, sie alle sprechen in gleicher Weise und sie alle haben dieselben Gefühle für Sie. Ist einer von ihnen betrübt über das, was Sie getan haben, sind alle drei Personen betrübt darüber. Wenn einer Sie mit etwas beauftragt, halten auch die anderen beiden diesen Auftrag für richtig.

In Johannes 17, einem Gebet, das Jesus am Ende seiner Rede betete, sagte er: „Vater, ich bin in dir und du bist in mir. Ich sage nur, was du mir zu sagen aufträgst. Ich tue einfach deinen Willen. Wir sind eins." Eine solche Nähe ist wunderschön, und ich glaube nicht, dass je eine Beziehung auf der Erde so eng sein kann. Doch selbst wenn Vater, Sohn und Heiliger Geist derart eins sind, so gleich in ihrem Charakter, in ihrer Perspektive und in ihren Gefühlen, möchte ich dennoch betonen, dass sie unterschiedliche Aufgaben wahrnehmen. Jeder von ihnen verrichtet seine Arbeit auf seine eigene Art. In Johannes 14–16 erklärt Jesus drei Aspekte des Wirkens des Geistes: sein Wirken in Bezug auf Jesus, sein Wirken an den Jüngern und sein Wirken in Bezug auf die Welt.

1. Sein Wirken in Bezug auf Jesus

Es ist der Heilige Geist, der die Aufmerksamkeit von Menschen auf Jesus lenkt. Jesus hat gesagt: „Wenn der Geist der Wahrheit kommt, wird er mich verherrlichen." Das bedeutet, er wird euch die Dinge vor Augen führen, die mir wichtig sind; er wird Menschen dazu bringen, an mich zu denken. Der Heilige Geist veranlasst Menschen dazu, über Jesus zu sprechen, er lenkt ihre

Aufmerksamkeit auf ihn. Sie bewerben vielleicht Ihre Gemeinde oder einen Geistlichen, doch Sie werden es ohne den Heiligen Geist peinlich und unmöglich finden, Jesus bekannt zu machen.

Der Heilige Geist wird tatsächlich immer Jesus verherrlichen. Immer wieder habe ich Folgendes festgestellt: Menschen, die mit dem Heiligen Geist erfüllt worden sind, zeichnen sich dadurch aus, dass sie anfangen, den Namen „Jesus" viel häufiger, unbekümmerter und in aller Öffentlichkeit zu erwähnen. Das liegt daran, dass der Heilige Geist, der in ihnen wirkt, sie nun gebrauchen wird, um anderen von Jesus zu erzählen, sodass sein Name in aller Munde ist und überall bekanntgemacht wird. Jeder soll erfahren, dass Jesus eines Tages wiederkommen wird und dass sie sich darauf vorbereiten. Dieses Phänomen werden Sie nur dort entdecken, wo der Heilige Geist wirkt. Sie werden niemals Menschen sagen hören: „Jesus kommt wieder", ohne dass der Heilige Geist am Werk ist.

Wer viel über die Wichtigkeit spricht, mit dem Heiligen Geist erfüllt zu werden, kann manchmal anderen die Tatsache vorenthalten, dass Jesus wiederkommt, da er nicht über die richtige Person redet. In manchen Fällen haben sich Gemeinden aufgrund dieses Themas gespalten – das ist eine Tragödie. Mehr als einmal hat man mich gebeten, als Berater in eine solche Gemeinde zu kommen, um den Gemeindegliedern zu helfen, diese Probleme zu überwinden. Zuerst nehme ich mir die Mitglieder vor, die behaupten, mit dem Heiligen Geist erfüllt worden zu sein, und sage ihnen sehr offen: „Über wen habt ihr in der Gemeinde gesprochen, über die zweite oder die dritte Person der Dreieinigkeit? Habt ihr über Jesus oder über den Heiligen Geist geredet?" Ohne Ausnahme kommt es immer dann zu Problemen, wenn sie über den Heiligen Geist statt über Jesus gesprochen haben. Ich pflege zu sagen: „Niemand in einer Gemeinde kann etwas gegen einen anderen haben, der mehr über Jesus redet." Sie nutzen die Kraft des Heiligen Geistes also, um über Jesus zu sprechen, dazu wurde er ihnen gegeben. Der

Heilige Geist ist die bescheidenste Person der Dreieinigkeit. Er will nicht, dass Sie über ihn sprechen, sondern über Jesus. Das ist also das erste Wirken des Heiligen Geistes in Johannes 14–16.

2. Sein Wirken an den Jüngern

Mir ist aufgefallen, dass es dem Heiligen Geist mehr um unser Denken als um unser Herz geht, mehr um unsere Gedanken als um unsere Gefühle. Doch immer und immer wieder bin ich auf Menschen gestoßen, die meinen, mit dem Heiligen Geist erfüllt zu werden sei vor allem eine emotionale oder ekstatische Erfahrung, die Ihnen zu wunderbaren übersprudelnden Gefühlen verhilft. Eine junge Frau, die auf der Suche war, fragte mich: „Woher werde ich wissen, dass ich mit dem Heiligen Geist erfüllt bin? Werde ich ein schönes, angenehmes Kribbeln im Inneren spüren?" Das mag sich sehr wohl einstellen, doch Jesus hat es nie versprochen. Es würde mich nicht beunruhigen, wenn es nicht kommt. Dem Heiligen Geist ist es viel wichtiger, dass wir richtig denken, als dass wir die richtigen Gefühle haben. Das ist sehr wichtig und zeigt sich in Johannes 14–16 immer wieder. Der Heilige Geist wird in Johannes 14,17, 15,26 und 16,13 als der „Geist der Wahrheit" beschrieben.

Wahrheit ist das, was Ihr Verstand begreift, Sie denken über die Wahrheit nach. Sie ist real, wahr und richtig. Er wird der Geist der Wahrheit genannt, weil eine Person, auf die er kommt, dann erkennt, was wahr und richtig ist. Die Welt, in der wir leben, steckt voller Lügen. Das mag wie eine krasse Behauptung klingen, doch sie trifft tatsächlich zu: Lügen über Gott, Lügen über Menschen, Lügen über die Welt, in der wir leben; Lügen über die Vergangenheit und die Zukunft. In den Medien erscheinen Artikel, die Lügen über Jesus und Gott verbreiten.

Eine Lüge macht die Runde, dass Gott Sünde nicht bestrafen wird. Das stimmt nicht. Der Geist der Wahrheit jedoch bringt die Wahrheit mit, wenn er über einen Gläubigen kommt. Der gläubige Christ weiß, dass Gott Sünde bestrafen muss, und ihm ist gleichzeitig bewusst, dass Gott Sünde vergibt. Ihm ist klar, dass Gott sowohl ein Gott der Gnade als auch der Gerechtigkeit ist. Er kennt die Wahrheit über sich selbst, und es gibt nur wenige unter uns, denen das gefällt. Zu erfassen, wie Sie in Gottes Augen tatsächlich aussehen, ist eine niederschmetternde Tatsache. Doch sich selbst zu kennen, wie die alten Griechen sagten, ist der Anfang der Weisheit. In eine Welt voller Lügen kommt also der Geist Gottes hinein und bringt die Wahrheit mit. Er wird Ihnen sagen, was wahr ist, und wird Sie in alle Wahrheit führen. Als Jesus auf der Erde war, konnte er seinen Jüngern nur ein kleines Bisschen der Wahrheit näherbringen. Es gab Dinge, die sie zum damaligen Zeitpunkt noch nicht verstehen konnten, und andere Dinge, die sie noch nicht glauben konnten. Es gab also noch mehr, was Jesus den Jüngern hätte sagen können, doch er tat es nicht. Der Geist der Wahrheit aber würde sie in alle Wahrheit führen.

Wahrheit über die Vergangenheit – der Geist rief ihnen alles, was Jesus gesagt hatte, in Erinnerung. Ich habe Bibelgelehrten zugehört, die erklärten, dass die Bücher des Neuen Testaments zehn bis 40 Jahre nach den Ereignissen geschrieben wurden. Wie können wir sicher sein, dass die Jünger sich noch genau an Jesu Worte erinnerten? Die Antwort ist sehr einfach: Der Geist der Wahrheit würde ihnen alles in Erinnerung rufen, was Jesus gesagt hatte: Wahrheit über die Gegenwart und die Zukunft.

Woher wissen wir, wie die Welt enden wird? Woher erfahren wir die Zukunft? Lesen wir ein Horoskop? Blicken wir in eine Kristallkugel? Hören wir den politischen Experten zu? Die Antwort lautet, dass der Geist der Wahrheit alles offenbart, und in der Bibel haben wir einen Bericht über die Zukunft, der alles enthält, was Sie über das Ende dieser Welt und den Anfang einer neuen wissen müssen, wobei der Heilige Geist diesen Bericht zu verantworten hat. Der Geist der Wahrheit zeigt gläubigen Menschen sowohl die vergangene als auch die gegenwärtige und die künftige Wahrheit. Die Evangelien sind die Wahrheit aus der Vergangenheit, die ihnen wieder in Erinnerung gerufen wurde, die

Briefe sind die gegenwärtige Wahrheit für ihren Gemeindealltag und das Buch der Offenbarung ist die künftige Wahrheit – das deckt so ziemlich alles ab, und alles steht im Neuen Testament. Der Geist der Wahrheit hat die Bibel in Existenz gebracht. Sie ist nicht das Werk eines Haufens von Männern, die meinten, sie könnten ihre Gedanken niederschreiben, sondern sie ist das Werk des Heiligen Geistes. Aus diesem Grund entspricht sie vollkommen der Wahrheit.

Wenn der Heilige Geist ein anderer Tröster wie Jesus ist, dann würden Sie erwarten, dass er auch ein großartiger Lehrer ist. Ich will Ihnen von einem jungen Mann berichten, der als Offizier und Pilot in der Royal Air Force diente. Ich weiß noch, wie Trevor und ich eines Abends auf Liegestühlen in der sengenden Wüstenglut vor der Offiziersmesse saßen. Er sagte mir ganz offen, er sei an Religion nicht interessiert, doch wir blickten gemeinsam in den Sternenhimmel – und wenn sich die Wüste scheinbar unendlich vor einem ausbreitet, ist es einfacher, in großen Maßstäben zu denken. Wir sprachen über Gott, und ich lieh ihm ein entsprechendes Buch aus. Als er es gelesen hatte, sagte er zu mir: „Das ist interessant." Schließlich begann er, die kleine Hütte zu besuchen, in der sich unsere Gemeinde traf. Dann, eines Abends, lernte Trevor Jesus Christus persönlich kennen und bekehrte sich gründlich. Doch nach dem Gottesdienst sagte er mir im Gespräch: „Pater, morgen muss ich abreisen. Ich bin für sechs Monate mit 15 Männern an einen Wüstenstützpunkt abkommandiert worden." So wurde er am Tag nach seiner Wiedergeburt aus dem Geist Gottes für sechs Monate von christlicher Gemeinschaft ausgeschlossen. Ich erzählte ihm sofort von dem anderen Tröster, der mit ihm in die Wüste gehen und ihm die Dinge beibringen würde, die er nun nicht in der Gemeinde lernen konnte. So machte er sich auf den Weg.

Drei Wochen später schickte er mir einen Brief, in dem stand, dass er einen weiteren Mann zu Christus geführt hätte. Also konnten sie sich jetzt zu zweit treffen und Gott anbeten. Und so ging es weiter. Sechs Monate lang gab es niemanden, der ihn lehren und durch die Bibel führen konnte. Sechs Monate lang konnte ihm nur der Heilige Geist helfen, und das war genug. Der Heilige Geist übernahm in dieser Situation die Verantwortung für ihn. Trevor baute später Autobahnen – und predigte in den Midlands, wobei er Menschen zu Jesus Christus führte.

Wenn Sie je etwas nicht verstehen, bitten Sie den Heiligen Geist, es Ihnen zu erklären. Jedes Mal, wenn Sie die Bibel lesen, sagen Sie ihm: „Heiliger Geist, du hast das geschrieben; bitte erkläre du es mir, während ich es lese."

Wie ist es möglich, dass eine Gruppe von Menschen im selben Gebäude demselben Prediger zuhört und am Ende zwei Personen, die nebeneinandergesessen haben, beim Verlassen der Veranstaltung völlig gegensätzliche Aussagen machen? Einer sagt: „Mir hat das heute Morgen überhaupt nichts gebracht, ich habe gar nicht verstanden, worum es ihm eigentlich ging" (das passiert ziemlich häufig). Sein Sitznachbar sagt jedoch: „Ich habe heute Morgen wirklich etwas gelernt, das ich noch nicht wusste, und es wird mir in einem Leben weiterhelfen." Wie kann das sein? Ich werde es Ihnen sagen: Die eine Person hat den Heiligen Geist, die andere nicht. Einer hat einen Lehrer in seinem Herzen, der das Wort, über das der Prediger lehrt, tief im Herzen einpflanzen kann, wo es auskeimt. Während der darauffolgenden Woche geschieht etwas: Etwas wächst, das praktische Folgen haben wird.

3. Sein Wirken in Bezug auf die Welt

Was kann der Heilige Geist für Menschen außerhalb der Gemeinde tun? Zunächst einmal sagt Jesus sehr deutlich in Johannes 14,16, dass sie den Heiligen Geist nicht *empfangen* können. Sie können ihn nicht haben oder ihn in sich tragen, ihnen steht dieser Tröster nicht zur Verfügung. Er kann sie nicht stärken, und ihnen ist diese Erfahrung eines Zufluchtsortes verwehrt. So einfach ist das.

Die Tragödie ist, dass diese Menschen, wenn sie in eine Krise geraten, wenn sie sich in der Hitze der Schlacht befinden, dem allein begegnen müssen, ohne den wunderbaren Beistand an ihrer Seite. Das löst bei uns Barmherzigkeit und Mitleid aus – ohne den Heiligen Geist zu leben muss erbärmlich sein. Doch was kann er für sie tun? Jetzt stehen die Schlüssel-Verse in Johannes 16,8-11 (HFA): „Und wenn er gekommen ist, wird er die Welt überführen. Er wird den Menschen die Augen öffnen über Sünde, Gerechtigkeit und Gericht. Ihre Sünde besteht darin, dass sie nicht an mich glauben. Die Gerechtigkeit erweist sich dadurch, dass ich zum Vater gehe und ihr mich nicht mehr seht. Und das Gericht werden sie daran erkennen, dass der Fürst dieser Welt schon verurteilt ist." Sollten Sie jemals den Heiligen Geist brauchen, um das Wort Gottes zu verstehen, dann ist jetzt der Augenblick gekommen. Sie brauchen seine Lehre. Es gibt drei Tatsachen, von denen Sie nie jemanden ohne die Hilfe des Heiligen Geistes werden überzeugen können: Sünde, Gerechtigkeit und Gericht. Lassen Sie uns das im Einzelnen betrachten. Sie können Menschen Laster und Verbrechen bewusst machen, jedoch nicht Sünde. Sie können ihnen ihre Laster vor Augen malen, wenn sie welche haben. Sie können sie ihrer Verbrechen überführen, wenn sie das Gesetz gebrochen haben. Doch sie der Sünde zu überführen ist unmöglich. Sie haben das schon versucht. Ich auch. Wir haben jemandem gesagt: „Du bist ein Sünder." Diese Person hat uns entweder eine Ohrfeige verpasst oder uns die kalte Schulter gezeigt oder gesagt: „Ich haben noch nie jemandem etwas Böses getan." Wie raffiniert, so etwas zu sagen! Ich habe die Erfahrung gemacht, dass man diesen Einwand am besten so kontert: „Ich wünschte, ich könnte das von mir behaupten", und das entspricht der Wahrheit. Kein Christ sollte jemals behaupten, noch nie jemandem etwas Böses getan zu haben, denn Christen sind von ihren Sünden überführt worden.

Es ist erstaunlich: Menschen, die keine Laster haben und sich keine Verbrechen zuschulden kommen lassen (die gibt es wirklich), erkennen nicht, dass sie trotzdem Sünder sind. Sie mögen grundanständig sein, ein sehr gutes Leben führen, vernünftige und hart arbeitende Leute sein, und doch sind sie in Gottes Augen Sünder. Warum? Wissen Sie, was die Schlimmste aller Sünden ist? Mord? Ehebruch? Was halten Sie für die schlimmste Sünde? Das Schlimmste, was Sie je tun können, ist, nicht an Jesus zu glauben. Es bedeutet, Gottes Liebe zu verachten und ihm ins Gesicht zu sagen: „Gott, es ist mir egal. Du hast deinen Sohn auf die Erde gesandt, damit er für mich stirbt und wiederaufersteht? Das ist mir wurscht, ich komme ohne ihn zurecht."

Denken Sie an die Millionen von Menschen in unserem Land, die von Jesus gehört haben, aber nicht an ihn glauben. Sie werden niemals jemanden dieser Sünde überführen können. Es wird Ihnen nie gelingen, Ihre netten Nachbarn, die so freundlich zu Ihnen sind, wenn Sie Probleme haben, davon zu überzeugen. Manchmal ist es schwierig genug, sich selbst diese Tatsache klarzumachen! Nur der Heilige Geist kann Sie überführen, dass Ihr netter Nachbar ein Sünder ist, der einen Erlöser braucht, und nur der Heilige Geist kann Ihren Nachbarn davon überzeugen. Sünde ist die erste Tatsache, die einem Menschen bewusst werden muss, wenn er zu Jesus kommen soll. Wenn Sie nicht glauben, dass Sie ein Sünder sind, werden Sie auch nicht an einen Erlöser glauben, weil Sie meinen, keinen zu brauchen. Falls Sie überzeugt sind, sündenfrei zu sein, werden Sie nicht zu Jesus kommen.

Die zweite Tatsache, von der Sie überzeugt werden müssen, ist Gerechtigkeit: dass es so etwas gibt wie vollkommenes Gutsein, und gemessen an diesem Standard wird Ihre Sünde am deutlichsten hervortreten. Wie können Sie Menschen deutlich machen, dass es etwas wie perfekte Güte gibt? Ich erinnere mich, wie eine Friseurin zu mir sagte: „Niemand ist vollkommen." Doch, es gibt jemanden, der perfekt ist. Es gab einmal einen Mann auf der Erde, der absolut vollkommen war. Wenn Sie Menschen davon überzeugt haben, dass sie Sünder sind, folgt daraus noch etwas. Was geschieht, wenn Schlechtigkeit auf vollkommene Güte trifft? Was passierte, wenn Sünde mit Gerechtigkeit konfrontiert wird? Die Antwort lautet: *Gericht*.

Haben Sie schon einmal versucht, jemanden zu überzeugen, dass er eines Tages vor Gott stehen und sich für jedes unnütze Wort, jeden Gedanken und jede Emotion wird verantworten müssen? Haben Sie schon einmal probiert, einer Person klarzumachen, dass sie für ihr ganzes Leben gerichtet wird und dass Dinge, die sie jahrelang vergessen hat, wieder auf den Tisch kommen werden? Haben Sie schon einmal diesen Überzeugungsversuch unternommen? Er wird Ihnen niemals gelingen. Die Menschen heute glauben nicht mehr, dass sie eines Tages gerichtet werden, sie glauben nicht an die Hölle oder irgendetwas Ähnliches. Wie können wir sie überzeugen? Die Antwort lautet: der Heilige Geist wird die Welt (nicht die Gemeinde) von Sünde, Gerechtigkeit und Gericht überführen. Ist jemand von diesen drei Dingen überzeugt, so ist er reif für das Evangelium, bereit für den Erlöser. Diese Person will wissen, wie sie diesem schrecklichen Dilemma entkommen, wie sie ihm entfliehen kann. Ich bin schlecht, Gott ist vollkommen gut. Wenn ich ihm Auge in Auge gegenüberstehe, werde ich vor ihm weglaufen müssen. Wo ist der Ausweg? Dann können Sie diesem Menschen sagen: „Jesus ist für dich gestorben. Jesus ist gestorben, damit dir vergeben werden kann. Er ist gestorben, um dich gut zu machen, damit du am Ende in den Himmel kommen kannst, gerettet durch sein kostbares Blut." Genau dann ist die Stunde des Evangeliums gekommen.

Manchmal denke ich, dass wir viele halbbekehrte Menschen in der Gemeinde haben, die noch nie von Sünde, Gerechtigkeit und Gericht überführt worden sind – und daher auch noch nie den Erlöser so sehr geliebt haben, wie es eigentlich angemessen wäre. Doch wenn der Tag kommt, an dem Sie zitternd sagen müssen: „Gott, ich kann dir nicht gegenübertreten. Ich bin nicht bereit für das Gericht, ich bin nicht gut, ich bin ein Sünder", dann beugt sich Gott in seiner großen Güte zu Ihnen herunter, richtet Sie wieder auf und rettet Sie durch Jesus Christus.

8. Kapitel

DER HEILIGE GEIST IN DER APOSTELGESCHICHTE

Es gibt einen gewaltigen Unterschied zwischen Theorie und Praxis, ob man nur etwas liest oder es dann auch selbst erlebt. Sie kennen die Geschichte: Ein Mann schrieb ein Buch über Kindererziehung und stellte darin sechs verschiedene Theorien auf. Allerdings hatte er damals noch keine Kinder. Schließlich war er sechsfacher Familienvater, ihm gingen die Theorien aus, und er stellte fest, dass die Praxis ganz anders aussah! Vor unserer Hochzeit lasen meine Frau und ich einige Ehebücher, was grundsätzlich sehr empfehlenswert ist. Schließlich erreichten wir jedoch den Punkt, an dem wir sagten: „Wir werden keine weiteren Bücher mehr lesen, zu vieles kann schiefgehen, sonst bekommen wir noch kalte Füße." Doch wie anders war es dann, als wir verheiratet waren und das Gelesene praktisch umsetzen konnten! Ich erinnere mich noch daran, dass ich viele Bücher über das Land Israel las und von dieser Lektüre begeistert war. Als jedoch der Tag kam, an dem ich tatsächlich nach Israel reiste, entdeckte ich, dass es etwas ganz anderes war, dort tatsächlich herumzulaufen.

Manche haben sehr viel über den Heiligen Geist gelesen. Sie haben die Bibel und andere Bücher studiert, Kongresse besucht sowie Predigern und Fachexperten zugehört. Sie besitzen viel Kopfwissen, doch das ist auch alles. Den Heiligen Geist persönlich zu erleben, ist ein ebensolcher Unterschied, wie ein Buch über die Ehe zu lesen und dann zu heiraten. Im letzten Kapitel haben wir die Jünger zu einem Zeitpunkt verlassen, als sie

Kopfwissen über den Heiligen Geist besaßen. Der beste Lehrer der Welt, Jesus Christus selbst, hatte sie sehr gut unterrichtet. Sie hätten eine theologische Prüfung zu diesem Thema bestehen können. Auf Lehrfragen hätten sie die richtigen Antworten gegeben. Auf die Frage, wer der Heilige Geist ist, hätten sie geantwortet: „Er ist der Tröster." Hätten Sie nachgefragt: „Worin besteht seine Aufgabe?", hätten sie gesagt: „Den Gläubigen zu trösten und den Ungläubigen zu überführen." So ergeht es vielen Christen heutzutage. Sie wissen etwas *über* den Heiligen Geist; sie haben von ihm gehört. Doch wenn man sie sehr persönlich fragt: „Wieviel weißt du aus eigener Erfahrung?", müssten sie sich eine beträchtliche Unkenntnis eingestehen.

Ich hatte einmal das Privileg, den Landsitz Chartwell, das Anwesen von Sir Winston Churchill, zu besuchen, gemeinsam mit dem Verwaltungsleiter unserer Gemeinde und seiner Frau. Ausnahmsweise einmal hatte ich sehr wenig zum Gespräch beizutragen. Mir gelang es, mich an ein kleines Detail zu erinnern, das ich einmal über Churchill gelesen hatte, welches unser Verwaltungsleiter nicht kannte. Doch der Unterschied zwischen uns bestand darin, dass er Churchill persönlich gekannt hatte. Er hatte ihn oft besucht, daher konnte er mir alles über ihn erzählen. Obwohl ich viele Bücher und Geschichten gelesen hatte, obwohl ich viel über Churchill weiß, kannte ich ihn nicht persönlich. Daher war mein „Wissen" ziemlich fehl am Platz, als wir das Anwesen besichtigten.

Es ist nicht genug, etwas *über* den Heiligen Geist zu wissen, die dritte Person der Dreieinigkeit. Wir müssen ihn persönlich kennenlernen, damit er für uns der sein kann, der er nach Jesu Willen sein soll. Jesus wollte, dass der Heilige Geist persönlich und mächtig in unserem Leben wirkt. Wenden wir uns der Apostelgeschichte zu, so gehen wir von der Doktrin dazu über, ihn mächtig und persönlich am Werk zu sehen. In den vorangegangenen Kapiteln dieses Buches habe ich Ihnen die Lehre und die Fakten präsentiert, d.h. die Ausführungen, die unser Herr uns über den Heiligen Geist mitgegeben hat. Doch sobald wir mit der Apostelgeschichte beginnen, kann ich das nicht mehr tun.

Solange der Heilige Geist als ein Lehrthema behandelt wird, sind alle glücklich, denn Sie können ein Buch auf dem Regal stehen lassen. Sie können einen Lehrinhalt in einem Bereich Ihres Gehirns deponieren. Doch sobald wir anfangen, vom Heiligen Geist als einer dynamischen Person zu sprechen, die wir kennenlernen müssen, statt nur etwas über sie zu wissen, wird es schwierig. Menschen werden nervös, besorgt und ängstlich. Warum sollten sie sich vor dem Geist Gottes fürchten? Er gibt uns Liebe, Frieden, Kraft und Besonnenheit.

Wenn wir uns von der Lehre des Johannesevangeliums zu der dynamischen Person hinwenden, deren Wirken wir in der Apostelgeschichte nachlesen können, stellen wir fest, dass die Jünger eine Grenze überschritten haben. Natürlich lebten sie nicht wie gedruckte Worte in einem Buch! Sie waren echte Persönlichkeiten, die in der Realität existierten. *Jetzt konnten sie aus ihrem Herzen sprechen, während sie vorher nur Kopfwissen weitergegeben hätten. Nun waren sie in der Lage, anderen eine Erfahrung zu vermitteln, statt sie nur zu belehren.*

Die Apostelgeschichte wird (im Englischen) die „Acts", d.h. die Taten der Apostel genannt, und natürlich geht es um manche Apostel (Petrus, Paulus, Jakobus und Johannes), doch sie könnte auch „die Taten Jesu" genannt werden, Dinge, die er weiterhin tat und lehrte. Interessanterweise deckt die Apostelgeschichte genau wie die Evangelien einen Zeitraum von 33 Jahren ab, als wollte man damit veranschaulichen, dass der Dienst unseres Herrn sich fortsetzte. Doch es wäre noch zutreffender, die Apostelgeschichte „die Taten des Heiligen Geistes" zu nennen. Unterstreichen Sie die Worte „Heiliger Geist" in der Apostelgeschichte, so entdecken Sie, dass der Geist Gottes in den ersten Kapiteln über 40 Mal beim Namen genannt wird und viele weitere Male auf ihn verwiesen wird.

Betrachten Sie als erstes die letzte Erwähnung des Heiligen Geistes in Johannes 20:

> „Am Abend desselben Tages hatten sich alle Jünger versammelt. Aus Angst vor den führenden Juden ließen sie die Türen fest verschlossen. Plötzlich kam Jesus zu ihnen. Er trat in ihre Mitte und grüßte sie: Friede sei mit euch! Dann zeigte er ihnen die Wunden in seinen Händen und an seiner Seite. Als die Jünger ihren Herrn sahen, freuten sie sich sehr. Jesus sagte noch einmal: Friede sei mit euch! Wie mich der Vater gesandt hat, so sende ich jetzt euch! Nach diesen Worten hauchte er sie an und sprach: Empfangt den Heiligen Geist! Wem ihr die Sünden erlasst, dem sind sie erlassen. Und wem ihr die Schuld nicht vergebt, der bleibt schuldig."
>
> *Johannes 20,19–23 (HFA)*

Eines ist dabei völlig offensichtlich: Sie empfingen den Heiligen Geist in diesem Moment gerade nicht. Was tat Jesus da in dem vollen Bewusstsein, dass sie noch ein paar Monate warten mussten, bevor sie den Heiligen Geist empfingen? Warum tat er es und warum sprach er insbesondere an diesem Abend diese Worte?

Unter anderem wollte er, dass sie das Geheimnis wahren Friedens kennenlernten. Sie werden echten Frieden erst dann finden, wenn Sie erkennen, dass er eine Frucht des Heiligen Geistes ist. Zweimal sagte er zu ihnen: „Friede sei mit euch!" Während die Türen aus Angst vor den Juden verriegelt waren? Ja. Sie mussten den Heiligen Geist empfangen, um im Frieden zu bleiben und mit Frieden im Herzen in die Welt hinaus zu gehen.

Jesus gab ihnen zu diesem Zeitpunkt drei Dinge, die sie auf das vorbereiten sollten, was zwei Monate später geschehen würde. Erstens, er gab ihnen ein Zeichen, anhand dessen sie den Heiligen Geist erkennen würden, wenn er kam. Für „er hauchte sie an" wird eigentlich ein starkes Wort verwendet: Er *blies* sie an. Jesus hat sie damals angeblasen. So würden sie bei dem

Aufkommen eines brausenden Sturmwindes erkennen, dass es Jesus im Himmel war, der sie nun erneut anblies oder anhauchte.

Zweitens, er führte ihnen die Verbindung zwischen dem Geist und ihm selbst vor Augen. Der Geist, der kommen sollte, würde *sein* Atem sein, *sein* Geist, *sein* Anblasen. Daher begingen sie nie den Fehler, den Geist und Jesus auseinanderzudividieren.

Drittens erteilte er ihnen einen Befehl: „Empfangt". Das ist eine Aufforderung. Warum sagte er das? Weil man ein Geschenk ablehnen kann, auch wenn der Schenker die besten Absichten hat. Es ist schon geschehen, dass ich jemandem helfen wollte und zu dieser Person sagte: „Bitte sehr", und die Antwort kam: „Nein, das kann ich nicht annehmen." „Kommen Sie schon, nehmen Sie's. Ich möchte es Ihnen schenken; ich will Ihnen helfen." „Nein, das kann ich nicht." Man möchte dann sagen: „Empfangen Sie es einfach. Nehmen Sie das an, was ich Ihnen geben will. Lehnen Sie es nicht ab, ich möchte Ihnen doch helfen." Der Heilige Geist drängt sich keinem Christen auf, weder sich selbst noch eine seiner Gaben. Sie können dem Geist widerstehen; Sie können seine Gaben ablehnen. Sie können sie aus ihrem Leben und ihrer Gemeinde ausschließen, wenn Sie das möchten. Es liegt in unserer menschlichen Macht, dem Geist zu widerstehen; sie können ihm widerstehen und ihn betrüben, während er Sie eigentlich erfüllen möchte und Sie dagegenhalten.

Ich habe festgestellt, dass viele Menschen davon Abstand nehmen, sich mit dem Geist erfüllen zu lassen, weil sie befürchten, dass er sie dazu bringen könnte, etwas zu tun, wozu sie nicht bereit sind. Die Antwort darauf lautet, dass Sie so etwas niemals befürchten müssen. Der Heilige Geist zwingt niemanden dazu, irgendetwas zu tun. Doch wenn Gott atmet, wenn der Herr Jesus bläst, dann erleben die Menschen, die bereit sind, zu empfangen, d.h. aktiv das zu ergreifen, was er ihnen geben will, etwas Besonderes: große Liebe, intensive Freude, tiefen Frieden und enorme Kraft. Doch wer sich nicht rührt und sagt: „Ich habe Angst, ich will das nicht, ich will die Kontrolle über mein Leben behalten, ich will nicht, dass er oder jemand anderes die Führung über mein Leben übernimmt" – diese Person kann einfach unverändert nach Hause gehen.

Ich weiß noch, wie wir in jungen Jahren, während unserer Studentenzeit, anfingen, uns für Hypnose zu interessieren. Und so beschlossen wir, es auszuprobieren. Einer der jungen Männer sagte: „Ich übernehme das", und er begann, Uhren vor unseren Augen hin und her zu schwenken etc. Die meisten von uns, an denen er das ausprobierte, waren fest entschlossen, nicht einzuknicken. Niemand wollte der erste sein, bis ein armer Student bereit war, sich von ihm tatsächlich beeinflussen zu lassen, und in seinen hypnotischen Bann geriet. Eine gesunde Furcht vor Hypnose ist tatsächlich angebracht, denn sie unterstellt Sie der Kontrolle eines unvollkommenen Mannes, der Falsches mit Ihnen anstellen und Sie schädigen kann. Doch warum sollte man sich davor fürchten, unter die Kontrolle des Heiligen Geistes zu geraten? Das Wort „heilig" lässt die Furcht schwinden, dass etwas Schädigendes, Schmerzhaftes oder Zerstörerisches mit Ihnen geschehen könnte.

Jesus sagte: „Empfangt", d.h. lasst den Heiligen Geist kommen, wehrt euch nicht gegen ihn. Der erste Schritt war also ein Zeichen, eine Verbindung und eine Aufforderung.

Die letzte Erwähnung des Heiligen Geistes im Lukasevangelium und sein erstes Auftreten in der Apostelgeschichte betreffen dasselbe Obergemach. Jesus hatte ihnen aufgetragen, in Jerusalem zu warten, bis sie vom Heiligen Geist mit Kraft getauft würden – dann sollten sie als seine Zeugen bis an die Enden der Erde gehen. Er informierte sie darüber, kurz bevor er zu seinem Vater in den Himmel zurückkehrte.

Wir können daraus zwei Schlussfolgerungen ziehen. Es ist ziemlich offensichtlich, dass sie den Heiligen Geist und seine Kraft immer noch nicht empfangen hatten, selbst jetzt noch nicht. Genauso klar ist, dass sie es bemerken würden, wenn es geschah. Manche meinen, der Heilige Geist würde so still und heimlich kommen, dass man es gar nicht mitbekommt. Dieser Ansatz ist dem Neuen Testament völlig fremd. Wenn er kommt, werden Sie es merken – und genau aus diesem Grund konnte Jesus sie auffordern, zu warten, bis er käme – denn sie würden es ganz sicher mitbekommen, ohne jeglichen Zweifel. Die beiden Schlüsselworte in diesen Abschnitten am Ende des Lukasevangeliums und zu Beginn der Apostelgeschichte heißen „Kraft" und „bleiben" im Sinne von „warten".

Uns muss bewusst sein, dass es für „Kraft" zwei relevante griechische Begriffe gibt: *exousia* (Autorität) und *dunamis* (Fähigkeit). Es ist ein ziemlicher Unterschied, ob Sie nur die Autorität besitzen, etwas zu tun, oder auch die Fähigkeit. Das Wort, das in Apostelgeschichte 1 und in Lukas 24 mit „Kraft" übersetzt wird, beschreibt die „Fähigkeit". Die Jünger hatten bereits die Autorität, doch die Befähigung dazu fehlte ihnen noch.

Wenn Sie Ihren Führerschein für begleitetes Fahren machen, haben Sie die Autorität, ein Auto zu fahren, doch die Fähigkeit dazu fehlt Ihnen noch, und möglicherweise kurven Sie so wild herum, dass Ihre arme Begleitperson versucht ist, nach der Handbremse zu greifen!

Hier sehen wir die Autorität Jesu: Er sagte zu den Jüngern auf dem Ölberg: „Mir ist alle Vollmacht gegeben im Himmel und auf der Erde. Darum geht und macht alle Völker zu meinen Jüngern ..." (Matthäus 28,18; EU). Doch sie sollten noch warten, bis ihnen die Fähigkeit dazu verliehen wurde, auf Griechisch die *dunamis*. Sie hatten nun die Autorität Jesu, überall und jederzeit zu predigen. Sie sollten jeder Kreatur das Evangelium verkünden, allerdings zunächst noch warten, bis sie die entsprechende Befähigung dazu erhielten. Das ist also der Unterschied, den der Heilige Geist macht – er verwandelt den Missionsbefehl in den „Missionsantrieb". Der Missionsbefehl lautet, hinzugehen und alle Völker zu Jüngern zu machen. Der Missionsantrieb besteht darin, dass der Heilige Geist Sie tatsächlich aussendet.

Ich habe schon mehrere Predigten über Apostelgeschichte

1,8 gehört, wobei alle den Bibelvers falsch zitierten, es ist ein Missverständnis. Er wird oft so gelesen, als stünde dort: „Ihr werdet Kraft empfangen, um meine Zeugen zu sein". Doch das entspricht nicht dem, was Jesus gesagt hat. Er sagte beides: „Ihr werdet Kraft empfangen" und „ihr werdet meine Zeugen sein". Wenn sie auf die Befähigung warteten, würden sie nach deren Empfang seine Zeugen sein, ganz spontan. Es wäre nicht länger eine Pflicht, die ihnen von außen aufgedrückt wurde, sondern ein inneres Drängen, reguliert durch den Heiligen Geist. Als die Jünger die Fähigkeit dazu empfingen, die Kraft, taten sie es einfach, ohne dazu angehalten zu werden. Es war nicht nötig, sie aufzufordern, rauszugehen und zu evangelisieren oder sie an die Enden der Erde zu drängen. Als seine Nachfolger die Kraft empfingen, waren sie Jesu Zeugen. Machen Sie sich nur mit der Autorität Jesu auf den Weg, ist es eine Pflicht, eine Forderung, etwas, um das Sie sich bemühen und das Sie tun sollten. Warten Sie allerdings, bis Sie die Kraft, die Befähigung dazu empfangen, dann wollen Sie es ganz von selbst tun, Sie können sich kaum beherrschen, das Drängen kommt von innen, und das ist der Unterschied.

Vermutlich haben viele von uns schon Menschen dazu aufgefordert, andere für Christus zu gewinnen, rauszugehen und über Jesus zu sprechen; wir haben ihnen gesagt, sie sollten das Evangelium jeder Kreatur predigen. Allerdings habe ich festgestellt, dass es nicht viel bewirkt, andere zum Zeugnisgeben aufzufordern, weil man ihnen dadurch nur die Autorität verleiht. Was die Menschen jedoch wirklich wollen, ist die Befähigung – und dafür suchen sie leider oft am falschen Ort. Sie halten nach Unterricht und Training Ausschau, Handbüchern und Anleitungen, in denen sie nachschlagen können, zu welcher Kategorie ihr Nachbar gehört – um zu wissen, was sie bei der nächsten Begegnung zu ihm sagen sollen. Doch die Fähigkeit, Zeuge zu sein, kommt nicht auf diese Art. Eine Person, die mit dem Heiligen Geist erfüllt ist, wird einfach gegenüber ihren

Nachbarn überfließen. Die Befähigung wird da sein. Dieser Mensch wird eine völlig einzigartige Methode verfolgen, die sich von allen anderen unterscheidet. Er wird etwas entwickeln, was zu seiner eigenen Persönlichkeit passt. Es wird eine spontane Initiative sein, die sich sehr von folgendem Ansatz unterscheidet: „Wir müssen eine Evangelisation veranstalten, wir müssen evangelisieren und den Missionsbefehl erfüllen." Warten Sie, bis Sie die Befähigung, die Kraft dazu empfangen – und strecken Sie sich nach dieser Kraft aus.

Das bringt mich zu dem zweiten Schlüsselwort, das oft missverstanden wird: „bleiben" oder „warten". Es klingt so, als ob die Jünger nichts zu tun haben würden, bis etwas passierte. Ich kenne Menschen, die gedacht haben, „warten" oder „bleiben" sei ein passives Wort. Allerdings ist das Warten in der Bibel etwas Aktives und Geschäftiges. Es bedeutet, etwas zu tun, und gerade nicht, einfach nur im Sessel zu sitzen und abzuwarten, bis etwas passiert. Damit Sie besser verstehen, was die Bedeutung des englischen Wortes „wait" für warten ist, denken Sie an einen Kellner, auf Englisch „waiter". Das nächste Mal, wenn Sie im Café nach ihm rufen, hoffe ich sehr für Sie, dass er nicht jemand ist, der herumsitzt und nichts tut! Ein „waiter", ein Wartender, ist beschäftigt, er ist aktiv und dient anderen.

Ich möchte Ihnen das anhand von Apostelgeschichte 1 illustrieren. Legten die Jünger zwischen der Himmelfahrt Jesu auf dem Ölberg und Pfingsten die Hände in den Schoß? Saßen sie alle einfach nur herum, taten nichts und „warteten", wie wir sagen würden? Weit gefehlt; sie waren sehr beschäftigt. Zum einen waren sie eifrig am Organisieren – sie arbeiteten daran, die Lücke unter den Aposteln zu schließen, sie wählten neue Bevollmächtigte. Sie waren damit beschäftigt, die Gemeinde gut zu organisieren und sie so auf die Ausgießung der Kraft vorzubereiten – damit sie gut funktionierte und im Einklang mit dem Wort Gottes stand, wenn der Geist kam. Jesu Nachfolger studierten die Bibel, damit sie den Willen Gottes kannten. Sie beteten während dieser zehn Tage. 120

von ihnen versammelten sich zum Gebet. Ihr Gebetstreffen fand täglich statt, zehn Tage lang.

Wenn eine Gemeinde wirklich auf die Kraft des Heiligen Geistes wartet, dann ist sie höchst aktiv. Sie wird nicht einfach nur auf ihren Stühlen sitzen und nichts tun. Gemeindeglieder werden sich in Gruppen treffen, um gemeinsam die Bibel zu lesen; sie werden viel miteinander beten. Man wird die Gemeinde so organisieren, dass sie gut und effektiv funktioniert und vorbereitet ist. Wenn Gott dann seine Kraft schickt, stehen die „Truppen" quasi schon zur Mobilisierung bereit. Warten beinhaltet immer aktives Tun. Haben Sie schon gelernt, auf den Herrn zu warten? Die meisten Menschen warten auf ihn, indem sie einfach herumsitzen und erwarten, dass er etwas tut. Dazu ist jeder in der Lage. Doch es geht darum, auf den Herrn zu warten, indem man eifrig die Dinge tut, die bereits getan werden können – und indem man vor allem alles Tun mit erwartungsvollem Gebet durchtränkt: „Herr, wir machen uns organisatorisch bereit, doch gieß du bitte die Kraft über uns aus, schenke uns die Befähigung."

Hier kommt ein Unterschied, den ich festgestellt habe: Die Gemeinde im Neuen Testament war vor Pfingsten genauso aktiv wie danach. Doch vor Pfingsten spielte sich alles, was sie erreichten, innerhalb der Gemeinde ab; nach Pfingsten geschah das meiste von dem, was sie bewirkten, außerhalb. Genau das ist der Unterschied, den die Kraft des Heiligen Geistes herbeiführt. Sie können höchst aktiv sein, alles organisieren, die Bibel lesen und beten. Sie können das alles innerhalb der Gemeinde tun, doch was bringt eine Gemeinde dazu, auf die Straße zu gehen, in die Nachbarschaft, in die Häuser der Nachbarn, mit einer Dynamik, die Leben verändert? Das ist der Unterschied zwischen dem Leben vor und nach Pfingsten. Zunächst hatten sie nur die Autorität zu predigen, doch dann kam die Befähigung, die Kraft dazu.

Das war ihr zweiter Schritt, und der dritte ereignete sich natürlich am Tag des Pfingstfestes selbst. Für eine ausführlichere

Erörterung dieses Abschnitts der Apostelgeschichte können Sie mein Buch über die Apostelgeschichte in meiner Kommentarserie zum Neuen Testament heranziehen. Doch es gibt ein paar Punkte, die wir uns jetzt klarmachen sollten. Erstens, Pfingsten war eine *konkrete Erfahrung*. Das steht völlig außer Frage. Jeder bekam mit, dass es geschah. Es war so eindeutig. Niemand konnte auch nur irgendeinen Zweifel hegen, dass der Heilige Geist gekommen war. Wenn mir jemand sagt: „Ich bin mir nicht sicher, ob ich mit dem Heiligen Geist erfüllt worden bin", würde ich ihm mit größter Behutsamkeit antworten: „Ich glaube, du musst dich weiter danach ausstrecken, denn wenn es geschehen wäre, hättest du keinen Zweifel daran."

Etwas geschah mit ihnen. Sie hörten etwas, sahen etwas und taten etwas. Dabei ist es nicht entscheidend, ob die speziellen Manifestationen, die sie erlebten und die sich später bei anderen wiederholten, auch bei uns auftreten. Doch wenn wir mit dem Heiligen Geist erfüllt werden, ist es für uns genauso konkret, wie es für sie war. Das Geschehen betraf *sie alle* und gleichzeitig *jeden einzelnen* von ihnen, ich liebe die Kombination dieser beiden Begriffe. Es stimmt nicht, dass alle durch Massenhysterie in etwas hineingezogen wurden. Es geschah jedem einzelnen von ihnen, als sie zusammen waren, und daher passierte es allen – es war eine individuelle Erfahrung. Die Feuerzungen berührten jeden einzelnen. Der Heilige Geist begegnet Menschen ganz individuell. Er reißt nicht die Massen in einen Erfahrungsstrudel hinein, der genauso schnell wieder abebbt, wie er gekommen ist. Er bekleidet jeden einzelnen und manchmal eine Gruppe von Individuen gemeinsam mit seiner Kraft. Geschieht das allen gleichzeitig, ist es ein höchst wunderbarer Moment.

Ich möchte darauf hinweisen, dass sie alle bis zum Überfließen erfüllt wurden, und der Überlauf im menschlichen Körper ist der Mund. Jedes Mal, wenn der Heilige Geist im Neuen Testament kam, zeigte es sich an diesem Überlauf, dass sie erfüllt waren. Sie werden nicht wissen, ob Sie vollständig gefüllt sind, bis Sie überfließen, und Sie können erst dann überfließen, wenn Sie ganz voll sind. Wenn unser eigenes Erleben als Christ einen so niedrigen „Wasserstand" hat, dass wir tief in unseren Erfahrungen graben müssen, um etwas davon anderen weiterzugeben, stellen wir im geistlichen Dienst sehr schnell fest, dass wir Gefahr laufen, selbst trocken und abgestanden zu werden. Wie das Beispiel der Frau zeigt, die den Saum von Jesu Gewand berührte: Wenn Sie jemandem geistlich weitergeholfen haben, ist Güte von Ihnen ausgegangen. Anderen Menschen Zeugnis zu geben und ihnen zu helfen ist sehr aufwändig. Güte fließt aus Ihnen heraus, wenn Sie anderen im Namen Jesu dienen. Darum müssen Sie überfließen, statt nur aus dem Bodensatz ihrer eigenen kleinen Quellen zu schöpfen. Genau das geschah hier.

Mir fällt auf, dass Sie zuerst Gott gegenüber überflossen – etwas, das die Welt nicht verstehen kann. Die Welt kann nur verstehen, wenn Sie zu anderen Menschen überfließen. Sie begreift nur, wenn Sie Menschen Geld geben oder ihnen auf andere Weise dienen. Ein Gottesdienst, bei dem Gott angebetet wird, ist für sie nicht fassbar. „Wieso verschwendet ihr da drinnen eure Zeit, indem ihr Lieder singt und so? Ihr solltet draußen auf der Straße sein und Menschen helfen – das wäre viel sinnvoller." Diese Menschen können nicht verstehen, dass wir dazu berufen sind, Gott zuerst zu lieben. Doch wenn Sie mit dem Heiligen Geist erfüllt werden, fließt Ihre Anbetung zu Gott über, lange bevor Sie Menschen dienen. Sie werden ihn preisen, bevor Sie predigen. Am Pfingsttag wurden die Jünger erfüllt, taten ihren Mund auf und begannen, die mächtigen Taten Gottes zu preisen – nicht für Menschen, denn bis dahin waren sie noch nicht herbeigeströmt, um ihnen zuzuhören – sondern sie flossen über und priesen Gott. Fließt eine Person im Lobpreis über, wird sie auch überfließen, wenn sie Männern und Frauen das Evangelium predigt.

Der andere wichtige Punkt, der mir am Pfingsttag auffällt, ist, dass dieser sofort zu effektiver Evangelisation führte, denn man konnte sehen, wie die Kraft Gottes an gewöhnlichen Menschen wirkte. Die Jünger waren keine professionellen Prediger, sondern Galiläer, Fischer, Männer und Frauen, Alte und Junge, Mägde und Knechte, Menschen jeden Alters, jeder Gesellschaftsschicht und beiderlei Geschlechts. Die Leute wundern sich, wenn sie gewöhnliche Männer und Frauen sehen, die mit dem Heiligen Geist erfüllt sind. Wie machen sie das bloß? Wie kommt es, dass sie so sehr von Gott erfüllt sind? Sie haben keine theologische Bildung. Die Antwort lautet, dass der Heilige Geist kein Ansehen der Person kennt.

Betrachten wir die nächsten Kapitel der Apostelgeschichte, so entdecken wir, dass der wahre Leiter der Urgemeinde der Heilige Geist war. Ich weiß, dass Petrus der erste Pastor war (nicht der erste Papst; dieser Begriff bedeutet „Vater", während Jesus seine Jünger gewarnt hatte, sich nicht gegenseitig „Vater" zu nennen). Doch er bezeichnete Petrus als einen „Hirten", was unserem Wort für Pastor entspricht. Petrus war nicht *der Leiter* der Gemeinde, sondern ihr Pastor.

Natürlich sollte die Gemeinde Amtsträger für bestimmte Aufgaben haben, daher gab es auch in der Urgemeinde einen Pastor und Diakone. Doch weder der Pastor noch die Diakone leiteten die Gemeinde. Auch die Gemeindeversammlung übernahm diese Aufgabe nicht – es entstand gerade keine neue Art von Demokratie, bei der die Gemeindemitglieder alle zu Wort kommen durften und der Tagesordnungspunkt „Sonstiges" zu einer Art Beschwerdeforum am Ende der Versammlung wurde!

Wer trug also die Verantwortung? In Apostelgeschichte 3 sehe ich, wie der Heilige Geist Petrus und Johannes die Kraft verlieh, die Beine des Bettlers zu heilen. In Kapitel 4 erkenne ich, dass der Heilige Geist den Aposteln Kühnheit und Weisheit schenkte, sich vor Gericht höchst effektiv zu verteidigen, als ihr Leben in diesem Prozess bedroht war. Anhand von Kapitel 5 wird mir Folgendes deutlich: Wenn Gemeindemitglieder sündigten, richtete sich diese Sünde nicht gegen andere Mitglieder, die

Diakone und den Pastor, sondern gegen den Heiligen Geist. Er bestrafte sie daraufhin, indem er Petrus gebrauchte. In Kapitel 6 erkenne ich, dass es bei der Diakonen-Wahl nicht darum ging, die beliebtesten Männer der Gemeinde ausfindig zu machen, sondern um Folgendes: „Wählt sieben Männer aus, die voll Heiligen Geistes und voll Weisheit sind." Der Heilige Geist rüstete sie für ihren Auftrag aus.

In Kapitel 7 lese ich, dass der erste Märtyrer, der für Jesus starb, erfüllt mit dem Heiligen Geist in den Tod ging, wobei er eine Vision empfing, dass Jesus im Himmel neben dem Vater saß. Der Herr wartete schon darauf, Stephanus in Empfang zu nehmen. Anhand von Kapitel 8 erfahre ich, dass sich das Evangelium zum ersten Mal über die Grenzen Israels hinaus verbreitete und nach Samarien kam. Eine Stadt wurde mit fröhlichen, gläubigen und getauften Menschen erfüllt, die dann auch noch im Heiligen Geist getauft wurden und zu einer Gemeinde wurden. Ist Ihnen das aufgefallen? Die Gemeinde in Samarien wurde von Gemeindegliedern aus Jerusalem gegründet, nicht von den Geistlichen. Die Apostel blieben in Jerusalem, doch die Jünger, alle übrigen, wurden ins Ausland zerstreut. Der Heilige Geist bewirkte es. In Kapitel 9 finden wir den Bericht über die Bekehrung des Paulus auf dem Weg nach Damaskus. Wann haben Sie zum letzten Mal eine Predigt darüber gehört, was drei Tage danach geschah? Ein Christ namens Hananias, der mit dem Heiligen Geist erfüllt worden war, kam zu Paulus, drei Tage nach dessen Bekehrung, und sagte ihm, dass er gesandt worden sei, um ihn in Wasser zu taufen und ihm die Hände aufzulegen, damit Paulus mit dem Heiligen Geist erfüllt würde. So begann der Glaubensweg von Paulus, nicht nur mit seiner Bekehrung auf dem Weg nach Damaskus und nicht nur mit seiner Wassertaufe. Ich bin mir ziemlich sicher, dass Paulus nach nur drei Tagen noch nicht vollkommen geheiligt war (aus seinen späteren Aufzeichnungen weiß ich das ganz genau), doch er konnte jetzt mit dem Geist erfüllt werden, um seine neue

Aufgabe anzutreten. Hananias wusste, dass Saulus an Jesus glaubte, woraufhin er ihn taufte und ihm half, vom Geist erfüllt zu werden. Danach würde er in der Lage sein, mit der Mission zu beginnen, die ihm aufgetragen worden war.

Kapitel 10 berichtet uns, dass es in Cäsarea einen Mann gab, der nicht einmal zu Gottes Volk gehörte (die Samariter hatten zumindest etwas hebräisches Blut in sich). Kornelius war ein hochrangiger römischer Offizier, ein Heide, der sich in einem Armeestützpunkt in Cäsarea aufhielt. Als Petrus erschien und bei ihm predigte, wurde der Heilige Geist auf diesen Soldaten ausgegossen, der keine sehr mystisch veranlagte oder sentimentale Persönlichkeit war, sondern das Rückgrat des römischen Heeres repräsentierte. Kornelius muss ein zäher und widerstandsfähiger Mann gewesen sein, und jetzt wurde er mit dem Heiligen Geist erfüllt. Was für ein Christ sollte aus ihm werden!

Kapitel 11 versetzt uns nach Antiochia, noch weiter von Jerusalem entfernt. Dorthin gingen alle, die sündigen wollten. Genau dort traf sich eine kleine Gruppe von Christen, wie ein Häufchen keuscher Schneeflocken auf einer stinkenden Müllhalde. Barnabas erschien, voll Heiligen Geistes, um nach dem Rechten zu sehen und ihnen zu helfen.

An diesem Ort machte Agabus, erfüllt vom Heiligen Geist, die Voraussage, dass in ein paar Jahren eine Hungersnot kommen würde. So konnten sie schon vorher damit beginnen, Spenden zu sammeln. Wie beeindruckend! Wir sammeln Katastrophenhilfe, nachdem wir von einem Desaster gehört haben, doch zur damaligen Zeit sagte der Heilige Geist voraus, dass es eine Hungersnot geben würde und es daher besser wäre, jetzt schon Geld dafür beiseite zu legen. Der Herr kann sehen, was die Zukunft bringt. Bedürfnisse werden im Voraus erkannt, wenn der Heilige Geist die Kontrolle hat. Stehen Menschen in der Verantwortung, können sie die Not erst erkennen, wenn sie schon entstanden ist.

In einer Gemeinde, in der ich vor langer Zeit Pastor war, hatte ein Mann Gottes gedient, der mit dem Heiligen Geist erfüllt worden war. Zur damaligen Zeit wurde das Gemeindegebäude nur halb voll – die Empore blieb ungenutzt. Er sagte: „Wir müssen die vier Häuschen auf der einen Seite der Gemeinde sowie die beiden anderen Häuschen, die Fischbude und den Pub auf der anderen Seite plus die beiden Hütten hinter dem Gemeindegebäude kaufen." Man sagte ihm, dass die Gemeinde momentan doch nicht voll werde, woraufhin er antwortete: „Der Herr sagt mir, dass diese Gebäude gebraucht werden." Er überzeugte sie, die Immobilien zu einer Zeit zu kaufen, als sie nur je 500 Pfund kosteten. Die Zeit kam, als wir dieses Land benötigten, um die Gemeinde zu erweitern, d.h. wir rissen diese Häuschen ab, vergrößerten das Gemeindegebäude und dehnten unseren Wirkungskreis aus. Die Vision dieses Mannes 30 oder 40 Jahre zuvor, als es noch keine Anzeichen dafür gab, dass die Gebäude benötigt wurden, führte dazu, dass wir nun über das Land verfügten, um alles umzusetzen. Der Heilige Geist kann im Voraus planen, auch wenn Menschen dazu noch nicht in der Lages sind.

Kapitel 12 berichtet uns, dass Petrus eingekerkert ist und nach einem Gebetstreffen durch die Kraft des Heiligen Geistes befreit wird. In Kapitel 13 werden Paulus und Barnabas für einen besonderen Auftrag ausgesondert. Der Heilige Geist beauftragt die Gemeinde in Antiochia, Missionare auszusenden. Heutzutage warten wir normalerweise, bis jemand sagt: „Ich fühle mich berufen." Warum sollten wir darauf warten? Warum sollte nicht der Heilige Geist sagen: „Schickt diese Person los"?

Die Urgemeinde hatte die meisten Dinge nicht, die wir für unverzichtbar halten. Sie hatten keine Geistlichen, die in christlicher Theologie ausgebildet waren – allerdings gab es Menschen, die einen dreijährigen Kurs bei Jesus absolviert hatten, und das war um ein Vielfaches wertvoller als mein Theologiestudium! Natürlich kannten sie die Bibel (das Alte

Testament). Sie hatten keinerlei Gebäude (womit ich nicht sagen will, dass Gebäude manchmal nicht nützlich sind). Sie hatten nicht viele Finanzen. „Silber und Gold habe ich nicht", sagte Petrus zu dem Bettler. Sie hatten keine Organisation mit einem beeindruckenden Hauptquartier in einer Großstadt. Was hatten sie dann? Sie verfügten über die *dunamis* (Kraft), sie hatten die Befähigung, sie hatten den Heiligen Geist. Gott kann ihm geweihte natürliche Gaben gebrauchen. Er kann ihm geweihte Gebäude benutzen. Doch nur in einer Gemeinde, in der die Mitglieder mit dem Heiligen Geist erfüllt sind (und nicht nur die Doktrin über ihn kennen), wirkt Gott auf diese Weise.

Ich bin der traurigen Überzeugung, dass die heutige Gemeinde viel zu sehr mit Fragen von Autorität und Verwaltung beschäftigt ist und das wichtige Thema der Befähigung vergessen hat. Jesus verlieh seinen Jüngern zuerst die Autorität und dann die entsprechende Fähigkeit: „Mir ist gegeben alle Gewalt im Himmel und auf Erden." Wir wollen sie für uns selbst. Geistliche haben mir gesagt: „Hätte ich nur ein bisschen mehr Autorität, dann müsste ich nicht versuchen, die Gemeindeversammlung zu überzeugen, etwas zu tun, und darauf warten, dass die Diakone zustimmen; hätte ich mehr Autorität, könnte ich die Sache bewältigen!" Jesus hat die Autorität inne, doch uns fehlt die Befähigung, die Kraft. Wie erhalten wir nun die Befähigung? Hat Pfingsten nur ein einziges Mal stattgefunden oder kann es sich wiederholen? Sind diese Ereignisse Teil der sogenannten „ersten Phase" – der erste Teil der „Rakete", die die Gemeinde in den Orbit geschossen hat und nun quasi abgefallen ist – sodass wir sie nun vergessen können? Oder gehört das, worüber wir uns hier Gedanken gemacht haben, zum fortbestehenden Kern der Gemeinde?

Nun muss ich persönlich werden. Ich bin als Methodist aufgewachsen und kann mich nicht erinnern, dass irgendjemand mir davon erzählt hätte, dass der Heilige Geist jemand erfüllen oder auf jemanden ausgegossen würde. Da ich Freunde in der

Brüdergemeinde habe, dachte ich mir: „Sie werden bestimmt die Antwort auf diese Frage wissen." Doch ihre Aussagen verblüfften mich. Sie vermittelten mir ein Bild von der Kirchengeschichte, das einer Reise ins All glich. Am Anfang gab es eine enorme Explosion von Kraft, gefolgt von einer sehr stillen und monotonen Weiterfahrt. Dabei hat man das Gefühl, dass wir wahrscheinlich bis kurz vor der Wiederkunft Jesu nichts besonders Spannendes mehr erleben werden. Darüber hinaus haben wir ja jetzt die Bibel und brauchen diese übernatürliche Kraft des Heiligen Geistes nicht mehr so sehr. Diesen Eindruck bekam ich damals, aber vielleicht ist meine Einschätzung auch ungerecht!

Die nächste Gruppe meiner Freunde, mit denen ich sprach, waren Anglikaner. Sie sagten mir: „Natürlich kannst du heute im Geist getauft werden, doch das ist schon bei deiner Bekehrung geschehen, und mehr gibt es nicht. Als du aus Geist geboren wurdest, geschah dein persönliches Pfingsten." Doch als ich aus Geist geboren wurde, geschah nichts, was mit dem Pfingstereignis vergleichbar wäre. Sollte etwas im Hinblick auf den Geist Gottes passiert sein, geschah es unbewusst, denn ich dachte damals überhaupt nicht an ihn. Man sagte mir damals, ich könnte mit dem Heiligen Geist erfüllt werden, wenn ich alles aus meinem Leben herauswarf, was falsch war – leider war das sehr entmutigend für mich: mich damit zu locken, dass ich am Ende meines Weges, wenn ich vollkommen war, erfüllt werden könnte und dass eine Erfüllung nicht möglich sei, solange ich nicht alles andere herausgeworfen hätte. Das versetzte diese Erfahrung in so weite Ferne, dass ich schließlich aufgab und nicht mehr daran dachte. Handelt es sich nur um eine Belohnung am Ende des Weges, dafür, dass wir uns über lange Jahre hinweg verbessert haben, dann können die meisten von uns die Sache im Hier und Jetzt zu den Akten legen.

Dann sprach ich mit Freunden, die zu den Baptisten gehörten, und stellte fest, dass sie so sehr mit der Wassertaufe beschäftigt waren, dass sie die Taufe im Heiligen Geist noch nie diskutiert hatten. In der Geschichte dieser Kirchenströmung gibt es keine einzige Stellungnahme zu diesem Thema.

Daher blieb mir nur eine Alternative – ich musste herausfinden, was Gott zu diesem Thema sagt. Viele Monate verbrachte ich damit, die Bibel durchzugehen und Gott zu fragen: Herr, was ist deine Antwort auf diese Frage? Ich bin verwirrt von all diesen Menschen unterschiedlicher Glaubenshintergründe, die mir alles Mögliche sagen. Gleichzeitig habe ich den Eindruck, dass mir keiner von ihnen das erzählt hat, was ich im Neuen Testament lese. Bitte sprich zu mir, Herr. Hat Pfingsten nur ein einziges Mal stattgefunden, ist es vorbei, wie die erste Phase eines Raketenstarts, die ich als Geschichte einordnen und vergessen soll, jedenfalls, was mich persönlich betrifft? Wurde ich bei meiner Bekehrung im Geist getauft, auch wenn ich es damals nicht mitbekommen habe? Oder hältst du noch mehr für mich und jeden Christen in der heutigen Zeit bereit, das veranschaulicht, warum die Gemeinde nicht so dynamisch und kraftvoll ist wie in der Apostelgeschichte?

Was nun folgt, ist die Frucht dessen, was ich allein in Gottes Wort entdeckt habe. Es wurde mir nicht von anderen Menschen vermittelt. Erstens werde ich Ihnen die Schlussfolgerung vorstellen, zu der ich gelangt bin, dann werde ich Ihnen die Schritte beschreiben, die mich dorthin geführt haben. Die Schlussfolgerung lautet, dass Pfingsten eine konkrete Erfahrung ist, die jedem Gläubigen zur Verfügung steht, der so lange fragt, bis ihm gegeben wird, sucht, bis er findet, und anklopft, bis ihm geöffnet wird; diese Erfahrung unterscheidet sich von der Wiedergeburt und ist ein Segen, den Gott für uns alle vorgesehen hat, denn „diese Zusage gilt euch, euren Nachkommen und den Menschen in aller Welt, die der Herr, unser Gott, zu sich herbeirufen wird" (Apostelgeschichte 2,39; HFA). Meiner Ansicht nach schließt das mich und jedes wahre Kind Gottes mit ein. Wie bin ich zu dieser Auffassung gelangt? Hauptsächlich durch meine Lektüre der Apostelgeschichte, aber auch durch das Studieren von ein oder zwei anderen Textabschnitten wie Lukas 11:

> „Trotz all eurer Bosheit wisst ihr Menschen doch, was gut für eure Kinder ist, und gebt es ihnen. Wie viel mehr wird der Vater im Himmel denen den Heiligen Geist schenken, die ihn darum bitten!"
>
> *Lukas 11,13 (HFA)*

Es war für mich eine neue Entdeckung, dass der Heilige Geist nicht automatisch gegeben wird, sondern erbeten werden muss. Wenn das zutrifft, dann ist der Empfang des Heiligen Geistes ganz eindeutig nicht mit der Bekehrung identisch und zwar aus zwei Gründen. Erstens, es ist offensichtlich, dass ein Ungläubiger nicht um den Heiligen Geist bitten kann. Er könnte ihn sowieso nicht empfangen, und es ist unwahrscheinlich, dass er überhaupt danach fragen oder daran interessiert sein würde. Hat der Gläubige das Geschenk des Heiligen Geistes bereits automatisch bei der Bekehrung empfangen, muss er nicht darum bitten. Für wen also ist dieser Vers gedacht, wenn ich dieses Geschenk, von dem Jesus spricht, bereits automatisch bei meiner Bekehrung empfangen hätte? Legt man diese Auffassung zugrunde, macht der Vers keinen Sinn.

Ich schloss daraus, dass Jesus seinen Anhängern, seinen Jüngern eine Lektion zum Thema Gebet erteilte. Gerade hatte er ihnen das Vaterunser vermittelt, von dem Christen meiner Ansicht nach Gebrauch machen sollten. Nun hat er sie aufgefordert, um das Geschenk des Heiligen Geistes zu bitten. Daher muss es, so dachte ich bei mir, eine Gabe geben, nach der ich fragen soll, die ich als Gläubiger noch nicht besitze – einen Segen, eine Ausgießung, die der himmlische Vater mir gerne geben möchte, es jedoch nicht tut, weil ich nicht danach frage und sie nicht begehre. Das war der erste Schritt bei meiner langwierigen Suche.

Die Beschäftigung mit Johannes 7,39 brachte mich einen Schritt weiter. Ich entdeckte dort, dass es einen Unterschied gibt zwischen an den Herrn Jesus *glauben* und den Heiligen Geist *empfangen* und dass zwischen beiden Ereignissen ein beachtlicher zeitlicher Abstand liegen kann. Denn Jesus hat gesagt: „„Wen da dürstet, der komme zu mir und trinke! Wer an mich glaubt, von dessen Leib werden, wie die Schrift sagt, Ströme lebendigen Wassers fließen.' Das sagte er aber von dem Geist, den die empfangen sollten, die an ihn glaubten", oder, in wörtlicher Übersetzung aus dem Griechischen: „den die empfangen würden, die an ihn glaubten." Mit anderen Worten, sie glaubten schon, ohne das Geschenk empfangen zu haben. Sie glaubten bereits an Jesus, kannten aber diesen Strom lebendigen Wassers noch nicht, der aus ihrem Herzen fließen würde. Viele heutige Christen sind in derselben Lage.

Dann wandte ich mich Apostelgeschichte 2 zu. Die Frage, die mich jetzt umtrieb, war: *Wann* bekehrten sich diese 120? Ich entdeckte, dass alle Christen, die ich kannte und alle Kommentatoren, die ich zu Rate zog, übereinstimmend der Meinung waren, dass die 120 Menschen, die am Pfingsttag im Heiligen Geist getauft wurden, sich schon vorher bekehrt hatten. Bei der Frage, wann dies geschehen war, gingen die Meinungen auseinander. Manche sagten, bevor Jesus starb. Andere behaupteten, nach seinem Tod. Doch sie waren sich alle sehr sicher, dass die 120 Jünger am Pfingsttag bekehrte Gläubige waren, die dafür gebetet hatten, das Geschenk und die Verheißung der Kraft des Heiligen Geistes zu empfangen. Das war für mich der absolute Beweis, dass es sich um zwei unterschiedliche Dinge handelte und dass Gott noch etwas mehr für mich bereithielt, das ich bei meiner Bekehrung noch nicht empfangen hatte, etwas Zusätzliches, um das ich bitten konnte. Wie einer der 120 konnte ich darum bitten und es suchen, bis ich es gefunden hatte.

Dann machte ich mich eilig daran, den Rest der Apostelgeschichte zu durchforsten. Denn ich hatte gelesen, dass Petrus seinen Zuhörern am Pfingsttag sagte, sie könnten dasselbe empfangen, was die Jünger gerade erhalten hatten. Die Verheißung, die sich an ihnen erfüllt hatte, die Gabe, die sie erhalten hatten, war auch für andere bestimmt. Dieses Geschenk ist weder durch Zeit noch durch Raum begrenzt – es ist für jeden bestimmt, den der Herr unser Gott hinzuruft. Ich begann, mich zu fragen, ob es irgendeinen Beweis in der Bibel gab, dass Pfingsten mehr war als ein einmaliges Geschehen, an das man sich jährlich erinnern konnte.

Als ich zu Kapitel 8 zurückkehrte, erinnerte ich mich an die Ereignisse, die wir schon früher erwähnt haben, an das, was in Samarien geschah. In Jerusalem herrschte Verfolgung. Der sicherste Ort, an den die Christen fliehen konnten, war Samarien, da die Juden nicht dorthin kommen würden. Auf ihrer Flucht wurden sie von einem geisterfüllten Diakon namens Philippus angeführt. Diese Christen versteckten sich nicht in irgendwelchen dunklen Gassen. Sie gingen hinaus auf die Hauptstraße und predigten überall (siehe Apostelgeschichte 8,4). Die Folge war, dass Erweckung ausbrach. Es war nicht geplant, doch Wunder geschahen; Männer und Frauen wurden von ihren Krankheiten geheilt. Menschen glaubten an den Herrn Jesus. Es herrschte große Freude in dieser Stadt, und Philippus taufte sie im Namen Jesu. Viele Menschen wären mit alledem sehr zufrieden gewesen und hätten gesagt: „Das ist wunderbar – Menschen glauben massenweise an Jesus, tun Buße für ihre Sünden und werden im Wasser getauft." Doch Gott war damit noch nicht zufrieden, und obwohl die Stadt voller fröhlicher, getaufter Menschen war, äußerte Gott ein „aber" (sein „aber" steht in den Versen 14–16).

„Als aber die Apostel in Jerusalem hörten, dass Samarien das Wort Gottes angenommen hatte, sandten sie zu ihnen Petrus und Johannes. Die kamen hinab und beteten für sie, dass sie den Heiligen Geist empfingen. Denn er war noch auf keinen von ihnen gefallen, sondern sie waren allein getauft auf den Namen des Herrn Jesus." (LUT)

Woher wussten sie, dass die Menschen den Heiligen Geist noch nicht empfangen hatten? Hier kommt ein weiterer Gedanke, der sich mir aufdrängte. Bis zu diesem Zeitpunkt muss jeder andere Christ seine eigene Pfingsterfahrung gemacht haben, sonst wäre ihnen nicht aufgefallen, dass diesen Samaritern etwas fehlte. Wäre nichts Spektakuläres seit dem Pfingstfest bis zu diesem Tag geschehen, hätten sie ihren Glauben als ausreichend angesehen. Doch nun gab es zum ersten Mal eine Gruppe von Christen, die an Jesus glaubten, Buße getan hatten, voller Freude waren und die Wassertaufe im Namen Jesu empfangen hatten, doch mit ihnen war nichts weiter passiert – es hatte keine Manifestation gegeben, dass ihr Leben von übernatürlicher Kraft erfüllt wurde. Aus diesem Abschnitt geht hervor, dass Sie Buße tun, glauben und die Wassertaufe empfangen sowie mit Freude erfüllt werden können, ohne dieses Geschenk zu erhalten. Es ist ziemlich offensichtlich, dass Ihnen etwas fehlt, wenn Sie sich in diesem Zustand befinden. Petrus und Johannes, diese weisen Männer Gottes, kamen nach Samarien. Sie wollten beten, um diesen Gläubigen zu helfen, den Heiligen Geist zu empfangen. Sie wollten mit ihnen alles teilen, was sie hatten. Im Text heißt es: „Als sie die Hände [wörtlich] auf jeden von ihnen legten, fiel der Heilige Geist auf die entsprechende Person." Als sie für den nächsten beteten, empfing der nächste, und so ging es weiter, die ganze Reihe der Gläubigen empfing auf diese Weise. Ich weiß nicht, was geschah, als der Heilige Geist über sie kam. Doch etwas geschah so deutlich, dass ein Mann, der dabeistand und zuvor mit schwarzer Magie herumgespielt hatte und jetzt bekannte, an Jesus zu glauben, und getauft worden war (er hieß Simon), erstaunt war über das, was er sah. Er ging zu Petrus und bot ihm Geld für diese Gabe, die Kraft Gottes an andere weiterzugeben. Dann würden die Menschen Simon für einen noch größeren Zauberer halten als zuvor. Petrus antwortete ihm: „Zur Hölle mit dir und deinem Geld. Glaubst du wirklich, dass du Gottes Gabe kaufen kannst? Sie ist ein Geschenk, sie ist nicht käuflich; man kann sie nur empfangen. Wenn du nicht Buße tust, wird dein Geld mit dir ins Verderben gehen" (siehe Apostelgeschichte 8, 20ff; das Wort für „Verderben" wird an anderer Stelle mit „Hölle" wiedergegeben).

Der Punkt, auf den es mir ankommt, ist folgender: Diese Samariter waren nicht nur glückliche, fröhliche Gläubige ohne diese Gabe, sondern als sie das Geschenk empfingen, war es so offensichtlich, dass selbst jemand, der dabeistand, merkte, dass sie etwas bekommen hatten. Wir müssen anerkennen, dass Simon dort etwas Konkreteres wahrnahm, als er in vielen von uns sehen würde.

Jemand sagte mir einmal: „Ich muss mit dem Geist erfüllt werden, um die Sünde in meinem Leben loszuwerden. Es nützt mir nichts, wenn man mir sagt, ich könnte den Geist empfangen, nachdem ich alles bereinigt hätte. Ich will mit dem Heiligen Geist beginnen, damit ich rein werden kann." Das scheint mir biblischer zu sein. Pfingsten geschah in Apostelgeschichte 2, nicht im 28. Kapitel. Es ereignete sich nicht am Ende ihrer Pilgerreise, sondern am Anfang, sodass sie losmarschieren konnten.

In Apostelgeschichte 10 lesen wir einen weiteren bemerkenswerten Bericht über zwei Männer, die sich normalerweise nie begegnet wären, hätte Jesus sie nicht zusammengebracht. Juden und Nichtjuden hatten damals nicht viel miteinander zu tun. Petrus hatte einen Traum, in dem ihm der Herr klarmachte, dass er, Petrus, der unreine Dinge, Tiere und Menschen bisher verachtet hatte, das alles aus seinem Denken entfernen usste. Denn er sollte, wie wir bereits gesehen haben, zum Nichtjuden Kornelius gehen und ihm von Jesus erzählen. Zur selben Zeit hatte der Nichtjude einen Traum, in dem Gott ihm sagte, dass Petrus ihn besuchen würde. Also kam Petrus, um diesen Heiden zu besuchen. Sie aßen zusammen, es war das erste Mal, dass der

Jude Petrus eine Mahlzeit mit einem Heiden teilte. Sie begannen sich zu unterhalten, und Petrus predigte diesem Mann und seinem ganzen Haus das Evangelium. Die Sklaven dieses Zenturios kamen herein, der Raum wurde immer voller, und Petrus erzählte ihnen von Jesus. Diese Heiden hatten bereits für ihre Sünden Buße getan, sie meinten es ernst und waren gottesfürchtig. Jetzt glaubten sie auch an Jesus. Während Petrus predigte, geschah Pfingsten von neuem. Der Heilige Geist fiel auf diese Gruppe von Menschen. Petrus hätte bis zu diesem Zeitpunkt keinen Heiden im Namen Jesu getauft, doch wie konnte er es ihnen nun verweigern? Wenn Gott sie im Heiligen Geist taufte, wie konnte Petrus ihnen dann die Wassertaufe versagen? Daher taufte er sie nun.

Erneut erkennen wir, was für die vollständige christliche Erfahrung notwendig ist: für die eigenen Sünden Buße tun, an Jesus glauben, im Wasser getauft werden und den Heiligen Geist empfangen – vier konkrete Erfahrungen, die Gott für jede Person vorgesehen hat. Wir erkennen hier, dass die Reihenfolge sich ein wenig von anderen Fällen unterschied. Normalerweise sah sie so aus: Tut Buße, glaubt, lasst euch taufen, werdet mit dem Heiligen Geist erfüllt. Hier fanden die letzten beiden in umgekehrter Reihenfolge statt. Warum? Ganz einfach: Petrus wäre nie bereit gewesen, sie im Wasser zu taufen, hätte Gott ihm nicht gezeigt, dass er anerkennen musste, was gerade geschehen war. Gott drehte in seiner Gnade die Reihenfolge um, um Petrus davon zu überzeugen, dass diese Menschen tatsächlich zu Gott gehörten – so konnte er weitermachen und sie taufen. Es ist der einzige Bericht im Neuen Testament, der zeigt, dass die letzten beiden Schritte umgedreht wurden. In allen anderen Fällen hieß es: erstens Buße, zweitens Glauben, drittens Wassertaufe, viertens Erfüllung mit dem Heiligen Geist und Empfang der Verheißung. Hier sehen wir also Kornelius. Erneut erfahren wir, dass jeder wusste, dass der Heilige Geist auf diese Menschen ausgegossen worden war. Woher? Die Menschen taten genau das, was zu Pfingsten geschehen war: Sie öffneten ihren Mund

und priesen Gott in anderen Sprachen.

Petrus geriet in große Schwierigkeiten, als er zurück nach Jerusalem kam. Denn die Judenchristen hatten gehört, dass er Nichtjuden taufte. Petrus Antwort lautete, dass auch sie im Heiligen Geist getauft worden waren. Wie konnte er sie da abweisen? Daraufhin lobten sie Gott, dass er den Heiden das Leben geschenkt hatte. Beachten Sie, dass *Leben* mit der Gabe des Heiligen Geistes im Zusammenhang stand. Die Verheißung des ewigen Lebens zu empfangen ist das eine; Leben in Fülle ist das andere – und jetzt war ihnen das Leben in Fülle gegeben worden.

Der deutlichste Textabschnitt von allen, der mir am meisten half zu erkennen, was Gott zu diesem Thema gesagt hat, steht in Apostelgeschichte 19.

„Es geschah aber, als Apollos in Korinth war, dass Paulus durch das Hochland zog und nach Ephesus kam und einige Jünger fand. Zu denen sprach er: Habt ihr den Heiligen Geist empfangen, als ihr gläubig wurdet? Sie sprachen zu ihm: Wir haben noch nie gehört, dass es einen Heiligen Geist gibt. Und er fragte sie: Worauf seid ihr denn getauft? Sie antworteten: Auf die Taufe des Johannes. Paulus aber sprach: Johannes hat getauft mit der Taufe der Buße und dem Volk gesagt, sie sollten an den glauben, der nach ihm kommen werde, nämlich an Jesus. Als sie das hörten, ließen sie sich taufen auf den Namen des Herrn Jesus. Und als Paulus ihnen die Hände auflegte, kam der Heilige Geist auf sie, und sie redeten in Zungen und weissagten. Es waren aber zusammen etwa zwölf Männer."

Apostelgeschichte 19,1–7 (LUT)

Petrus hatte einige Jünger gefunden, die wussten, dass Jesus der Christus ist, und die heiligen Schriften in den Händen hielten. Ein Mann namens Apollos hatte sie gelehrt, der sich in der Bibel gut auskannte und der ebenfalls glaubte, dass Jesus der jüdische

Messias war – so viel war ihnen klar. Paulus wusste, was ihnen fehlte. Er holte diese zwölf Männer zusammen und fragte sie: Als ihr anfingt, an Jesus zu glauben, habt ihr da den Heiligen Geist empfangen? Er stellte ihnen keine theologische Frage, sondern wollte einfach mehr über das wissen, was sie erlebt hatten. Sie wussten nicht, was sie ihm antworten sollten. Von Jesus hatten sie schon gehört, doch vom Heiligen Geist hatten sie keine Ahnung. Niemand hatte ihnen über den Geist Gottes berichtet. Das ist der Grund, warum so viele Christen nur auf drei Zylindern laufen statt auf vier: Weil sie noch nie über den Heiligen Geist gelehrt worden sind. Sie haben noch nie von ihm gehört und auch nicht über ihn nachgeforscht; sie sind davon ausgegangen, dass es völlig ausreichen würde, an Jesus zu glauben.

Es ist sehr wichtig, einer Person am Anfang ihres christlichen Werdegangs vom Heiligen Geist zu erzählen und ihr zu verdeutlichen, dass die Wassertaufe noch nicht alles ist. Diese Christen hatten die Taufe des Johannes empfangen. Sie hatten von ihren Sünden Buße getan, denn die Taufe des Johannes drehte sich um die Buße; und sie bekannten Jesus als den Messias, doch glaubten sie an ihn? Offensichtlich waren sie nicht ordnungsgemäß getauft worden. Kein Wunder also, dass sie den Heiligen Geist nicht empfangen hatten. Von den vier Voraussetzungen, die ganz eindeutig zum Anfang eines Lebens als Christ gehörten, erfüllten sie nur eine. Daher lehrte Paulus sie über Jesus, woraufhin sie auch wirklich an ihn glaubten. Sie hatten Buße getan und glaubten, daher vollzog er nun in Jesu Namen die Wassertaufe. Jetzt hatten sie drei Elemente durchlaufen, doch es fehlte ihnen immer noch eines. Noch einmal, wir sehen hier ein Bild im Neuen Testament von Christen, die Buße getan hatten, glaubten und getauft wurden, doch ihnen fehlte immer noch etwas. Das ist absolut eindeutig. Jeder Christ, der das Neue Testament liest, stimmt der Tatsache zu, dass sie ab Vers 5 vollkommen bekehrte Gläubige waren; Paulus hätte sie nicht getauft, wenn sie nicht an Jesus geglaubt und sich bekehrt hätten, doch er betete trotzdem noch für sie, legte ihnen die Hände auf, und sie empfingen den Heiligen Geist. Erneut kam es zu übernatürlichen Manifestationen. Sie sprachen in Zungen und prophezeiten. In Zungen zu reden bedeutet, Gott in einer Sprache zu loben, die Sie nie gelernt haben. Prophezeien bedeutet, eine Botschaft von Gott in Ihrer eigenen Sprache weiterzugeben. Beides können Sie nicht aus Ihrem eigenen Vermögen heraus tun. Jeder wusste, dass diese zwölf nun voll des Heiligen Geiste waren, gesalbt, versiegelt und bestätigt.

Es ist höchst merkwürdig, dass diese Handauflegung und das Gebet um den Heiligen Geist schließlich zu einem Ritus wurden, der sich quasi zu einem Fossil entwickelte: die Konfirmation. Viele Menschen durchlaufen diesen Ritus in seiner äußeren Form, doch sie erleben nie seine innere Realität: Es fehlt ihnen an der übernatürlichen Manifestation und an der Kraft, die damit einhergehen. Das Äußere eines Rituals ist nutzlos, wenn die innere Entsprechung fehlt. Allerdings habe ich von einem Bischof gehört, der jemanden konfirmierte, die dazugehörigen Worte aussprach und dafür betete, dass der Heilige Geist auf den Konfirmanden käme – und er tat es tatsächlich! Er wurde zur Konfirmation, d.h. zur Bestätigung auf diesen Kandidaten ausgegossen. Der Bischof verlor vor Überraschung fast seine Bischofsmütze, da er so etwas noch nie erlebt hatte, doch dieses eine Mal funktionierte es. Ich glaube, wir brauchen mehr von der Konfirmation oder Bestätigung, die Gott schenkt.

Bekehrung ist etwas Menschliches. Sie bekehren sich selbst, Gott tut dies laut der Bibel nicht. Jesus hat gesagt: „Wenn ihr nicht umkehrt …werdet ihr nicht ins Himmelreich kommen" (Matthäus 18,3; LUT). Er sagt auch, dass Sie einen Bruder bekehren und eine Menge von Sünden bedecken können (siehe Jakobus 5,20). Bekehrung ist der menschliche Anteil und besteht aus Buße, Glauben und Taufe. Gottes Handeln ist die Ausgießung des Heiligen Geistes. Dadurch sagt er: „Das ist eines meiner Kinder, ich drücke mein Siegel auf diesen Mann oder diese Frau. Ich gieße meinen Geist über dieses Kind aus und garantiere damit, dass es mir gehört. Ich erfülle es mit meinem Geist und schenke ihm Kraft. Ich erfülle mein Versprechen" – das ist göttliche Konfirmation im Sinne von Bestätigung, und das scheint mir die Lektion aus der Apostelgeschichte zu sein, das lehrt sie uns über den Heiligen Geist. Selbst wenn Sie Buße getan haben, an Jesus glauben und im Wasser getauft worden sind, bitten Sie Gott, dass er Sie dadurch bestätigt, dass er seinen Heiligen Geist über Sie ausgießt.

Als ich bei meinem Bibelstudium bis zu diesem Punkt gekommen war, entdeckte ich zwei Dinge. Erstens stieß ich auf ein weitverbreitetes Vorurteil (und ich bezeichne es absichtlich so) gegenüber einer Gabe Gottes. Manche sagten zu mir: „Ihr in der Zungen-Bewegung…" Was für ein grässlicher Ausdruck! Sie sagten: „Ach, gefällt Ihnen so etwas tatsächlich?" Warum verachten Menschen eine Gabe Gottes? Ich habe festgestellt, dass Gott in der Mehrheit der Fälle in der Apostelgeschichte genau auf diese Art und Weise einen Mann oder eine Frau bestätigte. Es war genau die Gabe, die er immer wieder benutzte, um zu verdeutlichen, dass er übernatürlich die Kontrolle über eine Person innehatte, sodass sie Sprachen sprechen oder Lobgesänge in Sprachen ausdrücken konnte, die sie nie gelernt hatte. Das ist Beweis genug, doch ich stieß auf dieses Vorurteil und Menschen, die Warnungen ausstießen und alle möglichen merkwürdigen Dinge behaupteten. Ich sagte: „Gott, das ist mir gleichgültig – ich will das, was du für mich vorgesehen hast, ich möchte konfirmiert und erfüllt werden, ich will getauft werden, was auch immer geschehen mag. Ich will einfach nur dich, und ich werde so lange bitten, bis ich empfange, und so lange suchen, bis ich dich finde."

Es gab nur noch eine weitere Frage, die mich in meinem Denken blockierte und die ich zuvor klären musste: All das war vor Jahrhunderten zu Zeiten der Apostel geschehen, ganz am Anfang. Hatten die Menschen Recht, die behaupteten, diese

Dinge würden heute nicht mehr passieren, sondern sie wären nur für die damalige Zeit vorgesehen und hätten dann aufgehört? Ich kam zu dem Schluss, dass die einzige Person, von der ich eine solche Aussage akzeptieren und der ich einen derartigen Satz glauben würde, Gott selbst war. Daher sagte ich: „Gott, ich werde jetzt das Neue Testament durchsuchen, ob du jemals irgendetwas dazu gesagt hast, dass diese Phänomene für die Vergangenheit bestimmt und damit vorbei sind." Ich fand einen Textabschnitt, in dem es hieß, dass diese Dinge vergehen würden: Zungenrede würde aufhören ebenso wie Prophetie. Die Textstelle war 1. Korinther 13. Eifrig schlug ich in meiner Bibel nach und fragte den Herrn dann: „Wann werden alle diese Dinge aufhören?" Ich las: Wenn das Vollkommene kommen wird, wenn ich Gott so erkennen werde, wie er mich erkannt hat, wenn ich nicht mehr wie in einen trüben Spiegel blicke. Ich dachte bei mir: Herr, das ist noch nicht geschehen. Daher sind sie noch nicht vergangen. Alles, was das Neue Testament über den Heiligen Geist sagt, ist für uns heute bestimmt. Wir leben in diesen letzten Tagen. Ich stellte also fest, dass es im ganzen Neuen Testament keine einzige Aussage Gottes gab, die darauf hindeuten würde, dass diese Dinge nicht für uns heute bestimmt wären.

Ein Phänomen, welches das Kommen des Heiligen Geistes auf herrliche Weise ermöglichte, war die Gabe der Prophetie für jeden Gläubigen. In der ersten Hälfte der Apostelgeschichte scheint die Gabe der Zungenrede mehr als alle anderen Gaben betont zu werden, möglicherweise, weil sie mit der geschenkten Kühnheit in Verbindung steht. Doch ab Kapitel 11 wird die Gabe der Prophetie ausgeübt, und sie durchzieht auch den Rest des Buches. Die Apostelgeschichte erwähnt sie neunmal, und ich möchte diese Passagen mit Ihnen kurz durchgehen und dazu ein paar Anmerkungen machen. Wir haben bereits die Prophetie über die Hungersnot von Agabus in Apostelgeschichte 11,27 betrachtet. Agabus war weder ein Prediger noch ein Lehrer, und es war nicht sein Beruf, aufzustehen und Gottes Wort zu verkündigen. Er war einfach ein Mann, der mit dem Heiligen Geist erfüllt war und prophezeien konnte. Wir erkennen, dass Barnabas und Saulus die Verwalter der Hilfsgelder waren und mit den Spenden nach Jerusalem geschickt wurden. Diese beiden Protagonisten sehen wir in Apostelgeschichte 13 wieder.

„In der Gemeinde von Antiochia gab es mehrere Propheten und Lehrer: Barnabas, Simeon, genannt ‚der Schwarze‘, Luzius aus Kyrene, Manaën, der zusammen mit dem Herrscher Herodes erzogen worden war, und Saulus. Als diese Männer während einer Zeit des Fastens gemeinsam beteten, sprach der Heilige Geist zu ihnen: Gebt Barnabas und Saulus für die Aufgabe frei, zu der ich sie berufen habe! Da fasteten und beteten sie weiter, legten Barnabas und Saulus die Hände auf und sandten sie zum Missionsdienst aus. Auf diese Weise vom Heiligen Geist selbst ausgesandt, kamen Barnabas und Saulus zuerst nach Seleuzia und von dort mit einem Schiff nach Zypern."

Apostelgeschichte 13,1–4 (HFA)

Barnabas und Saulus waren von Gott auf das Missionsfeld berufen worden, was sie selbst wussten, genauso wie andere Gläubige, doch sie waren noch nicht aufgebrochen. Warum? Weil sie darauf warteten, dass der Heilige Geist ihnen sagen sollten, wann und wohin sie gehen sollten. Haben Sie einmal den Ruf, Missionar zu werden vernommen, stellt sich als wichtigste Frage, wann und wohin. Sie hatten noch keine Antwort. Nun fällt uns auf, dass der Heilige Geist durch Prophetie sprach, als eine Gruppe von fünf Propheten und Lehrern Gott anbetete. In meiner Naivität dachte ich früher, bevor ich begriffen hatte, was Prophetie war, dass sie einer Art Impuls folgten, darüber abstimmten oder dass einer von ihnen eine Idee bekam, und dass der Heilige Geist normalerweise auf diese Weise sprach. Mittlerweile weiß ich es besser.

Hier waren Propheten versammelt, und uns wird gesagt, dass es sich um Propheten handelte. Daher erwarteten sie, dass der Heilige Geist sich in dieser Gebetszeit eines Mundes bemächtigen und Worte in diesen Mund hineinlegen würde. Der Heilige Geist sprach: Sondert mir diese beiden aus; ich habe sie berufen, nun sendet ihr sie aus. Sie sollten von ihrem Zuhause, von der Ortsgemeinde, von ihrer Arbeit und von allem, was sie gerade beschäftigte, für diese Arbeit freigestellt werden. Sendet sie aus! So steht es dort, d.h. sie wurden nicht von der Missionsgesellschaft der Urgemeinde ausgesandt, wenn es sie überhaupt gab, was ich für sehr unwahrscheinlich halte! Es war auch nicht die Gemeinde von Antiochia, die sie mit ihrem Segen fortschickte, sondern sie wurden vom Heiligen Geist ausgesandt. Sie hatten keinen Zweifel daran, wer sie aussandte – denn ein prophetisches Wort war ergangen.

Die dritte Erwähnung von Prophetie steht im selben Kapitel. Als sie nach Zypern kamen, wurden sie vom dortigen Statthalter interviewt, den sie sehr beeindruckten. Er zeigte Interesse am Glauben – wäre es nicht wunderbar, wenn er sich bekehrte? Dann ging alles schief, weil ein Mann, der mit Magie herumspielte und als Hofberater oder Zauberer tätig war, erschien und sich wütend gegen die beiden stellte. Er sah seine Position in Gefahr und versuchte, den Statthalter zu überreden, nicht zuzuhören.

„Da widerstand ihnen der Zauberer Elymas – denn so wird sein Name übersetzt – und versuchte, den Statthalter vom Glauben abzuhalten. Saulus aber, der auch Paulus heißt, voll Heiligen Geistes, sah ihn an und sprach: Du Sohn des Teufels, voll aller List und aller Bosheit, du Feind aller Gerechtigkeit, hörst du nicht auf, krumm zu machen die geraden Wege des Herrn? Und nun siehe, die Hand des Herrn kommt über dich, und du sollst blind sein und die Sonne eine Zeit lang nicht sehen!"

Apostelgeschichte 13,9–11 (LUT)

Das nenne ich eine Prophetie und eine ziemlich schlimme noch dazu. Paulus war voll Heiligen Geistes und wusste aus persönlicher Erfahrung, dass Gott jemanden erblinden lassen konnte. Ihm war bewusst, dass es sich um eine angemessene Strafe für Menschen handelte, die sich absichtlich gegen den Herrn stellten. Gab es eine Beschreibung der schlimmsten Dinge, die man tun konnte, so finden wir sie hier: die geraden Wege des Herrn krumm zu machen. Hier ist ein gerader Weg des Herrn in das Herz eines Menschen. Gott will auf diesem Weg direkt in das Leben dieser Person hineinkommen. Sie nehmen diesen Weg und verdrehen ihn, verbiegen ihn und schütten steile Hügel auf, sodass es für Gott schwierig wird, zu diesem Menschen durchzudringen – so etwas zu tun, ist furchtbar. Gott hatte einen geraden Weg bis in das Herz eines Mannes, und dieser Zauberer machte ihn krumm. Leider kenne ich viele Menschen, die das getan haben. Jemand begann, sich für das Evangelium zu interessieren, er kam näher, und eine andere Person in der Familie machte den Weg Gottes krumm und brachte ihn davon ab, auch nur einen Zentimeter vorwärts zu gehen, was ihm eine Entscheidung für Christus immer schwerer machte. Mein Punkt ist, dass Paulus voll Heiligen Geistes die Zukunft dieses Mannes vorhersagte. Manchmal muss eine Prophetie Strafe beinhalten, und bei vielen Prophezeiungen des Alten Testaments war genau das der Fall.

Die nächste Erwähnung finden wir in Apostelgeschichte 15,32. Ist Ihnen bewusst, wie oft Prophetie in der Apostelgeschichte erwähnt wird? Es steht dort mehr über Prophetie als über die Wassertaufe, doch wir widmen der Taufe sehr viel Aufmerksamkeit. Lassen Sie uns dasselbe mit der Prophetie tun.

„Judas und Silas – beide waren Propheten – sprachen lange mit den Christen, ermutigten und stärkten sie im Glauben."

(HFA)

Diese beiden Männer erscheinen nur dieses eine Mal in der Bibel. Wir haben keine weiteren Informationen über sie. Doch wir wissen, dass ein Prophet in der Lage ist, seine Glaubensgeschwister zu stärken. Er kann eine Gemeinde stark machen und sie im tiefsten Sinne trösten. Die Gabe der Prophetie ist dazu da, den Leib Christi zu stärken.

Wenden wir uns nun Apostelgeschichte 16,6 zu, als Paulus' Plan nicht aufging.

„Nach ihrem Aufenthalt in Lystra zogen sie durch den phrygischen Teil der Provinz Galatien. Denn der Heilige Geist hatte sie erkennen lassen, dass sie in der Provinz Asia Gottes Botschaft noch nicht verkünden sollten. Auch als sie in die Nähe von Mysien kamen und weiter nach Norden in die Provinz Bithynien reisen wollten, erlaubte es ihnen der Geist von Jesus nicht."

Apostelgeschichte 16, 6–8 (HFA)

Wie hielt der Heilige Geist sie auf? Der Ausdruck „erlaubte es ihnen nicht" bedeutet: „Geht nicht dorthin." Es heißt nicht, ihnen einen Impuls zu geben – ein gewisses Gefühl, dass sie es nicht tun sollten. Das Wort, das mit „erlaubte ...nicht" übersetzt wird, sagt: „Tut es nicht." Erneut wird sehr deutlich, dass Paulus, von dem wir wissen, dass er sowohl die Gabe der Prophetie als auch die Gabe der Zungenrede hatte, auf den Herrn wartete und dass der Heilige Geist zu ihm sprach und ihm klare Anweisungen gab. Warum sagte der Heilige Geist nein? Die Antwort lautet: Dadurch, dass er diese und auch die andere Tür schloss, trieb er sie vorwärts. Wenn Gott Ihnen eine Tür vor der Nase zuschlägt, dann starren Sie nicht auf die verschlossene Tür, sonst erkennen Sie die Tür nicht, die er Ihnen gerade öffnet.

Manchmal kommt die Leitung durch den Heiligen Geist auf eine ziemlich negative Art. Eine Tür nach der anderen schließt sich. Gott sagt damit: „Zieh keine dieser Abzweigungen in

Betracht; vor dir ist eine Tür, durch die du gehen sollst." Die Tür, die damals vor ihnen stand, war die Tür nach Europa. Als Folge dieser negativen Prophetie gelangte das Evangelium auf unseren Kontinent.

Wenden wir uns nun den Kapiteln 20–21 zu. Paulus nähert sich dem Ende seiner Missionsreisen, und jetzt wollen wir diese drei Verse betrachten.

„Ich gehe jetzt nach Jerusalem, und es ist der Heilige Geist, der mich dazu drängt. Was dort mit mir geschehen wird, weiß ich nicht. Nur dies eine weiß ich, dass mich Gefangenschaft und Leiden erwarten. Denn das bestätigt mir der Heilige Geist deutlich in allen Städten, die ich besuche."

Apostelgeschichte 20,22–23 (HFA)

Später kamen sie nach Tyrus.

„In Tyrus besuchten wir die Gemeinde und blieben die ganze Woche über dort. Diese Christen warnten Paulus mehrmals davor, nach Jerusalem weiterzureisen. Denn der Heilige Geist hatte sie wissen lassen, welche Gefahren ihn dort erwarteten."

Apostelgeschichte 21,4 (HFA)

Als sie nach Cäsarea weitergereist waren:

„Wir waren schon einige Tage bei Philippus, als Agabus aus Judäa kam. Er war ein Prophet. Während seines Besuches bei uns fesselte er sich mit dem Gürtel von Paulus die Hände und Füße. Dann erklärte er: Der Heilige Geist sagt: Genauso wird es dem Besitzer dieses Gürtels ergehen. In Jerusalem wird er von den Juden gefesselt und an Menschen ausgeliefert werden, die Gott nicht kennen."

Apostelgeschichte 21,10–11 (HFA)

In drei verschiedenen Textabschnitten begegnen wir normalen Männern und Frauen, die prophezeiten, bevor es tatsächlich geschah, dass Paulus gefesselt, eingesperrt und bedrängt werden würde, wenn er nach Jerusalem ging. Paulus machte sich trotzdem auf den Weg. Er sagte: „Ich gehe nach Jerusalem, gedrängt vom Heiligen Geist. Ich muss dorthin gehen." So bereitete der liebende himmlischen Vater diesen Mann auf alles vor, was mit ihm geschehen sollte – auf diese Weise würde es ihn nicht unvorbereitet treffen, wenn es passierte. Genau wie unser Herr fest entschlossen nach Jerusalem aufbrach, in dem Wissen, dass er dort getötet würde, so ging auch sein Nachfolger und Diener Paulus unbeirrt nach Jerusalem, wobei ihm völlig klar war, was ihm bevorstand. Ohne die Gabe der Prophetie hätte er es nicht gewusst. Von Zeit zu Zeit bereitet Gott seine Diener auf etwas vor, das in der Zukunft liegt, damit sie die Krise nicht unvorbereitet oder reaktionsunfähig trifft.

„Am nächsten Tag zogen wir weiter und kamen nach Cäsarea und gingen in das Haus des Philippus, des Evangelisten, der einer von den Sieben war, und blieben bei ihm. Der hatte vier Töchter, Jungfrauen, die prophetisch redeten."

Apostelgeschichte 21,8–9 (LUT)

Philippus war einer von den Sieben, und Paulus bleib bei ihm. Er hatte vier unverheiratete Töchter, die Prophetinnen waren oder prophezeiten. Diese Töchter hatten die Gabe, von der ich spreche, und sie ist der Gemeinde Jesu so durchaus nützlich. Ich frage mich, ob sie unverheiratet blieben, weil sie prophezeiten, denn das hätte für ihre Ehemänner peinlich werden können – mit einer Frau verheiratet zu sein, die Offenbarungen aussprechen konnte und persönliche noch dazu. Doch das ist reine Spekulation. Ich weiß nicht, ob das tatsächlich der Grund war. Doch in Übereinstimmung mit der Verheißung aus Apostelgeschichte 2 wurde die Gabe der Prophetie auch Frauen gegeben. Ich glaube nicht, dass Frauen predigen oder lehren sollten, da ich es für unbiblisch halte. Dieselbe Bibel, die uns sagte, dass Frauen nicht predigen sollten, macht uns sehr deutlich, dass Frauen in einer Gemeinde prophezeien werden. Paulus erlaubt dieses Verhalten und ermutigt sogar dazu (siehe 1. Korinther 11). Meiner Ansicht nach verfallen Christen bei der Frage, ob Frauen eine öffentliche Führungsrolle einnehmen sollen, in Extreme. Manche fordern, Frauen sollten absolut still bleiben und nichts tun, und andere behaupten, sie dürften alles tun. Die Bibel ist meiner Meinung nach in dieser Frage sehr ausgewogen und eindeutig: kein Predigen und Lehren, aber Beten und Prophezeien. Wo man sich daran hält, gibt es einen wunderbar ausgewogenen Dienst und eine ebensolche Gemeinschaft. Das Neue Testament ist hier äußerst klar, davon bin ich überzeugt. Gibt der Heilige Geist einer Frau eine Prophetie, entspringt sie nicht ihrem eigenen Denken, sodass sie keinerlei Autorität über irgendjemand anderen ausübt (das wäre der Fall, wenn sie predigt oder lehrt). Sie ist einfach nur Gottes Sprachrohr, wobei es übrigens auch im Alten Testament Prophetinnen gab.

Die letzte Erwähnung von Prophetie steht im letzten Kapitel der Apostelgeschichte. Paulus ist mittlerweile ein Gefangener, er liegt in Rom in Ketten. Eine Gruppe von Juden kommt ins Gefängnis, die gehört haben, dass dort ein Jude eingesperrt ist. Sie wollen den Grund dafür wissen. Sie sind gekommen, um ihren jüdischen Bruder zu besuchen, und er spricht mit ihnen. Er erzählt ihnen vom Reich Gottes und von Jesus, was ihnen nicht gefällt.

„Manche wurden von dem überzeugt, was er ihnen gesagt hatte, doch andere glaubten nicht daran. Sie waren sich untereinander nicht einig und fingen an, sich zu verabschieden, nachdem Paulus am Ende diese Aussage getroffen hatte: Der Heilige Geist hatte recht, sagte er noch zu ihnen, als er euren Vorfahren durch den Propheten Jesaja verkünden ließ:

,Geh zu diesem Volk und sprich: Ihr werdet hören und doch nicht verstehen, sehen und doch nichts erkennen. Denn das Herz dieses Volkes ist hart und gleichgültig. Sie sind schwerhörig und verschließen die Augen. Deshalb sehen und hören sie nicht. Sie sind nicht einsichtig und wollen nicht zu mir umkehren, darum kann ich ihnen nicht helfen und sie heilen.'

Ihr sollt also wissen, fügte Paulus hinzu: Diese Rettung, die Gott schenkt, wird jetzt anderen Völkern gebracht, und sie werden sie annehmen!"

Apostelgeschichte 28,24–28 (HFA)

Hier zitierte Paulus eine Prophetie, die Jesaja Jahrhunderte zuvor ausgesprochen hatte. Wenn die Wahrheit die Juden erreichte, würden sie sagen: „Wir haben kein Interesse daran. Wir wollen es nicht verstehen, wir wollen es nicht hören, wir wollen nicht umkehren und geheilt werden." Dann fügte er eine eigene Voraussage hinzu, die ihm der Heilige Geist gegeben hatte: „Das Evangelium, das ihr abgewiesen habt, wird nun von den Nichtjuden angenommen, das prophezeie ich euch." Diese Prophetie wurde erfüllt.

Wir haben festgestellt, dass sich die Gabe der Prophetie hauptsächlich mit der Zukunft beschäftigt. Sie ist darauf ausgerichtet, Dinge vorauszusagen, von denen nur Gott Kenntnis hat, der von Anfang an weiß, wie eine Sache ausgehen wird. Ihr Sinn und Zweck ist es, den Gläubigen die Zukunft insoweit zu offenbaren, als sie es brauchen, um sich darauf vorzubereiten. Jetzt kommen wir zur entscheidenden Frage. Wir finden diese Gabe im gesamten Neuen Testament. Studieren wir 1. Korinther 12–14, geht es schwerpunktmäßig um die Gabe der Prophetie. Lesen wir die Briefe des Paulus an Timotheus, schreibt Paulus dort: „Setze die Gabe ein, die Gott dir schenkte. Er hat dich ja durch eine Prophetie für diese Aufgabe bestimmt, und die Leiter der Gemeinde haben dir die Hände aufgelegt und dich gesegnet" (1. Timotheus 4,14; HFA). Kommen wir zum letzten

Buch der Bibel, dem großen Buch, dass die Zukunft offenbart. Sein Verfasser nennt es „die Worte der Weissagung". Gibt es diese Gabe immer noch? Liegt irgendein Grund vor, warum es sie nicht mehr geben sollte? Ich weiß, dass Prophetie eines Tages vergehen wird, ebenso wie die Zungenrede. Für die Erkenntnis gilt dasselbe. Wann werden diese Dinge aufhören? Wenn wir keine besonderen Kommunikationsformen mehr brauchen und im Himmel sind, wo wir Gott von Angesicht zu Angesicht gegenüberstehen, wenn wir ihn erkennen, so wie er uns erkannt hat. Dann werden wir keine Erkenntnis mehr benötigen, weil wir schon alles haben. Wir werden weder Prophetie noch Zungenrede brauchen, weil wir mit ihm die Herrlichkeit verbringen werden.

9. *Kapitel*

DER HEILIGE GEIST IM RÖMERBRIEF

„Da wir nun gerecht geworden sind durch den Glauben, haben wir Frieden mit Gott durch unsern Herrn Jesus Christus. Durch ihn haben wir auch den Zugang im Glauben zu dieser Gnade, in der wir stehen, und rühmen uns der Hoffnung auf die Herrlichkeit, die Gott geben wird. Nicht allein aber das, sondern wir rühmen uns auch der Bedrängnisse, weil wir wissen, dass Bedrängnis Geduld bringt, Geduld aber Bewährung, Bewährung aber Hoffnung, Hoffnung aber lässt nicht zuschanden werden; denn die Liebe Gottes ist ausgegossen in unsre Herzen durch den Heiligen Geist, der uns gegeben ist."

Römer 5,1–5 (HFA)

Es gibt ein Problem, das nur Christen haben. Jeder Jünger Jesu kannte es, und sie alle hatten es bei derselben Gelegenheit gemeinsam. Jesus bat sie, sicherzustellen, dass er am letzten Abend seines Lebens für eine gewisse Zeit ungestört sein könnte, und sie alle waren außerstande, ihm dabei zu helfen. Er forderte sie auf, am Tor zum Garten Gethsemane wachezuhalten. Er würde in den Garten gehen, um zu beten, während sie aufpassen sollten, dass er nicht gestört würde. Als er nach kurzer Zeit zurückkehrte, waren sie alle eingeschlafen. Jesus traf eine Aussage, die treffend das Problem beschreibt, das jeder Christ hat – er fasste es so zusammen: „Der Geist ist willig, aber das Fleisch ist schwach."

Diese Spannung, dieser innere Bürgerkrieg, dieser fürchterliche Frust offenbart das Spannungsfeld zwischen dem, was wir sein sollten, und unserem tatsächlichen Zustand. Ein Christ hat höhere Maßstäbe akzeptiert als jeder andere Mensch auf der Welt. Er hat Gott und seine Gesetze als idealen Wegweiser für sein Leben angenommen und ist höchst entschlossen, entsprechend zu leben. Doch früher oder später entdeckt er, dass er nicht so lebt und dass Gottes Maßstäbe ihm viel zu hoch sind.

Es ist ein äußerst wichtiger Moment in Ihrem Leben als Christ, wenn Sie diese Erfahrung machen. Leider lösen die meisten Christen diese Spannungen dadurch auf, dass sie sich mit weniger als dem Besten, das Gott von uns erwartet, zufriedengeben. Besonders Gläubige im mittleren Alter entledigen sich des Problems, indem sie ihre eigenen Standards herabsetzen und sagen: „Keiner ist perfekt, und wenn ich einfach mein Bestes gebe, wird das für Gott schon reichen." Doch wahre Christen wissen nur zu gut, dass mein Bestes nicht dem entspricht, was Gott für das Beste hält. Es gibt eine riesige Lücke zwischen diesen beiden Dingen. Die Kapitel 5, 7 und 8 des Römerbriefs beschäftigen sich mit diesem Problem.

Der Geist möchte bestimmte Dinge tun, kann jedoch den Körper nicht dazu bringen, sie auszuführen. Paulus formuliert es so: Mit meinem Verstand diene ich dem Gesetz Gottes, doch meine Gliedmaßen scheinen einem ganz anderen Gesetz zu gehorchen. Ich will nach Gottes Maßstäben das Beste, doch ich erreiche es nicht; ich will Gott von ganzem Herzen, mit meiner ganzen Seele, mit all meinem Denken und all meiner Kraft lieben, doch ich ertappe mich dabei, wie ich alles Mögliche andere liebe. Ich will ein aufrichtiges, gerade, ehrliches Leben führen, doch es gelingt mir einfach nicht. Dieser verzweifelte Ausruf in Römer 7: „Ich elender Mensch!", wird früher oder später zum Schrei jedes wahren Christen. Wenn Sie diese Qual noch nie erlebt haben, sollten Sie sich fragen: „Bin ich wirklich Christ? Habe ich tatsächlich Gottes Maßstäbe akzeptiert, oder versuche ich einfach, mein Bestes zu geben statt das, was Gott für das Beste hält?"

Römer 5,1–5 behandelt dieses Problem im Hinblick auf die

Liebe. Das wahre Problem ist: Einerseits sagt mir mein Kopf, dass ich als Christ alle Menschen lieben sollte, doch andererseits tut es mein Herz nicht, und darin besteht nun die Spannung. Mit dem Kopf akzeptiere ich, dass ich meinen Nächsten lieben sollte wie mich selbst. Es scheint mir unmöglich zu sein, jeden Menschen auf dieser Welt zu lieben. Mein Herz sagt mir, dass es unmöglich ist, und ich werde sogar noch weitergehen und sagen, dass mein Herz allein nicht einmal in der Lage ist, jede Person in meiner Gemeinde zu lieben – ganz zu schweigen von meiner eigenen Gesellschaft oder meinem eigenen Land. Die Welt, die Gott geschaffen hat – das geht weit über die Fähigkeit meines Herzens hinaus. Mein Kopf sagt: „Ich muss alle lieben", mein Herz antwortet: „Ich mag ihn oder sie nicht …" Gehört das nicht zur Spannung des Christseins dazu?

Ein Mann fragte einmal Jesus: „Wer ist mein Nächster?" Vielleicht hoffte er, Jesus würde ihm antworten: „Der Mann, der neben dir wohnt und noch ein Haus weiter, und die Person, die dir gegenüber wohnt." Doch das tat er nicht. Stattdessen gab er ihm das Beispiel eines Menschen, mit dem dieser Mann nicht einmal geredet hätte: ein Samariter. Dein Nachbar könnte ein Jude sein, wenn du selbst Samariter bist. Damit sagte er, dass jeder Mensch auf der Welt, der deine Agape-Liebe braucht, dein Nächster ist. Um ganz ehrlich zu sein: Mein Herz ist dazu einfach nicht in der Lage.

Sie können den Unterschied zwischen einer Gemeinde, in der die Mitglieder gemäß Römer 7 leben, und einer Gemeinde, in der die Glieder sich an Römer 5 und 8 orientieren, folgendermaßen erkennen: In einer Gemeinde, wo die Menschenherzen nur durch ihre eigene Liebe befeuert werden, teilt sich die Gesellschaft in Gruppen, Cliquen und kleine Fraktionen auf. In ihnen treffen sich Menschen, die einander mögen, die genug gemeinsam haben, die in derselben Art von Haus leben, die dieselbe Bildung genossen haben, die dieselbe Art von Musik lieben oder dieselben kulturellen Interessen verfolgen. Diese Gruppen versammeln sich oft in den Häusern ihrer Mitglieder, doch sie begegnen nur ihrer eigenen Art. Genau dazu sind unsere Herzen von Natur aus fähig: Wir können nur die lieben, die wir mögen, niemanden sonst. Unsere Sympathie hat ihre Grenzen.

Was ist die Antwort auf diese schreckliche Spannung? „Ich weiß, ich sollte diese Person lieben, aber ich mag sie nicht. Mein Herz verschließt sich, wenn ich ihr begegne. Sie ist so nervig und so anders, so unangenehm. Ich kann sie nicht lieben." Müssen wir unser ganzes Leben lang mit den Menschen, die wir mögen, in diesem winzigen Zirkel bleiben? Die Antwort ist der Heilige Geist. In diesem wunderbaren kleinen Textabschnitt erhaschen wir einen Blick auf die Lösung. Er zeigt uns Glaube, Hoffnung und Liebe; Sohn, Vater und Geist; unsere Gegenwart, Zukunft und unsere Vergangenheit.

Unsere Vergangenheit ist bereinigt durch unseren Glauben an den Sohn Jesus Christus. Unsere Zukunft ist durch die Hoffnung auf Gott abgedeckt; doch unsere Gegenwart wird durch die Liebe im Heiligen Geist gestaltet.

Paulus zeigt uns hier, dass Menschen, die wirklich wissen, wer der Heilige Geist ist, entdecken werden, dass er etwas in dieser Frage von Lieben und Mögen bewirken wird. Er wird Gottes Liebe durch den Heiligen Geist, der Ihnen gegeben ist, in Ihr Herz ausgießen. Der Begriff „ausgießen" bedeutet in überfließender Fülle, einen ganzen Eimer voll Liebe, nicht nur ein bisschen Liebe, die man für jemanden herauspresst. Nein, er wird Gottes Liebe in Ihr Herz ausgießen, und das ist die Antwort. Kein menschliches Wesen hat genug Liebe für mehr als ein paar wenige Menschen, wobei diese wenigen noch genau seinem Geschmack entsprechen müssen.

In Ihrer Jugend halten Sie nach jemandem Ausschau, den Sie lieben und mit dem Sie für den Rest Ihres Lebens zusammenleben könnten. Dieser Kreis ist ziemlich beschränkt. Ich glaube nicht, dass er auf eine Person reduziert ist. Doch er ist eingeschränkt durch Ihre Fähigkeit als Mensch, jemand anderen zu lieben, und die Fähigkeit Ihres Gegenübers, dasselbe für Sie zu tun. Es kann auch passieren, dass Sie sich heftig in jemanden verlieben, der Ihre Gefühle nicht erwidert – verschmähte Liebe ist ein sehr großes Problem. Oder jemand verliebt sich in Sie, und Sie können in dieser Person überhaupt nichts Besonderes sehen – das ist menschliche Liebe.

Viele sagen: „Gott wird uns doch bestimmt annehmen, wenn wir nur unser Bestes geben." Damit haben sie sofort Gottes Maßstäbe auf ihre eigenen heruntergeschraubt. Die richtige Antwort lautet: „Meine Liebe ist nicht groß genug, Herr, *deine* Liebe ist es aber schon; könntest du mir etwas von *deiner* Liebe geben?" Gottes Liebe ist so groß, dass er Ihnen für einen anderen Menschen nicht einfach nur einen kleinen Becher voll geben wird oder ein winziges Glas. *Gottes Liebe ist ausgegossen in unsere Herzen durch den Heiligen Geist, der uns gegeben ist.* Mit anderen Worten, selbst als Christ werden Sie feststellen, dass Ihr Herz zu begrenzt ist, um auch nur jede Person in Ihrer Gemeinde zu lieben. Dort müssen Sie Menschen zuerst lieben. Wohltätigkeit fängt für Christen immer Zuhause an. Die ersten Menschen, die Sie lieben sollen, sind Ihre Glaubensgeschwister.

Römer 7,6 (HFA) formuliert es so:

„Aber jetzt sind wir nicht länger an das Gesetz gebunden, sondern von ihm befreit, denn für das Gesetz sind wir tot. Deswegen können wir Gott durch seinen Heiligen Geist in einer völlig neuen Weise dienen und müssen es nicht mehr wie früher durch die bloße Erfüllung toter Buchstaben tun."

Betrachten wir auch Römer 7,14–8,13 (HFA):

„Das Gesetz ist von Gottes Geist bestimmt. Das wissen wir genau. Ich aber bin nur ein Mensch und der Herrschaft der Sünde ausgeliefert. Ich verstehe ja selbst nicht, was ich tue. Das Gute, das ich mir vornehme, tue ich nicht; aber was ich verabscheue, das tue ich. Bin ich mir aber bewusst, dass ich falsch handle, dann stimme ich Gottes Gesetz zu und erkenne an, dass es gut ist. Das aber bedeutet: Nicht ich selbst tue das Böse, sondern die Sünde, die in mir wohnt, treibt mich dazu. Ich weiß wohl, dass in mir nichts Gutes wohnt. Zwar habe ich durchaus den Wunsch, das Gute zu tun, aber es fehlt mir die Kraft dazu. Ich will eigentlich Gutes tun und tue doch das Schlechte; ich verabscheue das Böse, aber ich tue es dennoch. Wenn ich also immer wieder gegen meine Absicht handle, dann ist klar: Nicht ich selbst bin es, der über mich bestimmt, sondern die in mir wohnende Sünde.

Ich mache also ständig dieselbe Erfahrung: Das Gute will ich tun, aber ich tue unausweichlich das Böse. Ich stimme Gottes Gesetz aus tiefster Überzeugung und mit Freude zu. Dennoch handle ich nach einem anderen Gesetz, das in mir wohnt. Dieses Gesetz kämpft gegen das, was ich innerlich als richtig erkannt habe, und macht mich zu seinem Gefangenen. Es ist das Gesetz der Sünde, das mein Handeln bestimmt. Ich unglückseliger Mensch! Wer wird mich jemals aus dieser tödlichen Gefangenschaft befreien? Gott sei Dank! Durch unseren Herrn Jesus Christus bin ich bereits befreit.

So befinde ich mich in einem Zwiespalt: Mit meinem Denken und Sehnen folge ich zwar dem Gesetz Gottes, mit meinen Taten aber dem Gesetz der Sünde.

Wer nun mit Jesus Christus verbunden ist, wird von Gott nicht mehr verurteilt. Denn für ihn gilt nicht länger das Gesetz der Sünde und des Todes. Es ist durch ein neues Gesetz aufgehoben, nämlich durch das Gesetz des Geistes Gottes, der durch Jesus Christus das Leben bringt. Wie ist es dazu gekommen? Das Gesetz konnte uns nicht helfen, so zu leben, wie es Gott gefällt. Es erwies sich als machtlos gegenüber unserer sündigen Natur. Deshalb sandte Gott seinen Sohn zu uns. Er wurde Mensch und war wie wir der Macht der Sünde ausgesetzt. An unserer Stelle nahm er Gottes Urteil über die

Sünde auf sich und entmachtete sie dadurch. So kann sich in unserem Leben der Wille Gottes erfüllen, wie es das Gesetz schon immer verlangt hat; denn jetzt bestimmt Gottes Geist und nicht mehr die sündige menschliche Natur unser Leben.

Wer von seiner sündigen Natur bestimmt ist, der folgt seinen selbstsüchtigen Wünschen. Wenn aber Gottes Geist uns leitet, richten wir uns nach seinem Willen aus. Wozu uns die alte, sündige Natur treibt, das bringt den Tod. Folgen wir aber dem, was Gottes Geist will, so bringt das Frieden und Leben. Wenn wir uns von unserer sündigen Natur bestimmen lassen, leben wir in Auflehnung gegenüber Gott. Denn die alte Natur ist nicht bereit, sich Gottes Gesetz unterzuordnen. Ja, sie kann das gar nicht. Deshalb kann Gott an solchen Menschen kein Gefallen finden.

Nun aber seid ihr nicht länger eurem selbstsüchtigen Wesen ausgeliefert, denn Gottes Geist bestimmt euer Leben – schließlich wohnt er ja in euch! Seid euch darüber im Klaren: Wer den Geist von Jesus Christus nicht hat, der gehört auch nicht zu ihm. Wenn Christus in euch lebt, dann ist zwar euer Körper wegen der Sünde noch dem Tod ausgeliefert. Doch Gottes Geist schenkt euch ein neues Leben, weil Gott euch angenommen hat. Ist der Geist Gottes in euch, so wird Gott, der Jesus Christus von den Toten auferweckt hat, auch euren vergänglichen Körper lebendig machen; sein Geist wohnt ja in euch.

Darum, liebe Brüder und Schwestern, sind wir nicht mehr unserer alten menschlichen Natur verpflichtet und müssen nicht länger ihren Wünschen und ihrem Verlangen folgen. Denn wer ihr folgt, muss sterben. Wenn ihr aber mit der Kraft des Geistes euer selbstsüchtiges Verhalten tötet, werdet ihr leben."

Römer 7,14–8,13 (HFA)

Bei einem Besuch am Omaha Beach, einem der Strände in der Normandie, an dem die alliierten Truppen im Zweiten Weltkrieg landeten, sah ich sehr gut verteidigte Stellungen, wo viele junge Rekruten starben. Zu einem bestimmten Zeitpunkt waren so viele ums Leben gekommen, ohne dass es nennenswerte Geländegewinne am Strand gab, dass der Kommandant den Angriff fast abgebrochen hätte. Doch dann kam der Durchbruch, die Truppen erreichten die Höhe der Steilküste und konnten weiter vordringen. Wenn wir diesen Angriff als Beispiel nehmen, so können wir Römer 7 als den Strandabschnitt betrachten und Römer 8 als den höchsten Punkt der Steilküste. An beiden Orten wird gekämpft. Doch während es sich bei Römer 7 um eine bereits verlorene Schlacht handelt, wird der Kampf in Kapitel 8 gewonnen. In Römer 7 nehmen wir eine Atmosphäre des Todes wahr (Begriffe wie „den Tod bringen", „Tod" und „tot" kommen ständig vor). Es bedeutet den Tod, an diesem Strand gelandet zu sein und im Leben als Christ fast überhaupt nicht voranzukommen, sodass man denkt: Wäre ich doch nur Zuhause geblieben. Doch sobald Sie Römer 8 erreichen, die Steilküste erklimmen, gibt es zwar immer noch einen Kampf, doch jetzt heißt es: „Aber in diesem allen sind wir mehr als Überwinder durch den, der uns geliebt hat." (Römer 8,37; ELB). Man könnte vielleicht sagen, dass die Mehrheit der Christen sich immer noch am Strand des Christseins im Sinne von Römer 7 aufhält und die Steilküste (Römer 8) noch nicht bezwungen hat.

Worin besteht das Problem in Römer 7? Die Schlacht ist einfach zu heftig. Ein Bürgerkrieg tobt, was schrecklich ist, doch es gibt noch etwas, das schlimmer ist als Bürgerkrieg: ein Mann, der sich im Krieg mit sich selbst befindet. Das ist die Schlacht in Römer 7. Es ist eine Art „gespaltene Persönlichkeit", die nur den Christen betrifft. Ein Nichtchrist ist diesem Konflikt nicht ausgesetzt. Er mag Momente erleben, in denen er gerne besser wäre, doch er kann sie schnell bewältigen, indem er normalerweise seine Maßstäbe soweit herabsetzt, dass er sie wieder erreichen kann. So kommt er wieder in ein psychisches Gleichgewicht. Daher ist Ihr Nachbar, der nicht in die Kirche geht, mit sich selbst vermutlich viel zufriedener als Sie es als Christ sind. Wahrscheinlich erlebt er bedeutend weniger Spannungen und Frustrationen als Sie, solange Sie gemäß Römer 7 unterwegs sind.

Das Elend, das wir jetzt erleben, ist größer als alles, was wir als Nichtchrist erfahren haben: Unser Verstand dient dem Gesetz Gottes; wir haben diesen Maßstab akzeptiert, es ist der einzig richtige Weg zu leben – Gottes Bestes, nicht meines – doch mein Fleisch ist dazu einfach nicht in der Lage. Ich weiß, was ich tun sollte, und ertappe mich dabei, das Gegenteil zu tun. „Das Gute will ich tun, aber ich tue unausweichlich das Böse." Das ist die Qual einer gespaltenen Seele. Jemand, der kein Christ ist, akzeptiert Gottes Gesetz nicht. Er sagte: „Dieser Maßstab ist einfach zu hoch."

Wir sollten Gott dafür danken, dass Kapitel 7 nicht das letzte Wort zu diesem Thema enthält. Träfe das zu, dann wären Christen die unglücklichsten Menschen auf der Welt. Uns ginge es schlechter als allen anderen. Denn der Christ am Strand, der bisher nur so weit gekommen ist (Gottes Maßstäbe zu akzeptieren, jedoch nicht zu wissen, wie er sie einhalten kann), ist ein Mensch, der weder die Sünde noch die Erlösung genießen kann. Können Sie sich etwas Erbärmlicheres vorstellen? Schließlich sind es nur diese beiden Dinge, an denen Sie sich im Leben letztendlich erfreuen können. Eine Zeit lang können Sie die Freuden der Sünde genießen. Lassen Sie sich von niemandem erzählen, es mache keinen Spaß zu sündigen. Für eine Weile kann es höchst erfreulich sein – und das ist wahrscheinlich ein Grund, warum das Thema so schwierig ist. Doch der Mensch, der sich im Zustand von Römer 7 befindet, kann die Sünde nicht mehr genießen, da er weiß, dass es falsch ist. Gleichzeitig ist er aber auch außerstande, sich an der Erlösung zu erfreuen, da sie für ihn kaum eine Bedeutung zu haben scheint – er hängt in der Mitte zwischen beiden fest. Falls es Sie interessiert, warum so viele Christen lange Gesichter machen, liegt es wahrscheinlich genau daran: Es geht ihnen schlechter als vor ihrer Bekehrung. Sie sind am Strand und kämpfen um ihr Leben, und manchmal ist die Spannung, dort festzusitzen, so stark, dass etwas in ihnen zerbricht. Am D-Day, dem Tag der Landung der Alliierten in der Normandie, sah man einen Soldaten am Omaha Beach sitzen, der sich selbst leise ein Lied vorsang, dabei weinte und Kieselsteine ins Meer warf. Die Spannung des Kampfes hatte ihn überwältigt, es war einfach zu viel für ihn.

Bei Römer 8 haben wir den Eindruck, dass die Gewitterwolken abziehen und die Sonne herauskommt. Es scheint, dass Sie diese Steilküste erklommen haben und der Feind vor Ihnen flieht. Sie kämpfen immer noch in einer heftigen Schlacht, doch jetzt sind Sie mehr als ein Überwinder. Es erscheint uns so, als hätten wir in Römer 8 einen Friedhof verlassen und einen Garten betreten, wo das Leben neu erblüht. Statt der Worte „Tod bringen und tot" sehen wir jetzt Worte wie „Leben, lebendig, leben". Ist Ihnen diese Veränderung aufgefallen? Der Unterschied liegt in Folgendem: Bei der Beschreibung des Kampfes in Kapitel 7 wird der Heilige Geist nicht erwähnt. Doch in Kapitel 8 wiederholt sich dieses Wort 19 Mal.

Mit anderen Worten: Die Lösung für diese Spannung ist wieder einmal der Heilige Geist. Aus eigener Kraft werden Sie dort niemals herauskommen. „So befinde ich mich in einem Zwiespalt", fasst Paulus diesen Kampf am Ende des siebten Kapitels zusammen. „Mit meinem Denken und Sehnen folge ich zwar dem Gesetz Gottes, mit meinen Taten aber dem Gesetz der Sünde." Es gibt keine Hoffnung, sich anders verhalten zu können, bis wir verstehen, was der Geist für uns tun kann. Was kann er für uns tun? Als Christen sind wir die Einzigen, die zwei Herren dienen können, allerdings nie gleichzeitig. Wir können entweder dem Fleisch oder dem Geist gehorchen. Ein Nichtchrist hat diese Wahl nicht. Er kann nur dem Fleisch dienen, darum ist er nicht frei. Doch ein Christ hat die Wahlmöglichkeit. Traurigerweise missbrauchen viele ihre Freiheit und wählen das Fleisch, doch sie können sich für den Geist entscheiden. Beschließt ein Christ, im Geist zu leben, entdeckt er, dass sich diese Spannung auflöst.

Betrachten wir es etwas genauer. Gott hat das getan, wozu wir nicht in der Lage waren – das ist die einfache Botschaft von Römer 8. Im Fleisch waren wir schwach. Gott hat das vollbracht, was wir nicht tun konnten. Durch seinen Sohn hat er sich um die *Strafe* für unsere Sünde gekümmert. Doch durch den Geist nimmt er sich ihrer *Macht* an. Der Sinn und Zweck des Ganzen ist, dass in uns das Gesetz Gottes erfüllt wird. Mit anderen Worten, dass wir Gottes Maßstäbe erfüllen können. Sie werden sich selbst niemals soweit verbessern können, doch Gott kann durch seinen Geist bewirken, dass Sie seine Gebote halten. Sie können nicht einmal aus eigener Kraft den Anforderungen der Zehn Gebote genügen. Versuchen Sie es erst gar nicht. Vielleicht schaffen Sie sechs von zehn – ich kenne einen Mann namens Paulus, der neun von zehn erfüllen konnte. Doch leider versagte auch er, als es um das zehnte Gebot ging. Sie werden es niemals schaffen, alle zehn zu halten – was Gottes Erwartungen entspräche – es sei denn, der Heilige Geist hilft Ihnen dabei.

Geschieht dies automatisch? Nein, Römer 8 vermittelt uns, dass wir drei Dinge tun müssen, um diesen Sieg zu erringen. Sie müssen etwas mit Ihren Füßen tun, etwas mit Ihrem Kopf und etwas mit allem dazwischen, damit ist dann auch alles abgedeckt. Mit Ihren Füßen: „Wandelt im Geist" (siehe Römer 8,1; SLT), mit Ihrem Kopf: „Sinnt auf das, was des Geistes ist" (siehe Römer 8,5; ELB) und mit allem anderen: „Tötet … euer selbstsüchtiges Verhalten, so werdet ihr leben" (siehe Römer 8,13; HFA).

Es gibt also kein einmaliges Ereignis, das sie plötzlich die Steilküste hinaufbeamt und dort oben auf der Siegerseite hält. Ich möchte Sie nicht entmutigen, doch wir sollten realistisch sein. Viele Christen, denen ich begegne, hoffen, dass ihnen eine einmalige Erfahrung helfen wird, erfolgreich zu sein. Sie mag Ihnen zwar helfen, wird Ihnen jedoch keinen dauerhaften Sieg verschaffen. Sie gehen von einer Konferenz zur nächsten, besuchen diesen oder jenen Ort und suchen ständig nach etwas, das plötzlich alles in Ordnung bringt, sodass sie sich nie wieder damit beschäftigen müssen. Mir selbst ist keine Erfahrung bekannt, die Sie von selbst und ein für alle Mal in den richtigen Zustand versetzen würde.

Betrachten wir das erste Wort: „Wandelt". Wenn Sie im Geist unterwegs sind, stellen Sie fest, dass Sie auf der Siegerseite sind, in Römer 8. Doch wandeln oder gehen ist keine einmalige Sache, die im Bruchteil einer Sekunde geschieht, keine einmalige Erfahrung. Wandeln oder gehen bedeutet, weiterzumachen, sich Schritt für Schritt in die richtige Richtung zu bewegen. Es bedeutet einfach Folgendes: Jedes Mal, wenn Sie in Ihrem Alltag an eine Weggabelung kommen, wird das Fleisch Ihnen sagt: „Biege auf meinen Weg ein", während der Geist sagt: „Hier entlang." Wollen Sie Römer 8 jedes Mal erleben, müssen Sie die Entscheidung treffen, dem Geist zu folgen. Jedes Mal, wenn er sie führt, müssen Sie ihm folgen, um den Sieg zu erringen. Ein Christ ist dazu in der Lage; ein Nichtchrist könnte das keinesfalls tun, da der Geist Gottes ihm nicht vorangehen und den Weg zeigen würde. Der Christ, der Römer 8 jeden Tag erleben möchte, muss bewusst dem Heiligen Geist hinterhergehen.

Es kann recht wörtlich zu nehmen sein, wohin Sie Ihre Füße setzen werden. Vielleicht befinden Sie sich in einer Situation, in der Sie das Fleisch eine bestimmte Straße in einer Stadt hinunterführen würde, während der Geist Sie in die entgegengesetzte Richtung mitnehmen will. Es könnte sein, dass Sie sprichwörtlich dem Geist hinterhergehen müssen, da Ihnen die Macht des Fleisches bewusst ist. Doch das Wort „wandelt" hat auch eine übertragene Bedeutung, d.h. jedes Mal, wenn Sie vor einer Entscheidung stehen, und der Geist sagte: „Hier entlang", während das Fleisch ruft: „Nein, hier entlang", müssen Sie den richtigen Weg einschlagen, um in der Römer-8-Erfahrung zu bleiben. Ein falscher Schritt und Sie finden sich in Römer 7 wieder, unglücklich und frustriert, mit der Frage auf den Lippen:

„Welchen Sinn macht das alles?" Doch jedes Mal, wenn Sie dem Geist in die richtige Richtung folgen und einen entsprechenden Schritt wagen, werden Sie Römer 8 erleben und mehr als ein Überwinder sein. Das tun Sie also mit Ihren Füßen.

Das Zweite, was wir tun sollen, um gemäß Römer 8 zu leben, hat mit unserem Denken zu tun. Die Bibel führt es uns immer wieder vor Augen, dass sich das wahre Schlachtfeld unseres Lebens in unseren Gedanken befindet. Die Bilder, die dabei in der Galerie unserer Erinnerungen hängen, sind für den Kampf äußerst wichtig. Bevor die Soldaten der Alliierten in die Normandie einmarschierten, hatten sie Bilder gesehen, die von Mini-U-Booten aufgenommen worden waren. Man hatte ihnen erklärt, was sie erwartete, und sie hatten sich alles gemerkt. Daher wussten die Menschen, die noch nie in Frankreich gewesen waren, alles über die Strände der Normandie. Sie hatten den Kampf schon in ihrem Kopf ausgetragen und waren in Frankreich einmarschiert, lange bevor sie tatsächlich dort ankamen. Als sie schließlich dort waren, waren sie vorbereitet.

Daher muss uns Folgendes bewusst sein: In der Stunde der Versuchung, wenn die Schlacht am heftigsten tobt, hängen Sieg oder Niederlage davon ab, wo wir mit unseren Gedanken waren, bevor der Kampf losging. Ist Ihr Denken auf das Fleisch ausgerichtet, werden Sie dem Fleisch folgen, wenn es zur Krise kommt. Jesus sagte das immer wieder, doch eigentlich wiederholte er nur einen Vers aus den Sprüchen: „Denn wie er in seiner Seele berechnend denkt, so ist er" (Sprüche 23,7; SLT). Ihre wahre Identität liegt nicht in dem, was andere sehen können, sondern darin, was Sie denken, worüber Sie nachsinnen. Um es ganz praktisch zu machen: Das betrifft unsere Bücher, unseren Medienkonsum, Zeitungen, Zeitschriften, alles, was wir in unseren Kopf hineinlassen und was sich zu einem Gedanken entwickelt. Wenn jemand entschieden ist, sich auf fleischliche Dinge zu konzentrieren, machen Sie ihm keine Hoffnungen, die Römer-8-Erfahrung zu machen. Doch richtet er sein Denken auf die Dinge des Geistes aus, dann wird er, wenn es darauf ankommt, gemäß Römer 8 leben. Paulus sagte im Philipperbrief: „Richtet eure Gedanken ganz auf die Dinge, die wahr und achtenswert, gerecht, rein und unanstößig sind und allgemeine Zustimmung verdienen; beschäftigt euch mit dem, was vorbildlich ist und zu Recht gelobt wird …Dann wird der Gott des Friedens mit euch sein" (Philipper 4,8-9; NGÜ).

Paulus schreibt auch, dass Gedanken, die fleischlich ausgerichtet sind, zum Tod führen, sie töten Ihr geistliches Leben. Vielleicht gehen Sie sonntags in den Gottesdienst, doch Sie werden ihn nicht als lebendig empfinden, er wirkt auf Sie wie abgestorben. Ihr Gebetsleben wird ebenfalls eingehen. Auch Ihre Bibel wird Ihnen wie tot erscheinen. Warum? Mit Ihrer Gemeinde ist alles in Ordnung, genauso wie mit Ihrer Bibel oder Ihren Gebeten. Was falsch läuft, ist die Tatsache, dass sich Ihr Denken schon so lange auf andere Dinge fokussiert hat, dass es gestorben ist – doch über die Dinge des Geistes nachzudenken bringt Leben und Frieden.

Über fleischliche Dinge nachzudenken bedeutet Krieg, denn das Fleisch ist Gott feindlich gesinnt, es rebelliert gegen Gott. Das Fleisch hat sich Gott gegenüber für unabhängig erklärt, es kommt mit ihm einfach nicht zurecht. Jesus lehrte, dass man ein Mörder ist, wenn man jemand anderem den Tod wünscht. Sie haben Ihr Denken auf Fleischliches ausgerichtet. Vielleicht haben Sie noch nie Ehebruch begangen und der Gedanke allein erschreckt Sie. Doch haben Sie schon einmal eine andere Person lüstern angesehen? War ein falscher Gedanke in Ihrem Herzen, dann sind Sie ein Ehebrecher. Jesus führte immer wieder alles von der Handlung auf die zugrundeliegende Gedankenwelt zurück. Dort wird die Schlacht entweder verloren oder gewonnen.

Wenn Sie also gemäß Römer 8 leben wollen, besteht der erste Schritt darin, dem Geist hinterherzugehen. Jedes Mal, wenn Sie auf eine Entscheidung zugehen, wählen Sie den Weg des Geistes, statt den Weg des Fleisches. Zweitens, schon bevor Sie in einer Krise landen, stellen Sie sicher, dass Ihr Hirn sich mit der richtigen Art von Gedanken beschäftigt. Anderenfalls befindet sich Ihre Gedankenwelt bereits so tief in der Versuchung, dass Sie ihr nicht widerstehen können, wenn sie tatsächlich auftaucht.

Das Dritte, was Sie tun müssen, ist, mit allem, was zwischen Ihrem Kopf und Ihren Füßen liegt, die Taten des Fleisches abzutöten. Jeder Christ ist dazu berufen, ein Totschläger zu sein, nicht jemand, der andere tötet, sondern sich selbst. Natürlich gab es auch hier Menschen, die glaubten, das sei wörtlich gemeint. Martin Luther peitschte sich selbst aus, bis er ohnmächtig in seiner Klosterzelle zusammenbrach. Andere haben das ebenfalls getan. Allerdings sollten wir das in einem tieferen Sinne verstehen. Wir sollen genauso ernsthaft wie Martin Luther daran arbeiten, alles aus unserem Leben herauswerfen (zu „töten"), was dem Geist Gottes widersteht. Jesus sagte, wenn dein Auge etwas betrachtet, was es nicht anschauen sollte, schneide es heraus. Damit meinte er nicht Selbstverstümmelung, sondern das herauszuschneiden, was Sie mit ihrem Blick fixieren. Tötet die Taten des Fleisches.

Manchmal verändern sich Zellen im Körper eines Menschen in die falsche Richtung. Dann ist es äußerst wichtig, dass ein Chirurg oder eine Strahlenbehandlung diese Wucherungen abtöten, bevor sich der Schaden weiter ausbreiten kann. Sie müssen diese Zellen vernichten, bevor sie den ganzen Körper ruinieren. Genau wie ein Chirurg alles daransetzen würde, dieses hässliche, böse Ding, das im Körper wächst, zu zerstören, so sollen wir laut Römer 8 auch verfahren: Es ist unsere Aufgabe, durch die Kraft des Geistes alles Böse, sobald es anfängt, sich in unserem Körper zu zeigen, abzutöten und es loszuwerden – bevor es beginnt, sich auszubreiten. Durch den Heiligen Geist ist es Ihnen möglich, weiterzuleben, ohne dass Ihr geistliches Leben abstirbt.

Wir sollten uns nun einen kleinen Abschnitt, die Verse 9–11, anschauen. Dort gibt es zwei Schlüsselbegriffe, kleine Worte, doch da es sich um Gottes Wort handelt, zählt jedes einzelne: „in" und „wenn". Man kann sie leicht übersehen, doch sie sind wichtig: „Ihr aber seid nicht im Fleisch, sondern im Geist, wenn wirklich Gottes Geist in euch wohnt" (ELB) – *in, wenn*. Wir können hier zwei Aussagen erkennen. Die erste besagt, dass Sie Römer 8 überhaupt nicht kennen würden, wenn Sie kein Christ wären. Drehen wir diese Aussage einmal um: Sie könnten die Kraft des Heiligen Geistes nicht für sich beanspruchen, wenn Sie kein Christ wären. Der Geist gehört nicht zu Ihnen, wenn Christus nicht in Ihnen ist. Solange Christus nicht in Ihnen wohnt, solange der Geist nicht in Ihr Herz eingezogen ist, d.h. nicht eingeladen worden ist, haben Sie überhaupt keine Kenntnis von Römer 8. Doch es gibt noch einen weiteren Aspekt, denn nicht jeder Christ lebt im Geist. Er kann im Fleisch leben oder, wie Paulus es im ersten Korintherbrief formuliert, er ist entweder ein fleischlicher oder ein geistlicher Christ. Diese beiden Arten von Christen gibt es immer noch, und ein fleischlicher oder irdisch gesinnter Christ lebt immer noch im Fleisch, obwohl er zu Christus gehört. Ein geistlicher Christ gehört zum Heiligen Geist.

„Ihr aber seid nicht im Fleisch, wenn wirklich Gottes Geist in euch wohnt" (siehe Römer 8,9). Manche mögen sich an meinen Worten stoßen, aber sicherlich nicht an dem zugrundeliegenden Gefühl: Ich glaube, dass der Geist nicht in jedem Christen wohnt, jedenfalls nicht in der eigentlichen Bedeutung von „wohnen". Wohnt der Geist wirklich in Ihnen, bedeutet es, dass er allezeit und überall da ist. Wohnt jemand in Ihrem Haus, so ist er anwesend, darf jedes Zimmer benutzen und sich zu Hause fühlen. Diese Person hält sich sowohl in der Küche als auch im Wohnzimmer auf; sie ist nicht nur ein willkommener Gast. Sie wohnt dort und darf daher alle Räume betreten. Sie nimmt am gesamten Leben teil und ist dauernd da.

Für viele Christen allerdings ist der Geist so etwas wie ein Besucher. Hin und wieder spüren sie seine Berührung, dann kommt er zu ihnen, dann spüren sie: „Oh, der Geist Gottes ist mir gerade wirklich nah." Doch er ist nur ein Besucher, weil sie ihn nur ins Wohnzimmer hineinlassen. Vielleicht darf er sie am Sonntag besuchen, doch am Montag heißt es: „Dieses Zimmer ist für ihn nicht der richtige Wohnraum, daher hoffen wir, dass der Geist uns am nächsten Sonntag wieder berühren wird." Wohnt der Geist Gottes tatsächlich in Ihnen, am Montag genauso wie am Sonntag, an jedem Tag Ihres Lebens, wohnt er tatsächlich dort, dann schenkt er Leben. „Der Geist aber ist Leben um der *Gerechtigkeit* willen" (Römer 8,10; ZB). Mir ist bewusst, dass diese Aussage in biblischer Sprache abgefasst ist, daher möchte ich sie einfacher ausdrücken. Die einzige Person, die wirklich lebendig ist, ist eine gerechte Person, jemand, der auf die richtige Art und Weise lebt.

Mir haben schon so viele Menschen gesagt, sie hätten den Eindruck, man müsste alle möglichen Sünden begehen, um das Leben wirklich zu schmecken. Sie meinen, um wirklich lebendig zu sein, müsse man das tun, was Gott für falsch erklärt hat. Glauben Sie das bloß nicht! Dieser Weg zieht Krieg und Tod nach sich. Wer glaubt, er müsse Falsches tun, um das wahre Leben zu leben, versteht die Bibel einfach nicht. Gott sagt, dass der Geist uns aufgrund von Gerechtigkeit lebendig macht. Sogar ihr sterblicher Körper spürt die Auswirkungen. Auch wenn ihr sterblicher Körper wegen der Sünde noch dem Tod ausgeliefert ist, wird der Geist, der Jesus auferweckt hat, falls er tatsächlich in Ihnen lebt, auch Ihren sterblichen Körper lebendig machen. Dieser Körper wird in diesem Leben neuen Elan empfangen, und im nächsten Leben erhalten Sie einen ganz neuen Körper. Selbst in diesem Leben stärkt der Geist Ihren sterblichen Körper, sodass Sie gesund und voller Lebenskraft sind. Damit sage ich nicht, dass jeder Christ vollkommene Gesundheit genießen wird, doch ich möchte Ihnen folgendes vermitteln: Wer im Geist lebt, wird mehr körperliche Energie haben, als die Menschen, die es nicht tun, denn der Geist stärkt sowohl Ihren sterblichen Körper als auch Ihren Geist.

Schließlich sagte Paulus: Warum sollten wir überhaupt fleischlich leben? Was schulden wir dem Fleisch? Geschwister, wir sind dem Fleisch nichts schuldig. Was hat Ihnen das Fleisch jemals Gutes gebracht, außer Unglück, Tod und Verzweiflung? Wir sind dem Geist Gottes verpflichtet. Wir schulden dem Geist unser Leben im Hier und Jetzt und darüber hinaus. Dann lasst uns auch gemäß dem Geist leben, denn wir schulden dem Geist alles von Wert, was wir besitzen. Dem Fleisch schulden wir alles, was wertlos ist. Warum also nach dem Fleisch leben?

Hier kommt nun das Problem: Wir wollen Gutes tun, doch wir können es nicht, wir wollen alle Menschen lieben, doch wir schaffen es nicht, wir wollen leben, doch es gelingt uns nicht – und wir stellen fest, dass unser geistliches Leben abstirbt. Was ist die Lösung? Im Geist zu wandeln, unser Denken auf die Dinge des Geistes auszurichten und durch den Geist die Taten des Fleisches abzutöten. Dann werden wir leben und mehr als Überwinder sein durch den, der uns geliebt hat.

Immer und immer wieder werden wir aufgefordert, uns nicht der Außenwelt anzupassen, doch es geschieht trotzdem. Daher haben Christen aufgehört, vom Himmel zu erzählen und entsprechende Lieder zu singen. Die Welt hat zur Gemeinde gesagt: Uns interessiert die Zukunft nicht, sondern nur das Hier und Jetzt. Allerdings sind Christen die einzigen Menschen auf der Welt, die der Welt dadurch eine Hoffnung bieten können, dass sie über die Zukunft sprechen.

In der Bibel ist die Hoffnung ein wichtiger Bestandteil des wahren Lebens. Durch den Glauben bekommen wir Sicherheit im Hinblick auf unsere Vergangenheit. Hoffnung erscheint in Römer 5: „Wir werden einmal an Gottes Herrlichkeit teilhaben. Diese Hoffnung erfüllt uns mit Freude und Stolz. Doch nicht nur dafür sind wir dankbar. Wir danken Gott auch für die Leiden, die wir wegen unseres Glaubens auf uns nehmen müssen. Denn Leid macht geduldig, Geduld aber vertieft und festigt unseren Glauben, und das wiederum stärkt unsere Hoffnung. Diese

Hoffnung aber geht nicht ins Leere. Denn uns ist der Heilige Geist geschenkt, und durch ihn hat Gott unsere Herzen mit seiner Liebe erfüllt" (Römer 5,2–5; HFA). Hier wird im Römerbrief zum ersten Mal Hoffnung und ebenfalls zum ersten Mal der Heilige Geist erwähnt, was kein Zufall ist. Hoffnung vermittelt uns einzig und allein der Heilige Geist. Es gibt eine weitere Wortverbindung in diesem Textabschnitt, auf die ich hinweisen möchte, da sie später erneut auftaucht. Hoffnung steht mit Leiden im Zusammenhang, denn nur Hoffnung schenkt Ihnen die Fähigkeit, zu leiden und Ihre Schwierigkeiten zu bewältigen. Ihre Zukunftshoffnung ist von entscheidender Wichtigkeit, wenn Sie mit gegenwärtigem Leid fertigwerden müssen. Sie ist der Anker im Sturm Ihrer Probleme.

Hoffnung erscheint erneut in Römer 8, ebenso wie der Heilige Geist. Hoffnung und der Heilige Geist gehören also zusammen, doch ein weiteres Element, das sich ebenfalls in Kapitel 8 zeigt, ist das Leiden. Die Bibel ist absolut ehrlich und redet nicht um den heißen Brei herum: Wenn Sie im Heiligen Geist leben, werden Sie leiden. Wenn Sie den Sieg erringen wollen, über den wir gesprochen haben, werden Sie dafür leiden müssen. Daher brauchen Sie unbedingt Hoffnung, damit Sie mit dem Leid fertigwerden können. Rufen Sie sich diesen Abschnitt in Erinnerung:

„Alle, die sich von Gottes Geist regieren lassen, sind Kinder Gottes. Denn der Geist Gottes, den ihr empfangen habt, führt euch nicht in eine neue Sklaverei, in der ihr wieder Angst haben müsstet. Er hat euch vielmehr zu Gottes Söhnen und Töchtern gemacht. Jetzt können wir zu Gott kommen und zu ihm sagen: Abba, lieber Vater! Gottes Geist selbst gibt uns die innere Gewissheit, dass wir Gottes Kinder sind. Als seine Kinder aber sind wir – gemeinsam mit Christus – auch seine Erben. Und leiden wir jetzt mit Christus, werden wir einmal auch seine Herrlichkeit mit ihm teilen.

Ich bin ganz sicher, dass alles, was wir in dieser Welt erleiden, nichts ist verglichen mit der Herrlichkeit, die Gott uns einmal schenken wird. Darum wartet die ganze Schöpfung sehnsüchtig und voller Hoffnung auf den Tag, an dem Gott seine Kinder in diese Herrlichkeit aufnimmt. Ohne eigenes Verschulden sind alle Geschöpfe der Vergänglichkeit ausgeliefert, weil Gott es so bestimmt hat. Aber er hat ihnen die Hoffnung gegeben, dass sie zusammen mit den Kindern Gottes einmal von Tod und Vergänglichkeit erlöst und zu einem neuen, herrlichen Leben befreit werden.

Wir wissen ja, dass die gesamte Schöpfung jetzt noch leidet und stöhnt wie eine Frau in den Geburtswehen. Aber auch wir selbst, denen Gott bereits jetzt seinen Geist als Anfang des neuen Lebens gegeben hat, seufzen in unserem Innern. Denn wir warten voller Sehnsucht darauf, dass Gott uns als seine Kinder zu sich nimmt und auch unseren Körper von aller Vergänglichkeit befreit. Darauf können wir zunächst nur hoffen und warten, obwohl wir schon gerettet sind. Hoffen aber bedeutet: noch nicht haben. Denn was einer schon hat und sieht, darauf braucht er nicht mehr zu hoffen. Hoffen wir aber auf etwas, das wir noch nicht sehen können, dann warten wir zuversichtlich darauf, dass es sich erfüllt. Dabei hilft uns der Geist Gottes in all unseren Schwächen und Nöten. Wissen wir doch nicht einmal, wie wir beten sollen, damit es Gott gefällt! Deshalb tritt Gottes Geist für uns ein, er bittet für uns mit einem Seufzen, wie es sich nicht in Worte fassen lässt. Und Gott, der unsere Herzen durch und durch kennt, weiß, was der Geist für uns betet. Denn im Gebet vertritt der Geist die Menschen, die zu Gott gehören, so wie Gott es möchte."

Römer 8,14–27 (HFA)

Hier geht es um das Leben im Geist, und in diesem Leben besteht eine Spannung zwischen der Gegenwart und der Zukunft, zwischen dem Leid, das wir jetzt gerade durchmachen müssen, und der Herrlichkeit, die auf uns wartet. Das führt zu einer Spannung im Inneren eines Christen, die sonst niemand erlebt. Nur wir, die wir die Erstlingsfrüchte des Geistes empfangen haben, stöhnen innerlich und sehnen die Zukunft herbei. Ein Christ ist hin- und hergerissen zwischen zwei Dingen: Er will hierbleiben und gleichzeitig in die Herrlichkeit eingehen.

Wenn Sie wissen möchten, wie das Leben im Geist aussieht: Sie werden *rufen, stöhnen* und *seufzen*. Folgende Tatsache beeindruckt mich immer wieder: Wenn der Heilige Geist sich wirklich einer Person bemächtigt, dann geschehen Dinge, die in der Regel mit den Äußerungen dieser Person, aus ihrem Mund heraus, ihren Anfang nehmen. Am Pfingsttag geschah das zweifellos, und auch bei jeder späteren Gelegenheit passierte es fast immer, dass etwas aus dem Mund der Menschen kam, die mit dem Geist Gottes erfüllt wurden. Mit anderen Worten, sie machen *Geräusche*.

Warum kommen diese Geräusche und was bedeuten sie? Nehmen wir das *Rufen* als Beispiel. Leben wir im Geist, und leitet der Geist unser Leben von Montag bis Samstag und auch am Sonntag, gehen wir ihm hinterher und führt er uns, so *wissen* wir, dass wir Kinder Gottes sind (siehe Römer 8,15). Gott ist nicht der Vater aller Menschen – das sagt die Bibel nicht. Alle Menschen sind gerade *nicht* Brüder, da sie nicht alle seine Söhne sind – das ist das Tragische. Wenn alle Menschen zu seinen Kindern würden, könnten sie alle Geschwister sein, doch das Gerede von der geschwisterlichen Verbundenheit aller Menschen ist ein alberner Wunschtraum, denn offensichtlich besteht diese Beziehung nicht. Das können Sie in jeder Zeitung nachlesen. Warum glauben wir trotzdem daran? Solange wir nicht Gottes Kinder sind, können wir auch nicht zu Geschwistern werden. Daher ist der erste Schritt, durch den Heiligen Geist zu *Gotteskindern* zu werden.

Gehen wir noch einen Schritt weiter. In einer römischen Familie wurde ein Junge erst im Alter zwischen 14 und 17 Jahren zum Sohn. Kennen Sie die römische Tradition der Sohnschaft? Paulus schrieb an die Römer, daher wissen wir, dass er genau sie meinte. Ein Mann hatte beispielsweise eine große Familie, alle Kinder stammten von ihm – auch wenn manche von seiner Frau und andere von seiner Sklavin geboren wurden; doch sie waren ausnahmslos seine Kinder. Eines Tages blickte der Vater seine Söhne an und sagte: „Diesen da werde ich adoptieren." Obwohl es sein eigenes Kind war, „adoptierte" er es. Dazu führte er das Kind in Anwesenheit von Zeugen durch eine rechtsverbindliche Zeremonie, sodass es zu seinem Sohn und Erben wurde. Sowohl das Familieneigentum als auch der Familienname standen ihm jetzt zu. Nun war er der Sohn, den der Vater adoptiert hatte.

Bis zu diesem Punkt wurde der Junge nicht von seinem Vater erzogen, sondern von einem Sklaven, den er fürchtete. Dieser Sklave sorgte dafür, dass er das Richtige tat und für sein Fehlverhalten bestraft wurde. Am Tag seiner Adoption jedoch erhielt dieser Junge den Haustürschlüssel, und man sagte ihm: „Du unterstehst nicht länger diesem Sklaven, damit du dich richtig verhältst; von nun an musst du dich selbst gut benehmen. Jetzt gilt für dich das Prinzip der Selbstdisziplin." Darüber hinaus durfte der Junge zum ersten Mal in seinem Leben seinen Erzeuger „Vater" nennen – das war also seine Adoption. Nun war er der Erbe des gesamten väterlichen Vermögens und von äußerer Kontrolle befreit; die Liebe und der Respekt gegenüber seinem Vater sorgten dafür, dass er sich selbst beherrschte. Es gab keinen Sklaven mehr, der ihm sagte, was er zu tun hatte. Paulus schreibt daher: „Ist euch nicht bewusst, dass ihr das Leben eines adoptierten Gotteskindes führt, wenn ihr im Geist lebt? Ihr habt keinen Geist der Furcht empfangen wie ein kleines Kind, sondern ihr habt den Geist der Kindschaft und Adoption bekommen, und nun könnt ihr zum ersten Mal ausrufen: ‚Abba, Vater.'" Zum Beweis, dass Paulus dabei an die römische Adoption dachte, schreibt er weiter, dass Zeugen benötigt würden, um zu beweisen, dass man jetzt ein Sohn ist – und der Heilige Geist bezeugt unserem Geist, dass wir wirklich von Gott adoptiert worden sind, jetzt sind wir sein Kind und leben diese Gotteskindschaft aus.

Ich möchte betonen, dass das Wort „rufen" hier bedeutet, unbeabsichtigt einen Ruf auszustoßen. Die meisten tun das, wenn sie sich fürchten. Das Wort, das Paulus verwendet, hätten die Griechen dafür benutzt, instinktiv einen Ruf auszustoßen, ohne es geplant zu haben. Es kommt vor, als die Jünger auf dem See Genezareth im Boot saßen und sahen, wie Jesus über den See ging. Sie fürchteten sich damals, weil sie ihn für einen Geist hielten. Dort heißt es, dass sie vor Angst schrien. Haben Sie schon jemals einen Entsetzensschrei ausgestoßen? Genau das beschreibt dieses Wort. Allerdings gibt es zwei Emotionen, die Sie zu einem spontanen Ausruf veranlassen: Angst oder Liebe. Als unsere Kinder noch klein waren, riefen sie einfach spontan, wenn sie mich sahen, ohne es geplant zu haben: „Papi!" Das ist hier gemeint: Jemand schaut auf zu Gott und ertappt sich plötzlich dabei, wie er ausruft: „Papi, Vater!" Es gibt viele Menschen, die an Gott glauben. Doch ihre Beziehung zu ihm ist anders. Sie rufen nicht instinktiv „Vater!" Bis Sie die Adoption als sein Kind erleben, können Sie gar nicht anders als Gott zu fürchten, wenn Sie tatsächlich an ihn glauben, weil Sie nie wüssten, ob Sie seinen Ansprüchen wirklich genügen. Sind Sie jedoch von ihm adoptiert worden, wie es nur mit Gotteskindern geschieht, vermittelt Ihnen der Geist diese Sicherheit.

Der Geist bezeugt Ihrem Geist, dass Sie ein Kind Gottes sind, es gibt also zwei Zeugen, die beide gemeinsam rufen: „Abba, Vater!" Dieses doppelte Zeugnis beweist, dass Sie ein Kind Gottes sind, ein Bruder Jesu. Der Geist Jesu spricht durch Ihren Mund mit seinem Vater. „Abba, Vater" war genau das, was er zu sagen pflegte, und das ist ein Aspekt dessen, was der Geist bewirkt. Tut der Heilige Geist genau das, sind Sie sich Ihrer Gotteskindschaft sicher. Jesus, der Sohn Gottes, sprach auf diese Art spontan mit seinem Vater, und jetzt stellen Sie fest, dass Sie dasselbe tun – das ist das Zeugnis des Geistes.

Gott der Vater wird Jesus jedes Königreich der Welt übergeben, ja sogar das ganze Universum. Alle Dinge werden in Christus zusammengefasst. Ist es Ihnen bewusst? Wenn Sie ein Kind Gottes sind, dann ist Ihr Vater ein Multimillionär, d.h. Sie sind die reichste Person auf Erden. Jeder andere wird, wenn er stirbt, jedes Bisschen des Universums, das er besitzt, zurücklassen müssen, wobei seine Anwälte ihren Treuhandvertrag in irgendeinem Safe verstecken werden. Sie allerdings werden gemeinsam mit Christus alles erben. Sie können die gesamte Zukunft mit Christus verbringen, wenn Sie die Gegenwart mit ihm teilen. Wenn Sie an seinem Leiden teilhaben, so werden Sie auch Anteil an seinem Leben in der Herrlichkeit haben – wenn Sie täglich Ihr Kreuz auf sich nehmen und ihm nachfolgen.

Ist Ihnen bewusst, welchen Unterschied das beim Thema Leiden macht? Es bedeutet, so wörtlich wie Römer 5 es formuliert – und vielleicht ist es Ihnen dort noch nicht aufgefallen – dass wir uns sogar auch dann freuen, wenn uns Sorgen und Probleme bedrängen. Andere Menschen erdulden und ertragen es auf erstaunliche Weise, doch Christen freuen sich mitten im Leid. Sie erklären, dass diese vorübergehende leichte Bedrängnis eine unvorstellbare Herrlichkeit bewirken wird – die Leiden der Gegenwart sind überhaupt nicht mit der Herrlichkeit vergleichbar, die einmal kommen wird. Wie ist das möglich? Leiden machen geduldig, Geduld bringt Charakterstärke (Bewährung) hervor, Charakterstärke begünstigt Hoffnung, und die Hoffnung wird uns nicht enttäuschen, weil die Liebe Gottes durch den Heiligen Geist in unsere Herzen ausgegossen ist. Was bedeutet das? Einfach formuliert: Nur ein reifer Charakter, der weiß, wie man leidet, hat auch Hoffnung. Hoffnung entsteht nicht über Nacht. Hoffnung entsteht durch Leiden, wenn der Heilige Geist im Leiden präsent ist. Die Hoffnung enttäuscht uns nicht; unsere Hoffnung besteht darin, Anteil an Gottes Herrlichkeit zu bekommen. Woher wissen wir, dass wir sie bekommen werden? Die Antwort lautet: Weil wir jetzt Anteil an Gottes Liebe haben. Wir haben die erste

Anzahlung, das Pfand, die erste Rate erhalten. Wir kennen alle diese Begriffe. Paulus sagt also, dass wir über die Erstlingsfrüchte des Geistes verfügen. Wir haben damit begonnen, Gottes Liebe zu erleben, und darum wird unsere Hoffnung, ebenso Anteil an seiner Herrlichkeit zu erhalten, nicht enttäuscht werden. Wir sind uns seiner Herrlichkeit so sicher wie seiner Liebe, daher haben wir Gewissheit im Hinblick auf unsere Zukunft.

Leid ist etwas, das wir mit dem gesamten Universum teilen. Wenn wir die Schönheit der Schöpfung genießen, so kann es für uns in gewisser Weise schwierig sein, das zu glauben, was Römer 8 über die Natur sagt, doch die Aussagen von Paulus sind vollkommen wahr. Die Natur selbst ist fehlerhaft, selbst die wunderbare Welt, die uns umgibt, ist verdorben. Die Natur wartet darauf, dass etwas passiert. Sie stöhnt wie eine Frau in den Wehen. Das Stöhnen und die Schmerzen des gesamten Universums werden in der Erwartung hörbar, dass etwas Gewaltiges geschieht. Paulus sagt in diesem Zusammenhang, dass die Natur der *Nichtigkeit* unterworfen ist, was bedeutet, dass sie sich im Kreis dreht. Die Erde dreht sich im Kreis, genauso wie der Mond, die Sonne und die Milchstraße – alles dreht sich im Kreis und kommt so gut wie nicht voran. Selbst die Natur ist diesem Kreislauf unterworfen: Die Blumen, die heute blühen, sind morgen verdorrt. Dinge werden geboren und sterben. Dieser Vergänglichkeit ist das gesamte Universum unterworfen. Es unterliegt dem Verfall, und alles um uns herum verfällt. Bei fast allem, was Sie besitzen, kämpfen Sie gegen den Untergang; und alles ist dem Schmerz unterworfen – es gibt furchtbar viel Schmerz in dieser natürlichen Welt.

Der eine Teil meiner selbst, der auch zur Natur gehört, ist mein Körper. Er ist ebenfalls dieser Nichtigkeit unterworfen: Er wird geboren und stirbt. Er unterliegt demselben Verfall. Meine Haare werden dünner. Ich muss öfter zum Zahnarzt gehen. Mein Körper ist dem Schmerz ausgesetzt, und genauso wie ich wissen auch Sie, was Schmerzen sind. Die erstaunliche

Zukunftshoffnung besteht darin, dass ich eines Tages einen neuen Körper bekommen werde, der keinen Tod, keinen Schmerz und keinen Verfall mehr kennt. Wenn ich diesen Körper erhalte, wird auch das gesamte Universum eine neue Gestalt bekommen – es wird einen neuen Himmel und ein neues Universum geben, eine neue Erde ohne Verfall, Schmerzen und Nichtigkeit.

Die gesamte Schöpfung stöhnt. Wenn ich stöhne, so tut es die Natur ebenso; wenn die Natur stöhnt, so tue ich es ihr gleich. Zeigt die Natur, wie schlecht sie ist, stöhne auch ich und erkläre, wie falsch ich selbst liege. Wir alle stöhnen gemeinsam. Ein Christ, der weiß, dass es ein neues Universum geben wird, stöhnt, denn er sehnt sich danach. Es ist sehr frustrierend, dass wir noch nichts davon erkennen können. Um uns herum sterben Körper und vergehen, genau wie das Universum – und wir sehen das Neue noch nicht kommen.

Es mag frustrierend sein, doch wir wurden in dieser Hoffnung gerettet: in der Hoffnung auf einen neuen Körper in einem neuen Universum. Wenn wir es jetzt schon sehen könnten, müssten wir nicht darauf hoffen. Wenn wir auf etwas hoffen, dass wir nicht sehen, so warten wir darauf mit Geduld. Es wird mit absoluter Sicherheit kommen. Wir wurden in der Hoffnung gerettet, sowohl einen neuen Körper als auch ein neues Innenleben zu erhalten. Ich habe bereits ein neues Innenleben bekommen: Gott hat seinen Geist in mich hineingelegt, er hat mich zu einer neuen Person in Christus Jesus gemacht, doch ich rasierte eine Woche nach meiner Bekehrung immer noch dasselbe Kinn wie früher. Mein Körper ist immer noch der, den ich als Sünder hatte. Ich habe immer noch denselben Körper, den ich mein Eigen nannte, als ich Gott noch nicht liebte. Ich bin nur halb gerettet. Was Gott begonnen hat, das wird er auch vollenden, bis es vollständig ist. Eines Tages wird er auch meinen Körper erlösen.

Die gesamte Schöpfung stöhnt und sehnt sich nach etwas – wonach? Sie wartet auf dasselbe wie wir: die Erlösung unserer Körper. Gott wird eines Tages das physische Universum erlösen;

das ist unsere sichere Hoffnung. Niemand außer den Christen weiß, dass es geschehen wird. Kein Wissenschaftler kann uns sagen, was zukünftig mit der Natur passieren wird, doch als Christen haben wir diese sichere Hoffnung: Wir werden einen neuen Körper bekommen, um in einem neuen Universum zu leben – bis dahin seufzen und stöhnen wir.

Das führt zu einem Gebetsproblem, wenn wir die Last dieses Körpers zu spüren bekommen, was manchmal geschieht, wenn wir krank oder müde sind oder medizinisch etwas falsch läuft. Dann kann es sein, dass man folgende Empfindungen hat: „Ach je, das passt alles zu diesem sterbenden Universum. Hier bin ich nun, ich werde alt. Ich bin zu früh geboren worden und komme jetzt nicht mehr so schnell die Treppe hinauf. Ich bin nicht mehr so mobil wie früher." Wenn Sie sich so fühlen, fragen Sie sich, wie Sie beten sollten. Manchmal möchten Sie sagen: „Herr, gib mir bitte meine Gesundheit und Stärke zurück." Ein anderes Mal liegt Ihnen auf der Zunge: „Herr, bitte hol mich hier raus."

Mir haben ältere Menschen mit vollem Ernst gesagt: „Ich bete, dass der Herr mich zu sich holt." Es stimmt einfach, dass wir nicht wissen, wie wir beten sollen, wenn wir uns so fühlen. Die Spannung, in einem Körper zu leben, der immer noch zu diesem sterbenden Universum gehört, wird mit den Jahren immer größer, und das Altwerden kann aus dieser Perspektive beängstigend wirken. Denn es wird Ihnen immer bewusster, dass Ihr Körper zu diesem klagenden Universum gehört.

Sie wissen nicht genau, wie Sie beten sollen: „Herr, gib mir doch noch Kraft für ein paar weitere Jahre" oder: „Herr, nimm mich bitte zu dir." Genau an diesem Punkt tritt der wunderbare Heilige Geist auf den Plan, um uns in unserer Schwachheit zu helfen. Wir wissen nicht, wie wir beten sollen, doch er nimmt die Seufzer, die zu tief sind, um sie in Worte zu fassen, und leistet im Einklang mit dem Willen Gottes Fürbitte für die Heiligen. Da wir nicht wissen, was dem Willen Gottes entspricht, können wir nur seufzen.

Keine Sorge, Sie können Gebete sowohl seufzen als auch

aussprechen, und ein Gebetsseufzer ist ein echtes Gebet. Ein Christ, der die Last seines Körpers spürt, der mit dieser sterbenden Welt verbunden ist, sollte einfach seufzen und sagen: „Heiliger Geist, ich weiß nicht, wie ich beten soll, daher nimm bitte diesen Seufzer und verwandle ihn in ein Gebet."

Wenn Ihnen bewusst wird, dass Sie eines Tages einen neuen Körper in einem neuen Universum erhalten werden, können Sie einen tiefen Seufzer loslassen. Es wird Momente geben, in denen Sie stöhnen, wenn Sie sagen: „Herr, du hat mir einen neuen Körper versprochen; du hast mir versprochen, dass ich eines Tages keine Müdigkeit und keinen Schmerz mehr spüren werde, warum kann ich das nicht jetzt schon haben?" Gott hat einen sehr guten Grund, Ihnen das jetzt noch nicht zu geben, wenn er es nicht tut. Dann können Sie beten: „Herr, schenk mir Hoffnung. Ich bitte nicht darum, es schon zu sehen. Ich müsste darauf nicht hoffen, wenn ich es schon sehen könnte, daher werde ich geduldig auf diese Hoffnung warten."

Es gibt drei weitere Punkte im Römerbrief, die Sie selbst nachlesen können. Sie betreffen nicht unsere aktuelle Beziehung zu Gott, sondern das Verhältnis zu anderen Menschen und unsere menschliche Verantwortung – und sie haben mit Hoffnung zu tun. Römer 9,1 (LUT): „Ich sage die Wahrheit in Christus und lüge nicht, wie mir mein Gewissen bezeugt im Heiligen Geist." Ihr Gewissen wird von der Gesellschaft und Ihnen selbst geprägt. Daher ist es nicht unfehlbar, sondern wird u.a. durch Ihre Erziehung und viele andere Dinge bestimmt. Doch sobald Sie im Geist leben, macht er Ihr Gewissen treffsicher. Etwas, was Sie anderen dann nicht antun können, ist, sie zu belügen; der Heilige Geist erlaubt es Ihnen nicht. „Ich sage die Wahrheit in Christus und lüge nicht, wie mir mein Gewissen bezeugt im Heiligen Geist." Hier spricht Paulus über seine Zukunftshoffnung für Israel.

In Römer 12,11 (LUT) schreibt er: „Seid nicht träge in dem, was ihr tun sollt. Seid brennend im Geist. Dient dem Herrn. Seid fröhlich in Hoffnung, geduldig in Trübsal, beharrlich im

Gebet." Machen Sie sich bewusst, dass im Römerbrief dasselbe Motiv wie in einer großen Symphonie immer wieder auftaucht: Hoffnung und Trübsal. Die beste Methode, mit Trübsal oder Leid umzugehen ist es, diesen Anker der Hoffnung festzumachen. Wird Ihr Anker Sie im Sturm halten? Wenn Ihre Hoffnung christlich ist, wird er es tun.

Die letzte Erwähnung des Heiligen Geistes im Römerbrief finden wir in Kapitel 15, Vers 13 (LUT): „Der Gott der Hoffnung aber erfülle euch mit aller Freude und Frieden im Glauben, dass ihr immer reicher werdet an Hoffnung durch die Kraft des Heiligen Geistes." Ein paar Verse zuvor, in Römer 15,4 heißt es, dass wir durch den Trost der Schrift Hoffnung haben.

Wenn Sie ein Mann oder eine Frau der Hoffnung sein wollen, müssen Sie Ihre Bibel gut kennen, denn sie verrät Ihnen, was in der Zukunft geschehen wird. Allerdings reicht das allein nicht aus, damit Sie vor Hoffnung überfließen – denn wie können Sie es auch glauben? Wer überzeugt Sie, dass die Vorhersagen der Bibel eintreffen werden? Die Antwort lautet: Der Heilige Geist überzeugt Sie, und durch die Kraft des Heiligen Geistes werden Sie immer hoffnungsvoller.

Wenn Ihnen daher Menschen sagen: „Ich habe keine Ahnung, was passieren wird", sagen Sie ihnen ganz ruhig: „Ich schon." Wenn andere Sie fragen, wohin in aller Welt das führen soll, antworten Sie ihnen: „Ich weiß, wo sich die Welt hinbewegt." Vielleicht fragt jemand: „Wird die Welt in einem Atomkrieg enden – oder nicht?" Dann können Sie der Person sagen: „Ich weiß, wie alles enden wird." Jemand sagt: „Ich weiß nicht, wo wir hinkommen, wenn wir sterben." Sie antworten: „Ich schon." Auf die Aussage „Ich weiß nicht, ob es einen Gott gibt", können Sie erwidern: „Ich weiß, dass es ihn gibt." „Kann Gott diese Welt beherrschen?" Darauf können Sie antworten: „Ja, ich weiß, dass er es kann." Die Welt schreit nach Menschen, die vor Hoffnung überfließen. Liebe ohne Glauben und Hoffnung? Davon kann niemand leben.

10. Kapitel

DER HEILIGE GEIST IM
1. KORINTHERBRIEF

„Dass Jesus Christus am Kreuz für uns starb, muss freilich all denen, die verloren gehen, unsinnig erscheinen. Wir aber, die gerettet werden, erfahren gerade durch diese Botschaft Gottes Macht. Denn Gott spricht in der Heiligen Schrift:
,Ich werde die Weisheit der Weisen zunichtemachen,
all ihre Klugheit will ich verwerfen.'
Was aber haben sie dann noch zu sagen, all die gebildeten Leute dieser Welt, die Kenner der heiligen Schriften und die Philosophen? Hat Gott ihre Weisheiten nicht als Unsinn entlarvt? Denn Gott in seiner Weisheit hat es den Menschen unmöglich gemacht, mit Hilfe ihrer eigenen Weisheit Gott zu erkennen. Stattdessen beschloss er, alle zu retten, die einer scheinbar so unsinnigen Botschaft glauben. Die Juden wollen Wunder sehen, und die Griechen suchen nach Weisheit. Wir aber verkünden den Menschen, dass Christus, der von Gott erwählte Retter, am Kreuz sterben musste. Für die Juden ist diese Botschaft eine Gotteslästerung und für die Griechen blanker Unsinn. Und dennoch erfahren alle, die von Gott berufen sind – Juden wie Griechen – gerade in diesem gekreuzigten Christus Gottes Kraft und Gottes Weisheit. Was Gott getan hat, übersteigt alle menschliche Weisheit, auch wenn es unsinnig erscheint; und was bei ihm wie Schwäche aussieht, übertrifft alle menschliche Stärke.
Schaut euch doch selbst an, liebe Brüder und Schwestern! Sind unter euch, die Gott berufen hat, wirklich viele, die man

als gebildet und einflussreich bezeichnen könnte oder die aus einer vornehmen Familie stammen? Nein, denn Gott hat sich die aus menschlicher Sicht Törichten ausgesucht, um so die Klugen zu beschämen. Gott nahm sich der Schwachen dieser Welt an, um die Starken zu demütigen. Wer von Menschen geringschätzig behandelt, ja verachtet wird, wer bei ihnen nichts zählt, den will Gott für sich haben. Dadurch erklärt er für null und nichtig, worauf Menschen so großen Wert legen. Vor Gott soll sich niemand etwas einbilden können. Das gilt auch für euch. Dass ihr mit Jesus Christus verbunden seid, verdankt ihr allein Gott. Und mit ihm hat er euch alles geschenkt: Christus ist Gottes Weisheit für uns. Durch ihn haben wir Anerkennung vor Gott gefunden, durch ihn gehören wir zu Gottes heiligem Volk, und durch ihn sind wir auch von unserer Schuld befreit. So trifft nun zu, was die Heilige Schrift sagt: ‚Wenn jemand auf etwas stolz sein will, soll er auf das stolz sein, was Gott für ihn getan hat!'

Liebe Brüder und Schwestern! Als ich zu euch kam und euch Gottes Botschaft brachte, die bisher verborgen war, habe ich das nicht mit geschliffener Rede und menschlicher Weisheit getan. Ich wollte bewusst von nichts anderem sprechen als von Jesus Christus, dem Gekreuzigten. Dabei war ich schwach und elend und zitterte vor Angst. Was ich euch sagte und predigte, geschah nicht mit ausgeklügelter Überredungskunst; durch mich sprach Gottes Geist und wirkte seine Kraft. Denn euer Glaube sollte sich nicht auf Menschenweisheit gründen, sondern auf Gottes rettende Kraft.

Dennoch erkennt jeder im Glauben gereifte Christ, wie wahr und voller Weisheit unsere Botschaft ist. Es ist zwar nicht die Weisheit dieser Welt und auch nicht die ihrer Machthaber. Aber die Welt mit all ihrer Macht vergeht ohnehin. Die Weisheit jedoch, die wir verkünden, ist Gottes Weisheit. Sie bleibt ein Geheimnis und vor den Augen der Welt verborgen. Und doch hat Gott, noch ehe er die Welt schuf, beschlossen, uns an seiner Weisheit und Herrlichkeit teilhaben zu lassen. Von den Herrschern dieser Welt hat das keiner erkannt. Sonst hätten sie Christus, den Herrn der Herrlichkeit, nicht ans Kreuz geschlagen. Es ist vielmehr das eingetreten, was schon in der Heiligen Schrift vorausgesagt ist:

‚Was kein Auge jemals sah, was kein Ohr jemals hörte und was sich kein Mensch vorstellen konnte, das hält Gott für die bereit, die ihn lieben.‘

Uns hat Gott durch seinen Geist sein Geheimnis enthüllt. Denn der Geist Gottes weiß alles, er kennt auch Gottes tiefste Gedanken. So wie jeder Mensch nur ganz allein weiß, was in ihm vorgeht, so weiß auch nur der Geist Gottes, was Gottes Gedanken sind. Wir haben nicht den Geist dieser Welt bekommen, sondern den Geist Gottes. Und deshalb können wir auch erkennen, was Gott uns geschenkt hat. Wenn wir davon sprechen, kommt das nicht aus menschlicher Klugheit, sondern wird uns vom Geist Gottes gelehrt. Was er uns gezeigt hat, das geben wir mit seinen Worten weiter. Der Mensch kann mit seinen natürlichen Fähigkeiten nicht erfassen, was Gottes Geist sagt. Für ihn ist das alles Unsinn, denn Gottes Geheimnisse erschließen sich nur durch Gottes Geist. Der von Gottes Geist erfüllte Mensch kann alles beurteilen, er selbst aber ist keinem menschlichen Urteil unterworfen. Denn es steht ja schon in der Heiligen Schrift:

‚Wer kann die Gedanken des Herrn erkennen, oder wer könnte gar Gottes Ratgeber sein?‘ Nun, wir haben den Geist von Christus, dem Herrn, empfangen und können seine Gedanken verstehen.

Liebe Brüder und Schwestern! Ich konnte allerdings zu euch nicht wie zu Menschen reden, die sich vom Geist Gottes leiten lassen und im Glauben erwachsen sind. Ihr wart noch wie kleine Kinder, die ihren eigenen Wünschen folgen. Darum habe ich euch nur Milch und keine feste Nahrung gegeben, denn die hättet ihr gar nicht vertragen. Selbst jetzt vertragt ihr diese Nahrung noch nicht; denn ihr lebt immer noch so, als würdet ihr Christus nicht kennen. Beweisen Eifersucht und Streit unter euch nicht, dass ihr immer noch von eurer selbstsüchtigen Natur bestimmt werdet und wie alle anderen Menschen denkt und lebt? Wenn die einen unter euch sagen: „Wir gehören zu Paulus!" und andere: „Wir halten uns an Apollos!", dann benehmt ihr euch, als hätte Christus euch nicht zu neuen Menschen gemacht. Wer ist denn schon Apollos oder Paulus, dass ihr euch deshalb streitet? Wir sind doch nur Diener Gottes, durch die ihr zum Glauben gefunden habt. Jeder von uns hat lediglich getan, was ihm von Gott aufgetragen wurde. Ich habe gepflanzt, Apollos hat begossen, aber Gott hat das Wachstum geschenkt."

1. Korinther 1,18–3,6 (HFA)

Es gibt einen großen Unterschied zwischen Klugheit und Weisheit. Einige der schlausten Menschen der Welt waren Narren, und einige der einfältigsten verhielten sich sehr weise. Die Welt hat Brillanz ohne Weisheit hervorgebracht, Macht ohne Gewissen. Wir verfügen über mehr Bildung und Wissen als je zuvor. Die Fülle an Informationen wächst so schnell, dass wir nicht mehr hinterherkommen. Daher müssen unsere Computer nun die Informationen für uns verarbeiten und im Gedächtnis behalten. Unsere jungen Leute erhalten Bildungschancen, die sich unsere Großeltern nie erträumt hätten. Die Menschheit ist schlau, aber gleichzeitig oft dumm.

Der 1. Korintherbrief zeigt uns, dass es zwei Arten von Weisheit gibt: die Weisheit Gottes und die Weisheit des Menschen. Die beiden sind unvereinbar, und die eine erscheint der anderen als Dummheit. Für Gott ist die menschliche Klugheit unsinnig; dem Menschen erscheint die Weisheit Gottes töricht zu sein.

Paulus schrieb diesen Brief an Menschen, die in der reichsten Stadt Griechenlands lebten; vielleicht war Korinth sogar die wohlhabendste Stadt im gesamten Römischen Reich. Doch gleichzeitig war dieser Ort moralisch so verdorben, dass man jeden, der ein liederliches Leben führte, als „Korinther" bezeichnete. Selbst bis zur sog. Regency-Epoche (1810–1820) in England wurde ein Mann, der über alle Stränge schlug und mit jeder Sitte brach, ein Korinther genannt. Mittlerweile ist der Begriff aus unserer Sprache verschwunden, doch genau das war seine Bedeutung.

Materiell gesehen fehlte es den Korinthern an nichts. Ihre Architektur beeinflusst unsere Gebäude immer noch. Wenn Sie London durchstreifen, werden Sie die korinthischen Säulen entdecken, die viele Gebäude stützen. Ihre Gemälde und Skulpturen inspirieren uns nach wie vor und füllen unsere Kunstgalerien. Griechische Philosophie ist auch jetzt noch das Bildungsideal unseres Landes, und die meisten Menschen in der westlichen Welt denken immer noch griechisch.

Doch wenn Sie die Geschichte von Korinth studieren, stellen Sie fest, dass die Stadt höchst lasterhaft war. Es gab Tausende von professionellen Prostituierten, die vom Stadtrat dafür bezahlt wurden, auf der Straße ihrem Gewerbe nachzugehen. In der ganzen Stadt wurde Götzendienst getrieben. Homosexualität war weiterverbreitet als normale Beziehungen zwischen Männern und Frauen. An diesem Ort mit seinen äußerst klugen Bewohnern gab es einen Freihafen, über den der gesamte Handel abgewickelt wurde. An diesem wohlhabenden Wirtschaftsstandort wurde Gottes Weisheit offenbart. Gott tat bestimmte Dinge, die so weise waren, dass die Menschen sie für unsinnig hielten.

Im Zentrum dieser Stadt, in der sich alles darum drehte, Geld zu verdienen und das zu genießen, was mit Geld zu haben war, gründete Gott eine kleine Gemeinde. Im Laufe von 18 Monaten Arbeit eines einzelnen Missionars entstand eine Kirche, an die sich dieser Brief richtet. Dort gab es Menschen, die früher einmal Folgendes gewesen waren (ich zitiere hier aus 1. Korinther 6,9–10): „Personen, die in sexueller Unmoral leben, Götzenanbeter, Ehebrecher, Homosexuelle, Räuber." Paulus stellt fest: „Und das sind manche von euch gewesen" (V. 11; NeÜ). In dieser Gemeinde gab es viele solcher Menschen, die sich verändert hatten und zu neuen Männern und Frauen geworden waren.

Stellen Sie sich vor, wir begeben uns nun gemeinsam in diese kleine Versammlung. Sie traf sich vermutlich in einer Lagerhalle oder einem Privathaus unten am Hafen. Wir werden drei Dinge betrachten, die äußerst dumm erscheinen, jedoch die Weisheit Gottes widerspiegeln. Erstens, wir werden uns eine Predig anhören. In Griechenland, das für seine Rhetoriker berühmt war, erschienen die Menschen zu Hunderten, um den populärsten, neusten Sprechern zuzuhören. Diese Redner waren in ihren Argumenten äußerst clever, sie konnten ihren Gegnern die Worte im Mund herumdrehen und sie parieren. Die Menschen im damaligen Griechenland liebten es, Debatten zuzuhören, in denen es immer wieder zu Zwischenrufen kam. Sie hörten sehr gerne einem brillanten Sprecher zu, der mit bestechender Logik argumentierte. Doch wenn Sie in diese kleine Gemeinde in Korinth kamen, hörten Sie eine Predigt über einen Mann, der Gott war. Er war im Alter von 33 Jahren hingerichtet worden, indem man ihn an ein Holzkreuz nagelte, als wäre er ein Verbrecher gewesen. Dann stand er nach drei Tagen wieder von den Toten auf – diese Botschaft schien den Intellekt der Menschen zu beleidigen. Stellen Sie sich diese Griechen vor, deren große Vorliebe es war, sich logische Argumente und Philosophien anzuhören; sie sagten: „Höchst lächerlich! So ein Unsinn! Erwartet ihr wirklich von mir zu glauben, dass ein Mann, der auf dieser Erde lebte, tatsächlich der Gott war, der diese Erde geschaffen hatte? Soll ich glauben, dass jemand, der gekreuzigt wurde, die Welt gerettet hat? Und dass er drei Tage später wieder von den Toten auferstand und bewies, dass er der Sohn Gottes war?"

Dieser Gemeindeprediger versuchte nicht, den Intellekt zu überzeugen. Er predigte einfach etwas, das manchen als eine sehr törichte Botschaft erschien, doch die Weisheit Gottes ist größer als menschliche Weisheit. Denn genau durch diese

Botschaft veränderte sich das Leben der Menschen. Es war das Wort vom Kreuz, das für diejenigen, die daran glaubten, zur Kraft Gottes wurde. Anderen erschien es unsinnig zu sein. Eine unserer Versuchungen in dieser hochentwickelten und gebildeten Ära besteht darin, das Christentum dem modernen Intellekt anzupassen und aus der Predigt das herauszuschneiden, was den Intellekt gebildeter Menschen beleidigt; die Wunder auszulassen; zu sagen, dieses oder jenes sei tatsächlich nicht passiert.

Tun wir das, so lassen wir einfach nur Fanclubs für bestimmte Prediger entstehen. Wir erleben nicht, dass Menschen gerettet werden, weil Gott in seiner unendlichen Weisheit beschlossen hat, sie durch das Wort vom Kreuz zu retten. Immer, wenn man über das Kreuz predigt, werden Menschen gerettet. Warum ist das weise? Warum hat Gott das Wort, durch das man gerettet wird, nicht zu einer intelligenten und intellektuellen Botschaft gemacht, von der man durch Argumente überzeugt werden kann? Ich danke Gott dafür, dass er es nicht getan hat, aus dem einfachen Grund, dass Sehen nicht Glauben heißt. Ich weiß, dass man sagt: „Sehen ist Glauben", doch für das Evangelium gilt etwas ganz anderes. Sehen Sie etwas, so müssen Sie es akzeptieren. Dann gibt es keinerlei Grund für Glauben und Vertrauen. Wenn ich etwas gesehen habe, so akzeptiere ich es auch.

Es gibt zwei Methoden, Dinge zu sehen oder zu erkennen: mit den Augen und mit dem Verstand. Die Juden wollen Zeichen und die Griechen Weisheit. Gott sagt: „Ihr sollt nicht sehen, sondern glauben." Wie weise! Warum? Weil es den Himmel von einer Schule unterscheidet, sodass es nicht von einer Abschlussprüfung abhängt, ob Sie in den Himmel kommen; so können selbst die schlichtesten Gemüter dieser Welt zu Gott kommen und an ihn glauben.

Vielleicht ist es deshalb manchmal für schlaue Menschen schwieriger, Christus zu vertrauen. Die Weisen aus dem Morgenland mussten einen viel weiteren Weg zurücklegen, um zum Kind nach Bethlehem zu gelangen, als die einfachen Hirten.

„Wenn ihr nicht werdet wie die Kinder …" Wenn Sie nichts sehen können, müssen Sie Ihre Hand in Gottes Hand legen und glauben. Gott sagt, dass sein Sohn für uns gestorben ist. Wenn Sie ihm vertrauen, können Sie gerettet werden. Wie unsinnig das auch erscheinen mag – Sie vertrauen darauf und es funktioniert. Sie brauchen kein Genie zu sein. Sie müssen nicht Theologie oder Philosophie studiert haben. Es ist so einfach, dass selbst ein kleines Kind es verstehen kann.

Schauen Sie sich die Gesichter in der Gemeinde von Korinth an. Was sehen Sie? Die meisten von ihnen sind ganz einfache Leute. Es gab nur sehr wenige Adlige oder kluge Intellektuelle. Einige gab es schon, denn das Himmelreich steht auch ihnen offen, doch nicht sehr viele. Wer war verantwortlich dafür, die Mitglieder dieser Gemeinde auszuwählen? Gott selbst. Er rief sie zu sich; er wählte sie aus. Warum suchte Gott sich einen so bunt gemischten Haufen aus?

Ein Mann, der in den Augen der Welt klug war, sagte einmal zu mir: „Ich will Ihnen etwas empfehlen: Kümmern Sie sich nicht um die einfachen Leute, sondern gehen Sie bedeutenden Menschen nach, die in der Industrie, im Handel und an den Universitäten wichtige Posten bekleiden, dann bekommen Sie die anderen auch dazu." Das ist weltliche Weisheit, die so schlüssig erscheint, doch Gott erwählte in seiner Weisheit einen Haufen Sklaven, Hafenarbeiter, Matrosen sowie Männer und Frauen von der Straße. Er brachte sie in die Gemeinde und gebrauchte sie, um die Welt zu verändern. Gott erwählte sich absichtlich unbedeutende Menschen, um den angeblich Bedeutenden zu zeigen, dass er der einzig Bedeutende ist – wie weise! So wird offenbar, dass alles, was wir darstellen und besitzen, Christus geschuldet ist. Christus ist unsere Weisheit, unsere Heiligung und unsere Erlösung; Christus ist alles, was wir haben. Es muss für andere offensichtlich sein, dass alles, was wir besitzen, Christus ist. Die Gemeinde ist so mitleiderregend schwach. Es gibt in der Durchschnittsgemeinde nur sehr wenige adlige oder wohlhabende Menschen; sehr wenige

Einflussreiche. Gott sei Dank dafür. Gott will Menschen, die nichts darstellen, um sie zu etwas Bedeutendem zu machen. Aus einem Stubenmädchen wird (die britische Missionarin) Gladys Aylward. Aus einem Schuster wird (der britische Botaniker und Missionar) William Carey. Gott erwählt einfache Männer und Frauen und macht aus ihnen etwas Besonders.

Schauen Sie sich nun den Prediger an, der heute Morgen in der Gemeinde von Korinth spricht. Die Griechen liebten große, gutaussende Redner mit einem wunderschönen Akzent und elegantem, weltmännischem Auftreten. Leider trifft das auch auf einige Gemeinden heute zu, doch wenn Sie die Kanzel von Korinth in den Blick nehmen, wen sehen Sie dort? Laut der Tradition steht dort ein kurzgewachsener, kahlköpfiger Jude mit O-Beinen, der ein Augenproblem hat. Daher wirkte er überhaupt nicht beeindruckend. Er gibt dies in einem seiner Briefe zu. Er sagt: „Ich weiß, dass ich nicht besonders beeindruckend wirke, wenn ich euch direkt gegenüberstehe." Er wusste das. Paulus war ein Mann, dem die Griechen keinen zweiten Blick geschenkt hätten. Er sagte: „Ich kam zu euch mit Furcht und Zittern. Als ich bei euch war, hatte ich eine ganz einfache Botschaft für euch. Ich versuchte nicht, euch durch Redekunst oder Brillanz zu überzeugen. Ich bin zu euch gekommen, um euch die einfache Botschaft zu verkünden, doch als ich sprach, geschah etwas." Genau das machte den Unterschied zwischen diesem kleinen Juden und allen griechischen Rednern. Wenn sie sprachen, sagten die Zuhörer: „Ach, wie interessant" und gingen unverändert nach Hause. Doch als Paulus sprach, zeigte sich die Kraft des Heiligen Geistes, und Menschen wurden verändert. Warum erwählt Gott solche Menschen zum Predigen? Warum sucht er sich alle möglichen Leute aus, um über das Evangelium zu sprechen? Damit Sie an Gott glauben und nicht an Menschen. Das ist der Grund. Wie weise.

Eines der besten Bücher, das ich über die Taufe gelesen habe, stammt von einem Professor aus Deutschland. Er hatte

Theologie und Philosophie studiert, doch Jesus Christus noch nicht persönlich kennengelernt. Eines Tages führte eine Mitarbeiterin der Heilsarmee, die die Stufen zu seiner Eingangstür wischte, ihn zu Christus. Wie töricht von Gott, eine solche Person für ihn auszuwählen! Bestimmt muss man einen Gelehrten auf einen Professor ansetzen, oder? Oh nein, Gott ist weise, denn das Vertrauen dieses Professors wird sich auf Jesus gründen statt auf ein menschliches Wesen. Die Gefahr besteht, dass man sein Vertrauen auf einen Redner oder einen Menschen setzt, daher sagte Paulus: „Ich kam mit einer ganz einfachen Botschaft zu euch." Der Intellektuelle würde sagen: „Da ist nicht viel dran" und sich abwenden, ohne weiter darüber nachzudenken, doch Gott ist weise.

Ich bin überzeugt, dass es noch immer Gottes Willen entspricht, eine sehr törichte Botschaft zu verkünden. Er will keine Vorlesungen. Nachdem ich meinen theologischen Abschluss gemacht hatte, sagte ein Mann zu mir: „Wissen Sie, wir leeren die Gemeinde durch theologische Examina." Ich verstehe genau, was er damit meinte. Gott will Männer und Frauen, die eine offensichtlich unsinnige Botschaft verkünden: Christus, der gekreuzigt worden ist. Er will eine Gemeinde aus „Normalos", damit er seine Kraft demonstrieren kann. Er sucht nicht nach großartigen Predigern, sondern nach Menschen, die darauf vertrauen, dass der Heilige Geist alles Nötige tun wird – statt zu glauben, sie könnten etwas bewirken.

Vielleicht entsteht jetzt bei Ihnen der Eindruck, ich oder Paulus seien gegen den Intellekt eingestellt; dass er sagen würde, andere zu lehren habe in der Gemeinde keine Berechtigung mehr. Weit gefehlt! Göttliche Weisheit muss weitergegeben, verkündet und gelehrt werden. Daher muss die Gemeinde immer die Betonung auf Lehre und Instruktionen legen, doch die betreffende Weisheit unterscheidet sich von dem, was in der Schule und an der Universität gelehrt wird. Die Lehrmethoden der Gemeinde werden daher anders sein. Sowohl in der Schule als auch an der Universität sind die Tage der Vortragsmethode gezählt, ich weiß nicht, wie ich es anders formulieren soll. Mittlerweile sagt man den Leuten nichts mehr, sondern bringt ihnen bei, es selbst herauszufinden. Das ist die große Veränderung, die sich in den letzten Jahren ereignet hat. Das mag in der weltlichen Bildung sehr gut funktionieren. Doch Gott hat den „Unsinn" des Predigens nicht aufgegeben und wird es auch niemals tun. Der moderne Pädagoge sagt vielleicht: „Lassen Sie das Predigen. Helfen Sie den Menschen, eine andere Methode zu entdecken. Predigen ist out." Doch das stimmt nicht. Auch Lehre ist immer noch notwendig, selbst wenn sie von Ihrem Persönlichkeitstyp abhängt.

Jeder, der über ein wenig Geduld und einen guten Lehrer verfügt, kann die Weisheit dieser Welt bis zu einem gewissen Grad erwerben, doch die Weisheit Gottes empfängt nur eine von drei Menschengruppen. Diese drei Gruppen werden in 1. Korinther 2 erwähnt: geistliche Menschen, natürliche Menschen und fleischliche Menschen. Nur eine dieser drei Gruppen kann in der Weisheit Gottes unterrichtet werden. Geistliche Menschen werden als erste erwähnt.

Es gibt zwei Methoden, durch die alle anderen Personen Wissen erlangen, entweder über ihre Sinne, insbesondere durch das Auge und das Ohr, oder durch ihre Vorstellungskraft, d.h. dadurch, dass ihr Verstand Schlussfolgerungen zieht. Jegliches Wissen kommt auf einem dieser Wege. Alle wissenschaftliche Erkenntnis erreicht den Forscher entweder über seine Sinne oder durch sein Denkvermögen, durch ein Konzept, doch im Gegensatz dazu möchte ich nun folgenden Grundsatz betonen: „Was kein Auge jemals sah, was kein Ohr jemals hörte und was sich kein Mensch vorstellen konnte, das hält Gott für die bereit, die ihn lieben" (1. Korinther 2,9; HFA).

Wir wissen bestimmte Dinge, die kein Wissenschaftler je entdecken wird. Gott hat sie uns gelehrt, denn der Geist Gottes kennt Gottes Gedanken. Niemand sonst kennt sie. Ich weiß nicht, was Sie jetzt gerade denken. Es könnte mich überraschen. Ich habe keine Ahnung, wie Sie auf das reagieren, was Sie jetzt lesen. Sie mögen davon begeistert sein oder es ablehnen – ich weiß es nicht, doch Ihr Geist weiß, was Sie gerade denken. Ihr Geist kennt Ihr Inneres. Ich weiß nicht, was Gott heute Morgen denkt. Ich kann das gar nicht wissen, doch seinem Geist ist es bekannt. Nehmen wir mal an, ich könnte seinen Geist haben, dann würde ich es wissen. Ich würde die Dinge verstehen, die niemand sonst begreift. Wenn alle anderen fragen: „Warum ist das passiert? Warum hat Gott das zugelassen?", könnte mein Geist empfinden: „Ich weiß, dass er es weiß"– und es genügt mir, dass er alles versteht. Diese Weisheit wird nicht jedem gegeben, weil viele sie nicht empfangen können. Wenn jemand den Geist Gottes nicht in sich trägt, kann ich ihm Sonntag für Sonntag keinerlei Weisheit weitergeben – vielleicht Klugheit, aber die wird ihm nicht helfen. Göttliche Weisheit ist so anders, und ohne den Geist Gottes kann niemand weise werden. Man kann sehr gebildet und sehr clever werden, und die Klugheit wird sagen: „Ich kann aus diesem Geschäft einen großen Nutzen ziehen", doch die Weisheit erklärt: „Was nützt es einem Menschen, wenn er die ganze Welt gewinnt, dabei aber seine Seele verliert?"

Klugheit kann uns zu dem Wissen verhelfen, unseren Lebensunterhalt zu bestreiten; Weisheit lehrt uns, wie man lebt. Klugheit kann den Großteil dieses Lebens bewältigen, doch Weisheit bereitet uns auf das nächste Leben vor. Es überrascht mich immer wieder: Nachdem ich versucht habe, das Wort Gottes zu predigen, kommt jemand zu mir und sagt: „Ich habe heute Morgen so viel mitgenommen – jetzt verstehe ich mehr als je zuvor." Eine andere Person verlässt denselben Gottesdienst mit den Worten: „Ich habe überhaupt nichts empfangen – worum ging es ihm eigentlich?" Die Antwort lautet, dass Sie nur den Menschen Weisheit vermitteln und geistliche Wahrheiten erklären können, die mit dem Heiligen Geist erfüllt sind.

Schleppen Sie daher niemals jemanden in eine Gemeinde, weil Sie selbst so viel vom dortigen Prediger bekommen haben. Ich kann Ihnen garantieren, dass Folgendes passieren wird, weil ich es selbst erlebt habe. Ich habe einem Prediger zugehört, der mir wirklich zu Herzen gesprochen hat, und dann jemandem gesagt: „Du solltest mitkommen." Und ich nahm diese Person dann auch mit. Sie saß völlig ungerührt neben mir und sagte nach dem Gottesdienst: „Ich weiß nicht, was dich daran so begeistert – da ist doch gar nichts." Das Problem ist, dass wir über einen Prediger sprachen statt über Christus. Ein großer Fehler! Das zu versuchen, ist menschliche Weisheit. Es entspricht „Gottes Torheit" zu behaupten, von Weisheit könnten nur geistliche Menschen profitieren.

Die zweite Gruppe von Menschen, die erwähnt wird, sind natürliche Menschen, manchmal als „die Ungeistlichen" übersetzt. Das griechische Wort für „natürlich" ist *phusikos* oder *psuchikos*. Es bezeichnet jemanden, der bis an die Grenzen der menschlichen Einsicht und des menschlichen Verstandes gehen kann. Der natürliche Mensch kann die Dinge Gottes *nicht* verstehen. Er ist weder stur noch stellt er sich absichtlich dumm. Genau wie Sie muss auch ich mir das ständig vor Augen führen. Ich befand mich in einer langen und ernsthaften Diskussion mit einem sehr intellektuellen jungen Mann, der mir im Blick auf so klare und offensichtliche Fakten so blind und begriffsstutzig zu sein schien: dass die Welt, in der wir leben, von jemandem geschaffen worden sein muss. Ich musste mir immer wieder sagen: „Er kann es nicht sehen; er ist ein natürlicher Mensch. Er hat nichts außer seinem Verstand, und der Verstand kann ihm nicht alles offenbaren." Daher sind die Urteile, die ein natürlicher Mensch über geistliche Dinge fällt, wertlos. Seine Beurteilungen geistlicher Menschen sind nicht ernst zu nehmen. Er wird alles Mögliche über die Gläubigen sagen, doch vertrauen Sie seiner Einschätzung nicht. Er kann es nicht verstehen, daher heißt es, dass der geistliche Mensch von niemandem beurteilt wird. Der natürliche Mensch kann den Christen nicht verstehen. Es scheint zu simpel zu sein: entweder geistliche oder natürliche Menschen. Doch es gibt noch eine dritte Gruppe: fleischliche Menschen. Sie sind Christen geworden, wurden aus dem Geist geboren, gehören zu Jesus Christus, doch sie können Weisheit nicht vertragen. Sie können noch kein Fleisch essen, sondern brauchen Milch. Der Grund dafür liegt darin, dass sie noch Babys in Christus sind, und geistlichen Babys kann man keine Weisheit anvertrauen. Sie schicken ein Baby doch auch nicht in die Schule! Es kann die Weisheit Gottes noch nicht erlernen. Eine solche Person zeichnet sich dadurch aus, dass sie ihren alten Denkgewohnheiten immer noch erlaubt, ihren Verstand zu beherrschen.

Ich werde Ihnen dafür ein außerordentliches Beispiel geben, das sich in Korinth ereignete. Paulus konnte manchen Christen keine Weisheit vermitteln, weil sie immer noch so dachten, wie sie es getan hatten, als sie noch keine Christen waren. Sie sagten: „Ich gehöre zu Paulus" oder „Ich gehöre zu Apollos" oder „Ich gehöre zu Kephas." Ich werde es für Sie in modernes Deutsch übersetzen: Sie sollen Ihr Vertrauen nicht auf einen Menschen setzen. Pastoren kommen und gehen. Wir als geistliche Amtsträger sind nur im Auftrag des Herrn dazu da, Ihnen zu dienen. Ihr Glaube richtet sich auf Jesus Christus. Das bedeutet es, erwachsen zu werden. Wenn Sie von dieser menschlichen Denkweise Abstand nehmen, stattdessen an den Herrn denken und Ihren Glauben auf ihn gründen, dann empfangen Sie Weisheit. Dann wird sie Ihnen gewährt. Diese Weisheit wird immer mehr wachsen, während Sie auf das Wort Gottes hören. Daher schreibt Paulus: „Ich musste euch mit Milch füttern." Ich habe den Eindruck, im modernen Deutsch hätte er gesagt: Mit euch allen muss ich noch so reden wie mit Kindern, Predigten sind noch nicht möglich. Wir vermitteln denjenigen Menschen Weisheit, die den Geist haben: Sie empfangen Nahrung und zwar Fleisch. Wir versuchen heutzutage, ein wenig Bratensoße darüber zu gießen, doch wir brauchen Fleisch, um groß und stark zu werden, wir müssen von der Babynahrung entwöhnt werden und anfangen zu wachsen.

Können wir nichts sehen, so können wir doch glauben; können

wir etwas mit dem menschlichen Verstand nicht begreifen, so können wir doch vertrauen. Wenn uns die unsichtbare Welt so unwirklich erschient, die sichtbare jedoch so real, dann können wir um diese Zuversicht bitten: Was kein Auge gesehen und kein Ohr gehört hat und in keines Menschen Herz gekommen ist – es geht um die Herrlichkeit, die in der Zukunft offenbart werden soll und über die uns der Heilige Geist Gewissheit schenken kann.

Die Weisheit Gottes erscheint den Menschen unsinnig zu sein, doch für die Menschen, die gerettet werden, die an das Wort vom Kreuz glauben, ist sie die Kraft Gottes, die Leben verändert. Jetzt wenden wir uns 1. Korinther 12 zu.

„Liebe Brüder und Schwestern, ihr habt in eurem Brief die Gaben angesprochen, die Gottes Geist schenkt. Darüber sollt ihr nun Genaueres erfahren. Ihr wisst, dass es euch mit unwiderstehlicher Gewalt zu den stummen Götzen gezogen hat, als ihr noch keine Christen wart. Ich erkläre euch aber ausdrücklich: Wenn ein Mensch geleitet von Gottes Geist redet, kann er nicht sagen: ‚Verflucht sei Jesus!' Und keiner kann bekennen: ‚Jesus ist der Herr!', wenn er nicht den Heiligen Geist hat.

So verschieden die Gaben auch sind, die Gott uns gibt, sie stammen alle von ein und demselben Geist. Und so unterschiedlich auch die Aufgaben in der Gemeinde sind, so ist es doch derselbe Herr, der uns dazu befähigt.

Es gibt verschiedene Wirkungen des Geistes Gottes; aber in jedem Fall ist es Gott selbst, der alles bewirkt. Wie auch immer sich der Heilige Geist bei jedem Einzelnen von euch zeigt, seine Gaben sollen der ganzen Gemeinde nützen. Dem einen schenkt er im rechten Augenblick das richtige Wort. Ein anderer kann durch denselben Geist die Gedanken Gottes erkennen und weitersagen. Wieder anderen schenkt Gott durch seinen Geist unerschütterliche Glaubenskraft oder unterschiedliche Gaben, um Kranke zu heilen. Manchen ist es gegeben, Wunder zu wirken. Einige sprechen in Gottes Auftrag prophetisch; andere sind fähig zu unterscheiden, was vom Geist Gottes kommt und was nicht. Einige reden in unbekannten Sprachen, und manche schließlich können das Gesagte für die Gemeinde übersetzen. Dies alles bewirkt ein und derselbe Geist. Und so empfängt jeder die Gabe, die der Geist ihm zugedacht hat.

So wie unser Leib aus vielen Gliedern besteht und diese Glieder einen Leib bilden, so ist es auch bei Christus: Sein Leib, die Gemeinde, besteht aus vielen Gliedern und ist doch ein einziger Leib. Denn wir alle sind mit demselben Geist getauft worden und gehören dadurch zu dem einen Leib von Christus, ganz gleich, ob wir nun Juden oder Griechen, Sklaven oder Freie sind; alle sind wir mit demselben Geist erfüllt worden. Nun besteht ein Körper aus vielen einzelnen Gliedern, nicht nur aus einem einzigen.

Selbst wenn der Fuß behaupten würde: ,Ich gehöre nicht zum Leib, weil ich keine Hand bin!', er bliebe trotzdem ein Teil des Körpers. Und wenn das Ohr erklären würde: ,Ich bin kein Auge, darum gehöre ich nicht zum Leib!', es gehörte dennoch dazu. Angenommen, der ganze Körper bestünde nur aus Augen, wie könnten wir dann hören? Oder der ganze Leib bestünde nur aus Ohren, wie könnten wir dann riechen? Deshalb hat Gott jedem einzelnen Glied des Körpers seine besondere Aufgabe gegeben, so wie er es wollte. Was für ein sonderbarer Leib wäre das, der nur einen Körperteil hätte! Aber so ist es ja auch nicht, sondern viele einzelne Glieder bilden gemeinsam den einen Leib.

Darum kann das Auge nicht zur Hand sagen: ,Ich brauche dich nicht!' Und der Kopf kann nicht zu den Füßen sagen: ,Ihr seid überflüssig!' Vielmehr sind gerade die Teile des Körpers, die schwächer und unbedeutender erscheinen, besonders wichtig. Wenn uns an unserem Körper etwas nicht gefällt, dann geben wir uns die größte Mühe, es schöner zu machen;

und was uns anstößig erscheint, das kleiden wir besonders sorgfältig. Denn was nicht anstößig ist, muss auch nicht besonders bekleidet werden. Gott aber hat unseren Leib so zusammengefügt, dass die unwichtig erscheinenden Glieder in Wirklichkeit besonders wichtig sind. Nach seinem Willen soll unser Leib nämlich eine untrennbare Einheit sein, in der jeder einzelne Körperteil für den anderen da ist. Leidet ein Teil des Körpers, so leiden alle anderen mit, und wird ein Teil geehrt, freuen sich auch alle anderen.

Ihr alle seid der eine Leib von Christus, und jeder Einzelne von euch gehört als ein Teil dazu. Jedem hat Gott seine ganz bestimmte Aufgabe in der Gemeinde zugeteilt. Da sind zunächst die Apostel, dann die Propheten, die verkünden, was Gott ihnen eingibt, und drittens diejenigen, die andere im Glauben unterweisen. Dann gibt es Christen, die Wunder tun, und solche, die Kranke heilen oder Bedürftigen helfen. Einige übernehmen leitende Aufgaben in der Gemeinde, andere reden in unbekannten Sprachen. Sind sie nun etwa alle Apostel, Propheten oder Lehrer? Oder kann jeder von uns Wunder tun? Kann jeder Kranke heilen, in unbekannten Sprachen reden oder das Gesagte übersetzen? Natürlich nicht. Aber jeder Einzelne soll sich um die Gaben bemühen, die der Gemeinde am meisten nützen. Und jetzt zeige ich euch den einzigartigen Weg dahin."

1. Korinther 12 (HFA)

Menschen haben zwei verschiedene Arten von Gaben: natürliche und geistliche. Gott benötigt beide in seinem Dienst. Natürliche Gaben besitzen wir schon, bevor wir Christ werden. Diese Gaben können wir nach unserer Bekehrung dann Gott weihen und sie in unserem Dienst für ihn einsetzen. Es ist wunderschön, wenn jemand, der natürliche Gaben hat, diese in Gottes Dienst stellt. Das offensichtlichste Beispiel ist vermutlich die Musikalität. Entweder man hat sie oder man hat sie nicht. Die meisten meiner

Familienmitglieder haben kein musikalisches Gehör. Einige verfügen jedoch darüber. Sie können diese Gabe kultivieren, trainieren und sie Gott zur Verfügung stellen. Andere haben auch eine erstaunliche natürliche Begabung, zu improvisieren und zu komponieren.

Manche Menschen sind im finanziellen Bereich begabt. Ich verstehe nicht, wie sie das machen, doch sie können verblüffend gut mit Zahlen umgehen. Andere sind gut im Organisieren; wieder andere sind in der Lage, einen Nagel gerade in die Wand zu schlagen; manche sind handwerklich begabt. Es begeistert mich, wenn alle diese Gaben für Gott eingesetzt und ihm geweiht werden, doch es handelt sich ausnahmslos um natürliche Gaben. Es gibt Menschen, die das Redetalent in diese Liste aufnehmen würden – denken Sie darüber, was Sie wollen, doch es gibt viele Gaben.

Es entspricht nicht Gottes Willen, dass die Gemeinde auf natürliche Gaben beschränkt bleibt. Wäre das der Fall, würde es bedeuten, dass manchen vermittelt wird, nichts beitragen zu können oder nur sehr wenig. Denn es ist ziemlich offensichtlich, dass natürliche Gaben sehr ungleichmäßig verteilt sind. Hören Sie beispielsweise einem großartigen Sänger zu, denken Sie bei sich: „Was für eine wundervolle und seltene Gabe." Es ist Gottes Absicht, Gaben unter anderen Menschen zu verteilen, die vielleicht nur wenige oder keine natürlichen Begabungen haben. Ich glaube, jeder Mensch hat mindestens eine. Ist eine Gemeinde auf natürliche Gaben beschränkt, so sind ihre Entwicklungsmöglichkeiten äußerst begrenzt. Dann ist sie davon abhängig, viele begabte Mitglieder zu haben, doch in einer Durchschnittsgemeinde ist das nicht der Fall, wie wir am Anfang vom ersten Korintherbrief bereits festgestellt haben.

Was ist also die Lösung für dieses Problem? Sie lautet, dass Gott, wenn Sie so wollen, eine wunderbare Idee hatte, nämlich der Gemeinde übernatürliche Gaben zu verleihen. Da es bei Gott kein Ansehen der Person gibt, er weder parteiisch ist noch

Lieblinge hat, kann er jedem Menschen geistliche Gaben geben, der bereit ist, sie zu empfangen. Das ist das Herrliche daran! Sie mögen vielleicht sagen: „Ich bin unbegabt." Das ist dann einzig und allein Ihre Schuld. Falls Sie das für eine harte Aussage halten, möchte ich Sie auf die geistlichen Gaben verweisen. Bei natürlichen Gaben können Sie nichts dafür, wenn Sie keine haben, doch geistliche Gaben sind für alle verfügbar.

Darum heißt es in 1. Korinther 12 immer wieder: „einem jeden" oder „jedem einzelnen". Es ist Gottes Wille, übernatürliche Gaben zu schenken, doch der größte Unterschied ist folgender: Diese geistlichen oder übernatürlichen Gaben sind nie bei Ungläubigen zu finden, sondern werden ausschließlich Christen gegeben. Diese Gaben werden Sie niemals bei Menschen feststellen, die keine Christen sind, so begabt sie auch sein mögen. Es handelt sich um besondere Gaben für Gottes Volk. Paulus leitet diesen Abschnitt so ein: „Liebe Brüder und Schwestern, ihr habt in eurem Brief die Gaben angesprochen, die Gottes Geist schenkt. Darüber sollt ihr nun Genaueres erfahren." Allerdings begegnen mir zahlreiche Christen, die darüber gar nichts wissen wollen und für die es das letzte Thema ist, über das sie etwas hören möchten. „Reden wir nicht darüber, das interessiert mich nicht" oder „Das will ich gar nicht wissen." Paulus wollte, dass die Gläubigen über diese Gaben informiert waren, sodass sie sich nach ihnen ausstrecken und sie empfangen konnten.

Es gibt nur eine Art des Begehrens, die einem Christen erlaubt ist. Er darf nicht das Auto, das Haus oder die Arbeit einer anderen Person begehren und nicht einmal deren natürliche Gaben. „Du sollst nicht begehren." Doch hier im Neuen Testament finden wir ein klares Gebot: „Aber jeder Einzelne soll sich um die Gaben bemühen, die der Gemeinde am meisten nützen", womit Gaben des Geistes gemeint sind. Wenn Sie bei einem anderen Christen eine geistliche Gabe erkennen, dann dürfen Sie diese Gabe ernstlich begehren, denn das Wort Gottes gibt Ihnen die Erlaubnis dazu.

Viele Christen sind unwissend und uninformiert über geistliche Gaben. Dafür gibt es zwei Gründe: Sie wissen nichts darüber, weil ihnen die Erfahrung mit Geistesgaben fehlt. Sie haben noch nie miterlebt, wie sie ausgeübt wurden. Vielleicht gehören sie zu einer Gemeinde, in der nur natürliche Gaben praktiziert werden. Der Grund für ihre Unwissenheit ist daher ihr Mangel an Erfahrung. 1. Korinther 12–14 wird bedeutungslos, wenn Ihnen die entsprechende Erfahrung fehlt. Als würde man die Straßenverkehrsordnung lesen, bevor man ein eigenes Auto hat – sehr interessant, doch ohne jeglichen praktischen Nutzen. Viele Menschen beschäftigen sich genau aus diesem Grund gerade nicht mit diesen drei Kapiteln. Ihnen entgeht sogar die Bedeutung des wunderschönen Kapitels 13, wenn Sie keinerlei Erfahrung mit Geistesgaben haben, denn alles dreht sich dort um sie: „Wenn ich in den unterschiedlichsten Sprachen der Welt, ja, sogar in der Sprache der Engel reden kann …" Das ist die erste Geistesgabe, die hier erwähnt wird, „…aber ich habe keine Liebe". „Wenn ich in Gottes Auftrag prophetisch reden kann …", das ist die zweite Geistesgabe. Und hier kommt die dritte: „alle Geheimnisse Gottes weiß, seine Gedanken erkennen kann …" „…und einen Glauben habe, der Berge versetzt." Es handelt sich hier um Geistesgaben. Später in diesem Kapitel heißt es, dass Prophetie vergehen wird; Zungenrede wird aufhören, ebenso wie Erkenntnis. Das gesamte Kapitel dreht sich um geistliche Gaben. Daher verliert sogar dieser Abschnitt, den viele Christen so sehr lieben, seine Bedeutung, wenn Sie nichts über Geistesgaben wissen.

Eine zweite Art der Unwissenheit, die sich stark von der ersten unterscheidet, gleicht der Ignoranz in Korinth. Das ist die Unwissenheit der Menschen, die in ihrer Gemeinde jede Art von Geistesgabe haben, aber nicht wissen, wie man sie richtig einsetzt. Das kann zu Schwierigkeiten, Problemen, Spaltungen und Unzufriedenheit führen. Diese Art der Unwissenheit ist sogar noch schlimmer, denn die Gaben Gottes werden in diesem Falle dazu benutzt, die Gemeinde zu zerstören statt sie aufzubauen. Daher schreibt Paulus, sie sollen darüber Genaueres erfahren, denn diese Gemeindeglieder empfangen zwar die Geistesgaben, wissen aber gleichzeitig nicht, wie man sie richtig gebraucht.

Insbesondere zwei Dinge waren ihnen nicht bekannt: *wie* Geistesgaben verliehen werden und *wozu* dies geschieht. In der ersten Hälfte des Kapitels spricht er daher über die Eingebung dieser Gaben – wie sie verliehen werden. In der zweiten Hälfte geht es dann um die Eingliederung dieser Gaben – wozu sie gegeben werden – für den Aufbau des Leibes.

Wir betrachten nun die erste Hälfte, die Eingebung oder Inspiration dieser Gaben. Wie werden sie verliehen? Wie werden sie Teil des Gemeindelebens? Es gibt einen großen Unterschied zwischen der natürlichen und übernatürlichen Gabe und zwar: die natürliche Gabe kann ausgeübt werden, wann immer die betreffende Person es wünscht. Wenn Sie gesangsbegabt sind, können Sie diese Gabe ausüben, auch wenn Sie gerade keine besondere Lust verspüren, Ihren Mund zu öffnen und zu singen. Was auch immer Ihre natürliche Begabung ist, Sie können sie so gebrauchen, wie Sie möchten. Sie können sie kontrollieren und kultivieren, sie weiterentwickeln etc. Doch eine Geistesgabe kann nur ausgeübt werden, wenn der Heilige Geist Sie dazu bewegt. Eine unmittelbare und direkte Inspiration ist notwendig, damit eine Geistesgabe in Aktion kommt.

Manche Musiker und Künstler sagen: „Ich kann nicht komponieren, ohne dazu bewegt, dazu inspiriert zu werden." Es ist interessant, dass sie dasselbe Wort verwenden, „inspiriert", als gäbe es einen Geist, der sie anstoßen muss, bevor sie tätig werden können. Diese Aussage enthält ein Körnchen Wahrheit, doch die Inspiration, über die ich spreche, ist eine andere. Die Inspiration für weltliche Musik und Kunst entspringt dem menschlichen Geist. Wenn er jemanden inspiriert, so findet das in einem wunderschönen Musikstück oder Kunstwerk seinen Ausdruck. Doch wenn die Inspiration von Gott kommt, ist es der

Heilige Geist und nicht der menschliche Geist, der am Wirken ist. Jetzt behandelt Paulus ein Thema, das in jeder Gemeinde, in der Geistesgaben ausgeübt werden, angesprochen werden muss. Er sagt Gläubigen, dass sie durch den falschen Geist bewegt werden können. Es ist sehr wichtig zu erkennen, dass es drei Arten von Geistern gibt, die Menschen dazu bringen, bestimmte Dinge zu tun: Gottes Heiliger Geist, der menschliche Geist und der böse Geist Satans und seiner Nachfolger. Eine Person kann zutiefst bewegt sein, allerdings in die falsche Richtung, wenn der dafür verantwortliche Geist entweder ihr eigener Geist oder Satans Geist ist.

Sobald Menschen von Geistern dazu bewegt werden, etwas zu tun, entsteht die Gefahr, dass sie der falsche Geist motiviert. Zu den schrecklichen Ereignissen in Korinth gehörte dieses Phänomen: Als alle vom Geist bewegt Dinge aussprachen, lobten einige Gemeindeglieder Gott, indem sie sagten: „Halleluja, gelobt sei Jesus, Jesus ist Herr", während andere erklärten: „Verflucht sei Jesus, verflucht sei Jesus." Das ist eine erschütternde Erfahrung, und Paulus muss diese Menschen korrigieren.

Wenn Sie zutiefst bewegt worden sind, ist es sehr wichtig, sich zu vergewissern, welcher Geist Sie bewegt hat, denn die Richtung, die Sie nach dieser Erfahrung einschlagen werden, wird davon abhängen, um welchen Geist es sich handelt. Paulus erinnert die Korinther daran, dass sie, als sie noch Heiden waren, tief bewegt wurden, obwohl sie Götzen anbeteten. Ich habe Derwische mit meinen eigenen Augen gesehen. Ich habe beobachtet, wie Menschen sich in eine Raserei hineingesteigert haben, wobei sie von bösen Geistern angetrieben wurden, allen möglichen Unsinn ausriefen und in Zungen redeten; sie schrien furchtbare Dinge und steigerten sich immer weiter hinein, wobei sie entweder von ihrer eigenen Psyche oder von dämonischen Geistern bewegt wurden. Sie waren so bewegt, dass sie Böses sagten und taten.

Darauf müssen Sie achtgeben, und Paulus lehrt uns, dass Sie die Art eines Geistes immer anhand der Aussagen der Menschen identifizieren können, wenn sie inspiriert werden. Richtet sich ihre Aussage gegen Jesus, dann ist es nicht der Heilige Geist, der sie bewegt. Es mag merkwürdig erscheinen, wenn jemand in der Gemeinde Jesus verflucht, doch damals gab es zahlreiche Menschen, die genau das taten. Die Juden taten es, sie sagten: „Verflucht sei der Mann, der an einem Baum hängt", und damit war Jesus gemeint. Die Heiden verfluchten Jesus, denn immer, wenn Menschen über ihn sprachen, verloren die Götzenmacher ihre Kundschaft. Viele Menschen verfluchten Jesus, doch wenn jemand in die Gemeinde kam und dort Jesus verfluchte, waren es böse Geister, die ihn dazu motivierten. Der wahre Test für einen Lobpreisgottesdienst besteht nicht darin, ob er Sie bewegt hat, sondern wer Sie bewegt hat.

Darum sollte man sich auch vor menschlichen Geistern in Acht nehmen, die versuchen, die Besucher anzuheizen. „Na los, Leute, klatscht einander ab, begrüßt euren Sitznachbarn. Lasst uns die Musik voll aufdrehen und eine tolle Zeit miteinander verbringen." Das könnten schlicht und einfach nur psychologische Geister sein, die Sie nicht in die richtige Richtung bewegen würden. Sie ergreifen Sie nur ein wenig, nehmen Sie ein bisschen mit, sorgen dafür, dass Sie auf Ihrem Sitz etwas hin und her rutschen, doch sie setzen Sie nicht wirklich in Bewegung. Sie können immer erkennen, wenn der Heilige Geist jemanden bewegt, weil dann Jesus verherrlicht, geehrt und zum Herrn erhoben wird. Der Teufel wird niemals sagen: „Jesus ist Herr", denn das ist letztlich sein Todesurteil. Niemand, der von einem bösen Geist inspiriert wird, trifft die Aussage: „Jesus ist Herr."

Eine Frau wurde nach ihrer Bekehrung zu einem spiritistischen Medium und ging in eine spiritistische Gemeinde. Ihr früherer Pastor traf sie ein paar Monate später und fragte sie: „Warum hast du das getan?"

Sie sagte: „Das ist schon in Ordnung, es ist eine christliche Bewegung."

Er fragte sie: „Woher weißt du das?"

Sie erklärte: „Ich spreche mit den Geistern und ich sage zu ihnen: ‚Jesus ist mein Meister.' dann antworten sie: ‚Unserer auch.'"

Das Pastor, der seine Bibel kannte, sagte zu ihr: „Das nächste Mal, wenn du mit den Geistern in Kontakt bist, sage zu ihnen: ‚Jesus ist Herr.'" Das tat sie und verlor jegliche Fähigkeit, mit Geistern in Kontakt zu treten. Sie kam zurück in ihre erste Gemeinde und sagt jetzt: „Jesus ist Herr."

Sie können den Unterschied erkennen und müssen sicher sein, dass der Heilige Geist Sie bewegt, wenn Geistesgaben ausgeübt werden sollen. Anderenfalls könnten Ihre Worte Ihrem eigenen Geist oder bösen Geistern entspringen. Das wäre für die Gemeinde weder ermutigend noch hilfreich. Es könnte die Gemeinde zerreißen und das zerstören, was Gott aufbauen will.

Paulus ermahnt Christen, dass sie ihre heidnische Inspiration nicht in die Gemeinde bringen sollen. Erlauben Sie bösen Geistern nicht, Ihren Mund zu kontrollieren. Sprechen Sie im Heiligen Geist. Dann werden Sie sagen: „Jesus ist Herr", das sind Worte, die nur der Heilige Geist ausspricht. Mir ist aufgefallen, dass selbst Menschen, die Jesus respektieren, aber keine Christen sind, ihn niemals „Herr" nennen. Sie mögen über Jesus oder den Zimmermann aus Nazareth oder sogar über den leidenden Gottesknecht sprechen, ihn mit allen möglichen Titeln bezeichnen, doch achten Sie darauf, wie oft jemand über den Herrn Jesus spricht. Wenn Sie das Wort „Herr" hören, dann wissen Sie, dass der Heilige Geist dieser Person hilft, über ihn zu reden.

Jetzt wendet sich Paulus einem anderen Thema zu und lehrt Folgendes: Geistesgaben erkennt man nicht daran, dass sie immer auf dieselbe Art und Weise auftreten. Es gibt eine Vielzahl von Gaben, Diensten und Wirkungsweisen. Für das Wirken des Heiligen Geistes gibt es kein festgelegtes Muster. Die Arbeitsweise von Menschen ist immer gleichbleibend. Darum haben wir die Tendenz, entweder in Rituale oder auf eingefahrene Gleise zu verfallen, wenn Menschen für das Geschehen verantwortlich sind. Übernimmt jedoch der Heilige Geist die Kontrolle, so

kommt es zu einem Ausbrechen aus altbekannten Mustern –
unerwartete Dinge geschehen, die neu und frisch sind. Es gibt
unterschiedliche Gaben, verschiedene Wirkungsweisen und
unterschiedliche Dienste. Im Labor habe ich entdeckt, dass im
gesamten Universum weder zwei Grashalme identisch sind,
noch zwei Sandkörner, zwei Wolken oder zwei Schneeflocken.
In Gottes Schöpfung herrscht eine Vielfalt, und wenn Gott der
Heilige Geist aktiv wird, dann geschieht etwas, das nicht in
unser vorbestimmtes Schema passt. Eine wunderbare Vielfalt
entsteht, doch sie kommt von ein- und demselben Gott. Schauen
Sie sich in einer Menschenmenge um. Alle sind unterschiedlich.
Selbst eineiige Zwillinge unterscheiden sich voneinander, wie Sie
feststellen werden, wenn Sie ihre nähere Bekanntschaft machen.
Gott hat eine wunderbare Vielfalt von Menschen geschaffen, und
hier sind wir nun, so ein bunter, verrückter Haufen von Menschen
mit unterschiedlichen Problemen, Hoffnungen, Träumen, Häusern
und Kindern. Doch eine Gruppe von Christen hat denselben
Geist, denselben Herrn, denselben Gott, und in Christus sind wir
alle eins. Es ist Gottes Wille, alle zusammenzubringen, sodass es
im Himmel Menschen aus jedem Volk, jedem Stamm und jeder
Sprache geben wird. Wir haben also verschiedene Geistesgaben,
die unterschiedlich gebraucht und zu verschiedenartigen Zwecken
eingesetzt werden. Erwarten Sie daher eine unendliche Vielfalt,
wenn der Heilige Geist in einer Gemeinde wirkt; und rechnen Sie
mit einer langweiligen, toten Gleichförmigkeit, wenn allein der
menschliche Geist die Kontrolle hat, selbst wenn Gott geweihte
natürliche Gaben im Spiel sind.

Wie sehen nun die geistlichen Gaben aus, die Gott der
Gemeinde gibt? Es handelt sich um keine erschöpfende Liste,
doch hier werden neun verschiedene Gaben erwähnt, die jede für
sich wunderschön sind. Wir werden sie eine nach der anderen
betrachten. Das Erste, was mir auffällt, ist, dass fünf der neun
aufgezählten Gaben mit Sprache zu tun haben. Gott benutzt also
insbesondere die Wortbegabung, um eine Gemeinde aufzubauen.

Die Welt interessiert sich mehr für Taten und sagt: „Wenn die Gemeinde aufhören würde zu reden und tatsächlich etwas täte, hätten wir mehr Respekt vor ihr." Gott gebraucht in seiner Weisheit, die den Menschen töricht erscheint, die Predigt und das gesprochene Wort, um Menschen zu stärken. Es gehört zu Gottes Plan, dass die Mehrheit der übernatürlichen Gaben, die er schenkt, sprachliche Gaben sind. Denn Gedanken in Worte zu fassen ist eine Fähigkeit, die nur der Mensch hat und kein anderes Geschöpf auf der Welt. Wir sind nicht einfach nur Tiere.

„Der Mensch lebt nicht vom Brot allein", daher sind Taten an sich nicht genug. Gott will Ihnen die Gabe verleihen, Worte auszusprechen, die andere Menschen stärken und ihnen helfen. Das ist doch eines der größten Probleme in der Gemeinde: die Menschen zum Sprechen zu bringen. Um die Freude der Gemeinschaft zu erleben, ist es wichtig, dass Sie jeden dazu bewegen, mit den anderen zu reden, in dem Glauben, dass man dadurch einander hilft. Dadurch, dass Sie Ihre Segnungen, Lasten und Einsichten miteinander teilen, ermutigen Sie einander. Gibt es in einer Gemeinde nur einen Mann, der den anderen ein Ohr abkaut, während der Rest nie seinen Mund aufmacht, dann entspricht das nicht der Vorstellung Gottes.

Die ersten beiden Geistesgaben, die hier erwähnt werden, haben mit Sprache zu tun. Es handelt sich nicht um die Gabe der Weisheit, sondern darum, Weisheit auszusprechen, das Wort der Weisheit. Das bedeutet, dass Sie weder klug noch gebildet sein müssen. Alles, was Sie zu tun haben, ist Gott zu erlauben, Ihren Mund zu gebrauchen, um Weisheit auszusprechen. Die Weisheit kommt von ihm, er wird sie bereitstellen. Diese Gabe, das Wort der Weisheit, sieht folgendermaßen aus: Wenn sich die Gemeinde einem riesigen Problem gegenübersieht, wenn es große Schwierigkeiten gibt, wenn niemand eine Ahnung hat, was zu tun ist – dann kann jemand aufstehen, dem der Geist diese Gabe gegeben hat, und sagen: „Das ist es, was wir nach Gottes Willen tun sollen." Wenn es sich um ein Wort der Weisheit handelt, wird nach diesem Ausspruch jeder anwesende Christ sagen: „Warum sind wir darauf nicht selbst gekommen? Das ist genau die richtige Antwort auf dieses Problem."

Salomo bat um diese Gabe und wurde mit einer, wie ich finde, unmöglichen Situation konfrontiert: Zwei Frauen stritten sich um ein Baby; vor einem solchen Problem würden die meisten von uns davonlaufen, denn wir hätten das Gefühl, wir würden beiden von ihnen Unrecht tun, wie auch immer wir entscheiden. Er bat um Weisheit, und Gott legte ihm nur einen Satz in den Mund, der das ganze Problem löste. Jedes Gemeindeglied, jeder Nachfolger Jesu, der mit dem Heiligen Geist erfüllt ist, kann der ganzen Gemeinde ein Wort der Weisheit geben. Wir brauchen diese Gabe ganz dringend!

Die zweite Gabe ist das Wort der Erkenntnis. Sie bedeutet nicht, dass Ihr Hirn mit theologischem Fachwissen vollgepackt ist. Es geht darum, etwas über eine Person oder eine Sache sagen zu können, was nur Gott weiß. Elia hatte diese Gabe. Er wusste genau, was der König von Syrien in seinem Schlafzimmer sagte. Diese Gabe besteht aus einem übernatürlichen Wissen, das man nur von Gott bekommen kann. Ich war schon dabei, als diese Gabe ausgeübt wurde, als jemand der Gemeinde etwas sagte, das niemand wissen konnte als Gott allein. Es erwies sich als hilfreiche Information, etwas, das der Gemeinde half, sich auf die Zukunft vorzubereiten. Es kann sich um Informationen über die Zukunft handeln.

Das Dritte ist die Gabe des Glaubens. Dabei geht es nicht um den normalen rettenden Glauben eines Christen, sondern um eine besondere Gabe des Glaubens, die sich folgendermaßen zeigt: Der Glaube eines Christen ist angegriffen, und er kann einfach nicht glauben, dass etwas Bestimmtes geschehen soll. Dann sagt jemand aus der Gemeinde: „Ich glaube, dass es geschehen wird. Ich weiß es. Ich bin mir dessen ganz sicher", und diese Gabe des Glaubens hilft allen anderen zu glauben, dass es tatsächlich passieren wird.

Die vierte Gabe, die erwähnt wird, ist Heilung. Sie beinhaltet, eine körperliche Krankheit ohne Medizin oder Operation zu heilen. Diese Gabe wird manchmal jemandem gegeben, um sie für eine andere Person einzusetzen. Es ist eine Gabe der Gesundheit, die Gott einem Menschen durch diesen Christen schenken will. Preisen wir den Herrn dafür! Ich würde weder sprechen, lehren noch predigen, ja, ich wäre nicht einmal mehr am Leben, wenn es diese Gabe nicht gäbe.

Dann gibt es noch die Gabe, Wunder zu wirken, und sie besteht darin, Macht über Dinge auszuüben: die Natur zu verändern oder das Wetter zu beeinflussen. Diese Gabe verleiht Gott immer noch seinen Kindern.

Die Gabe der Prophetie bedeutet, ein direkt von Gott inspiriertes Wort an die Gemeinde weiterzugeben. Die Gabe der Prophetie kann jeder ausüben. Jeder kann ein Wort unmittelbar von Gott empfangen, um es den anderen mitzuteilen – ein Wort der Ermutigung oder der Vorhersage, ein Wort, das Sie herausfordern soll, ein Wort, das plötzlich ihre Routine unterbricht und Sie an Gott denken lässt. Jeder geisterfüllte Gläubige kann ein Wort der Prophetie weitergeben.

Die Gabe der Geisterunterscheidung besteht ganz einfach darin, erkennen zu können, ob eine Person durch Gott, ihren menschlichen Geist oder einen bösen Geist dazu bewegt wurde, etwas zu sagen oder zu tun; durch Gott, das Fleisch oder den Teufel. In einem Gottesdienst stand ein Mann auf und sprach in Zungen. Daraufhin erhob sich der Pastor und sagte: „Bruder, der Geist sagt mir, dass du es im Fleisch tust und nicht im Geist, bitte setz dich hin und sei still; es ist nicht hilfreich." Sofort setzte sich der Mann wieder. Wie Sie sich vorstellen können, gibt es in einer solchen Situation keinen Missbrauch von Gaben, wenn die Gabe der Geisterunterscheidung ausgeübt wird. Man muss wirklich den Willen des Herrn erforschen, bevor man eine Gabe ausübt, und der betreffende Pastor tat dies häufig.

Dann gibt es die Gabe verschiedener Sprachen, wobei es sich

nicht um ekstatisches Gebrabbel handelt, sondern den Gebrauch einer Sprache, die Sie nicht gelernt haben, um Gott zu loben. Der Sinn und Zweck, Gott in einer fremden Sprache zu loben, ist, dass Ihre Gedanken und Ihr Verstand Sie dabei nicht stören können. So wird eine der größten Blockaden für freies Gebet beseitigt, und Sie können in einer Freiheit beten und anbeten, die Sie in Ihrer eigenen Sprache nicht haben. Es ist eine wunderschöne Gabe, doch sie kann durch seelisches Gebrabbel und dämonische Zungenrede nachgemacht werden.

Die letzte Gabe ist die Auslegung der Sprachen, denn wenn jemand in der Gegenwart anderer in Zungen redet, nützt es Ihnen überhaupt nichts, da Sie kein Wort verstehen. Daher wird eine weitere übernatürliche Gabe verliehen, nämlich für die Anwesenden zu übersetzen, damit sie erfahren, welcher wunderschöne Gedanke gerade ausgedrückt oder welch wunderbarer Lobpreis Gott dargebracht wurde.

Uns sollte bewusst sein, dass der Heilige Geist selbst entscheidet, wer welche Gabe bekommt. Wir können das nicht beschließen. Ich kann nicht sagen: „Ich werde diese Gabe erhalten", und Sie können nicht behaupten: „Du wirst sie bekommen." Es ist der Heilige Geist, der Menschen diese Gaben nach seiner Wahl zum Besten aller verleiht. Er tut es nicht, um jemanden zu beschädigen oder zu verletzen, sondern um die Gemeinde zu stärken. Niemand anderes trifft diese Entscheidung.

Das ist der Unterschied zwischen der Ausübung der Gaben und dem, was ein Prediger an seinem Schreibtisch tut. Der Heilige Geist entscheidet, welche er wem verleiht. Es mag eine Gottesdienstordnung geben, doch meiner Ansicht nach braucht jede Gemeinde Zusammenkünfte, bei denen es keine festgelegte Ordnung gibt; in denen der Heilige Geist sagen kann: „Ich werde Frau X oder Herrn Y heute eine Gabe geben, die sie zum Wohle aller ausüben sollen."

Schließlich komme ich zu Vers 13. Wie beginnen Sie, Gaben auszuüben? Es steht in diesem Vers klar und deutlich drin, doch ich werde ein Wort verändern, weil die Übersetzer meiner Bibelausgabe es leider falsch übersetzt haben. Sie können das überprüfen, indem Sie jemanden finden, der Griechisch kann, und ihn fragen, was dort im Griechischen steht. Paulus schreibt: „Denn in einem Geist sind wir alle … getauft worden" (ELB), nicht „durch" (LUT), denn der Geist tauft Sie nicht; Sie werden in ihm durch den Herrn Jesus getauft. Interessanterweise stehen im Griechischen, das Paulus verwendete, die Verben „getauft" und „getränkt" beide in einer besonderen Verbform, die etwas bezeichnet, was einmal geschehen ist. Sie wurden einmal getauft und Ihnen wurde einmal von diesem einen Geist zu trinken gegeben – auf diese eine Erfahrung in seinem eigenen Leben und dem der Korinther bezieht er sich. Er sagt quasi: Erinnert ihr euch nicht daran? So fing alles an. Ihr wurdet in einem Geist getauft; euch wurde von einem Geist zu trinken gegeben.

Genau wie Sie in Wasser getauft werden, doch wenn Sie dabei Ihren Mund offenhalten, werden Sie davon trinken – wie eine arme Frau, die ich taufte, es tat. Sie öffnete ihren Mund weit, wie es in den Psalmen heißt: „Tue deinen Mund weit auf, und ich will ihn füllen." (Psalm 81,11; ELB). Leider öffnete sie ihren Mund, als sie getauft wurde, und das Wasser umgab sie nicht nur vollständig von außen, sondern kam auch in sie hinein. Paulus erinnert die Gläubigen an eine vergleichbare Erfahrung. Sie wurden mit dem Geist umgeben, in ihn hinein getaucht. Der Heilige Geist umgab Sie von allen Seiten und Sie tranken von diesem Geist.

Haben alle Christen diese Erfahrung gemacht? Meiner Ansicht nach lautet die Antwort: Wenn sie es erlebt hätten, dann wären sie alle in der Lage, Geistesgaben auszuüben. Damit fing alles an: An dem Tag, an dem Sie im Heiligen Geist getauft wurden und von diesem Geist tranken, begannen Sie Geistesgaben auszuüben, und ich kann Ihnen nur meine tiefe Überzeugung vermitteln: Ein Grund, warum wir nicht mehr Geistesgaben sehen, ist, dass es viele Christen gibt, denen noch nie auf diese Art zu trinken gegeben wurde.

Geschieht dies jedoch, dann fangen mehr als nur natürliche Gaben an zu wirken. Wenn Sie Christ werden, sind alle Ihre natürlichen Gaben vorhanden. Sie legen Sie auf den Altar und sagen: „Herr, darf ich singen? Ich werde für dich singen." Doch wenn Sie im Heiligen Geist getauft werden und Ihnen vom Geist zu trinken gegeben wird, stellen Sie fest, dass Sie Gaben ausüben können, die Sie noch nie besessen haben. Sie können Sie zum Wohle aller und zur Stärkung des einen Leibes Christi einsetzen.

11. Kapitel

DER HEILIGE GEIST IM GALATERBRIEF

Nun möchte ich das Wirken des Heiligen Geistes im Galaterbrief betrachten und herausfinden, was Paulus dort schreibt. Der Brief an die Galater ist einer der Schlüsselbriefe im Neuen Testament zu unserem Thema. Er hat die gleiche Bedeutung für Christen wie die Magna Charta für England und die Unabhängigkeitserklärung für die Vereinigen Staaten – er stellt das Grundgesetz christlicher Freiheit dar. Um zu wissen, was Freiheit wirklich bedeutet, müssen Sie dieses Buch lesen.

Das Wort „Freiheit" wird heute überall verwendet. Es gibt Freiheitskämpfer, Menschen protestieren und marschieren für die Freiheit, damit jeder sie erlebt. Doch wenn ich Menschen, die Freiheit propagieren, frage: „Was meinen Sie damit?", bekomme ich alle möglichen Antworten. Präsident Roosevelt sagte, wahre Freiheit bestünde aus Meinungs- und Religionsfreiheit sowie der Abwesenheit von Angst und Mangel. Das ist eine Definition. Manche sagen, wir sollten vom Kapitalismus, vom Imperialismus und allen anderen „-ismen" befreit werden, die es gibt. Doch so definiert der Galaterbrief die Freiheit nicht. Paulus kämpfte für die Freiheit des Christen. Wahre Freiheit besteht nur aus zwei Dingen: Freiheit von Gesetzlichkeit auf der einen Seite und Freiheit von Freizügigkeit auf der anderen. Diese beiden Begriffe gehören nicht zu unserer Alltagssprache, daher muss ich Sie Ihnen erklären.

In der ersten Hälfte dieses kurzen Briefes behandelt Paulus *Gesetzlichkeit*, d.h. die Kontrolle von Menschen durch Gesetze, Regeln und Verordnungen von außen, die ihnen sagen, was sie tun sollen, die sie dazu bringen, bestimmte Dinge zu tun, und sie bestrafen, wenn sie dies unterlassen. Jede Gesellschaft hat es für notwendig erachtet, den Berufsstand des Juristen einzuführen und Gesetze zu verfassen, die den Menschen sagen: Wenn du das tust, wirst du dafür bestraft. Es gibt bestimmte Gesetze, die ich einhalten muss, wenn ich mit dem Auto fahre. Ich habe nicht die Freiheit, alles zu tun, was ich will. Ich kann nicht einfach auf der falschen Straßenseite fahren, nur weil mir das gefällt und die Aussicht dort schöner ist. Ich hielt einmal an einer Kreuzung in London an und zählte 15 verschieden Straßenschilder, die ich beachten sollte. Sie zeigten mir an, welchen Weg ich nehmen, was ich tun und wohin ich fahren sollte, bevor ich meinen Weg fortsetzen konnte. Hinter mir standen viele hupende Autofahrer, die sich fragten, warum ich nicht weiterfuhr. Das ist ein Bild für Gesetzlichkeit im Gegensatz zur Freiheit. Sie werden durch Regeln und Vorschriften eingeschränkt.

Der Glaube kann sich in diese Richtung entwickeln. Paulus hatte in einer Religionsgemeinschaft gelebt, die gesetzlich war, voller Regeln und Vorschriften. Es ist eine miserable und harte Form der Religion, die immer erdrückender wird. Paulus war Pharisäer gewesen, ein Hebräer unter Hebräern, ein religiöser Jude, und er wusste, was Gesetzlichkeit bedeutete. Die Juden zu seinen Lebzeiten hatten 1.281 verschiedene Regeln über das Einhalten des Sabbats. Sie durften keine Wegstrecke zurücklegen, die länger war als 1.000 Schritte, und durften ihren Stab nicht im Staub hinter sich herziehen, sonst pflügten sie. Es gab alle möglichen kleinlichen Regeln und Vorschriften – das ist Gesetzlichkeit. Wir müssen sehr aufpassen, dass wir das Christentum nicht zu einer gesetzlichen Religion machen.

Dagegen kämpfte Paulus sein ganzes Leben. Fehlgeleitete Christen versuchten, Neubekehrten eine Liste von Regeln und Vorschriften aufzudrücken, doch Paulus setzte sich für ihre Freiheit ein. Wenn wir uns zu Jesus bekehren, geht es in unserem Leben nicht länger um kleinkarierte Verhaltensregeln und den Versuch, ihnen gerecht zu werden. Um den Galatern zu verdeutlichen, dass der christliche Glaube sich nicht um das Befolgen von Regeln dreht, schreibt er seinen Neubekehrten, die beginnen, sich an solchen Regeln zu orientieren:

„Warum wollt ihr Christen in Galatien das denn nicht endlich begreifen! Wer konnte euch bloß so verblenden? Habe ich euch das Sterben von Jesus Christus am Kreuz nicht deutlich vor Augen gestellt? Beantwortet mir nur diese eine Frage: Wodurch habt ihr den Geist Gottes empfangen? Indem ihr die Forderungen des Gesetzes erfüllt habt oder weil ihr die Botschaft des Glaubens gehört und angenommen habt? Wie könnt ihr nur so blind sein! Wollt ihr jetzt etwa aus eigener Kraft zu Ende führen, was Gottes Geist in euch begonnen hat? Ihr habt doch so Großes mit Gott erfahren. Soll das wirklich alles vergeblich gewesen sein? Das kann ich einfach nicht glauben! Ich frage euch darum noch einmal: Warum schenkt Gott euch seinen Geist und lässt Wunder bei euch geschehen? Weil ihr das Gesetz erfüllt oder weil ihr von Christus gehört habt und an ihn glaubt?"

Galater 3,1–5 (HFA)

Mit anderen Worten: Wie haben Sie Ihr Glaubensleben begonnen? Ich kann Ihnen Folgendes garantieren: Niemand ist jemals Christ geworden, indem er versucht hat, die Zehn Gebote zu halten oder das zu tun, was von einem Christen erwartet wird. Kein einziger hat die Kraft Gottes erlebt, indem er verzweifelt versucht hat, mit seinem Tun einen bestimmten Verhaltenskodex zu erfüllen. Paulus hatte früher selbst gelehrt, dass man nur zu Gott durchdringen konnte, wenn man die Gebote hielt, und das meint er mit den Werken des Gesetzes. Doch er erreichte einen Punkt, an dem er begriff, dass dieser Weg in die Frustration führt. Sie werden immer verkrampfter und angespannter, weil es so viele Regeln gibt – und Sie entdecken vor allem die Schwäche des Fleisches, wenn Sie versuchen, sie alle einzuhalten. Es gelingt Ihnen einfach nicht.

Das ist das wahre Problem, weil Sie sich dabei immer schuldiger fühlen. Genau das bewirkt Gesetzlichkeit. Wenn Sie glauben, beim Christentum gehe es darum, die Regeln einzuhalten und dem Gesetz gerecht zu werden, dann verdammen Sie sich selbst dazu zu entdecken, dass das Fleisch oder Ihre Natur einfach zu schwach ist und sie nicht einhalten kann. Es gibt zu viele Regeln, und wir sind einfach nicht diszipliniert genug, um ihren Anforderungen zu genügen.

Paulus schreibt hier: Wie habt ihr Stärke und Kraft gefunden? Wann habt ihr herausgefunden, dass eure Religion nicht etwas ist, dass ihr tragen müsst, sondern etwas, das euch tragen soll? Habt ihr das erfahren, indem ihr versucht habt, das Gesetz zu halten? Oder habt ihr die Kraft entdeckt, sobald ihr eure Versuche aufgegeben habt und anfingt, zu vertrauen und voller Glauben zuzuhören? Das bedeutet: Wann und wie habt ihr die Kraft des Heiligen Geistes überhaupt erlebt? Sobald ihr aufhörtet, euch abzumühen, und anfingt, zu vertrauen. Sobald ihr aufhörtet, zu versuchen, euch aus eigener Kraft hochzuziehen, und Gott die Kontrolle überlassen habt. So sehen die beiden Arten von Religion aus, die uns auf dieser Welt begegnen. Die eine bezeichne ich als die „Ruderboot-Religion", die andere als die „Segelboot-Religion." Die Ruderboot-Religion ist einfach schrecklich. Sie ziehen mit aller Kraft an den Riemen und versuchen, so ans Ziel zu kommen; dabei sehen Sie Gott nicht, weil Sie beim Rudern normalerweise in die falsche Richtung blicken. Sie können nicht erkennen, wohin Sie fahren, und strengen sich immer weiter an, während Sie nicht sehen, wo Sie landen werden. Vielleicht fahren Sie immer im Kreis, ohne es zu merken.

Bei der „Segelboot-Religion" setzen Sie das Segel des Glaubens und warten darauf, dass der Wind des Geistes anfängt zu wehen; der Wind des Geistes, die Kraft des Geistes bringt Sie vorwärts. In einem Ruderboot entdecken Sie die Schwäche des Fleisches ziemlich schnell. In einem Segelboot hingegen werden Sie die Stärke des Windes erleben. Wenn Sie *versuchen*, Christ zu sein, wird genau das passieren: Sie entdecken die Schwäche des Fleisches. Sie haben keinen Erfolg. Wenn Sie darauf *vertrauen*, Christ zu sein, finden Sie heraus, dass die Kraft des Geistes Sie vorwärtsbringt, Sie mitnimmt und dorthin bringt, wo Sie ankommen sollen; Ihre Augen blicken nach vorne, und Sie können Ihr Ziel erkennen.

Nachdem sie ihr Christsein im Vertrauen und Glauben begonnen hatten, versuchten diese „begriffsstutzigen" oder „unverständigen" Galater (so beschreibt Paulus sie, nicht ich, daher kann ich dieses Wort verwenden) nun, es aus eigener Kraft fortzusetzen. Sie standen in der Gefahr, wieder zu Regeln und Gesetzen zurückzukehren. Die Beschneidung war das Thema, um das sich Paulus am meisten Sorgen machte. Doch er wusste, dass es sich hierbei nur um den Anfang vom Ende handelte. Wenn Sie mit der Beschneidung beginnen, weil Sie eines der Gesetze darstellt, dann müssen Sie auch den Rest halten. Versuchen Sie erst einmal, die Zehn Gebote zu halten, müssen Sie auch alle andere befolgen, und dann sind Sie wirklich am Ende. Wenn Sie zu Anfang der Botschaft des Glaubens vertraut haben, warum versuchen Sie nun, zu den Werken des Gesetzes zurückzukehren und es sich selbst so schwer zu machen? Viele Christen machen sich das Glaubensleben dadurch schwer, dass Sie zur Gesetzlichkeit zurückkehren. Daher muss man ihnen sagen: Ihr seid nicht mehr unter dem Gesetz. Es geht nicht mehr darum, Regeln und Vorschriften zu gehorchen. An diesem Punkt wurde Paulus oft missverstanden. Immer wenn ich mich wie Paulus geäußert habe, wurde ich missverstanden. Die Menschen ziehen sofort die Schlussfolgerung, als Christ würde man sagen: „Du kannst einfach tun, was du willst", und das ist Freizügigkeit, jedoch keine Freiheit.

Ich möchte Ihnen einige handfeste Beispiele zu zwei Bereichen des Christseins geben, bei denen Christen den

Fehler begangen haben, sich eigene Regeln und Vorschriften aufzustellen. Nehmen wir die Beachtung des Sonntags. Das ist ein Bereich christlichen Verhaltens, den unsere Vorväter sehr oft mit Regeln und Vorschriften versehen haben. Der Sonntag wurde zu einem legalistischen und daher freudlosen Tag. Er wurde mit Einschränkungen gepflastert: Man schloss bestimmte Schränke ab, verbannte bestimmte Spielsachen, tat dies nicht und jenes nicht – reine Gesetzlichkeit. Es ist höchst interessant, dass Menschen, die diesen Ansatz vertraten, anfingen, den Sonntag als „Sabbat" zu bezeichnen, was allerdings eine jüdische und keine christliche Regelung ist. Sobald man aber sagt: „Ihr steht nicht unter gesetzlichen Regeln und Vorschriften für euer Verhalten am Sonntag", wird jemand sofort ins andere Extrem, die Freizügigkeit, verfallen und sagen: „Gut, das heißt, dass ich am Sonntag tun kann, was ich will". Doch das ist damit überhaupt nicht gemeint – das ist Freizügigkeit, zu tun, was man will.

Nehmen wir ein weiteres Beispiel: Ich trinke überhaupt keinen Alkohol, dazu habe ich mich bewusst entschlossen. Doch ich werde niemals fordern, dass jeder Christ meinem Beispiel folgen sollte. In meiner Sonntagsschule mussten wir jedes Jahr im November eine entsprechende Verzichtserklärung abgeben. Ich bekam den Eindruck (wobei ich nicht weiß, ob sie ihn tatsächlich vermitteln wollten), dass man überhaupt kein Christ sein konnte, wenn man sich nicht zum Verzicht auf Alkohol verpflichtete. Allerdings ist es gerade keine Regel des christlichen Lebens, dass jeder komplett auf Alkohol verzichten muss. Sobald ich das einmal in einer Gemeinde geäußert hatte, dachten einige der jungen Leute, ich hätte gesagt, es sei total in Ordnung für einen Christen, durch die Kneipen zu ziehen und zu trinken, wann immer er Lust dazu hätte. Doch das hatte ich nicht gesagt. Manche Menschen glauben, wenn Gesetzlichkeit mit ihren Regeln und Verboten nicht gilt, sei die einzige Alternative, das zu tun, was immer sie möchten.

In Galater 5 und 6 beschäftigt sich Paulus mit diesem

gegenteiligen Irrtum. Einfach zu tun, was man möchte, ist keine Freiheit. Es ist genauso Sklaverei wie die Gesetzlichkeit. Mit anderen Worten: Wenn Sie die Regeln und Vorschriften über Bord werfen und sich ins andere Extrem stürzen, nämlich nur zu tun, was Sie wollen, ist das reine Sklaverei. Bei der Gesetzlichkeit sind Sie der Sklave anderer Menschen, bei der Freizügigkeit sind Sie Ihr eigener Sklave. Doch in beiden Fällen kennen Sie keine wahre Freiheit. Dreht sich Ihr Leben nur darum, alles zu tun, was Ihnen einfällt, sind Sie, offen gesagt, versklavter als jemand, der unter dem Gesetz lebt. Früher oder später wird man Sie wieder dem Gesetz unterstellen und sei es nur, um Sie davon abzuhalten, sich daneben zu benehmen.

Jeder, der sich in die Freizügigkeitskategorie stürzt, wird früher oder später mit dem Gesetz in Konflikt geraten, denn dieser Weg führt in die Anarchie. Ich habe den Eindruck, dass sich ein Großteil der Slogans zum Thema Freiheit eigentlich um Freizügigkeit dreht, die überhaupt nichts mit Freiheit zu tun hat. Freizügigkeit bedeutet, für die Freiheit zu kämpfen, das tun zu dürfen, was ich mag, was ich will, und das ist Sklaverei. Daher schreibt Paulus am Ende des Galaterbriefs über die Unfreiheit, die dadurch entsteht, dass man sich frei fühlt, alles zu tun, was man möchte. Dadurch wird man ein Sklave seiner eigenen Leidenschaften und Wünsche. Das ist die allerschlimmste Form der Sklaverei. Ist das nicht interessant? Die Menschen, die die Fesseln der Gesetzlichkeit abwerfen, legen so oft ihre Hände freiwillig in die Handschellen der Freizügigkeit und werden genauso unfrei.

Dabei denke ich an eine Gruppe betrunkener Männer auf dem Oberdeck eines Busses, die in Newcastle-on-Tyne auf dem Heimweg waren. Sie waren offensichtlich sehr besorgt darum, wie ihre Ehefrauen sie empfangen würden. Schließlich sagte einer zum anderen: „Ich werde ihr einfach sagen: ‚Ich bin doch frei, oder? Ich bin ein freier Mensch.'" Doch das stimmte nicht. Er war ein armer betrunkener Sklave. Er konnte keinen Sonntagabend verbringen, ohne sich zu betrinken. Er war in dieser Situation absolut gefangen. Erkennen Sie den Unterschied? Was ist die Lösung für diese Problem?

In der zweiten Hälfte des Galaterbriefes beschäftigt sich Paulus mit den Menschen, die nicht in der Lage sind, ihre Freiheit richtig zu nutzen. Daher lehrt er sie über das Leben im Geist. Hier kommt ein wichtiger Abschnitt:

„Durch Christus seid ihr dazu berufen, frei zu sein, liebe Brüder und Schwestern! Aber benutzt diese Freiheit nicht als Deckmantel, um eurem alten selbstsüchtigen Wesen nachzugeben. Dient vielmehr einander in Liebe. Denn wer dieses eine Gebot befolgt: ‚Liebe deinen Mitmenschen wie dich selbst!‘, der hat das ganze Gesetz erfüllt. Wenn ihr aber wie wilde Tiere übereinander herfallt, dann passt nur auf, dass ihr euch dabei nicht gegenseitig fresst! Darum sage ich euch: Lasst euer Leben von Gottes Geist bestimmen. Wenn er euch führt, werdet ihr allen selbstsüchtigen Wünschen widerstehen können. Denn eigensüchtig wie unsere menschliche Natur ist, will sie immer das Gegenteil von dem, was Gottes Geist will. Doch der Geist Gottes duldet unsere Selbstsucht nicht. Beide kämpfen gegeneinander, so dass ihr das Gute, das ihr doch eigentlich wollt, nicht ungehindert tun könnt. Wenn ihr euch aber von Gottes Geist regieren lasst, seid ihr den Forderungen des Gesetzes nicht länger unterworfen. Gebt ihr dagegen eurer alten menschlichen Natur nach, ist offensichtlich, wohin das führt: zu sexueller Unmoral, einem sittenlosen und ausschweifenden Leben, zur Götzenanbetung und zu abergläubischem Vertrauen auf übersinnliche Kräfte. Feindseligkeit, Streit, Eifersucht, Wutausbrüche, hässliche Auseinandersetzungen, Uneinigkeit und Spaltungen bestimmen dann das Leben ebenso wie Neid, Trunksucht, Fressgelage und ähnliche Dinge. Ich habe es schon oft gesagt und warne euch hier noch einmal: Wer so lebt, wird niemals

in Gottes Reich kommen. Dagegen bringt der Geist Gottes
in unserem Leben nur Gutes hervor: Liebe, Freude und
Frieden; Geduld, Freundlichkeit und Güte; Treue, Nachsicht
und Selbstbeherrschung. Ist das bei euch so? Dann kann kein
Gesetz mehr etwas von euch fordern! Es ist wahr: Wer zu Jesus
Christus gehört, der hat sein selbstsüchtiges Wesen mit allen
Leidenschaften und Begierden ans Kreuz geschlagen. Durch
Gottes Geist haben wir neues Leben, darum wollen wir uns
jetzt ganz von ihm bestimmen lassen!"

Galater 5,13–25 (HFA)

Weil ich vom Gesetz befreit bin, heißt das nicht, dass ich die
Freiheit hätte, alles zu tun, was ich will. Mit anderen Worten: Ich
kann beispielsweise zum völligen Abstinenzler werden, da ich
die Freiheit dazu habe, weil ich mich frei dazu entschieden habe,
um meinen Nächsten zu lieben. Ich bin überzeugt: In meiner Lage
kann ich den Menschen, die ihren Alkoholkonsum selbst nicht
kontrollieren können, dadurch am besten helfen, dass ich selbst
überhaupt nicht trinke, doch das ist meine freie Entscheidung. Es
ist keine Regel für das Leben als Christ oder etwas, das man von
mir verlangt hätte. Ich muss mich nicht so verhalten, um Christ
zu sein, sondern es handelt sich um einen absolut freiwilligen
Akt. Sie haben die Freiheit, sich anders zu verhalten, wenn der
Geist Sie entsprechend führt. Hat Ihnen jedoch nur Ihr Fleisch
gesagt, Sie hätten die Freiheit, Alkohol zu trinken, dann sollten
Sie das gerade nicht tun.

Gerade dieses Verständnis von Freiheit lässt uns daher wahre
Freiheit erleben. Wir beginnen mit der einfachen Tatsache, dass
es in jedem Christen einen Konflikt gibt, der Nichtchristen fremd
ist. Werden Sie Christ, erleben Sie mehr Spannungen als je
zuvor. Sie werden den Frieden verlieren, den Sie zuvor hatten,
weil dieser Konflikt damals nicht vorhanden war. Worin besteht
dieser Konflikt? Es ist der Konflikt zwischen Fleisch und Geist.
Jeder Christ erlebt diese Zerrissenheit. Dabei beachten Sie bitte,

dass ich mit „Fleisch" keinesfalls den Körper und mit „Geist" absolut nicht den „Verstand" meine. Es ist erstaunlich, wie viele Menschen dieses Verständnis haben. Mit dem Wort „Fleisch" meint die Bibel nicht einfach nur meinen Körper, sondern alles, was ich von Geburt an bin, alles, was meiner Natur entspricht, ob es sich um physische oder mentale Gewohnheiten und Wünsche, Neigungen oder Ziele handelt. Es geht um alles Erdenkliche, was aus meiner selbstsüchtigen Natur kommt, womit ich zur Welt kam und was ich darstellen würde, hätte Gott nicht mein Leben berührt.

Das Wort „Geist" bezieht sich auf alles, was ich durch meine Wiedergeburt bin. Als ich Christ wurde, zog der Heilige Geist in meinem Herzen ein. Alles, was *er* in mir gewirkt hat, ist Geist. Der Konflikt zwischen diesen beiden Aspekten ist wirklich schrecklich. Manchmal ist es ein Krieg, wobei die entsprechende Person mit sich selbst kämpft. Ihre alte Natur zieht sie in eine Richtung; ihre neue Natur in die andere, und sie selbst fühlt sich zerrissen. Eines wird in diesem Konflikt sehr deutlich, und Paulus stellt es klar: Es ist völlig unmöglich, beiden Richtungen zu folgen.

Genau das beschreibt Paulus in den Versen 16–18. Sie vermitteln uns klipp und klar: Erlauben Sie dem Fleisch, Sie in seine Richtung zu ziehen, kann der Geist Sie nicht in die andere Richtung bewegen; lassen Sie sich jedoch vom Geist regieren, so ist das Fleisch machtlos. Christen sind die einzigen Menschen auf der Welt, die die Wahl haben, sich entweder der Herrschaft des einen oder des anderen zu unterstellen. Darum sagt Paulus: Lasst euch vom Geist bestimmen; wandelt im Geist.

Damit meint er, dass jeder Christ in jedem Augenblick seines Alltags mit zwei Wegen konfrontiert ist, die in gegensätzliche Richtungen führen. Seine alte Natur wählt einen abwärts gerichteten Weg; seine neue Natur, die mit dem Geist Gottes erfüllt ist, wählt den Weg nach oben. In jedem Moment unseres Alltags folgen wir entweder diesem oder jenem Weg, doch Sie können keinesfalls beide miteinander in Einklang bringen. Wenn Sie sich heute vom Geist bestimmen lassen, kann das Fleisch Sie nicht kontrollieren. Folgen Sie jedoch Ihrem Fleisch, wird es Ihnen absolut unmöglich sein, auf den Heiligen Geist einzugehen.

Paulus formuliert es im Urtext noch deutlicher: „Ich sage euch: Wandelt im Geist und ihr werdet die Gelüste des Fleisches nicht vollbringen. Ihr müsst euch damit überhaupt nicht abgeben, wenn ihr im Geist wandelt."

Woher wissen Sie, auf welchem Weg Sie sich befinden? Wie erkennen Sie, ob eine bestimmte Handlung vom Fleisch oder vom Geist inspiriert ist? Das ist eine der wichtigsten Fragen überhaupt, denn es ist äußerst schwierig, herauszufinden, wann das Fleisch an Ihnen zieht und wann der Geist. Zu Anfang Ihres Christseins können Sie in diesem Bereich viele Fehler machen. Sie wollen beispielsweise eine neue Arbeitsstelle antreten oder eine bestimmte Person heiraten. Daher fragen Sie sich: „Kommt das aus meinem Fleisch oder aus meinem Geist? Will meine alte Natur das tun oder meine neue? Behauptet sich gerade meine alte Natur oder will mein neues Selbst etwas Richtiges tun?"

Wie können wir uns für das Richtige entscheiden? Eine Möglichkeit ist, zu betrachten, wohin die unterschiedlichen Wege führen. Daher beschreibt Paulus jetzt die Folgen, die es hat, wenn man den einen oder den anderen Pfad wählt: einer führt zu den Werken des Fleisches, der andere zur Frucht des Geistes. Überprüfen wir also, wohin uns diese Wege führen. Nehmen wir zuallererst die Werke des Fleisches. Ich finde es sehr interessant, dass er das Wort „Werke" und nicht den Begriff „Frucht" verwendet. „Werke" lassen mich an eine Fabrik denken, an menschengemachte Produkte, für die man Gott überhaupt nicht braucht. Der Mensch kann Werke produzieren, daher wollen wir betrachten, was diese Fabrik des Fleisches herstellt – mit einer monotonen Gleichmäßigkeit kommt immer wieder dasselbe Produkt zum Vorschein. Werke stehen im Plural, denn Sie werden alle diese Dinge nicht gleichzeitig in einer Person finden. Ein Werk des Fleisches tritt bei einer Person auf, ein anderes bei einer anderen. Doch früher oder später taucht etwas davon auf. Es handelt sich hier nicht um eine abschließende Liste, denn am Ende heißt es: „…und ähnliche Dinge."

Es gibt vier Lebensbereiche, in denen es schieflaufen wird, wenn Sie im Fleisch wandeln und Ihrer alten Natur folgen: Sex, Religion, Gesellschaft und Alkohol. Heutzutage hätte Paulus wahrscheinlich noch Drogen hinzugefügt. Das haben Sie zu erwarten, wenn Sie Ihrer alten Natur folgen; das sind die Folgen. Erstens, zum Thema Sex: Paulus schreibt, wenn Sie in diesem Bereich Ihrer alten Natur folgen, werden früher oder später Unmoral und ein sittenloses und ausschweifendes Leben zutage treten.

Ich will Ihnen nun die genaue Bedeutung dieser Begriffe mitteilen: Der erste Begriff bedeutet „Sex außerhalb der Ehe", der zweite eine „schmutzige Gesinnung" und der dritte eine „Verletzung des öffentlichen Anstands". Es ist unvermeidlich, dass eines dieser drei Phänomene oder sogar mehrere auftreten, wenn Sie dem Weg Ihrer alten Natur folgen. Entweder werden Sie absichtlich etwas tun, von dem Sie wissen, dass es falsch ist, oder Sie werden es Ihre Gedanken bestimmen lassen oder es hemmungslos herauslassen und dadurch gezielt den öffentlichen Anstand verletzten. Genau das geschieht, wenn Sie diesen Weg beschreiten.

Der zweite Aspekt, den Paulus erwähnt, ist die Religion. Was geschieht mit ihr, wenn Sie Ihrer alten Natur folgen? Zwei Dinge: Götzendienst und Zauberei. Das möchte ich Ihnen näher erklären. Zuallererst wird Ihr Glaube etwas Äußerliches. Sie müssen erst etwas zu sehen bekommen, bevor Sie religiöse Empfindungen entwickeln können. Daher brauchen Sie Bilder oder ein schönes gotisches Gebäude oder etwas anderes, das Ihnen helfen wird, „gläubig" zu sein. Denn wenn Sie den Weg des Fleisches beschreiten, haben Sie nichts in Ihrem Inneren, das Sie gottesfürchtig machen würde, daher brauchen Sie mehr und mehr Hilfe von außen. Sie verlangen nach Bildern, Götzen und Dingen, um sich gläubig fühlen zu können. Genau das geschieht, wenn Sie dem Weg Ihrer alten Natur folgen.

Das andere Phänomen ist Zauberei. Was ist damit gemeint? Aberglaube: Drück mir die Daumen, bekreuzige dein Herz, wirf Salz über deine Schulter, geh (nicht) unter einer Leiter hindurch (obwohl es vernünftige Gründe dafür geben kann, die nichts mit Aberglauben zu tun haben). Es bedeutet, dass man mit der Magie herumspielt, sich im Spiritismus versucht oder Interesse am Okkultismus entdeckt. Paulus lehrt uns, dass diese Dinge geschehen, wenn wir in der Religion den Weg des Fleisches hinabgehen.

Was geschieht in Ihrem sozialen Leben? Er listet acht Dinge auf: Feindseligkeit, was Hass auf andere Menschen bedeutet, Vorurteile gegen sie, die auch ihre gesellschaftliche Stellung oder ethnische Zugehörigkeit einschließen können; dann Streit, Gewalt. Sie werden intrigieren und mauscheln. Dann kommt Eifersucht, diese brennende, zerstörerische Haltung gegenüber anderen Menschen, die sie zerstört; Wutausbrüche, wofür im Urtext der „Punkt des Überkochens" verwendet wird, dieses Wort benutzt Paulus: Der Zorn kocht über. Hässliche Auseinandersetzungen oder Selbstsucht kommen ebenfalls vor, was bedeutet, von persönlichem Ehrgeiz bestimmt zu werden; Uneinigkeit oder Zwietracht, d.h. man liebt Konkurrenz und Rivalität sowie das Abstempeln anderer und den Zank; Spaltungen, d.h. man zieht Cliquen und Grüppchen vor, statt allen gegenüber Liebe zu zeigen. Neid bedeutet, dass man Bitterkeit und Groll gegen Menschen empfindet, die mehr haben als man selbst. Genau das geschieht, wenn Sie den Weg des Fleisches wählen.

Paulus schreibt, dass Trunkenheit das unvermeidliche Ergebnis ist, wenn Sie Ihren niederen Instinkten bis zum Schluss folgen. Das wird zu Gelagen führen, d.h. zu Orgien und Ausschweifungen, bei denen Sie sich entblößen, wie Noah es tat, nachdem er die Arche verlassen hatte. Hier sehen wir eine Liste, von der Paulus sagt, dass sie noch längst nicht vollständig ist. Diese Dinge können sogar in Ihrem Leben als Christ auftreten, wenn Sie sich vom Fleisch bestimmen lassen – daran erkennt man es. Werden Sie immer missmutiger? Wenden Sie sich von Menschen ab? Werden Sie eifersüchtig auf andere? Beneiden Sie sie? Dann werden Sie von Ihrer alten Natur kontrolliert, die Sie diesen Weg hinunterführt. Paulus schreibt, dass Sie sich früher oder später, wenn Sie nur das tun, was Sie wollen, unter dem Gesetz wiederfinden werden, denn das Gesetz ist genau dazu da: Menschen aufzuhalten, die andere dadurch beschädigen, dass sie sich von ihrem Fleisch bestimmen lassen.

Die Gesetze eines Lands zielen im besten Fall darauf ab, das Fleisch daran zu hindern, anderen Personen Schaden zuzufügen. Warum gibt es Gesetze, die meine Fahrgeschwindigkeit beschränken? Weil mein Fleisch schnell fahren will und eine andere Person verletzten würde, wenn es kein Gesetz gäbe, das mich stoppt. Wenn Sie also dem Fleisch folgen, werden Sie früher oder später mit Sicherheit zumindest mit dem Gesetz Gottes zusammenstoßen, selbst wenn Sie keine menschlichen Gesetze verletzen. Denn es gibt ein göttliches Gesetz, das besagt: Wer diese Dinge tut, wird niemals in Gottes Reich kommen. Das ist ein ziemlich hässliches Bild.

Betrachten wir nun die schöne Seite des Ganzen. Gehen wir einmal davon aus, dass der Geist Gottes jemanden führt: Diese Person beginnt, dem Geist zu folgen. Wissen Sie, was in ihrem Leben zum Vorschein kommen wird? Frucht. Ich liebe das Wort „Frucht", es ist aus folgendem Grund ein sehr wichtiges Wort: Der Mensch bringt Werke hervor, doch Gott schafft Frucht. Kein Mensch hat je Frucht herstellen können, und das wird auch niemals geschehen; nur Gott kann sie hervorbringen.

Das Wort „Frucht" sagt mir auch, dass wir sie ohne den Baum nicht bekommen können. Jesus erklärte, wenn wir nicht am Weinstock bleiben – wenn wir nicht mit ihm verbunden bleiben

–, können wir keine Frucht bringen. Daraus schließe ich, dass Frucht nicht über Nacht entsteht. Sie wächst allmählich und stetig heran. Doch das Interessanteste an diesem Wort „Frucht" ist, dass der Begriff in der Einzahl steht, während die Werke des Fleisches in der Mehrzahl vorkommen. Bei der Frucht erscheinen alle Aspekte zur selben Zeit – es ist eine Frucht mit neun Geschmacksrichtungen, und alle neun erscheinen im Leben einer Person, die sich vom Geist Gottes bestimmen lässt. Sie müssen nicht versuchen, diese Frucht hervorzubringen. Sie wächst einfach im Charakter eines Menschen, der dem Weg des Geistes folgt. Drei Eigenschaften dieser Frucht bringen unsere Beziehung zu Gott in Ordnung, drei die Beziehung zu anderen Menschen und drei weitere das Verhältnis zu uns selbst. Muss ich noch mehr dazu sagen? Wenn Sie sich vom Heiligen Geist bestimmen lassen, dann lieben Sie Gott, Sie freuen sich an Gott und sind im Frieden mit ihm – so einfach ist das. Was ist mit den anderen Menschen, die so unangenehm und nervig sind? Wenn Sie dem Weg des Geistes folgen, sind Sie ihnen gegenüber geduldig, freundlich und gütig. Sie müssen sich dabei keine Mühe geben. Die Frucht wird wachsen. Sie werden geduldig, freundlich und gütig sein. Kommen wir nun zu Ihnen selbst: Sie werden sich treu bleiben, d.h. Sie werden zu Ihrem Wort stehen, verlässlich sein. Die Bedeutung von Verlässlichkeit ist nicht zu unterschätzen. Sie werden sanftmütig und selbstbeherrscht sein. Eine sanftmütige Person ist höflich, was nichts mit ihrer sozialen Herkunft zu tun hat. Was mir am modernen Menschen auffällt, ist, dass wir alles außer uns selbst beherrschen können – doch jemand, der sich vom Geist beherrschen lässt, wird feststellen, dass er über Selbstbeherrschung verfügt.

Paulus lehrt uns, dass Sie niemals mit göttlichen oder menschlichen Gesetzen in Konflikt geraten werden, wenn Sie diesen Weg wählen. Warum? Weil es noch nie ein Gesetz gegen irgendeine dieser Verhaltensweise gegeben hat, gegen solche Dinge ist kein Gesetz gerichtet. Kein Gesetz bestimmt: „Du sollst

Gott und das Leben nicht genießen." Kein Gesetz wendet sich gegen Frieden, Geduld oder Freundlichkeit, Güte, Verlässlichkeit, Sanftmut oder Selbstbeherrschung. Das macht Sinn, nicht wahr? Wenn Sie Christ sind, sieht Ihr Leben nicht genau so aus? Der Geist und das Fleisch ziehen Sie in unterschiedliche Richtungen und Sie wissen, dass Sie nur einem von beiden folgen können. Sie wissen genau, dass Folgendes passiert, wenn Sie gegenüber Ihrer alten Natur nachgeben und ihrem Weg folgen: Sie werden reizbar, zerstreiten sich mit anderen Menschen, verlieren ihnen gegenüber die Beherrschung und werden neidisch auf das, was diese haben und was Ihnen fehlt.

Ich hoffe, Sie wissen: Wenn Sie sich vom Geist beherrschen und sich von ihm Leben schenken lassen, dann sind Sie völlig frei. Denn es ist doch so: Die größte Freiheit, die es gibt, besteht darin, frei *von sich selbst* zu sein. Ist das nicht die größte Art der Freiheit? Eine Freiheit, die niemand sonst hat. Und an der niemand interessiert zu sein scheint. Ich will frei sein, das zu tun, was ich will. Ich will *für mich selbst* frei sein, doch die Bibel bezeichnet das als Sklaverei. Sie können Freiheit von sich selbst erlangen, indem Sie sich vom Geist Gottes leiten lassen. Dann sind Sie auch frei vom Gesetz, da es Sie nicht belangen kann. Es gibt kein Gesetz, das es verbieten würde, frei von sich selbst zu sein – das ist wahre Freiheit. Gesetzlichkeit und Freizügigkeit, die beiden Formen der Sklaverei, liegen dann hinter Ihnen. Sie sind weder Ihr eigener Sklave noch der Sklave anderer Menschen. Sie sind frei. Allerdings sind Sie nicht frei *von Gott*, sondern frei *für Gott*. Sie wurden nicht von Ihrem Nachbarn befreit, sondern Sie sind nun frei für ihn. Sie sind nicht frei von Liebe, sondern frei für die Liebe – das ist wahre Freiheit. Darum enthält ein bekanntes Gebet im Gebetbuch der Anglikanischen Kirche diesen wunderschönen Ausdruck: „dessen Dienst vollkommene Freiheit bedeutet." Sie werden nur frei sein, wenn Sie vom Geist geleitet werden. Dann haben Sie die Freiheit, genau die Haltung einzunehmen, zu der Sie der Heilige Geist inspiriert. Schließlich ist genau das die vollkommene Freiheit, denn endlich sind Sie frei von sich selbst und frei für Gott.

Hat ein Christ also die Wahl zu entscheiden, ob er sich vom Fleisch oder vom Geist beherrschen lässt? Habe ich als Christ die Freiheit, zu fragen: „Was soll ich tun? Soll ich heute dem Geist oder dem Fleisch gemäß leben?" Denen, die der Geist in die eine Richtung zieht und das Fleisch in die andere, sage ich: „Als Sie Christ wurden, haben Sie bereits entschieden, welchen Weg Sie wählen wollen. Es ist für Sie keine Option, das Haus zu verlassen und sich dann zu entscheiden, ob Sie einen Tag im Fleisch oder im Geist verbringen werden. Denn als Sie zu Christus und zum Kreuz kamen, was taten Sie da mit Ihrem Fleisch? Sie haben es gekreuzigt." Wir lernen von Paulus: Jeder, der zu Christus gehört, hat, als er zu Christus kam, die Entscheidung getroffen, sich nicht mehr von seiner alten Natur bestimmen zu lassen. Paulus schreibt: Als wir uns bekehrt haben und Christ wurden, haben wir gesagt: Ich kreuzige mein Fleisch mit all seiner Anziehungskraft, seinen Leidenschaften und Wünschen. Was meint er damit? Er sagt damit nicht, dass es schon tot ist, denn die Kreuzigung an sich führt den Tod nicht herbei. Eine Person kann bis zu sechs oder sieben Tage am Kreuz hängen, bis sie stirbt. Jesus hing sechs Stunden dort. Die Kreuzigung lässt einen Menschen sterben, wenn er dort hängen gelassen wird. Das ist die Bedeutung der Kreuzigung. Wenn ein Mann gekreuzigt wurde, wurde er ans Kreuz genagelt, und man ließ ihn dort hängen, bis er starb. Doch manchmal, durch eine Anrufung des Gouverneurs zum Beispiel, nahm man ihn wieder herunter, und er durfte weiterleben. Doch wenn man ihn am Kreuz hängen ließ, an das er angenagelt worden war, starb er schließlich.

Als Sie sich bekehrt haben, sagten Sie eigentlich: „Herr, hier ist meine alte Natur, mein Fleisch. Ich habe es an das Kreuz geschlagen, an dem Christus hing. Ich nagle meine alte Natur an dieses Kreuz und werde sie dort lassen, bis sie tot ist." Doch Ihre alte Natur, die dort am Kreuz hängt, fleht immer weiter:

„Nimm mich nur für eine kurze Zeit wieder runter. Nimm mich einfach wieder vom Kreuz ab." Jedes Mal, wenn wir uns vom Fleisch bestimmen lassen, nehmen wir leider wieder das Fleisch vom Kreuz herunter und sagen: „Okay, du kannst eine Verschnaufpause haben. Du darfst mich wieder führen." Und das ist gefährlich.

Wer zu Christus gehört, sagte bei seiner Bekehrung: „Ich will kein Sklave meiner selbst sein." Sie haben das bei Ihrer Bekehrung gesagt, nicht wahr? Sie haben zu Christus gesagt: „Ich habe mein Leben ruiniert. Ich kann mich nicht selbst führen. Du musst mich führen." Das haben Sie ernst gemeint. Sie haben Ihr Fleisch mit all seinen Leidenschaften und Wünschen gekreuzigt. Ich bitte Sie, lassen Sie es doch dort hängen. Lassen Sie Ihr Fleisch am Kreuz. Lassen Sie Ihre alte Natur dort hängen, bis sie stirbt. Nehmen Sie sie nicht wieder herunter, um mit ihr zu spielen, sonst unterstellt sie Ihr Leben früher oder später wieder dem Gesetz, von dem Sie durch Jesus Christus befreit wurden. Ist es nicht wunderbar, dass Sie frei sein können? Dass Sie Ihre alte Natur kreuzigen und dort lassen können, damit sie stirbt? Dass Sie nun vom Geist geleitet und von ihm bestimmt werden? Ohne versuchen zu müssen, geduldig oder freundlich zu sein. Sie werden feststellen, dass die Frucht wächst, weil Sie auf dem richtigen Weg unterwegs sind: Dieser „Obstbaum" bringt den Charakter Jesu Christi in Ihnen hervor. Liebe, Freude, Friede, Gerechtigkeit, Freundlichkeit, Güte, Treue, Sanftmut, Selbstbeherrschung: Wer saß wohl in Paulus' Vorstellung im Atelier, als er uns dieses Bild eines vollkommenen Charakters vor Augen malte? Es ist ein Porträt Jesu. Er sagt hier eigentlich: Wenn Sie vom Heiligen Geist geleitet werden, erfüllt die Liebe Jesu Ihr Herz und Sie werden ihm ähnlich.

„Wenn wir im Geist leben, so lasst uns auch im Geist wandeln. Lasst uns nicht nach eitler Ehre trachten, einander nicht herausfordern und beneiden. Brüder und Schwestern, wenn ein Mensch etwa von einer Verfehlung ereilt wird, so helft ihm wieder zurecht mit sanftmütigem Geist, ihr, die ihr geistlich seid. Und sieh auf dich selbst, dass du nicht auch versucht werdest. Einer trage des andern Last, so werdet ihr das Gesetz Christi erfüllen. Denn wenn jemand meint, er sei etwas, obwohl er doch nichts ist, der betrügt sich selbst. Ein jeder aber prüfe sein eigenes Werk; und dann wird er seinen Ruhm bei sich selbst haben und nicht gegenüber einem andern. Denn ein jeder wird seine eigene Last tragen. Wer aber unterrichtet wird im Wort, der gebe dem, der ihn unterrichtet, Anteil an allen Gütern. Irret euch nicht! Gott lässt sich nicht spotten. Denn was der Mensch sät, das wird er ernten. Wer auf sein Fleisch sät, der wird von dem Fleisch das Verderben ernten; wer aber auf den Geist sät, der wird von dem Geist das ewige Leben ernten. Lasst uns aber Gutes tun und nicht müde werden; denn zu seiner Zeit werden wir auch ernten, wenn wir nicht nachlassen. Darum, solange wir noch Zeit haben, lasst uns Gutes tun an jedermann, allermeist aber an des Glaubens Genossen."

Galater 5,25–6,10 (LUT)

Wandeln bzw. zu Fuß gehen ist mittlerweile eine unnormale Aktivität. Wir tun es nicht sehr häufig. Vor mehreren Generationen gingen die meisten Menschen zu Fuß zur Kirche. Sie waren dann angenehm erschöpft, konnten sich auf der Kirchenbank entspannen und für den Rückweg wieder erholen. Ich habe von einem Mann gehört, der jeden Sonntag 32 Kilometer zur Kirche ging und ebenso viele wieder zurück. Doch das Zufußgehen ist inzwischen aus der Mode gekommen. Die meisten fahren heute mit dem Auto. Gesunde junge Menschen betrachten das Gehen als etwas, das sie nur gegen Bezahlung tun, so außergewöhnlich, eine solche Anstrengung, dass sie es wirklich nur für Geld machen, um einen guten Zweck zu unterstützen. Allein die Idee, dass man dafür bezahlt werden sollte – als hätten Sie etwas

Erstaunliches, Großes und Ungewöhnliches getan!

Aufgrund dieser Entwicklungen ist es äußerst schwer, das Neue Testament zu verstehen. Es bezeichnet das Christsein immer als einen „Wandel", ein Gehen oder Wandern: in Liebe wandeln, im Licht wandeln, im Geist wandeln, Christus nachfolgen. Wenn Sie das Leben Jesu Christi untersuchen, stellen Sie fest, dass er ein großer Wanderer war. Er muss auf diese Weise Hunderte von Kilometern zurückgelegt haben; er lehrte immer, während er wanderte, da er ständig unterwegs war. Er wanderte und wanderte. Auch nach seiner Auferstehung ging er weiter – nach Emmaus. Selbst jetzt im Himmel ist er jemand, der zwischen den Leuchtern umhergeht. Das Leben als Christ sollte eine Wanderung sein, doch heute können wir das nur noch sehr schwer erfassen. In unserer „mobilen" Gesellschaft, in der wir alle erwarten, überall hinzufahren, ob nun mit dem Bus, dem Auto oder mit etwas anderem, ist es sehr leicht, die Tendenz zu entwickeln, nach einer Gemeinde Ausschau zu halten, die uns quasi in den Himmel fährt. Wir halten nach einem Glauben Ausschau, der uns herumkutschiert, wobei wir sehr wenig tun müssen. Sollte das Ihr Glaubenskonzept sein und Sie nach einer Gemeinde suchen, die Sie in die Herrlichkeit transportiert, dann wird Ihr wichtigstes Anliegen die Bequemlichkeit der vorhandenen Sitze sein.

Paulus erklärt uns in Galater 5, dass unser Leben als Christ ein Wandeln oder Gehen im Geist bedeutet. Das ist nicht so spektakulär wie ein Wettrennen. Doch wir werden viel häufiger aufgefordert, zu wandeln, als einen Wettlauf zu machen. Eine der Versuchungen in den Anfangsjahren des Christseins besteht darin, zu rennen, bevor man gehen gelernt hat, um möglichst schnell und spektakulär ans Ziel zu kommen. Doch am weitesten kommen die Christen auf ihrem Glaubensweg, die einfach weitermachen, die stetig vorangehen und während ihres Lebens einen Schritt nach dem anderen in die richtige Richtung tun. 40 Jahre dem Herrn hinterherzugehen wird Sie viel weiterbringen als fünf Jahren des Rennens. Tatsächlich werden Sie nicht in der Lage sein, 40 Jahre lang zu rennen. Es wird Zeiten geben, in denen Sie, nachdem Sie alles Erforderliche getan haben, stehen bleiben müssen. Doch sobald es möglich ist, sollten Sie weitergehen.

In Galater 5 lehrt Paulus also, wie man im Geist wandelt. In den Versen 16-24 wird dieses Unterwegssein als Ihr persönlicher Weg mit Gott beschrieben – wie man allein mit dem Herrn geht. Tatsächlich ist dieses Allein-Gehen etwas, das jeder Christ tun muss – dem Geist zu folgen statt dem Fleisch, wenn niemand anderes dabei ist. Doch jetzt, in Vers 25, werden wir erneut aufgefordert: „…lasst uns …im Geist wandeln" (LUT). Leider wird in der deutschen Übersetzung dasselbe Wort verwendet, was dazu führt, dass viele von uns meinen, Paulus wiederhole sich einfach nur. Doch das tut er nicht. Er hat viel zu sagen, und beim zweiten Mal benutzt er ein anderes griechisches Wort für „gehen" oder „wandeln". Das erste Mal in Vers 16 ist es ein Begriff, der beschreibt, wie jemand allein unterwegs ist. Doch der zweite Begriff, den er verwendet, meint im Gleichschritt mit anderen zu gehen. Vermutlich könnte man ihn besser mit „Lasst uns im Geist marschieren" übersetzen. Mit anderen Worten: Es gibt zwei Arten des „Wanderns" für einen Christen: allein dem Geist zu folgen und gemeinsam, im Einklang und im Gleichschritt mit anderen, die ebenfalls im Geist wandeln, unterwegs zu sein.

Das macht natürlich mit jeglicher Vorstellung Schluss, man könnte ganz allein für sich Christ sein. Immer, wenn jemand zu mir sagt: „Ich kann doch auch Christ sein, ohne in die Gemeinde zu gehen", fehlen mir einfach die Worte. Man möchte dieser Person antworten: „Wie um alles in der Welt soll das möglich sein? Wie können Sie die Lehren Christi erfüllen und dabei nicht mit anderen gemeinsam unterwegs sein?" Das ist unmöglich, denn Jesus selbst hat uns die Gemeinschaft geboten. Wie können Sie sagen: „Ich kann ganz für mich allein Christ sein", wenn das einzige neue Gebot, das Jesus uns gab, lautet: „Liebt einander." Es ist völlig unmöglich, ganz allein in den Himmel zu marschieren. Wir sollen nicht nur als Einzelpersonen dem Geist gemäß leben, sondern als mächtige Armee vorwärtsgehen: die Gemeinde Gottes, die im Einklang und im Gleichschritt vorwärtsgeht.

Jetzt betrachten wir, wie es aussieht, gemeinsam im Geist zu wandeln. Paulus zeigt uns drei Wege, wie Sie aus dem Gleichschritt mit anderen Menschen herausfallen können, und drei weitere, wie Sie den Einklang mit sich selbst verlieren. In jedem Fall muss ein Christ sehr sorgfältig auf seine Schritte achten, um sicherzustellen, dass er auf Linie ist, dass er mit den anderen unterwegs ist – aus Liebe zu ihnen. Paulus fordert uns auf, unsere Mitchristen zu lieben; beneidet einander nicht; tragt einander die Lasten. Das Christentum ist unsere Haltung gegenüber unseren Glaubensgeschwistern.

Wie können wir in negativer Weise aus dem Gleichschritt mit anderen herausfallen? Ich war noch nie gut im Marschieren. Ich erinnere mich daran, wie ich als Militärgeistlicher zur Royal Air Force kam. Ich selbst war nie im Militär gewesen, sondern in der Landwirtschaft. In Zeiten, in denen Butter wichtiger war als Waffen, hatte man mich dort für unabkömmlich erklärt. Als ich nun zur Luftwaffe kam, fing ich dort als Offizier ohne jegliche Drillerfahrung an, wenn Sie wissen, was ich meine. Ich hatte kein Training genossen, und in der ersten Woche musste ich auf einem Paradeplatz vor 2000 Menschen erscheinen und um sie herummarschieren, während sie dort standen. Ich wusste nicht, wo rechts oder links war. Es war ein solches Chaos, diese erste Parade. Ich werde sie nie vergessen und habe immer noch entsprechende Albträume. Der anglikanische Militärgeistliche, der eine Woche später erschien, war mir eine große Hilfe. Er vergaß jemandem zu salutieren, machte eine Kehrtwende auf dem falschen Fuß und fiel auf die Nase. Das tröstete mich sehr. Ich weiß noch, wie ich mich demütigte und zu einem Feldwebel ging: Ich gab ihm Zigaretten und überzeugte ihn, nach Einbruch der Dunkelheit in meine Amtsstube zu kommen, um mich dort entsprechen zu drillen. Er brüllte Kommandos, während ich um meinen Schreibtisch herummarschierte, um zu lernen, wie man das macht! Mit anderen im Gleichschritt unterwegs zu sein, ist eine Lernerfahrung, die Anstrengung erfordert, wenn Sie Ihr ganzes Leben lang nur in Ihrem eigenen Stil und Tempo gegangen sind. Insbesondere als Neubekehrter müssen Sie lernen, wie man mit Christen aller Altersgruppen und Temperamente Schritt hält.

Wie fallen Sie aus dem Gleichschritt heraus? Manchmal ist mir das passiert, und ich hatte das Gefühl, drei Füße zu haben, wobei ich nicht wusste, mit welchem ich den ersten Schritt machen sollte. Wie geraten Sie mit Ihren christlichen Geschwistern aus dem Tritt? Es gibt drei Wege: Arroganz, Provokation und Neid. Nehmen wir den ersten, Arroganz. Jemand, der von sich selbst zu viel hält, wird versuchen, die anderen zu überholen und daher aus der Marschreihe herausfallen. Mit einem Überlegenheitskomplex werden Sie nicht in der Lage sein, im Gleichschritt mit anderen Gemeindegliedern zu gehen. Wenn Sie denken, Sie seien besser als die anderen, werden Sie Ihnen mit großen Schritten vorauseilen und sagen: „Seht mich an, ich kann größere Schritte machen als ihr." So werden Sie aus der Reihe fallen, sodass die Reihe unterbrochen wird. Vergessen Sie nicht, dass es ein geistliches Äquivalent zu Bananenschalen gibt und dass Hochmut vor dem Fall kommt, wie die Bibel sagt. Ein Mann, der aus Arroganz den anderen vorangeht, wird schnell stürzen.

Die zweite Art besteht darin, andere zu provozieren, was eigentlich bedeutet, ständig gegen sie zu sticheln. Sie bleiben zwar in Ihrer Marschreihe, doch aus Ihren Armbinden stechen Nadeln heraus. Dadurch machen Sie es den Menschen, die neben Ihnen marschieren, sehr schwer, in Ihrer Nähe zu bleiben. Die anderen werden immer mehr zur Seite ausweichen, wodurch die Marschreihe abreißt und der Feind eindringen kann, weil die Reihe nicht mehr geschlossen ist. Sie provozieren die anderen, was bedeutet, sie zu einem Wettstreit herauszufordern. Es bedeutet, sie als Rivalen statt als Kollegen zu sehen. Sie können auch ein wenig Neid in Ihrem Herzen spüren: „Er hat mehr Gaben als ich. Er hatte eine bessere Position in der Gemeinde als ich. Sie hat den Job bekommen, den ich schon immer haben wollte." Nur ein wenig Neid kann dazu führen, dass Sie zurückfallen, wie bei einem Minderwertigkeitskomplex.

Ein Christ sollte daher weder sagen: „Ich bin besser als du und werde es dir beweisen" noch: „Du bist besser als ich, und ich nehme dir das übel". Ein Christ sagt: „Wir sind alle Kollegen." Es ist nicht von Bedeutung, wer besser oder schlechter ist als die anderen. Ich halte die anderen für besser als mich selbst und gehe mit ihnen gemeinsam in Einheit voran, was ich als heiliges Privileg betrachte. Gemeinsam und auf einer Linie marschieren wir im Gleichschritt in das Reich Gottes hinein.

Kommen Sie mit Ihren Mitchristen aus dem Takt, werden Sie nicht im Geist wandeln. Das Nächste, was Paulus hier erwähnt, sind drei Arten, wie eine andere Person aus dem Tritt kommen kann, und wie Sie den Betreffenden wieder in die Marschreihe zurückholen – das ist die andere Seite der Medaille. Wir müssen nicht nur sorgfältig darauf achten, selbst im Gleichschritt zu marschieren, sondern auch darum bemüht sein, anderen zu helfen, im Takt zu bleiben. Paulus schreibt, dass es sowohl einen richtigen als auch einen falschen Weg gibt, Menschen wieder zurückzubringen, wenn Sie aus der Reihe gefallen sind. Beachten Sie bitte, dass er jetzt von Brüdern und Schwestern spricht. Ich bin meines Bruders Hüter, wenn ich Christ bin. Es geht mich sehr wohl etwas an, wenn meine Geschwister aus der Reihe fallen und nicht im Gleichschritt mit den anderen marschieren. Sie wenden sich dabei nicht an eine Gruppe von Menschen, die einfach nur zu einem Club gehören. Es sind Ihre Geschwister. In jeder wahren Familie ist es doch so: Wenn jemand fällt, helfen die anderen ihm wieder auf, das ist ganz natürlich. Wenn jemand in einer Gemeinde fällt, dann klatschen und tratschen Sie nicht einfach über diese Person und sagen: „Ist das nicht schrecklich?"

und lassen sie in ihrem eigenen Saft schmoren. Nein, Sie helfen ihr wieder auf. Geschwister, sorgt gegenseitig dafür, dass ihr auf Linie bleibt.

„Wenn ein Mensch etwa von einer Verfehlung ereilt wird" – was bedeutet das? Wenn einer unserer Glaubensgeschwister stolpert, ausrutscht oder zu Fall kommt – das kann jedem Christen passieren, und die meisten von uns sind wahrscheinlich schon ausgerutscht oder gefallen, seit wir uns bekehrt haben – und andere Gläubige haben das erfahren. Was geschieht dann? Handelt es sich um eine echte Familie christlicher Brüder und Schwestern, so werden die anderen die betreffende Person, die ausgerutscht ist, wiederaufrichten und ihr helfen weiterzugehen – das ist die instinktive Reaktion. Sie werden nicht auf den am Boden Liegenden einschlagen, indem sie über ihn reden, sondern ihn mit Liebe umgeben, ihm wieder aufhelfen und sagen: „Auf geht's, schnell zurück in die Marschreihe." Er ist gestolpert oder gefallen, wurde überrascht und von der Versuchung überwältigt. Ich erinnere mich, wie das in einem christlichen College geschah, ein Student fiel in Sünde. Ungefähr drei Tage lang konnte sich keiner der Studenten auf seine Arbeit konzentrieren, das werde ich nie vergessen. Sie waren so besorgt, dass sie diesen Jungen einfach in ihre Gebete und ihre Liebe einhüllten. Das setzten sie so lange fort, bis sie ihn wiederaufgerichtet hatten und er wieder mit ihnen voranging – ein wunderbares Vorbild christlicher Gemeinschaft. „Brüder und Schwestern, wenn ein Mensch etwa von einer Verfehlung ereilt wird, so helft ihm wieder zurecht mit sanftmütigem Geist, ihr, die ihr geistlich seid." Das heißt, versuchen Sie nur, ihn wiederaufzurichten, wenn Sie selbst geistlich stark sind, voll Heiligen Geistes. Dann helfen Sie ihm wieder auf und unterstützen Sie ihn beim Weitergehen, doch tun Sie es in einem Geist der Sanftmut, denn es hätte auch Ihnen passieren können.

Nur eine wirklich geistliche Person kann das behutsam tun, da sie weiß, dass sie selbst hätte am Boden liegen können, genau wie derjenige, der gefallen ist. Ein geistlich unreifer Christ wird sagen: „Wie um alles in der Welt konnte das nur passieren? Hättest du es so gemacht wie ich und meinen Lebensstil kopiert, dann wärst du nicht in diesen Schlamassel geraten" – eine Ohrfeige nach der andere, der arme Kerl wird nur noch tiefer zu Boden gedrückt.

Ich habe einmal mit einem Mann gesprochen, der beruflich Autos reparierte. Er erzählte mir Folgendes: Wenn ein Auto am Kotflügel oder anderswo eine Beule hat, sollte man niemals einen Hammer nehmen und auf die Mitte dieser Beule einschlagen. Das würden die meisten von uns tun. Er sagte: „Sie müssen ganz sanft um die Blase herum klopfen. Klopfen Sie behutsam weiter und bewegen Sie sich so auf das Zentrum zu. Dann werden Sie das Blech schrittweise wieder gerade bekommen. Doch ein heftiger Schlag in die Mitte wird das Blech zerbrechen und einige hässliche Schwellungen hinterlassen."

Genau das lehrt uns Paulus. Wenn jemand gefallen ist und ein geistlich unreifer Christ versucht, ihn wiederaufzurichten, und dabei sagt: „Auf jetzt, hoch mit dir. Warum hast du das bloß getan?", wird er ihn verletzten. Doch eine geistlich reife Person ist in der Lage, den anderen in Sanftmut wiederherzustellen und zu heilen. Das Wort, das Paulus hier benutzt, wird normalerweise verwendet, um das Richten eines Knochens zu beschreiben, damit er wieder zusammenwachsen kann. Sie müssen ihn vorsichtig und sanft wieder in die richtige Position bringen. Erstens sollen Sie als geistlicher Mensch also jemanden, der aus der Reihe gefallen ist, weil er gesündigt und etwas Falsches getan hat, sanft wiederaufrichten.

Zweitens wird jemand, der eine zu große Last trägt, vermutlich nicht mit den anderen Schritt halten können. Die Methode der Gemeinde, das zu beheben, ist, dass einer des anderen Last trägt. Noch einmal, es ist ein ganz simples Bild, das ich Ihnen nicht erklären muss. Wenn viele Soldaten im Gleichschritt marschieren und einer von ihnen eine schwere Last auf dem Rücken hat, wird der Ärmste früher oder später nicht mehr mithalten können, so etwas passiert in einer Gemeinde. Manchmal trägt ein Christ eine zu schwere Bürde, etwas, das ihn überfordert, daher kann er nicht mehr mithalten. Statt einfach zu sagen: „Oh, XY fällt zurück", fordert uns Paulus auf: „Einer trage des anderen Last." Trägt einer zu viel, sollten ihm die anderen sagen: „Komm, gib mir ein wenig von dieser Last ab. Ich will dir das abnehmen."

Es könnte sich um etwas ganz Praktisches handeln, wie z.B. einer Frau, deren Mann im Krankenhaus liegt, eine Weile die Kinder zu betreuen. Oder um etwas zutiefst Geistliches: Jemand hat zu viele Aufgaben in der Gemeinde, was zu viel Druck bedeutet. Andere Gemeindeglieder sollten sich um ihn scharen und ihm sagen: „Du solltest das nicht alles tun, wir übernehmen etwas davon."

Paulus fügt nun etwas Merkwürdiges hinzu, eine Bemerkung über Stolz: „Denn wenn jemand meint, er sei etwas, obwohl er doch nichts ist, der betrügt sich selbst." Warum erwähnt er Stolz an dieser Stelle? Ich werde Ihnen aus meiner Erfahrung als Pastor erklären, warum. Eine Haltung, die Menschen davon abhält, einander die Lasten abzunehmen, ist Stolz. Entweder ist man zu stolz, um jemand anderem die Last abzunehmen, oder die betreffende Person ist zu stolz, sich die Last abnehmen zu lassen. In jedem Fall denkt dabei jemand, er sei etwas, obwohl er doch nichts ist. Wenn Sie sich jedoch für nicht so wichtig halten, dann können Sie einander die Lasten tragen.

Vielleicht sind Sie auch zu stolz, um jemandem zu sagen, dass Sie eine Last haben. Sie bringen es nicht über sich, folgende Worte auszusprechen: „Ich stehe gerade unter Druck. Das, was ich gerade tragen muss, wird mir zu viel. Kannst du mir bitte helfen?" Wenn wir glauben, etwas darzustellen, dann ist Stolz mit im Spiel, dieser kleine, eiserne Nackenmuskel, der verhindert, dass wir uns demütig beugen.

Einer trage des anderen Last, dadurch erfüllen wir das Gesetz Christi. Hält sich jemand allerdings für zu wichtig, obwohl er es nicht ist, macht er nur sich selbst etwas vor, keinesfalls jedoch den anderen.

Schließlich taucht das Wort „Last" in den meisten Übersetzungen in Vers 5 wieder auf. Doch eine exaktere Übersetzung verwendet ein anderes Wort: „...denn jeder wird seine eigene Bürde tragen" (ELB). In vielen Übersetzungen steht jedoch auch hier das Wort „Last", sodass Paulus sich zu widersprechen scheint. Doch wenn wir die beiden unterschiedlichen Worte betrachten, verstehen wir, was gemeint ist. Jeder Soldat muss seine eigene Ausrüstung, seinen eigenen Rucksack tragen. Das Wort „Bürde" beschreibt hier den Rucksack, den jeder Soldat im römischen und griechischen Heer trug. Mit anderen Worten: Sie werden nur im Gleichschritt marschieren können, wenn jeder so viel trägt, wie es sich gehört, und nicht mehr. Hat jemand zu viel zu tragen, dann nehmt einander Lasten ab. Doch wenn jemand seine eigene Bürde, seine eigene Verantwortung nicht wahrnimmt, wird sie anderen aufgebürdet.

Jede Gemeinde, die ich kennengelernt habe, legt manchen Menschen zu viele Lasten auf, weil andere Mitglieder ihre eigene Bürde, ihren eigenen Rucksack nicht tragen. Das ist keine wahre christliche Gemeinschaft. Auf einigen liegt eine schwerere Last als angemessen ist. Fügt Gott einer Gemeinde neue Mitglieder hinzu, dann tut er es, damit jedes Mitglied dieser Gemeinde seine eigene Bürde trägt. Im „Evangeliums-Zug" ist kein Platz für Passagiere, sondern nur für Mitarbeiter. Jedes Mitglied, das vor Gott nicht seine eigene Verantwortung trägt, erfüllt nicht die Aufgabe, die Gott für ihn oder sie vorgesehen hat. Was geschieht dann? Die Bürde wird von einem an den nächsten weitergegeben. Wer bereit dazu ist, wird gebeten, immer mehr zu tun. Das habe ich schon so oft beobachtet. Dann frage ich Gemeindeglieder, die ihre eigene Bürde nicht tragen, ob ihnen bewusst ist, was sie anderen damit antun. Sind Sie Mitglied einer Gemeinde, dann ist es Ihre Verantwortung zu fragen: „Was ist meine Bürde? Soll ich in der Sonntagsschule unterrichten? Oder Menschen an der Tür begrüßen? Oder mithelfen, die Gebäude sauber und ordentlich zu halten? Soll ich mich an evangelistischen Einsätzen beteiligen? Oder Gemeindeglieder besuchen? Oder in den Hauskreisen mithelfen? Was ist meine Bürde?" Jedes Mitglied, das seine Bürde nicht trägt, wird jemand anderen überlasten. Daher sagt Paulus, dass jeder von uns seine eigene Bürde tragen muss. Dann und nur dann können Sie einander die Lasten tragen, denn nur in diesem Fall wird das Gewicht gleichmäßig verteilt.

Verzeihen Sie mir, dass ich so direkt werde, doch ich gebe Ihnen nur das weiter, was Paulus zu den Galatern sagte: Es ist sehr wichtig, dass es in der christlichen Gemeinde keine Parasiten gibt. Tatsächlich schrieb Paulus an die Gemeinde in Thessalonich: „Wenn ein Gemeindeglied nicht arbeitet, so soll es auch nicht essen." Mit anderen Worten: Geben Sie den Menschen weder Almosen noch Lebensmittel oder Spenden, die nicht arbeiten wollen, obwohl sie es könnten. Das wäre keine christliche Nächstenliebe, sondern reine Emotionalität. Jeder soll seine eigene Bürde tragen. Ich hatte den Ehrgeiz, der Pastor einer Gemeinde zu sein, in der jedes Mitglied seine eigene Bürde trug; wann immer ein anderes Mitglied überlastet wurde, konnten die andere daher sofort einspringen und beim Lastentragen helfen. Wir sind Teil einer Armee, und keine Armee kann es sich leisten, nur einen einzigen Soldaten zu haben, der seine Eigenverantwortung nicht wahrnimmt.

In den Versen 7–10 gibt es ein Sprichwort, ein Prinzip, eine Verheißung und einen Grundsatz. Zuerst das Sprichwort: Was der Mensch sät, das wird er ernten, d.h. das Gesetz von Ursache und Wirkung. Dieses göttliche Gesetz gilt für das gesamte Leben. Es gilt für Ihr Bankkonto und für Ihren Garten. Wenn Sie Kohl säen, werden Sie keine Rosen ernten. Was Sie reinstecken, bekommen Sie schließlich heraus. Es gilt für Ihr soziales Leben. Witzigerweise höre ich an ein- und demselben Sonntag manchmal folgende Aussagen von zwei verschiedenen Leuten: Die eine Person sagt: „Was für eine freundliche Gemeinde habt ihr", und die andere: „Was für eine unfreundliche Gemeinde!" Keine dieser Bemerkungen zeigt mir tatsächlich etwas über die Gemeinde; jede sagt mir etwas über die Person, von der sie stammt.

Um es ganz offen zu sagen: Sie bekommen nur das von einer Gemeinde, was Sie selbst investieren. Tragen Sie die Lasten anderer Menschen und sind Sie ihnen gegenüber freundlich, so werden Sie die Gemeinde als äußerst freundlich empfinden. Wenn Sie selbst distanziert bleiben und sich absondern, dann werfen Sie der Gemeinde nicht vor, sie würde Ihnen distanziert begegnen. Freundschaft ist keine Einbahnstraße: Wie man in den Wald hineinruft, so schallt es heraus. Ich sage es Ihnen geradeheraus: Am meisten profitieren die Menschen von Hauskreisen, die sich dort am intensivsten investieren. Wer den Bibelabschnitt im Voraus liest, sich darauf vorbereitet, sich beteiligt und mit den anderen spricht, wird für sich das Meiste aus diesen Gruppen herausholen. Kommt jemand zu mir und sagt: „Diese Hauskreise bringen mir gar nichts", antworte ich: „Das liegt wahrscheinlich daran, dass du nichts in sie investierst."

Was man sät, das wird man ernten. Dieser Grundsatz gilt für das geistliche Leben, die Finanzen und materiellen Fragen; es ist Gottes Gesetz. Machen Sie sich nichts vor, Gott lässt sich nicht verspotten, und Sie werden ihm eines Tages gegenüberstehen. Alles, was Sie tun, wird Folgen haben, dem können Sie nicht entkommen. Das ist eines der Gesetze, die im Universum gelten: Wenn Sie sparsam säen, werden Sie eine mickrige Ernte einfahren. Säen Sie guten Samen, so werden Sie guten Samen ernten; säen Sie schlechten Samen, wird die Ernte schlecht ausfallen. Das ist ein geschriebenes Gesetz Gottes. Es durchzieht die gesamte Bibel, und es ist tatsächlich ein Sprichwort in ganz einfacher Sprache.

Die schlimmste Form der Täuschung besteht darin, sich selbst etwas vorzumachen. Denn dann gibt es niemanden, der uns helfen könnte, uns die Augen zu öffnen. Paulus sagt, betrügt euch nicht selbst. Glaubt nicht, ihr könntet etwas Bestimmtes

säen und dann etwas ganz Anderes ernten. Glaubt nicht, dass
ihr eine bestimmte Lebensart säen und dann etwas anderes
erntern werdet. Ihr werdet wieder dasselbe herausbekommen.
Denn das, was ihr hineinlegt, kommt auch wieder heraus. So
funktioniert das Leben, und Gott wird niemanden davonkommen
lassen. Es ist sein Gesetz, das besagt, auch wenn wir uns
selbst etwas vormachen und glauben, wir werden damit schon
durchkommen, ist das doch nicht der Fall. Der Galaterbrief
richtet sich an Christen. Ihr Christen, betrügt euch nicht selbst.
Jeder Christ, der sich vom Fleisch bestimmen lässt, wird am
Ende seine physische Gesundheit, seinen inneren Frieden und
seine geistliche Effektivität beschädigen und zerstören. Das ist
ein göttliches Gesetz. Investiert ihr jedoch ständig in den Geist
und lasst euch als Einzelne und Gemeinde vom Geist bestimmen,
gibt es eine wunderschöne Ernte des Ewigen Lebens, die ihr
einfahren könnt.

Heutzutage ist das Wort „sofort" groß in Mode. Das Problem
dabei ist, dass wir in einem Leben, indem wir alles sofort
erwarten, auch nach augenblicklicher Heiligung streben – als ob
es ein Ereignis oder eine Erfahrung gäbe, die Sie von jetzt auf
gleich heilig macht. Dann stehen Sie in der Gefahr, entmutigt
zu sein, wenn sich eine geistliche Ernte nicht sofort einstellt. Da
ich in der Landwirtschaft gearbeitet habe, weiß ich, wie teuer
einen das zu stehen kommen kann. In meinen Anfangsjahren
auf dem Bauernhof erhielt ich den Auftrag, ein Feld zu besäen,
und ich weiß noch, dass ich dabei einen schlechten Job machte.
Das Feld erstreckte sich über einen Hügel. Damals wusste ich
nicht, dass die Furchen entsprechend angepasst werden mussten,
je nachdem, ob sie aufwärts oder abwärts führten. Tatsächlich
ging die Saat daher nur in den aufwärts führenden Furchen auf.
Mehrere Monate lang war ich mit meiner Arbeit ganz zufrieden,
bis die Pflänzchen den Erdboden durchbrachen. Das Feld lag
an einer Hauptstraße in Yorkshire. Es lag an einem Berg, und
jeder, der daran vorbeifuhr, sah einen Acker, der überall von

grünen und braunen Streifen durchzogen war. Ich hatte ein sehr schmerzhaftes Gespräch mit dem Bauern, das mich einiges gekostet hat. Das Feld war Monate zuvor besät worden, daher war es zu spät, um noch irgendetwas zu ändern. Die Pflanzen standen also den ganzen Sommer auf diesem Feld, und jedes Mal, wenn ich vorbeifuhr, wurde ich damit konfrontiert. Der Bauer wurde gnadenlos durch den Kakao gezogen, daher musste ich dazulernen. Doch als ich gelernt hatte, wie man ein Feld richtig besät, habe ich froh und zufrieden drei, vier oder fünf Monate gewartet, bis die Erntezeit da war. Jeder Bauer muss geduldig sein, und jeder Christ muss begreifen, dass man nicht immer sofort die Ernte des Erfolges einfährt. Werden Sie daher nicht müde, Gutes zu tun, lassen Sie nicht nach, geben Sie nicht auf. Es kann Jahre dauern, bis Sie die Früchte Ihrer Arbeit sehen werden.

Eine Lehrerin im Kinderdienst gab ihren Job in der Sonntagsschule auf, weil sie überhaupt keine Resultate ihrer Arbeit erkennen konnte. Doch während des Krieges sagte ein Soldat, der im Sterben lag, zu einem seiner Kameraden: „Bitte schreibe dieser Frau: Was sie mir damals in der Sonntagsschule beigebracht hat, hilft mir jetzt beim Sterben." Der Brief erreichte die Lehrerin zu Hause im fernen England. Sie hatte aufgegeben, weil sie die Ernte nicht schnell genug sehen konnte. Werdet nicht müde, Gutes zu tun. Geben Sie nicht auf, weil Sie keine sofortige Frucht, keine augenblickliche Ernte erkennen können. Säen Sie weiter den guten Samen aus: gute Werke. Selbst wenn Sie keine schnellen Resultate feststellen können, machen Sie einfach weiter. Die Ernte muss kommen. Genau wie ein Mann, der sich selbst etwas vormacht, eines Tages dafür bezahlen muss, wird die Person, die im Geist wandelt, eines Tages eine wunderbare Ernte einfahren.

„Solange uns noch Zeit bleibt, wollen wir allen Menschen Gutes tun, vor allem aber denen, die mit uns an Jesus Christus glauben" (Galater 6,10; HFA). Nächstenliebe fängt zu Hause in der Gemeinde an. Ein Christ, der außerhalb der eigenen Gemeinde so beschäftigt ist, dass er niemals andere Gemeindeglieder unterstützt, erfüllt das Gesetz Christi nicht. Doch es gilt auch umgekehrt: Wer so viel in der Gemeinde tut, dass er nie jemandem außerhalb hilft, erfüllt das Gesetz Christi ebenfalls nicht. Das Gesetz lautet: „Tut allen Menschen Gutes, wenn sich euch die Gelegenheit bietet, doch lasst die Nächstenliebe in der Gemeinde beginnen." Die erste Aufgabe eines Christen besteht darin, anderen Christen zu helfen. Ihre erste Verantwortung ist es, andere zu unterstützen, sodass sie mit Ihnen im Gleichschritt marschieren können. Daher sollten Sie Ihre guten Werke richtig verteilen. Tun Sie zuallererst Ihren Glaubensgeschwistern Gutes. Ihre Nächstenliebe sollte in Ihrem geistlichen Zuhause beginne, doch sie sollte nicht dort enden, sondern sich auf alle Menschen ausweiten, die in Not sind.

12. Kapitel

DER HEILIGE GEIST IM EPHESERBRIEF

Wir haben nun alle Abschnitte im Neuen Testament studiert, die sich unmittelbar mit dem Heiligen Geist befassen. In den Paulusbriefen haben wir Römer 8, 1. Korinther 2, 1. Korinther 12 und Galater 5 betrachtet – das deckt so ziemlich alle systematischen Ausführungen über den Heiligen Geist ab. Was ich bei Paulus jedoch höchst bemerkenswert finde, ist: In jedem seiner Briefe erwähnt er den Heiligen Geist immer wieder nebenbei. Es gibt einen Brief, in dem er das öfter tut als in den anderen: in seinem Brief an die Epheser.

Einmal in jedem der sechs Kapitel schreibt er über den Heiligen Geist. Jedes Mal geht es um einen anderen Aspekt dessen, was der Heilige Geist für uns tut. Hier kommt das erste Beispiel:

„Und nachdem ihr das Wort der Wahrheit, die Freudenbotschaft von eurer Rettung, gehört habt und zum Glauben gekommen seid, wurdet auch ihr durch ihn mit dem versprochenen Heiligen Geist versiegelt. Dieser Geist ist die Anzahlung auf unser Erbe und ‹die Garantie für› die vollständige Erlösung seines Eigentums. Auch das dient zum Lob seiner Herrlichkeit."

Epheser 1,13–14 (NeÜ)

Von Zeit zu Zeit sollte jeder Christ ein Blatt Papier und einen Stift zur Hand nehmen und alle Segnungen aufschreiben, die er oder sie genießen darf. Es ist zu einfach, bei diesem Thema vage zu bleiben und einfach nur zu sagen: „Danke Gott, dass du mich segnest."

Viel besser ist es, eine Liste der eigenen Segnungen zu erstellen und sie zu zählen. Benennen Sie eine nach der anderen und Sie werden überrascht feststellen, was der Herr alles für Sie getan hat.

Die Liste, die Paulus hier aufstellt, betrifft keine physischen, materiellen Segnungen. Er sagt: „Gelobt sei Gott, ... der uns ... mit dem ganzen geistlichen Segen aus der Himmelswelt beschenkt hat" (Epheser 1,3; NeÜ). Es sind unsere geistlichen Segnungen, die Sie von Zeit zu Zeit zu Papier bringen sollten. Jeder kann materielle Segnungen auflisten, doch nur ein Christ ist in der Lage, geistliche Segnungen aufzuzählen. Würden Sie eine Liste Ihrer materiellen Segnungen erstellen, würden Sie schreiben: meine Gesundheit, meine Kraft, ein Dach über dem Kopf, genügend Kleidung und Lebensmittel, genug Geld, um das zu kaufen, was ich für meinen Lebensunterhalt brauche, und so weiter. Doch ein Christ kann Dinge auflisten, die allen anderen fremd sind.

Genau das tut Paulus hier: Gelobt sei Gott dafür, dass er uns in Christus schon vor Gründung der Welt erwählt hat. Nur als Christ können Sie das aufschreiben. Gelobt sei Gott, der uns aus Liebe dazu bestimmt hat, seine Kinder zu werden. Kein Nicht-Christ kann sich auf diesen Punkt berufen. Gelobt sei Gott für unsere Erlösung. Genau aus diesem Grund nimmt niemand anderes dieses Wort in den Mund als nur die Christen, denn niemand sonst weiß wirklich, was es bedeutet, erlöst zu sein. Gelobt sei Gott für die Vergebung unserer Sünden. Auch das ist etwas, das niemand außer den Christen versteht, die Erleichterung, dass unsere Sünden abgewaschen sind. So geht Paulus diese ganze Liste durch.

Schließlich wendet er sich an die Epheser und weist sie auf drei Punkte hin: Erstens, jemand hat euch gepredigt; zweitens, ihr habt geglaubt; drittens: Gott hat euch versiegelt.

Zum ersten Punkt: Jemand machte sich die Mühe, euch von Jesus zu erzählen. Doch das war nicht genug. Ihr könnt allen Predigern der Welt zuhören, doch das allein bringt euch nicht an das erstrebte Ziel. Ein weiterer Aspekt, den er über die Epheser sagt: Es war ein Segen, dass euch jemand das Evangelium gepredigt hat. Tatsächlich war es Paulus selbst. Der zweite Punkt besteht darin, dass ihr geglaubt habt. Dadurch habt ihr euch die gute Nachricht angeeignet. Doch jetzt schreibt er über die dritte Segnung, die zu Beginn ihres Lebens als Christ zu den Ephesern kam: Gott versiegelte sie mit dem verheißenen Heiligen Geist, und das sollten auch wir auf unsere Liste schreiben. Warum gebraucht er dieses Wort „versiegelt"? Der Gedanke, was ein Siegel heute repräsentiert, könnte uns in die Irre führen, und ich habe ein wenig mit diesen Ideen herumexperimentiert. In meiner kleinen Privatsammlung von Dingen, die ich mit der Zeit erworben habe, befindet sich John Wesleys Siegel, seine Prägung auf dem Siegelwachs. Wofür gebrauchen wir nun Siegel und Siegelwachs? Die grundlegendste Verwendung besteht vermutlich darin: Wir wollen sicherstellen, dass ein Päckchen verschlossen ankommt, ohne dass jemand daran herumpfuscht. Darum hat Gott Sie mit dem Heiligen Geist versiegelt – damit Sie im Himmel ankommen, ohne dass irgendjemand Sie beschädigt. Sind Sie mit dem Geist erfüllt, kann niemand an Ihnen herumpfuschen, doch das meint Paulus hier nicht.

Eine zweite Einsatzmöglichkeit von Siegeln ist heutzutage der Vertragsabschluss. Sie haben den Vertrag unterzeichnet, nachdem Sie seinen Inhalt besprochen haben. Sie haben beschlossen, was Sie der anderen Partei zahlen werden bzw. was die andere Partei Ihnen schuldet. Viele rechtliche Dokumente werden dann immer noch versiegelt, was bedeutet, dass der Inhalt nun ein für alle Mal festgelegt ist und nicht mehr verändert werden kann.

Bei einer Trauung wird die Ehe besiegelt. Es ist entschieden. Die Ehepartner müssen diesen Bund nicht jedes Mal, wenn sie das Gefühl haben, nicht mehr so verliebt zu sein wie am Vortag, erneut unterschreiben. Sie müssen nicht immer wieder kommen und ihn neu besiegeln. Der Bund ist ein für alle Mal geschlossen; er ist unterschrieben, versiegelt und er gilt. Er ist besiegelt, doch auch das meint Paulus hier nicht.

Im Altertum wurde ein Siegel so verwendet: Wenn Sie auf den

Markt gingen, um Getreide zu kaufen, und es 20 Säcke gab, die Sie erwerben wollten, dann gaben Sie Ihr Gebot ab. Wurde es angenommen, zogen Sie Ihr Siegel heraus und kennzeichneten damit die Säcke. Das heißt, dass die Säcke jetzt Ihnen gehörten, obwohl Sie noch nicht in Ihrem Besitz waren. Sie gingen nach Hause und ein paar Tage später fuhr ein Wagen an Ihrem Haus vor, auf dem die Säcke mit Ihrem Siegel lagen. Manchmal sehen Sie in einem Möbelgeschäft auf bestimmten Gegenständen einen kleinen Zettel, auf dem „verkauft" steht, vielleicht sogar mit dem Namen des Käufers darunter. Das entspricht genau der Bedeutung des Siegels. Wie sehr Sie sich dieses Möbelstück auch wünschen, es gehört schon jemand anderem und wird eines Tages zu ihm nach Hause gebracht. Sie können es anschauen, doch nicht mehr kaufen, es wurde versiegelt. Paulus lehrt uns: Als Sie dem Evangelium glaubten, hat Gott Sie versiegelt, mit einem Stempel versehen und gesagt, dass Sie jetzt ihm gehören; eines Tages werden Sie in sein Haus gebracht.

Jeder Gläubige, der den Heiligen Geist hat, ist mit diesem Möbelstück im Laden vergleichbar. Sie sind gekauft worden, Sie gehören jetzt Gott, und eines Tages werden Sie in das Haus des Vaters gebracht. Sie sind mit dem verheißenen Heiligen Geist versiegelt. Genau darum bezeichnet Paulus das Siegel des Heiligen Geistes als Garantie für unser Erbe.

Manchmal, wenn ein Mann 20 Säcke Getreide kaufte, ließ er sich einen Sack sofort anliefern, was als „Anzahlung" oder „Handgeld" für den Rest bezeichnet wurde. Wir verwenden heute dasselbe Wort, wenn wir eine Anzahlung für etwas leisten; es ist eine Garantie, dass wir den Rest später bezahlen werden. Paulus verwendet (je nach Übersetzung) das Wort „Garantie", doch es geht um eine Anzahlung auf unser Erbe. Der Heilige Geist ist die erste Anzahlung auf den Himmel, das erste „Stückchen" Himmel, das Sie erhalten. Alles, was Sie durch den Heiligen Geist erhalten, ist die Garantie für den gesamten Rest, der noch kommen wird. Es handelt sich also um ein sehr gehaltvolles Konzept.

„So ist er gekommen und hat Frieden verkündet. Frieden für euch in der Ferne und Frieden für die in der Nähe. Denn durch ihn haben wir beide in einem Geist freien Zugang zum Vater."

Epheser 2,17–18 (NeÜ)

In früheren Zeiten, bevor die Telefonie computergesteuert war, sagte ein Telefonvermittler: „Sie sind verbunden." Dann hörten Sie eine vertraute Stimme, vielleicht die Stimme eines geliebten Menschen, von jemandem, dem Sie so viel zu sagen hatten. Doch manchmal klappte es mit der Verbindung nicht. Genauso ist es mit der Religion mancher Menschen. Sie dringen einfach nicht durch. Sie haben keinen Zugang zu Gott. Sie strengen sich so sehr an, zu ihm durchzudringen. Sie geben wirklich alles und sind sehr aufrichtig in ihrem Bemühen, Gott zu erreichen. Manche versuchen es durch Religiosität: Sie durchlaufen alle Riten und Zeremonien, die ihnen die Kirche zu bieten hat. Andere versuchen, Gott zu erreichen, indem sie sich in eine Raserei hineinsteigern. Wieder andere probieren es mit Drogen. Oder sie versuchen einfach, ihren Mitmenschen Gutes zu tun. Doch alle diese Wege führen sie nicht zum Ziel.

Wir lesen hier eine herrliche Aussage: Wir haben in seinem Geist freien Zugang zum himmlischen Vater. Wenn Sie Gott anbeten, flüstert der Heilige Geist es Ihnen ins Herz: „Du bist verbunden." Dann wissen Sie, dass Ihre Gebete nicht an der Decke hängengeblieben, sondern zu Gott durchgedrungen sind. Unser Lobpreis und unsere Gebete sind durchgedrungen.

Jesus wollte Menschen mit Gott in Verbindung bringen. Er sagte: „Niemand kommt zum Vater als durch mich." In Epheser 2 beschäftigt sich Paulus mit dem Hauptgrund, warum so viele Menschen nicht zu Gott durchdringen. Es gibt eine Blockade, eine Barriere zwischen ihnen und Gott, die sie nicht durchbrechen können. Um es mit seinen Worten zu sagen: „Wir sind von Natur aus Kinder des Zorns, Kinder des Ungehorsams." Darum können wir nicht zu Gott durchdringen.

Wenn ich Gott nicht gehorche, erhört er meine Bitten nicht. Er kann sie nicht erhören, gerade weil er ein guter Gott ist. Genau wie ich manchmal zu meinen Kindern sagte, die mich um etwas baten: „Es tut mir leid, ich werde dir das nicht geben, bis du das wieder in Ordnung gebracht oder dich dafür entschuldigt hast." Bis diese Beziehung wiederhergestellt ist, können viele irdische Eltern der Bitte ihres Kindes nicht entsprechen. Am Anfang dieses Kapitels schreibt Paulus: Ihr werdet erst zu Gott durchdringen, wenn ihr erkennt, dass ihr seine Gnade braucht, die euch eure Sünden vergibt. Durch die Gnade unseres Herrn Jesus werdet ihr errettet, und das bedeutet, ihr müsst eure Versuche einstellen, zu Gott durchzudringen, indem ihr euch anstrengt und gute Taten vollbringt. Der Durchschnittsbürger in England hofft verzweifelt, irgendwie zu Gott durchzudringen, indem er Gutes tut, doch Paulus lehrt hier, dass Sie diese Idee aufgeben müssen. Nur durch Gnade dringen Sie zu Gott durch, das heißt, durch die unverdiente Vergebung Gottes.

Es gibt noch etwas, das Sie brauchen. Vergebung beseitigt die Barriere, doch wenn Sie zu Gott durchdringen, wie sprechen Sie dann mit ihm? Viele haben keine Ahnung, was sie Gott im Gebet sagen sollen, weder öffentlich noch privat. Jesus Christus hat sie mit Gott Vater in Verbindung gebracht, doch sie haben immer noch keinen freien Zugang in dem Sinne, dass sie entspannt in Gottes Gegenwart sind und wissen, wie sie natürlich und in aller Freiheit mit ihm sprechen können.

Hier kommt der Heilige Geist ins Spiel. Wir wissen nicht, wie wir beten sollen, doch der Geist hilft uns. Er kennt unsere Schwachheit. Er hilft uns zu beten und ganz natürlich mit dem Vater zu sprechen. Mit ihm zu reden ist genauso leicht und natürlich, wie mit Menschen zu sprechen. Sie werden schnell feststellen, ob jemand den Geist in seine Gebete miteinbezieht. Beten wird natürlich, es gibt einen Zugang, und die Gebete dringen zu Gott durch. Wenn Sie hören, wie jemand im Geist betet, dann dringt diese Person sofort durch. Das können Sie spüren. Sie ringt nicht um Worte, um Gott etwas zu sagen. Sie versucht nicht, durchzukommen, die Verbindung herzustellen. Diese Person ist verbunden; sie dringt durch und so spricht sie auch. Diese Art des Betens sollten wir alle praktizieren.

Das heißt jedoch nicht, dass wir nicht manchmal auch Gebete verwenden würden, die andere geschrieben haben, oder dass wir keine Kirchenlieder singen, die andere verfasst haben. Doch selbst wenn jemand ein Lied oder ein Gebete von jemand anderem verwendet, so merken Sie trotzdem, ob diese Person mit Gott verbunden ist. Dann singt sie es aus der Tiefe ihres Herzens, weil sie durchgedrungen ist, sie ist begeistert, denn der Heilige Geist hat gesagt: „Du bist verbunden." Sowohl Juden als auch Nichtjuden haben einen Zugang zu Gott. Es gab Zeiten, in denen Juden in einem bestimmten Bereich des Tempels zu Gott durchdrangen oder es versuchten, während die Nichtjuden es in einem anderen Bereich probierten. Dabei stand zwischen beiden Gruppen eine dicke Mauer. Doch tatsächlich gelang es weder den einen noch den anderen. Paulus schreibt, dass die Zwischenwand der Trennung jetzt niedergerissen ist. Jetzt haben die Nichtjuden, die weit entfernt waren, und die Juden, die sich im Inneren des Tempels befanden, beide in einem Geist Zugang zu Gott erhalten. Nun kommen wir zum dritten Kapitel.

„Deshalb beuge ich meine Knie vor dem Vater, von dem jede Vaterschaft in den Himmeln und auf Erden benannt wird: Er gebe euch nach dem Reichtum seiner Herrlichkeit, mit Kraft gestärkt zu werden durch seinen Geist an dem inneren Menschen; dass der Christus durch den Glauben in euren Herzen wohnt und ihr in Liebe gewurzelt und gegründet seid, damit ihr imstande seid, mit allen Heiligen völlig zu erfassen, was die Breite und Länge und Höhe und Tiefe ist, und zu erkennen die die Erkenntnis übersteigende Liebe des Christus, damit ihr erfüllt werdet zur ganzen Fülle Gottes. Dem aber, der über alles hinaus zu tun vermag, über die Maßen mehr, als wir erbitten oder erdenken, gemäß der Kraft, die in uns wirkt, ihm sei die Herrlichkeit in der Gemeinde und in Christus Jesus auf alle Geschlechter hin von Ewigkeit zu Ewigkeit!"

Epheser 3,14–21 (ELB)

Hier erhalten wir einen Einblick in das Gebetsleben von Paulus. Man sagt, wenn Sie wirklich wissen wollen, was ein Mann glaubt, dann sollten Sie seinen Gebeten zuhören – statt seiner Predigt und seinen Ausführungen über seinen Glauben zu lauschen. Vielleicht empfinden Sie Ihre stille Zeit als schwierig: einen ruhigen Ort zu finden, still zu werden, sich zu konzentrieren. Und wie erging es Paulus? Als er diese Zeilen schrieb, war er dauerhaft an einen römischen Zenturio angekettet, wobei die Kette nur einen Meter lang war. Und dann sagt er: „Ich beuge meine Knie." Stellen Sie sich die Umstände vor, unter denen er beten musste. Paulus musste als Gefangener zu dem Soldaten sagen: „Setz dich bitte hin, denn ich will niederknien." Er hatte keine andere Wahl zu beten, während der Zenturio zuhörte. Wenn Sie meinen, Probleme zu haben, stellen Sie sich das einmal vor. Paulus betet, dass seine Leser am inneren Menschen gestärkt werden. Die Welt liebt Macht, doch dabei geht es immer um äußerliche Kraft, vielleicht militärische, finanzielle, industrielle oder wissenschaftliche Macht. Doch Paulus wünscht sich, dass Christen innerlich stark werden, am inneren Menschen. Dieser Begriff wurde im Griechischen verwendet, um drei Aspekte einer Person zu bezeichnen. Erstens, den Verstand oder das Denken. Paulus betet, dass Christen in ihrem Denken stark sind. Das bedeutet, sie denken selbstständig, haben ihre eigenen Überzeugungen und werden nicht von der Welt oder jedem Wind einer merkwürdigen Lehre erschüttert. Das braucht jeder Christ: In seiner verstandesmäßigen Überzeugung stark zu sein, in der Lage, klar zu denken und sich Gottes Gedanken zu eigen zu machen. Wir brauchen Menschen, die wissen, was sie glauben, die nicht einfach nur ein Buch oder eine Zeitung lesen und dann das Neuste glauben, was sie gerade gelesen haben. In letzterem Fall ist man innerlich sehr schwach.

Zweitens geht es darum, eine starke Gewissensüberzeugung zu haben. Die meisten von uns sind in diesem Bereich eher schwach. Paulus betet, dass die Christen mit Kraft gestärkt werden am inneren Menschen. Sie brauchen eine starke Gewissensbildung, die sie tatsächlich eine große rote Ampel sehen lässt, sobald sie sich in die falsche Richtung bewegen – und nicht nur ein schwächliches Flackern, nachdem sie was auch immer getan haben.

Das Dritte, was den inneren Menschen kennzeichnet, ist der Wille. Paulus wünscht sich, dass sie einen starken Willen haben. Vermutlich ist die Fähigkeit, nein zu sagen, das Zeichen für einen starken Willen. Es ist ein sehr kurzes Wort. Natürlich beginnen die meisten Kinder ihr Leben mit einem starken „will nicht". Psychologen sagen uns, dass Kinder das Wort „Nein" lernen, bevor sie das Wort „Ja" kennen. Sie lernen das „Nein", um sich daneben zu benehmen, um das zu tun, was selbstsüchtig und falsch ist. Ein starker Charakter, der innerlich gestärkt worden ist, hat gelernt, zum Falschen nein und zum Richtigen ja zu sagen.

Warum wünscht sich Paulus diese Dinge für die Epheser? Warum sollen sie starke Charaktere sein, gestärkt am inneren Menschen, selbst wenn sie äußerlich schwach sind? Er selbst muss einen starken inneren Menschen besessen haben, um vor diesem Zenturio zum Gebet auf die Knie zu gehen. Paulus will, dass Christen innerlich stark sind, damit sie die Liebe Gottes entdecken können, die sogar größer ist als das Universum: die Breite, die Länge, die Höhe und die Tiefe. Sie sollen die Kraft haben, in die Liebe Gottes einzutauchen und sie in allen ihren wunderbaren Dimensionen zu erforschen. Der Apostel wünscht sich, dass Christen innerlich stark sind, weil nur dann Gott seine ganze Fülle in uns hineinlegen und uns ausfüllen kann. Dann wird Christus in uns wohnen, was bedeutet, dass er ständig da ist. Das ist die Bedeutung von Paulus' Gebet.

Wo sitzt die Blockade? Warum sind wir in unserem Denken,

unserem Gewissen und unserem Willen schwach? Die Antwort ist ganz einfach: Der Fehler liegt nicht auf Gottes Seite, sondern auf meiner. Gott kann „über alles hinaus tun…über die Maßen mehr, als wir erbitten oder erdenken…" Warum tut er es dann nicht? Weil ich nicht bitte und nicht denke. Es heißt dort nicht: „Gott gibt immer mehr, als wir bitten oder denken", so verstehen viele diesen Text. Warum tut er nicht mehr, als wir uns vorstellen können? Weil wir es uns nicht vorstellen. Tatsächlich geht es um die Begrenztheit unserer Vorstellungskraft und unserer Fürbitte. Wenn Sie in Ihrem Gebetsleben um kleine Dinge bitten, dann werden Sie kleine Dinge empfangen. Bitten Sie um Großes. Er kann über alles hinaus tun, über die Maßen mehr, als wir erbitten oder erdenken.

Paulus bittet also um Großes für seine Leser. Er will nicht, dass sie nur ein Bisschen von der Liebe Gottes erfahren, sondern alles: die Breite, Länge, Tiefe und Höhe; sie sollen nicht nur ein Wenig von Gottes Gaben empfangen, sondern mit der ganzen Fülle Gottes erfüllt werden. Er bittet um die großen Dinge, er denkt in großem Maßstab. Wollen Sie wirklich die Kraft Gottes am inneren Menschen erfahren, denken Sie groß und bitten Sie um Großes. Dann wird Gott Großes tun, um sich zu verherrlichen.

Alle diese beiläufigen Erwähnungen des Heiligen Geistes zeigen, dass es wirklich als Christ kein Bedürfnis gibt, das der Heilige Geist nicht stillen könnte. Brauchen Sie eine stärkere Gewissheit, in den Himmel zu kommen? Dann ist die Versiegelung mit dem Heiligen Geist die Antwort auf Ihre Frage. Müssen Sie wissen, dass Sie zu Gott durchdringen und dass er auf Ihre Gebete hört? Dann ist der Heilige Geist die Antwort, die Sie brauchen. Ist Ihr Problem, dass Ihre Gewissensüberzeugung oder Ihr Denken schwach ist und leicht von dem beeinflusst wird, was Sie lesen und sehen? Ist Ihr Wille schwach, sodass Sie nicht nein sagen können? Noch einmal: Die Lösung für Ihr Problem ist der Heilige Geist.

„Als einer, der für den Herrn im Gefängnis ist, ermahne ich euch: Lebt so, wie es der Berufung entspricht, die an euch erging: Seid euch der eigenen Niedrigkeit bewusst und begegnet den anderen freundlich, habt Geduld miteinander und ertragt euch gegenseitig in Liebe. Bemüht euch sehr darum, die Einheit, die der Geist Gottes gewirkt hat, im Verbund des Friedens zu bewahren."

Epheser 4,1–3 (HFA)

Ist Ihr Problem, dass Sie mit Ihren Mitchristen nicht zurechtkommen? Auch dann ist der Heilige Geist die Antwort auf Ihr Problem. Paulus trifft hier zwei Aussagen, und bei beiden beachten Sie bitte, dass er sich an eine Ortsgemeinde in Ephesus wendet. Einheit beginnt, genau wie Gutes tun, zu Hause, in der eigenen Gemeinde. Ich kenne Ortsgemeinden, die tragischerweise an der Frage der Einheit mit anderen Gemeinden zerbrochen sind. Etwas Groteskeres ist kaum vorstellbar. Bevor Sie über das Zusammengehen mit einer anderen Gemeindebewegung überhaupt nachdenken, müssen Sie sich als erstes fragen, ob Sie mit Ihren Mitchristen an Ihrem Wohnort und in Ihrer eigenen Gemeinde in Frieden leben. Paulus spricht zunächst über die Einheit des Geistes und dann über das Band (oder den Verbund) des Friedens. An der Einheit des Geistes können weder Sie noch ich irgendetwas ändern. Entweder sie ist vorhanden oder sie ist es nicht. Lernen Sie eine Person kennen, so haben Sie entweder Einheit im Geist oder auch nicht. Lebt der Heilige Geist in dieser Person und auch in Ihnen, dann ist die Einheit bereits vorhanden. Sie kann weder produziert werden noch verlorengehen.

Die Shetlandinseln bestehen aus Hunderten von Inseln verschiedener Größe und Form. Zirka 20 von ihnen sind bewohnt. Ich habe entdeckt, dass alle diese kleinen Inseln zwar voneinander getrennt zu sein scheinen, jedoch tief unter der Wasseroberfläche alle zum selben Granitbrocken gehören, der aus dem Meeresboden herausragt. Genauso kann der Eindruck entstehen, Christen seien nicht miteinander verbunden. Doch wenn sie den Heiligen Geist haben, sind sie bereits im Geist eins, da es nur einen Heiligen Geist gibt.

Gleichzeitig ist es richtig, dass Christen die Einheit bewahren und ausdrücken, die bereits im Verbund des Friedens besteht. Paulus spricht nicht darüber, dass diese Tatsachen sichtbar gemacht werden sollen. Es geht ihm nicht darum, sich in einem offiziellen Zusammenschluss zu verbinden. Vielmehr erwähnt er vier Dinge: Demut, Freundlichkeit, Geduld und Nachsicht. Dies sind die Zutaten von Einheit und Frieden, die die Gemeinde zusammenhalten. Sie können alles perfekt organisiert haben: ein großes Hauptquartier in London und alle Bürokratie, die Sie sich vorstellen können, doch ohne Demut, Freundlichkeit, Geduld und Nachsicht wird es keine Einheit geben. Diese vier Dinge bilden das Band des Friedens, das Christen miteinander verbindet.

Während er an den römischen Soldaten angekettet ist, zeigt uns Paulus die Kettenglieder, die uns mit anderen Christen verbinden: Geduld, Freundlichkeit, Demut und Nachsicht. Er ist daher ein Gefangener des Herrn, angekettet an den Herrn, und bezeichnet sich gerade nicht als Gefangener Roms. Er ist an den Herrn gekettet, kann diese Kette nicht zerreißen und will es auch nicht. Die Gläubigen sind auch aneinandergebunden, denn es gibt einen Geist, einen Herrn, einen Gott und Vater aller, einen Glauben, eine Taufe, eine Hoffnung und einen Leib. Sie müssen nicht einen Körper *erschaffen* – er besteht bereits. Der Heilige Geist ist schon da. Um das auszudrücken, sollen wir demütig, freundlich, geduldig und nachsichtig miteinander umgehen.

Wenn Christen einander näher kennenlernen, entdecken Sie immer die Schwächen der jeweils anderen. Mir haben schon viele Menschen Folgendes gesagt: „Ich würde lieber in eine Gemeinde gehen, in der man nicht angesprochen wird. Daher werde ich mir eine Gemeinde suchen, wo niemand mich beachtet und mir Menschen nicht näherkommen. Ich will mit Christen nicht so viel zu tun haben. Der Gottesdienstbesuch gefällt mir, doch danach will ich schnell wieder nach Hause gehen." Das hat nichts damit zu tun, die Einheit des Geistes und das Band des Friedens zu bewahren – dass man Menschen auf Abstand hält. Dadurch bewirkt man das genaue Gegenteil. Jemand hat einmal zu mir gesagt: „Ich habe allen die Hand der Freundschaft gereicht und halte sie so auf Abstand." Das ist keine christliche Gemeinschaft. Sie umarmen einander, wenn Sie einander lieben; Sie halten andere nicht auf Abstand. Paulus will also, dass seine Leser einander und dem Herrn näherkommen. Doch Sie können das nie ohne den Heiligen Geist tun. Versuchen Sie es trotzdem, werden Sie sich offen gesagt gegenseitig aufregen und Schiffbruch erleiden. Die Antwort auf die Frage der Einheit ist der Heilige Geist.

Kommen wir jetzt zu Epheser 5:

„Seid also nicht leichtsinnig und gedankenlos, sondern begreift, was der Herr von euch will! Und betrinkt euch nicht, denn das führt zu einem zügellosen und verschwenderischen Leben, sondern lasst euch vom Geist Gottes erfüllen! Das geschieht, indem ihr euch gegenseitig mit Psalmen, Lobliedern und anderen geistlichen Liedern ermutigt; indem ihr aus vollem Herzen dem Herrn singt und musiziert; indem ihr Gott, unserem Vater, im Namen unseres Herrn Jesus Christus allezeit und für alles dankt."

Epheser 5,17–20 (HFA)

„Lasst euch vom Geist erfüllen", wird so oft aus dem Kontext gerissen, dass ich beschlossen habe, es wieder in seinen richtigen Zusammenhang einzuordnen. Jedes Mal, wenn ich eine Predigt darüber gehört habe, wurden die Worte davor und danach ignoriert, sodass die Predigt sich um einen heiligen Lebenswandel drehte. Doch in diesem Kontext geht es um Fröhlichkeit statt um Heiligkeit. Der Text beantwortet die Frage, wie ein Christ es sich gut gehen lassen kann. Wie können Christen rausgehen und feiern?

Wir wissen, wie die Welt das tut. Die Welt geht aus und betrinkt oder zumindest beschwipst sich. Tatsächlich hat ein berühmter Prediger seine Predigt über diesen Text mit den Worten begonnen: „Sie müssen einen Mann mit etwas füllen, damit er sich amüsieren kann", und das stimmt genau. Was sind nun die Alternativen? Neben dem Wort, das mit „zügellos" übersetzt wird, steht der Begriff „verschwenderisch", und genau das ist hier gemeint. Genau dieser Begriff wird in Lukas 15 für den verlorenen Sohn verwendet, der in ein fernes Land zog und nach seiner ganzen Feierei nichts vorzuweisen hatte als einen Kater. Er hatte seine Zeit verschwendet.

Im Vers davor schreibt Paulus: Nutzt die Zeit, so gut ihr könnt, kauft die Zeit aus. Wenn Sie ausgehen und sich betrinken, verschwenden Sie Ihre Zeit, weil Sie sich danach an einen ganzen Zeitabschnitt nicht mehr erinnern können, der Ihnen überhaupt nichts genützt hat. Dadurch verschwenden Sie ganz sicher Ihr Geld. Es ist ein teures Spiel, und früher oder später setzen Sie auch Ihre Gesundheit aufs Spiel.

Was ist die Alternative? Wir müssen einen anderen Weg finden. Es gibt nichts Erbärmlicheres als einen Menschen, der aufgehört hat, sich mit nichtigen Dingen zu füllen, jedoch nichts Positives findet, woran er sich erfreuen kann. Daher schreibt Paulus seinen Lesern, wie sie es sich gutgehen lassen können. Wollen Sie sich amüsieren und fröhlich sein? Natürlich wollen Sie das, wie jeder Mensch. Dann lassen Sie sich mit dem Heiligen Geist erfüllen. Der Geist wird mehr für Sie tun, als Alkohol es könnte. Er wird Ihre Emotionen freisetzen und Ihre Zunge lösen (genau aus diesem Grund trinken manche Cocktails: damit die Zunge gelöst wird und man miteinander redet). Ihre Schüchternheit wird überwunden und Freundschaften entstehen.

Es gibt Menschen, die regelmäßig in den Pub gehen, weil es ihnen nach ihrer eigenen Aussage dort gutgeht und sie Freundschaft und Gemeinschaft finden. Die meisten Menschen in diesem Land trinken aus diesem Gemeinschaftsaspekt, das ist ihr Hauptgrund, davon bin ich überzeugt. Was wäre eine positive Alternative? Lassen Sie sich mit dem Geist erfüllen. Dann fangen Sie auch an zu singen und sind fröhlich. Sie werden entspannt mit den anderen umgehen können, statt sich an ihnen zu reiben.

Paulus spricht hier also nicht über Heiligkeit, sondern über christliche Fröhlichkeit, mit dem Geist erfüllt zu sein und gemeinsam zu singen. Ist Ihnen aufgefallen, dass er seine Leser auffordert, sich mit dem Geist erfüllen zu lassen und sich gegenseitig zu ermutigen? Das heißt ganz einfach, dass es viel wahrscheinlicher ist, dass Sie in christlicher Gemeinschaft mit dem Geist erfüllt werden, wo es andere Menschen gibt, die Sie ermutigen können. Sie werden sich dann dabei ertappen, wie Sie mit anderen gemeinsam singen und dabei jüdische Lieder, Psalmen, christliche Lieder, Kirchenlieder und geistliche Lieder verwenden. Dabei stellt der Heilige Geist die Worte und die Musik zur Verfügung, während Sie den Herzenswunsch haben zu singen. Sie werden eine gute Zeit haben und Zionslieder singen. Schließlich werden Sie, wenn Sie in den Himmel kommen, ein neues Lied singen. Es ist ein kleiner Vorgeschmack auf den Himmel, hier unten mit dem Heiligen Geist erfüllt zu werden und zu singen – und genauso sollten Christen sich amüsieren.

Es gab eine Zeit, als Christen das viel öfter taten, bevor sie nämlich das Klavier entsorgten und stattdessen den Fernseher aufstellten. Statt selbst zu singen, saßen sie nun einfach davor und schauten fern, was eine passive Haltung ist. Früher gingen Christen nach dem Gottesdienst direkt zu jemandem nach Hause und versammelten sich um das Klavier (oder eine Gitarre) und sangen. Diese Praxis möchte ich Ihnen gerne empfehlen. Wir sollten sie wiederbeleben! Christen sollten es sich gutgehen lassen und sich im Herrn freuen. Ist also Ihr Problem, wie Sie sich amüsieren können, dann stellt der Heilige Geist erneut die Lösung dar.

Das Resultat wird sich in einer lebensfrohen Dankbarkeit in allen Lebensumständen zeigen. Wer sich betrinkt, hat normalerweise am nächsten Morgen einen solchen Brummschädel, dass es zu mürrischen Beschwerden führt. Wer versucht, auf diese Art glücklich zu werden, wird immer murren und sich beschweren. Wer jedoch im Geist fröhlich ist, freut sich, weil er dankbar ist. Im Griechischen heißt es: „Seid dankbar *in* allen Dingen." Das ist eine große Erleichterung, denn es gibt ein paar Dinge, *für* die Sie nicht dankbar sein können, doch *in* allem können Sie es sehr wohl. Es gibt immer etwas, für das Sie Gott danken können. Genau das geschieht, wenn Sie dem Herrn singen und für ihn musizieren.

Würde ich hier aufhören, könnten Sie den Eindruck gewinnen, das Leben als Christ sei ein großes Picknick, bei dem wir von einer Gesangsveranstaltung zur nächsten gehen, uns ständig nur freuen und uns immer wunderbar fühlen. Glauben Sie das bloß nicht! Jetzt kommen wir zur letzten Erwähnung des Geistes in diesem Brief.

„Zuletzt: Seid stark in dem Herrn und in der Macht seiner Stärke. Zieht an die Waffenrüstung Gottes, damit ihr bestehen könnt gegen die listigen Anschläge des Teufels. Denn wir haben nicht mit Fleisch und Blut zu kämpfen, sondern mit Mächtigen und Gewaltigen, mit den Herren der Welt, die über diese Finsternis herrschen, mit den bösen Geistern unter dem Himmel. Deshalb ergreift die Waffenrüstung Gottes, damit ihr an dem bösen Tag Widerstand leisten und alles überwinden und das Feld behalten könnt. So steht nun fest, umgürtet an euren Lenden mit Wahrheit und angetan mit dem Panzer der Gerechtigkeit und beschuht an den Füßen, bereit für das Evangelium des Friedens. Vor allen Dingen aber ergreift den Schild des Glaubens, mit dem ihr auslöschen könnt alle feurigen Pfeile des Bösen, und nehmt den Helm des Heils und das Schwert des Geistes, welches ist das Wort Gottes."

Epheser 6,10–17; (LUT)

Das Leben als Christ ist eine Schlacht und ein Kampf. Die Bibel ist absolut ehrlich. Paulus, der ja an einen Soldaten angekettet ist, beginnt, über seine Waffenrüstung nachzudenken. Er sieht den Christen als einen Soldaten und fordert uns auf, die gesamte Waffenrüstung anzulegen. Sie müssen sie anziehen. Das geht nicht automatisch. Sie müssen alles anlegen, statt nur einen Teil Ihres Körpers zu schützen und einen anderen Teil ungeschützt dem Feind zu überlassen. Es muss sich dabei um die Waffenrüstung *Gottes* handeln. Er stellt sie bereit, und ihr Sinn und Zweck besteht darin, Ihrem Feind auch nicht einen Zentimeter nachzugeben; Sie sollten feststehen. Es wird Zeiten geben, in denen Sie nichts anderes tun können, als standhaft zu bleiben.

Ein Großteil der Rüstung, die hier erwähnt wird, ist defensiv: der Schild, der Brustpanzer, der Helm, die Lenden umgürtet mit Wahrheit, die Füße beschuht mit der Bereitschaft für das Evangelium. Allerdings ist Angriff die beste Verteidigung. Ein Christ in seiner Waffenrüstung braucht etwas, womit er den Feind treffen kann, er soll nicht nur einfach hinter dem Schild des Glaubens kauern. Christen sind dazu berufen, den Sieg zu erringen, nicht nur standhaft zu bleiben; sie sollen die Initiative ergreifen, wenn der richtige Zeitpunkt gekommen ist, sie sollen angreifen. Und dieser Angriff wird mit dem Schwert des Geistes vorgenommen, dem Wort Gottes. Man könnte es auch so formulieren: Schleudern Sie dem Feind das Buch ins Gesicht.

Christen haben immer wieder festgestellt: Am besten wird man mit dem Teufel fertig, wenn man ihn mit der Bibel attackiert. Cromwell kämpfte immer (wortwörtlich) mit der Bibel in der einen und dem Schwert in der anderen Hand. Die Bibel ist Ihr Schwert. Damit bekämpfen Sie den Feind. Es erfordert eine gewisse Vorratshaltung, bevor Sie sich in die Schlacht stürzen können. Wie die Soldaten in alten Zeiten stundenlang ihre Klingen schärften, so müssen Christen viel Zeit damit verbringen, ihre Bibel zu studieren.

Das Eine, was den Teufel besiegt, ist die Wahrheit, denn er

ist ein Lügner von Anfang an. Er liebt es, Lügen zu verbreiten. Daher greifen Sie den Teufel an, indem Sie ihm die Wahrheit entgegenschleudern und sagen: „Was du sagst, interessiert mich nicht. Es ist mir egal, wenn du mir einflüsterst: ‚Du fühlst dich doch gar nicht wie ein Christ.' Das Wort Gottes sagt mir, dass ich Christ bin. Ich schleudere dir die Bibel ins Gesicht. Es interessiert mich nicht, dass du mir sagst, dass es mit der Welt immer schlimmer wird. Ich weiß, das Reich Gottes kommt auf die Erde."

Doch Paulus nennt es das Schwert „des Geistes" und nicht „das Wort Gottes". Was heißen könnte, dass der Geist Sie an einen bestimmten Bibelvers erinnern wird, den Sie gebrauchen sollen, einen, der zu dieser Situation passt; genauso wie er es selbst für Jesus getan hat, als der Geist ihn in die Wüste führte, um vom Satan versucht zu werden.

13. Kapitel

DER HEILIGE GEIST IN DER
OFFENBARUNG

Was mich auf diesem Streifzug durch die Bibel, bei dem wir das Wirken des Heiligen Geist betrachtet haben, besonders beeindruckt, ist: Der Heilige Geist ist die Person, die Wunder in das menschliche Leben bringt. Der Heilige Geist macht Wunder möglich. Er ist es, der dem Leben ganz normaler Menschen übernatürliche Kraft und übernatürliche Reinheit verleiht. Wir haben über die Gaben und die Frucht des Geistes nachgedacht: die Gaben stellen seine Macht dar, die Frucht repräsentiert seine Reinheit. Nichts von alledem liegt in unserer Reichweite, bis der Heilige Geist selbst sie uns ermöglicht.

Ohne den Heiligen Geist hätten wir die Bibel nicht. Sie ist das übernatürliche Buch, das niemand zu schreiben plante. Von allen Menschen, die an der Niederschrift der Bibel beteiligt waren, hatte kein einziger eine Ahnung, dass er die Bibel verfasste.

Wer die Bibel in Ehren hält, wird dafür kritisiert. Zwar beten wir sie nicht an, doch wir halten sehr viel von ihr. Warum? Immer, wenn wir dieses Buch in die Hand nehmen (wann immer Sie das tun, sollten Sie daran denken), betrachten wir etwas Übernatürliches, denn dieses Buch behauptet von sich, Gottes Wort zu sein. Jedes einzelne Wort der Bibel sollte nach dem Willen Gottes in diesem Buch drinstehen. Gott beeinflusste die Verfasser durch seinen Heiligen Geist so stark, dass die Texte, die dabei herauskamen und die wir lesen können, genau das sind, was er uns sagen wollte – auch wenn er sich unterschiedlicher Persönlichkeiten bediente. Dieses Wunder ist genauso groß wie Totenauferweckung und Krankenheilung. Es ist genauso beeindruckend wie Jesu Stillung des Sturms in Galiläa. Die meisten Männer, die damals die Bibel niederschrieben, hatten gar nicht die Absicht, es zu probieren und das zu entdecken, was ihnen offenbart wurde.

Immer wieder stellen wir fest: Die Menschen hielten nicht nach Gott Ausschau, sondern Gott suchte nach den Menschen. Was mit Abraham und Mose geschah, passierte nicht, weil sie nach Gott suchten, sondern weil Gott sie in den Blick genommen hatte: Er erwählte Abraham und suchte nach ihm; er erwählte Mose und erschien ihm in einem brennenden Dornbusch. Es handelt sich nicht um ein Buch menschlicher Entdeckungen, sondern um ein Buch, das wir als „göttliche Offenbarung" bezeichnen.

Der Begriff, den wir verwenden, um das Wunder Gottes zu beschreiben, dass er sein Wort durch den Mund oder die Schriften von Menschen weitergibt, heißt „Prophetie". Dieses Wort bezeichnet das Wunder, dass irgendein Mensch seinen Mund öffnet und spricht und es sich dabei nicht um seine Worte, sondern um Gottes Worte handelt. Ohne den Heiligen Geist könnte so etwas nicht geschehen. Ich kann nicht einfach aufstehen und sagen: „Ich werde dir sagen, was Gott über dich denkt." Nur der Heilige Geist macht dieses Wunder möglich.

Aus diesem Grund ist die Bibel ein abgeschlossenes Buch, und genau darum lesen wir in Gottesdiensten auch nicht aus anderen Büchern vor. Einmal fragte man mich: „Warum liest du nicht ‚Die Pilgerreise' von Bunyan jeden Sonntagmorgen in einer Serie kapitelweise vor? Das wäre sehr hilfreich und interessant." Doch das werde ich niemals tun, so sehr ich dieses Buch auch mag. Manche sagen: „Warum fügen wir der Bibel nicht alle diese spannenden Ereignisse der Kirchengeschichte hinzu?" Wir tun das nicht. Warum nicht? Weil das Alte Testament mit einem Propheten, Mose, begann und mit einem anderen Propheten, Maleachi, endete. Das Alte Testament ist also auf die Verfasser beschränkt, die über die Gabe der Prophetie verfügten. Wie wir schon gesehen haben, setzte die Prophetie wieder ein, als Johannes der Täufer geboren und diese Gabe den Aposteln verliehen wurde.

Hier kommt eine der merkwürdigsten Tatsachen überhaupt: Einige der klügsten Menschen der Welt verstehen die Bibel nicht und können mit ihrer Botschaft nichts anfangen. Gleichzeitig sind einige der einfachsten Menschen, denen ich begegnet bin, nahezu ungebildete Leute, durch das Lesen der Bibel weise und gebildet geworden. Sie haben das Bibelstudium geliebt und gesagt: „Wie spannend und aufregend!" Der Grund dafür ist so einfach: Da der Heilige Geist nötig war, um die Bibel niederzuschreiben, wird er auch gebraucht, um sie zu lesen und zu verstehen. Wann immer Sie die Bibel zur Hand nehmen, fragen Sie den Heiligen Geist, was der Text bedeutet, denn nur er kann es Ihnen erklären. All das ist eine Einführung zum Buch der Offenbarung, denn dieses Buch ist ein herausragendes Beispiel für alle diese Fakten. Manche Menschen können mit dem letzten Buch der Bibel überhaupt nichts anfangen. Sie sind davon verwirrt. Ich sage Ihnen eins: Wenn Sie sich beim Bibelstudium nicht auf den Heiligen Geist verlassen, dann wird die Bibel für Sie ein verschlossenes Buch bleiben. Sie wird sie zutiefst verstört, verwirrt und ratlos zurücklassen. Sie mögen sie ganz durchlesen, doch Sie werden es weder aus freien Stücken noch aus einer Sehnsucht heraus tun und erst recht nicht zu ihrer täglichen Andacht. Doch mit dem Heiligen Geist werden Sie dieses Buch genauso lieben lernen wie jedes andere.

Es liegt ein Fluch auf denen, die dem Buch der Offenbarung etwas hinzufügen oder etwas von ihm wegnehmen. Ein Segen wird denen verheißen, die dieses Buch lesen. Wer es mit Einsicht liest, liebt es und wird zuversichtlich. Es heilt die Angst, verleiht Mut und hilft, sich ohne Bedenken oder Sorgen der Zukunft zu stellen. Es hilft einem solchen Leser, das Ende der Welt in den Blick zu nehmen, ohne davor Angst zu haben.

Sie können daher dieses Buch nicht ohne den Heiligen Geist lesen, und es hätte niemals ohne den Geist Gottes geschrieben werden können. Nun kommen wir zur Erwähnung des Heiligen Geistes im Buch der Offenbarung. Wie kam es zur Niederschrift der Offenbarung? Es ist die umfangreichste Prophetie der ganzen Bibel. Damit meine ich, dass es mehr Vorhersagen über die Zukunft enthält als jeder andere Teil der Bibel. Wenn Sie wissen wollen, was künftig mit dieser Welt geschehen wird, wie alles enden und wieder von Neuem beginnen wird, dann sollten Sie dieses Buch lesen. Darum wird es „die Offenbarung" genannt (auf Griechisch: Apokalypse), was *Enthüllung* bedeutet; das Sichtbarmachen von etwas, das zuvor niemand sehen konnte. Daher ist das Buch übernatürlich, denn nur Gott kennt von Anfang an auch das Ende, und nur Gott kann es Ihnen mitteilen.

Wie kam es nun dazu, dass Johannes sie niederschrieb? Es geschah völlig unerwartet. Er hatte keine Ahnung davon, dass er die Offenbarung verfassen würde, denn er wusste auch nicht besser als alle anderen, was die Zukunft bringen würde. Doch eines Morgens fing er an, dieses Buch zu schreiben. Er war auf einer kleinen Insel im Ägäischen Meer eingekerkert, angekettet an die Gefängnismauer. Seine Gemeinde war weit von ihm entfernt, denn man hatte ihn verhaftet, weil er Christ war. Man hatte ihn im Hochsicherheitstrakt von Patmos eingesperrt. Sein Körper lag in Ketten, doch wo war sein Kopf? Er hatte sich in die Bibel versenkt. In 400 Versen gibt es über 400 Verweise auf das Alte Testament. Hier war ein Mann, dessen Denken von der Bibel durchtränkt war.

Wo war sein Herz? Die Antwort lautet: Sein Herz befand sich jenseits der Ägäis auf dem türkischen Festland, das damals Kleinasien hieß. Sein Herz war bei den Gemeinden, die er früher immer besucht und in denen er gepredigt hatte.

Wo war sein Geist? Bei einem Blick in seine Zelle hätten Sie einen Mann entdeckt, der bewusstlos erschien, geschwächt war und sich nicht bewegte. Ich weiß nicht, ob seine Augen offen waren, doch er befand sich in Trance. Sie hätten einen Mann gesehen, der nur körperlich anwesend war, da sein Geist seinen

Körper verlassen hatte. Wir wissen, dass der Geist im Tod den Körper verlässt, doch der Geist kann dies auch vor dem Tod tun. Der Körper von Johannes lag im Gefängnis, doch wo war *er?* Die Antwort lautet: Er war im Geist und außerhalb seines Körpers. Das ist an und für sich schon ein merkwürdiger Anfang, doch er war dort draußen unterwegs, weit entfernt von dieser Zelle. Er reiste nicht nur auf der Erde umher, wie es die ersten Kapitel zeigen, sondern er besuchte im Geist sieben Gemeinden. Doch dann erkennen wir in den Kapiteln vier und fünf, dass er sogar im Himmel unterwegs ist, er ist oben im Himmel und entdeckt, wie es dort aussieht, während sein Körper angekettet im Gefängnis liegt. Er ist also nicht dort unten, sondern blickt im Geist durch eine Tür in den Himmel, woraufhin er hineingeht und sich dort umschaut. In den darauffolgenden Kapiteln reist er sogar in die Zukunft. Er lebt nicht länger in der Gegenwart, in der sein Körper in einer Gefängniszelle angekettet ist. Er reist in die Zukunft, noch über unsere Zeit hinaus. Er ist im Geist. Schließlich stellen wir fest, dass er sogar dieses Universum verlässt und sich auf den Weg in ein neues Universum macht und sich dort in einem neuen Himmel und auf einer neuen Erde umschaut und das Neue Jerusalem betrachtet. Jetzt denken Sie wahrscheinlich, entweder bin ich verrückt geworden oder Johannes hat das tatsächlich getan. Doch dieses Wunder hat das letzte Buch der Bibel möglich gemacht. Nur der Heilige Geist konnte den Geist eines Mannes befähigen, seinen Körper vor dem Tod zu verlassen, die Gegenwart hinter sich zu lassen und in die Zukunft zu reisen; die Erde hinter sich zu lassen und den Himmel zu besichtigen, die Zeit zu verlassen und die Ewigkeit zu erforschen – und genau das hat er getan.

Viermal kommt in der Offenbarung der Begriff „im Geist" vor. Er wird in jedem dieser vier Abschnitte verwendet, als würde Johannes viermal vom Heiligen Geist auf eine Reise mitgenommen. Aus diesem Grund sage ich, dass Sie sich bewusst machen sollten, dass Sie ein absolutes Wunder betrachten, wenn

Sie die Offenbarung lesen, denn es ist für einen Menschen natürlich gesehen unmöglich, seinen Körper zu verlassen und an einen anderen Ort zu reisen.

Manchmal sagen mir Menschen: „Es tut mir leid, ich kann am Sonntag nicht kommen, ich habe etwas anderes zu tun. Doch im Geist werde ich bei dir sein." Das ist unmöglich! Was sie damit meinen ist: Wo auch immer sie sich befinden, sie werden an uns denken und für uns beten. Sie werden dort sein, wo Ihr Körper sich befindet, es sei denn, der Heilige Geist vollbringt für Sie ein ähnliches Wunder wie für Johannes, was durchaus möglich ist! Doch wir verwenden den Begriff „im Geist" auf andere Art, als Johannes es tat. Johannes konnte im Geist auf Reisen gehen, wobei der Heilige Geist ihn befähigte, Orte zu entdecken, die ihm eigentlich nicht zugänglich waren, weil sein Körper gefesselt war. Er konnte in den Himmel und in die Zukunft reisen und sogar die künftige Welt sehen – ein neues Universum.

Nach jeder dieser Reisen wurde ihm befohlen, aufzuschreiben, was er gesehen hatte. Johannes war der einzige Mensch, der diese Dinge erlebte. Uns liegt ein Bericht über seine Reisen und seine Beobachtungen vor. Hätten wir seine Worte nicht, wüssten wir nicht so viel über die Zukunft und über das neue Universum, das kommen wird. Ist es nicht begeisternd, dieses Buch in Händen zu halten? Ärgern Sie sich nicht darüber, dass Sie es bisher nicht gelesen haben? Bereuen Sie es jetzt nicht, dass Sie es beiseitegelegt haben, als Sie es nicht verstanden, und sich verständlicheren Dingen zuwandten, statt den Heiligen Geist um Hilfe zu bitten? Hier haben wir den erstaunlichsten Reisebericht, der je geschrieben wurde, über die unglaublichsten Abenteuer. Diese Reise lässt alle anderen verblassen. Es ist ein spannendes und wahres Buch, das Ihnen mehr als alle anderen etwas über unser Universum erzählt und darüber, wo die Geschichte hinführen wird.

„Ich war im Geist am Tag des Herrn" (Offenbarung 1,10; SLT), schreibt Johannes. Was glauben Sie, bedeutet das? Es war nicht der biblische Begriff für Sonntag. Das Buch der Offenbarung wurde zirka 96 n. Chr. zur Zeit von Kaiser Domitian geschrieben, dem ersten römischen Herrscher, der erwartete, angebetet zu werden. Einmal im Jahr musste jeder römische Bürger in der Öffentlichkeit vor ein Büste Cäsars stehen, dieser salutieren und sagen: Cäsar ist der Herr. Daher wurde dieser Tag vom jeweiligen Herrscher „der Tag des Herrn" genannt. Eigentlich steht dort ein Adjektiv, sodass man es auch den „herrschaftlichen Tag" nennen könnte. Johannes lag wegen seines Glaubens an Jesus im Gefängnis und war genau an dem Tag im Geist, an dem der Kaiser verlangte, angebetet zu werden.

Die Verfolgung war in vollem Gange, und Johannes erkannte, dass es zu einer Entscheidung kommen musste: Würden Christen Jesus verleugnen, sodass er sie verleugnen musste? Gleichzeitig gilt: Wenn wir mit ihm sterben, so werden wir auch mit ihm herrschen. Das ist der historische Hintergrund, daher bereitet er sie auf künftige Ereignisse vor. Jesus bereitet die Gemeinde durch das, was der Geist der Gemeinde sagt, auf härtere Zeiten vor. Der Geist fordert die Gemeinde auf, zuerst bei sich selbst Ordnung zu schaffen. Die Gemeinden sind auf diese harte Zeit nicht vorbereitet. In ihnen gibt es Götzendienst und Unmoral. Der Aufruf an den einzelnen Gläubigen lautet, zuerst ein Überwinder innerhalb der Gemeinde zu sein, denn wenn Sie dort nicht überwinden, wird es Ihnen in der Welt niemals gelingen. Die Gemeinde befindet sich im Chaos und ist verwirrt. Lesen Sie die sieben Sendschreiben an die sieben Gemeinden. Der Aufruf liegt in den Worten: „Wer überwindet…"

Die äußerst dringliche Botschaft der Offenbarung kann man in zwei Versen zusammenfassen. „Überwindet" ist das Schlüsselwort, das uns das gesamte Buch aufschließt, und hier kommt ein Schlüsselvers: „Wer überwindet … dessen Namen werde ich nicht aus dem Buch des Lebens streichen" (siehe Offenbarung 3,5). Was sagt dieser Vers über die aus, die nicht überwinden? Und schließlich heißt es ganz am Ende, dass alles besser wird, nachdem es schlimmer geworden ist, und uns wird ein wunderschönes Bild eines wiederhergestellten Universums mit einer neuen Erde vor Augen gemalt. Dann sagt uns die Offenbarung, dass die Menschen, die überwinden, das alles erben werden. Doch die Feigen, die Lügner, die Unzüchtigen und die Götzendiener landen im Feuersee. Es heißt dort nicht: „Wer *glaubt*, wird all dies erben" oder: „Wer *Christ wird*, wird all dies erben", sondern: „Wer überwindet." Es wird im neuen Himmel und auf der neuen Erde nur Überwinder geben.

Es ist eine einfache Botschaft, die der Geist durch das ganze Buch hindurch vermittelt. Das herrliche Ende lautet: „Und der Geist und die Braut sprechen: Komm!" (Offenbarung 22,17; LUT). Immer, wenn der Heilige Geist wirklich in der Gemeinde wirkt, wird das zweite Kommen Christi erneut betont. Kommt er nicht auf die Erde zurück, bin ich im Blick auf die Zukunft dieser Welt völlig hoffnungslos. Auch wenn ich an soziales Engagement und prophetisch-politischen Protest glaube, habe ich keine Hoffnung, dass *wir* das Reich Gottes auf die Erde bringen werden. Der König muss das tun, doch ich habe diese sichere Hoffnung, dass Jesus eines Tages die Herrschaft über diese Welt übernehmen und uns an dieser Regierung beteiligen wird. Das ist eine großartige Motivation, sich darauf vorzubereiten, mit ihm zu herrschen und Verantwortung zu übernehmen. Denn der Job, den Sie bei der Rückkehr Jesu übernehmen werden, hängt von der Arbeit ab, die Sie jetzt machen und wie Sie es tun – und damit meine ich nicht nur „geistliche" Tätigkeiten.

Natürlich wurde das das Buch der Offenbarung hauptsächlich für Christen geschrieben, die unter Verfolgung litten. Sein Verfasser war selbst ein Leidender. Es ist ein Buch der Ermutigung für Menschen, die aufgrund ihres Glaubens leiden und sogar sterben und dadurch zu Märtyrern werden. Eines der kostbarsten Worte des Geistes aus diesem Buch wird heutzutage auf Beerdigungen falsch verwendet. Es richtet sich an christliche Märtyrer: „Glückselig die Toten, die von jetzt an im Herrn sterben! Ja, spricht der Geist, damit sie ruhen von ihren Mühen,

denn ihre Werke folgen ihnen nach" (Offenbarung 14,13; ELB).
Für leidende Menschen, die für ihren Glauben in den Tod gehen,
ist das eine wunderbare Zusage – seien Sie nicht bestürzt darüber.
Es ist ein Segen, da Sie von Ihren Mühen ruhen und Ihre Werke
Ihnen nachfolgen werden.

Führen Sie jedoch kein gottesfürchtiges Leben, ist der
Gedanke, dass Ihnen Ihre Werke nach dem Tod nachfolgen, höchst
beängstigend, nicht wahr? Wenn jemand zu mir sagen würde:
„Alles, was du getan hast, wird dich nach deinem Lebensende
einholen", wäre das furcherregend, doch wenn Sie mit dem Herrn
leben und für Ihren Glauben sterben, denken Sie daran: Glückselig
die Toten, die von jetzt an im Herrn sterben...denn ihre Werke
folgen ihnen nach." Sie sind für Ihren Glauben gestorben, und
diese Tatsache wird Ihnen angerechnet, sodass Sie die Krone eines
Märtyrers tragen. Was für ein ermutigendes Buch!

Mein letztes Wort muss sich auf die letzte Erwähnung der
Heiligen Geistes am Ende der Bibel beziehen. Wir haben im
Buch Genesis damit begonnen, dass der Geist Gottes über
dem Chaos brütete. Wir haben gesehen, wie sich das Wirken
des Geistes weiter entfaltete: Seine Kraft versetzte Menschen
in übernatürliche Zustände, brachte ihnen das Wunderbare,
befähigte sie, Dinge zu sagen und zu tun, die sie sonst weder
hätten sagen noch tun können. Wir haben verfolgt, wie der
Heilige Geist Jesus auf die Erde brachte, ihn befähigte, Wunder
zu tun, und ihn von den Toten auferweckte. Dann wurde der
Heilige Geist über die Gemeinde ausgegossen, und sobald das
geschah, begannen die Gläubigen, übernatürlich zu wirken.
Sie gingen in alle Welt, in der Kraft und unter der Leitung des
Geistes. Wir haben betrachtet, was Wandeln im Geist, Leben
durch den Geist, die Frucht des Geistes und die Gaben des Geistes
bedeuten – all das ist übernatürlich.

Jetzt kommen wir zu dem allerletzten Wort, das der Heilige
Geist in der Bibel sagt. Es steht in Vers 17: „Und der Geist und
die Braut sprechen: Komm!" Das ist eines der schönsten Worte

der Bibel. Jesus verwendete es immer wieder: „Kommt her zu mir alle, die ihr mühselig und beladen seid…" (Matthäus 11,28; LUT). „Wer zu mir kommt, den werde ich nicht hinausstoßen" (Johannes 6,37; LUT). Der Heilige Geist sagt also am Ende dieses wunderbaren Buches, das ohne ihn nie geschrieben worden wäre: „Komm". Die Bibel lädt Sie dazu ein, Ihre Sünde zu verlassen und den Retter zu finden. Dieses Buch lädt Sie dazu ein, in den Himmel zu kommen – sich selbst zu vergessen und zu Gott zu gehen; Ihre Ängste hinter sich zu lassen und Frieden zu finden, diese Welt zu verlassen und in die nächste zu kommen, ein Universum voller Sünde, Schmerzen und Tod zu verlassen. Sie sind eingeladen, in ein Universum zu kommen, in dem nur Gerechtigkeit und Frieden herrschen.

Die Einladung lautet: „Der Geist und die Braut sagen: Komm!" Wen meinen wir mit der „Braut"? Die Gemeinde. Die Gemeinde wird, wenn sie geisterfüllt ist, ein Wort häufiger auf ihren Lippen haben als alle anderen: „Komm". Denn wenn der Geist eine Gemeinde erfüllt, wird sie immer wieder zu Menschen sagen: „Komm und erfahre etwas über Jesus. Komm und teile unseren Glauben. Komm und nimm teil an dem, was wir gefunden haben. Komm und schmecke es. Komm und kauf Wein und Milch ohne Geld. Jeder, der durstig ist: Komm zum Wasser."

Diese Aufforderung „komm" finden wir in der gesamten Bibel, doch ich bin so froh, dass der Heilige Geist die Bibel, nachdem er über das Gericht und das Ende der Weltgeschichte gesprochen hat, mit einer so positiven Aussage beendet. Die letzten beiden Seiten der Bibel betreffen nicht das Ende der Welt, sondern den Anfang einer neuen Welt. Sie sind nicht das Ende von allem, sondern der Beginn. Gott sei Dank wird alles, was wir kennen, ein Ende haben und durch etwas viel Schöneres ersetzt werden. Daher sagt der Heilige Geist durch die Gemeinde zu den Menschen: Wen dürstet, der komme und trinke vom Wasser des Lebens umsonst.

Wir haben gelesen, wie die Bibel im Buch Genesis mit dem Chaos beginnt, über dem der Heilige Geist brütet. Wir erkennen

Schritt für Schritt, wie sich der ganze Plan Gottes entfaltet, bis wir begreifen, dass es eine ganz neue Welt geben wird. Das letzte Wort des Heiligen Geistes richtet sich an jeden, der sich Leben, Vergebung, Frieden und eine sichere Zukunft wünscht: „Komm." Wenn wir dieser Einladung nicht folgen, dann können wir, ehrlich gesagt, nur uns selbst dafür die Schuld geben.

14. Kapitel

DER HEILIGE GEIST IN DER GESCHICHTE

Ein kurzer Überblick über 2000 Jahre Kirchengeschichte bedeutet grobe Verallgemeinerungen und Vereinfachungen, die das Risiko in sich tragen, ein verzerrtes Bild abzugeben. Doch wir müssen uns diesem Thema stellen, weil es Menschen gibt, die meinen, der Heilige Geist habe zwischen dem Ersten und dem 20. Jahrhundert nicht gewirkt. Insbesondere Vertreter der „Latter Rain" – Bewegung (zu Deutsch Spätregen-Bewegung; Strömung innerhalb der Pfingstkirchen nach dem Zweiten Weltkrieg in Nordamerika; Anmerkung der Übersetzerin) scheinen zu glauben, dass es eine riesige Lücke in der Aktivität des Heiligen Geistes gab. Tatsächlich hat es Ebbe und Flut gegeben, Zeiten, in denen das Wirken des Heiligen Geistes sehr offensichtlich war, und andere, in denen das nicht der Fall war.

Das stellt uns vor die schwierigste Frage überhaupt, die wir beantworten müssen, bevor wir uns der Kirchengeschichte zuwenden: Wer ist für Ebbe und Flut im wahrnehmbaren Wirken des Heiligen Geistes in der Kirchengeschichte verantwortlich? Darauf gibt es zwei Antworten. Eine Ansicht, die ich als „deterministisch" (i.S.v. vorherbestimmt) bezeichnen würde, geht davon aus, dass es allein Gottes Entscheidung ist, ob es zu einer Erweckung kommt oder nicht. Alles hängt von seinem Plan ab, ob der Geist kraftvoll fließt oder ob es eine geistliche Trockenzeit gibt. Es handelt sich also um einen deterministischen (ich hätte fast geschrieben calvinistischen) Ansatz, der die göttliche Souveränität überbetont und sagt: „Wir leben jetzt einfach in einer Zeit, in der Gott beschlossen hat, nicht durch seinen Geist zu wirken." Sollte das zutreffen, gäbe es für uns aus der Kirchengeschichte nichts zu lernen. Es würde keinen Sinn machen, die Vergangenheit zu studieren, da wir nichts aus ihr lernen könnten. Die Frage lautet allein: „Wird Gott beschließen, in unseren Tagen durch seinen Geist zu wirken oder nicht?" Uns bleibt dann nur eine willkürliche Perspektive. Der einzige Grund, die Kirchengeschichte zu studieren, wäre historisches Interesse – wenn Sie darüber verfügen.

Die andere Sicht ist der dynamische Ansatz. Dabei besteht eine dynamische Beziehung zwischen Gott und seiner Gemeinde, wobei sich beide gegenseitig beeinflussen. Ich will Ihnen erklären, was ich damit meine. Es gibt Menschen, die an eine deterministische Beziehung zwischen Gott und Mensch glauben. Sie sind überzeugt: „Er ist Gott, er entscheidet, und das war's. Ich bin einfach nur der Ton in der Hand des Töpfers." Doch wenn Sie die Geschichte vom Töpfer und dem Ton in Jeremia 18 nachlesen, stellen Sie fest, dass es keine deterministische, sondern eine dynamische Beziehung ist. „Geh zum Töpfer und beobachte ihn", sagte Gott. Woraufhin Jeremia hinging und sah, wie dieser Töpfer versuchte, eine wunderschöne Vase aus einem Tonklumpen herzustellen. Doch der Ton fügte sich nicht seinen Händen, daher verknetete er das Gebilde wieder zu einem Klumpen, legte ihn auf die Töpferscheibe und stellte daraus einen primitiven Topf her. Gott fragte Jeremia: „Hast du die Lektion des Töpfers gelernt?" Sie lautete folgendermaßen: Wenn sich der Ton nicht seinen Händen fügt, so macht er eine andere Art Gefäß daraus. Die Botschaft lautete also: „Wenn Israel sich von mir formen lässt", spricht der Herr, „werde ich aus ihm ein wunderschönes Gefäß meiner Gnade machen. Doch wenn es sich meinen Händen widersetzt, mache ich aus ihm ein primitives Gefäß des Gerichts." Der Ton hat selbst entschieden, welche Art von Gefäß der Töpfer aus ihm macht. Erkennen Sie die dynamische Wechselbeziehung zwischen beiden? Die Entscheidung trifft immer noch der Töpfer, doch der Ton leistet einen echten Beitrag zu dem, was der Töpfer mit ihm tut. In seiner Gnade hat Gott beschlossen, uns nicht wie Puppen oder Roboter zu behandeln, sondern auf unsere Antwort zu reagieren. Es ist eine dynamische Beziehung, und ich glaube, der Hauptgrund, warum es Zeiten gibt, in denen der Heilige Geist nicht mit großer Kraft oder offensichtlicher Macht wirkt, liegt hauptsächlich am Versagen der Gemeinde, entsprechend zu reagieren. Mit einer willkürlichen Entscheidung Gottes, die richtige Zeit sei nicht gekommen, hat das nichts zu tun.

Wir leben in den letzten Tagen, im Zeitalter des Heiligen Geistes. Alles, was der Geist bereithält, ist für die Gemeinde zu jeder Zeit und überall verfügbar – das glaube ich wirklich. Das macht aus mir einen Arminianer (Anhänger Arminians); so nennt man mich, doch diese Schubladen sind mir egal. Ich glaube sehr wohl an eine dynamische Beziehung, im Gegensatz zur unwiderstehlichen Gnade. Ich glaube, dass Sie dem Heiligen Geist widerstehen können, und wenn Sie das tun, wirkt er nicht. Nicht, weil er es nicht könnte, sondern weil er es nicht will. Diese grundlegende Frage müssen Sie also klären, bevor Sie Kirchengeschichte studieren. Anderenfalls beschäftigen Sie sich nur mit dem scheinbar willkürlichen Timing Gottes, statt etwas aus der Vergangenheit zu lernen.

Nachdem ich Ihnen nun meine Ansicht vermittelt habe, wende ich mich den 2000 Jahren zu. Was kann ich aus den Zeiten lernen, in denen der Geist nicht so aktiv war? Warum war er es nicht? Ich suche nach dem menschlichen Grund statt nach irgendeiner willkürlichen göttlichen Entscheidung. Mir ist bewusst, dass es sich um ein höchst umstrittenes Thema handelt, doch mir scheint, es macht keinen Sinn, es zu behandeln, wenn ich daraus nichts lernen kann. Ich finde das Studium der Kirchengeschichte höchst spannend. In unserer Gemeinde habe ich Vorlesungen über die Kirchengeschichte gehalten und dabei Kirchenlieder aus jedem Jahrhundert verwendet, um meinen Zuhörern etwas beizubringen. Ich glaube nicht, dass es richtig war, alle diese Liedschätze wegzuwerfen. Ich ließ sie Lieder aus allen Zeitperioden singen, denn in jedem Jahrhundert hat der Heilige Geist heilige Menschen hervorgebracht und Lieder entstehen lassen. Einige der bekanntesten Lieder wurden während dieser „Trockenzeiten" von Gläubigen geschrieben, die dem Geist gegenüber offen waren. Der Geist hat nie aufgehört zu wirken, doch es hat Zeiten von Ebbe und Flut gegeben. Warum war das so?

Beginnen wir mit den ersten 500 Jahren. Damals gab es einen langsamen, aber stetigen Niedergang bei den offensichtlichen Manifestationen der Kraft des Geistes. Wir wissen, dass die Gaben des Heiligen Geistes bis zum Jahr 250 n. Chr. in aller Freiheit genutzt wurden. Auch danach hörten sie nicht vollständig auf. Die Geistesgaben sind nie völlig verschwunden, doch ihr Gebrauch ging langsam, aber sicher zurück – bis es sie zwar noch gab, sie jedoch nicht mehr in der Mehrheit der Kirchen auftraten. Justin der Märtyrer spricht ganz offen über die Geistesgaben, genauso wie Irenäus, der Bischof von Lyon. Prophetie, Zungenrede und Heilungen waren weit verbreitet, das heißt, sie starben nicht mit den Aposteln aus. Doch es gab einen Niedergang. Ein guter katholischer Theologe hat ein Buch geschrieben, in dem er nachwies, dass man sogar noch im fünften und sechsten Jahrhundert über die Taufe im Heiligen Geist sprach.

Warum kam es nun zu diesem Niedergang? Ich habe zwei Gründe dafür gefunden. Man könnte natürlich einfach sagen: „Gott brauchte sie nicht länger." Ich halte es für einen der schädlichsten Ansätze, der ganz offen gepredigt wird, dass wir die Gaben nicht mehr brauchten, sobald wir die Bibel hatten – als könnten wir jetzt einfach den Menschen die Bibel ins Gesicht schleudern und sie mit der Schrift quasi umhauen. Ich glaube das einfach nicht, sondern bin überzeugt, dass Gott seine Gemeinde für die gesamte Zeit der Kirchengeschichte ausrüsten wollte, diese letzten Tage, in denen wir leben.

Wie kam es nun zu diesem Niedergang? Erstens, die Kirche wurde zu institutionell. Zweitens, sie wurde zu intellektuell.

Natürlich ist das eine vereinfachende Zusammenfassung. Sie wurde auf zwei Arten zu institutionell. Immer, wenn Strukturen zu institutionell werden, wird die Freiheit des Geistes, zu wirken, beschnitten. Das geschah auf zwei Wegen: Die Kirche wurde *klerikal* und *politisch*. Es gab einen absoluten Wandel vom Dienst jedes Gemeindegliedes hin zum „professionellen Christentum". Die innerkirchliche Aufteilung in Laien und Kleriker war nie von Gott beabsichtigt. Sie trennte das Volk Gottes und verlegte den geistlichen Dienst auf die eine Seite des nun entstandenen Grabens.

Das geschah schon ziemlich früh. Michael Harper fand dafür die passenden Worte: „Im ersten Jahrhundert gibt es einen Nebel, was die Gemeindestruktur betrifft. Direkt nach dem Neuen Testament treten wir in diesen Nebel ein. Was wir wissen ist: Apostel gingen in den Nebel hinein und Bischöfe kamen wieder heraus." Das geschieht immer noch. Es gibt große Diskussionen darüber, wer die heutigen Apostel sind, doch ich nenne viele von ihnen „Bischöfe" (Aufseher), denn genau das sind sie auch.

Vor dem von Harper erwähnten Nebel gab es auch schon Bischöfe, doch der Unterschied bestand darin, dass eine Gemeinde viele Bischöfe hatte. Nach dem Nebel stand ein Bischof vielen Gemeinden vor. Das ist ein riesiger Kontrast, denn so wurde der Grundstein für eine Hierarchie gelegt. Bei einer Hierarchie gibt es immer niedriger gestellte Personen. Diese dienen dann nicht mehr, sondern werden zu passiven Zuschauern der Führungsebene. Geistlicher Dienst im eigentlichen Sinne bedeutet jedoch, zu dienen, damit die Gemeindeglieder entsprechend ausgebildet werden. Es war eine totale Veränderung.

Da der Klerus auf Männer beschränkt war, wurden Frauen vom geistlichen Dienst ausgeschlossen. Und es gab sogar unter den männlichen Priestern eine Hierarchie, sodass es zu einem Dienstmonopol kam statt zu einer Vielfalt und Multiplikation. Sie mussten eine bestimmte Ebene erreichen, um überhaupt in bestimmter Weise dienen zu dürfen. Erkennen Sie, was passierte? Sie hatten noch nicht das vollständige Neue

Testament, doch ihnen lag das ganze Alte Testament vor, mit einem fertigen Modell der Priesterschaft, einer Hierarchie mit einem Hohepriester. Tatsächlich übernahm die Kirche das alttestamentarische Modell des geistlichen Dienstes mit allem, was dazugehörte: einschließlich Altären, Priestern, Weihrauch, Amtstrachten, alles miteinander.

Was wissen Sie über liturgische Gewänder? Der Papst war absolut dagegen, dass der Klerus besondere Kleider trug, bis hin zu Papst Celestine I im Jahr 428. Es war der Bischof von Aix-en-Provence, der als erster begann, als Angehöriger des Klerus eine besondere Tracht zu tragen. Der Papst schrieb ihm einen Brief, in dem er ihn fragte, was er sich um alles in der Welt dabei denken würde, besondere Gewänder anzulegen. (Die Priesterschaft aller Gläubigen bedeutet, dass der Papst manchmal Recht hat!) Er sagte: „Als Klerus sollen wir uns vom gemeinen Volk durch unsere Bildung, jedoch nicht durch unsere Kleidung unterscheiden, durch unseren Lebenswandel, nicht durch das, was wir tragen, durch die Reinheit der Gedanken und nicht durch Besonderheiten der Tracht." Ich möchte das jedem Geistlichen schicken, der sich gerne besonders würdevoll kleidet!

Ein professionelles Priestertum wurde eingeführt – nichts könnte einen geistgeführten Dienst mehr beschädigen. Es gibt immer noch Kirchen, in denen Menschen behaupten, im Geist getauft zu sein, und sich gleichzeitig weigern, den Klerus abzuschaffen. An der Kirchengeschichte können Sie erkennen, was dann geschah. Zum ersten Mal wurde den Christen erlaubt, Kirchen zu bauen. Woran orientierten sie sich dabei? Nicht an den Synagogen, sondern am Tempel. Schon bald gab es einen heiligen Bereich, in dem Gott wohnte, und der sich durch einen besseren Teppich von dem Bereich unterschied, der für das Volk vorgesehen war. Selbst uns kann das in unseren Gemeindegebäuden passieren, wenn wir nicht aufpassen. Eine solche Anordnung geht von einem örtlich beschränkten Gott an einem Ende des Gebäudes aus, wie im Allerheiligsten. Wir brauchen jedoch Synagogen, keine Tempel. Es wurden also der Klerus und ein Priestermonopol eingeführt, d.h. die Sakramente oder das Wort durften nur von ihnen ausgeteilt werden.

Die andere Art der Institutionalisierung geschah mit der Bekehrung Konstantins. Mir ist schleierhaft, warum sie als Triumph angesehen wird. Ich halte sie für eine große Tragödie. Jetzt konnte vom Volk unter Strafandrohung christliches Verhalten verlangt werden. Es war Konstantin, der Gesetze erließ, welche die Einhaltung des Sonntags als Feiertag vorschrieben. Die Gemeinde war bis dato ohne die Sonntagsheiligung ausgekommen und nach ihrer Einführung nie wieder so schnell gewachsen. Es tut mir leid, Ihnen das sagen zu müssen, aber ich habe gemischte Gefühle, was diese Kampagne zur Beibehaltung der Sonntagsruhe betrifft.

Noch einmal, das Modell für das alles war die Theokratie des Alten Testaments, in der es keine Trennung zwischen dem Staat und den Gläubigen gab. Doch das Neue Testament grenzt Kirche und Staat sehr deutlich voneinander ab. „Gebt dem Kaiser, was des Kaisers ist, und Gott, was Gott gehört."

Leider breitete sich auch gesetzlich geförderter Antisemitismus aus. Gesetze wurden erlassen, die den Menschen verboten, als Juden zu leben oder ihren jüdischen Glauben öffentlich zu praktizieren. Ab dem Jahr 400 waren die Geistesgaben folglich nicht mehr wahrnehmbar. Es hatte Proteste gegen diesen Niedergang der Geistesgaben gegeben, und auch aus ihnen können wir etwas lernen. Eine große Protestbewegung wurde von einem Mann namens Montanus initiiert und dem „Montanismus" seiner Anhänger. Er erweckte die Prophetie zu neuem Leben, die von Männern und Frauen ausgeübt werden durfte. Auch den Geistesgaben verhalf er zu einem Comeback. Der Montanismus war daher eine der ersten pfingstlichen Bewegungen. Vielleicht fragen Sie sich jetzt, warum der Montanismus sich zu einer Irrlehre oder zu einer Splittergruppe entwickelte. Diese Lektion müssen wir beherzigen. Einer der großen Christen der Urgemeinde, dessen Leben ich intensiv studiert und von dem ich so viel gelernt habe, war Tertullian. Er selbst wurde nie zum Montanisten, doch er hegte große Sympathien für diese Bewegung, weil sie den charismatischen Dienst wiederherstellte. Das Problem war folgendes: Die Montanisten prüften Prophetien nicht ausreichend. Sie ließen alles gelten, und ihre Prophetien wurden immer radikaler und merkwürdiger. Die Menschen waren einfach nur begeistert, Prophetien zu empfangen, doch sie prüften und beurteilten sie nicht. Sie ließen alles gelten. Wenn jemand eine Prophetie gibt, sollten wir innehalten und sagen: „Lasst uns beten und herausfinden, ob das vom Herrn oder von Menschen kommt oder ob es sich um eine Mischung handelt", was oft vorkommt. Mir fällt immer die Pause im Redefluss auf. Haben Sie diese Pause schon einmal bemerkt? Jemand spricht ein prophetisches Wort aus, das ziemlich kurz ist, und dann macht er eine Pause. Sie können fast hören, wie sein Hirn rattert: „Das ist nicht lang genug für eine Prophetie. Ich muss noch etwas hinzufügen." Oft finde ich das, was vor der Pause kommt, viel besser als das, was danach gesagt wird. Sie müssen die Gabe der Unterscheidung ausüben. Viele Prophetien sind eine Mischung. Wir müssen wissen, was von Gott kommt. Wenn Gott sich die Mühe macht, zu uns zu sprechen, sollten wir uns bemühen, herauszufinden, was er wirklich meint. Prophetie zu prüfen und zu beurteilen ist sehr wichtig.

Ungeprüfte Prophetie ist ein Faktor, der in der Kirchengeschichte immer wieder dazu geführt hat, dass die Charismen unterdrückt wurden. Seien Sie gewarnt. Was oft geschieht, ist, dass die Gemeinden, in denen Prophetie nicht vorkommt, das Thema als Ganzes ablehnen und es verwerfen. Genau das passierte in der Urgemeinde. Da die Montanisten schlechte Prophetien bekamen und sie nicht prüften, sagte die gesamte Gemeinde: „Wir wollen gar keine Prophetie mehr." Wenn Geistesgaben missbraucht werden, lehnt die Gemeinde sie ab. Sie erkennt nicht, dass die angemessene Reaktion auf Missbrauch der richtige Gebrauch ist, statt die Geistesgaben völlig zu verwerfen.

Die andere Protestbewegung war das Mönchstum. Vermutlich ist nicht allen die Strahlkraft des Mönchswesens bekannt. Die Mönche protestierten ursprünglich gegen eine verweltlichte Gemeinde. Als nämlich Kaiser Konstantin sich bekehrte, hätte man gedacht: „Das wird die Gemeinde in die Welt bringen" – doch das geschah gerade nicht, es brachte die Welt in die Gemeinde. Befindet sich das Rettungsboot auf See, ist das gut. Doch wenn die See ins Rettungsboot schwappt, ist das schlecht. Die Kirche etablierte sich, wurde gesellschaftlich akzeptiert und nahm eine sehr weltliche Entwicklung – genau zu diesem Zeitpunkt wurde die Kindertaufe zur Norm. Sie war schon etwas früher eingeführt worden, doch nun wurde sie zur Regel. Denn man taufte nicht mehr die Menschen, die wiedergeboren worden waren, sondern einfach Säuglinge, die zur Welt kamen. Wenn man nämlich in den Staat hineingeboren wurde, wurde man gleichzeitig in die Kirche hineingeboren. Staat und Kirche waren deckungsgleich, und so geschah es. Sie können keine Staatskirche haben, die die Glaubenstaufe vornimmt. Das ist unmöglich, denn das Establishment muss anerkennen, dass Staatsangehörigkeit und Kirchenmitgliedschaft ein und dasselbe sind – das ist das große Problem. Es hat noch nie eine Staatskirche gegeben, die die Glaubenstaufe praktiziert hat. Jetzt wissen Sie, warum. Sie müssen anerkennen, dass der Säugling in die „Christenheit" hineingeboren wurde. Das Reich Gottes und der Staat sind deckungsgleich, darum spreche ich von Christenheit.

Die Mönche protestierten gegen die Verweltlichung. Zunächst war es ein individueller Protest, bei dem die meisten Mönche als Einsiedler lebten. Wir nennen sie die „Wüstenväter". Manche saßen mitten in der Wüste auf einer Säule, andere zogen sich in eine Höhle zurück. Dadurch protestierten sie. Interessanterweise kam es zu einem Wiederaufleben der Geistesgaben, als sie sich einem heiligeren Leben weihten. Viele dieser Wüstenväter übten einen Dienst des Exorzismus und der Krankenheilung aus. Menschen aus nah und fern kamen zu einem Wüstenvater, um sich von einem Dämon befreien oder heilen zu lassen.

Später, als die Zahl der Wüstenväter wuchs, begannen diese, getrennt von der verweltlichten Kirche Mönchsgemeinschaften zu bilden. Doch leider wurden sie zu sehr von ihrer persönlichen Heiligkeit vereinnahmt statt anderen zu helfen – sie wurden zu Mönchen, um heilig zu werden. Aus diesem Grund begannen einige Leiter dieser Mönchsgemeinschaften, vom Gebrauch der Geistesgaben abzuraten, was ich für eine merkwürdige Entwicklung halte. Denn sie bekamen mit, wie Personen, die andere heilten oder ihnen Dämonen austrieben, stolz wurden. Sie lehrten nun, dass Geistesgaben stolz machten und daher nicht ausgeübt werden sollten. Ich fürchte, darin lag ein Körnchen Wahrheit. Es gibt noch etwas, was wir hieraus lernen können. Gebraucht Gott mich, um jemanden zu heilen, tut er es nicht, um aus mir einen Heiler zu machen, sondern, um einem Glied seines Leibes Heilung zu schenken. Die Geistesgaben sind nicht dazu da, uns groß zu machen, sondern um dem Leib Christi zu helfen. Sie sollen an andere abgeliefert werden, und wir sind nur die Überbringer. Doch einige Mönche, die überall für ihre Heilungsgabe bekannt waren, wurden stolz auf ihren Ruf.

Also begannen die Mönche, vom Gebrauch der Gaben abzuraten, und dieser Ansatz hielt in der gesamten Kirche Einzug – dass Geistesgaben den Menschen stolz machen. Traurig, aber wahr. Macht es Sie zu einem besseren Menschen, wenn Sie im Geist getauft wurden und über diese Gaben verfügen? Nein, Sie können immer noch fleischlich agieren. Doch es kann diesen Effekt haben: Sie haben eine Fähigkeit, die die anderen nicht haben. Genau das geschah mit einigen Mönchen. Dann kam noch dazu, dass sie aufgrund ihrer Askese nicht aßen. Der Heilige Antonius wusch sich nicht die Füße. Sie litten, weil sie sich nicht ausreichend um ihren Körper kümmerten. Sie wurden krank und hatten Schmerzen. Dadurch entwickelten sich eine Lehre, dass Krankheit in gewisser Weise ein Zeichen von Heiligkeit sei und man Krankenheilung daher außer Acht lassen müsste.

Wir haben nun die Institutionalisierung der Gemeinde betrachtet und die Protestbewegungen dagegen. Jetzt kommen wir zur Intellektualisierung der Gemeinde, die Bildung mit Erbauung verwechselt und sich von der Erfahrung auf die Erklärung verlegt, von der Dynamik zum Dogma. Die Lehre über den Heiligen Geist wurde in den nächsten 1500 Jahren immer dogmatischer statt dynamischer. Zwei Männer waren hauptsächlich dafür verantwortlich, und beide kappten die jüdischen Wurzeln der Gemeinde und machten sie zu einer griechisch-denkenden Institution. Der eine war Augustinus, der andere Thomas von Aquin. Bis heute werden die Evangelikalen in der westlichen Welt in ihrer Sicht auf den Heiligen Geist mehr von Augustinus und Thomas von Aquin beeinflusst als von Paulus.

Wenn Sie einen Evangelikalen auffordern: „Bitte predige über diesen Vers: ‚Ich wünschte, ihr würdet alle in Zungen reden, und ich danke Gott, dass ich mehr in Zungen spreche als ihr alle‘", würden viele dieser Aufforderung nicht folgen. Warum nicht? Weil Augustinus und Thomas von Aquin ihr Denken wirklich geprägt haben. Sie glauben zwar, ihre Ansichten würden auf die Bibel zurückgehen. Doch sie sind stärker beeinflusst worden, als ihnen bewusst ist. Es ist eine Katastrophe, dass griechisches Denken das hebräische Denken in der Gemeinde ersetzt hat. Wie ich schon erwähnt habe, führte Augustinus platonische Ideen in die Gemeinde ein, und Thomas von Aquin brachte die Konzepte von Aristoteles mit.

Die Griechen haben es nie zusammenbekommen: Sie sahen das Geistliche und das Physische als zwei verschiedene Welten, ebenso wie das Ewige und das Zeitliche. Daher teilten sie einen Menschen auf: Während die Hebräer von einer ganzen Person ausgingen, erklärten die Griechen, ein menschliches Wesen bestünde aus einem Körper, in dem eine Seele wohne. Folglich teilten sie die Welt in das Heilige und das Weltliche ein. Ich hasse es, wenn Christen sagen: „Ich habe einen weltlichen Job", und weise sie immer zurecht. Als Christ befinden Sie sich immer an einem heiligen Ort. Es waren die Griechen, welche die Welt in das Natürliche und Übernatürliche aufteilten. Das ist die falsche Trennlinie, denn wenn Sie die Realität in natürlich und übernatürlich aufspalten, auf welche Seite stellen Sie dann den Teufel? Sie neigen dazu, ihn auf dieselbe Seite der Trennlinie zu stellen wie Gott. Die Trennlinie der Bibel verläuft zwischen den Geschöpfen und ihrem Schöpfer. Wo steht der Teufel jetzt? Er steht auf unserer Seite der Linie. Verstehen Sie, was ich meine?

„Demokratie" ist ein griechisches Wort, das man nicht in der Bibel findet. Unsere Politik beruht auf griechischem Denken. Sport ist ein griechischer Zeitvertreib. Gleichzeitig ist Sport die Religion vieler Menschen. Unser Bildungssystem beruht auf griechischem Denken. Daher ist es kein Wunder, dass griechisches Denken verheerende Auswirkungen auf unser Verständnis vom Wirken des Heiligen Geistes hatte. Nur weil wir zum hebräischen Denken zurückkehren, kann der Geist sich wieder so frei unter uns bewegen, wie er es heute tut.

Das ist eine steile These, die ich nur kurz erläutern kann. Augustinus wurde hauptsächlich von zwei Dingen beeinflusst: Erstens, seine Promiskuität als junger Mann, seine Unfähigkeit, sein Fleisch zu beherrschen, ließ ihn vor der physischen Seite des Lebens zutiefst erschrecken. Als er erfuhr, dass die Griechen das Geistliche vom Physischen trennten, verfiel er in das geistliche Extrem – wegen seiner schon erwähnten Vorgeschichte. Das Zölibat beginnt mit dem augustinischen Denken. Eine zölibatäre Priesterschaft, der Gedanke, das Zölibat sei heiliger als die Ehe, ist auf seine Angst vor dem Fleisch zurückzuführen. Der zweite Aspekt, mit dem er aufwuchs, war eine klassische griechische Bildung. Addiert man beide Faktoren, zum einen den emotionalen und zum anderen den intellektuellen, so ist es kein Wunder, dass er den christlichen Glauben „platonisierte". Er führte diese scharfe Trennung zwischen dem Geistlichen und dem Physischen ein, sodass man es nicht mehr für möglich hielt, dass der Heilige Geist im Physischen wirkte oder irgendetwas mit dem Körper zu tun hatte. Vielmehr ging es ausschließlich um ein Wirken in der eigenen Seele. Viele Evangelikale denken immer noch, dass der Heilige Geist ausschließlich in unserer Seele agiert.

Da die Zungenrede etwas Physisches ist, genauso wie Krankenheilung, kann diese Art der Spiritualität damit nicht umgehen. Plato hatte gelehrt, dass es zwei Welten gebe. Eine ist die „geistliche" Welt, die über Zeit und Raum hinausgeht. Dort gibt es keine Veränderung. Gott selbst bleibt immer gleich und zeitlos. Doch wir sind mit unseren Körpern an diese sich wandelnde Welt gebunden. Daher glaubt man, die Aktivität des Geistes spiele sich in dieser geistlichen, zeitlosen Welt ab. Dabei sind Dinge, die mit uns in unserem Körper geschehen, Teil der sich verändernden, zeitlichen Welt, in der uns unser Körper festhält. Wenn wir sterben, werden unsere Seelen in diese geistliche Sphäre freigesetzt. Daher ist es effektiver, wenn Menschen in dieser geistlichen Welt für mich beten, als wenn ich für mich selbst beten würde. Daher werde ich zu denen beten, die sich in dieser Sphäre befinden. Ich werde zu den Heiligen beten, da diese sich dort oben in diesem ewigen Reich befinden, wo sich der Geist wirklich bewegt. Ich karikiere das nur, um Ihnen zu helfen, es zu verstehen.

Alles wurde damals „vergeistlicht". Diese Bewegung kam aus der Theologie von Alexandria, wo Origenes und andere bereits begonnen hatten, die Bibel rein geistlich zu lesen. Das tun wir, wenn wir über die Wunder predigen – wir vergeistlichen sie. Lesen wir beispielsweise in der Bibel, dass wir einem Berg sagen könnten, er solle sich erheben und ins Meer stürzen, wenn wir den entsprechenden Glauben hätten, dann sprechen wir darüber, die Berge der Schwierigkeiten und Depressionen aus dem Weg zu räumen – das ist „Vergeistlichung". Ich könnte Ihnen einen Ort in Japan zeigen, an dem eine Gruppe betender Kinder einen physischen Berg außerhalb von Tokio ins Meer stürzen ließ, und genau darüber spricht Jesus hier.

Sie können erkennen, wie wir das Physische ins Geistliche

übertragen. Wir spiritualisieren die Bibel. Ich muss Ihnen sagen, dass Augustinus gegen Ende seines Lebens geschockt wurde, als er jemanden taufte und die getaufte Person aus dem Wasser stieg, für jemanden betete, der Krebs hatte, und diese Person sofort geheilt wurde. Augustinus machte eine Kehrtwende und begann kurz vor seinem Tod an Heilung zu glauben. Er sammelte Berichte über siebzig Heilungswunder in seiner Gemeinde in Nordafrika, doch er integrierte sie nicht in seine Theologie. Seine Theologie hatte einen bleibenden Einfluss. Wir nennen sie „Cessationismus", was bedeutete, dass die Geistesgaben mit den Aposteln ausstarben. Diese Ansicht besteht bis heute fort. Man hört sie sogar in Brüdergemeinden. Leider lebte Augustinus in zwei Welten. Am Ende seines Lebens ermutigte er die Christen, Heilung auf jede ihnen mögliche Art und Weise zu erlangen, weil er es theologisch nicht gründlich durchdacht hatte. Wenn sie Heilung durch die Reliquie eines Heiligen empfangen konnten, so ermutigte er sie dazu. Wenn es durch Gebete zu einem Heiligen möglich war, befürwortete er auch das. Er setzte seinen theologischen Verstand nicht ein, um zwischen Aberglauben und wirklicher Heilung zu unterscheiden. Das Ergebnis war, dass es im Mittelalter diese Mischung aus Glauben und Aberglauben gab. Die kirchlichen Behörden wurden sehr theologisch. Sie stritten sich über die Dreieinigkeit. Die größte Spaltung in der Kirche betraf einen Zusatz zum Glaubensbekenntnis von Nizäa-Konstantinopel über den Heiligen Geist: „…der aus dem Vater und dem Sohn hervorgeht…", das berüchtigte sogenannte Filioque. Es führte zur Abspaltung aller Orthodoxen Kirchen im Osten von der Katholischen Kirche im Westen. Im Jahr 1054 trennten sich die Kirchen Osteuropas von denen Westeuropas wegen einer dogmatischen Aussage über den Heiligen Geist. Denn damals war die Lehre über den Heiligen Geist zu einem Dogma geworden.

Im Volk gab es alle möglichen abergläubischen Praktiken: Heilungen durch Reliquien, durch Heilige und so weiter. Im Mittelalter bestand also die merkwürdige Situation, dass die Kirchenvertreter sich intensiv mit dogmatischen Fragen beschäftigten, während das Volk sich Schreinen und Reliquien zuwandte, um geheilt zu werden.

Dann kam Thomas von Aquin, der Aristoteles einführte. Während für Plato das Geistliche die wahre Welt darstellte, war es für Aristoteles das Materielle. Er ist der Begründer des modernen Materialismus. Er glaubte, die echte Welt sei eine Welt der Veränderung. Da die wahre Welt für ihn eine materielle war, könne man die Wahrheit nur mit den Sinnen erfassen und zwar mit den natürlichen Sinnen. Genau das war das Fundament der modernen Wissenschaft. Es wurde durch Thomas von Aquin in die Kirche eingeführt. Zum ersten Mal begannen nun Jesuiten und andere die Heilungswunder, die Reliquien zugeschrieben wurden, in Frage zu stellen. Sie entwickelten in dieser Hinsicht einen wissenschaftlichen Ansatz.

Luther, Calvin und Zwingli bewirkten viel Gutes. Sie ersetzten die Autorität der Tradition durch die Autorität der Schrift. Sie entdeckten die zweite Person der Dreieinigkeit auf wunderbare Weise wieder neu. Christus erhielt wieder seine Vorrangstellung, doch sie durchtrennten nie die Verbindung zwischen Staat und Kirche. Sie nutzten die staatliche Gewalt, um Menschen zu Protestanten zu machen, und führten Staatskirchen ein. Nun war es gesetzlich vorgeschrieben, Protestant zu sein. Statt dem Heiligen Geist zu erlauben, Menschen zu bekehren, übertrugen sie es dem Gouverneur, dem König, dem Fürsten oder einem Führungsgremium, die Menschen per Gesetz zu verändern – was nicht der Kraft des Geistes entspricht. Doch komischerweise hatten sie sich Aquin und Aristoteles dermaßen einverleibt, dass sie nun alle Heilungsbehauptungen im Mittelalter in Zweifel zogen und verbannten, wodurch sie in gewisser Weise genauso „geistlich" wurden wie Augustinus.

Im Laufe der Jahrhunderte hat es wunderschöne Ausnahmen gegeben. Gott hat sich niemals unbezeugt gelassen. Ich besuchte einmal eine Katholische Kirche in Pembrokeshire und sah mir deren Buchladen an. Sie war voller Broschüren der „Catholic Truth Society" (Gesellschaft der katholischen Wahrheit). Eine handelte von Sankt David von Wales. Ich dachte: „Das ist doch mein Namensvetter, die sollte ich besser lesen." Das tat ich dann auch und war begeistert. St. David wurde im sechsten Jahrhundert zum Bischof von Wales ernannt. Er wollte in Jerusalem geweiht werden, um in der Heiligen Stadt eine besondere Salbung für seinen Dienst zu empfangen. Mit zwei Mönchen machte er sich zu Fuß auf den Weg. Damals gab es noch keine Jumbo-Jets! Die Mönche führten ein Reisetagebuch. Als sie nach Lyon in Gallien kamen, heißt es in dem Tagebuch: „Der heilige Vater David kam nach Lyon, und dort wurde der heilige Vater im Heiligen Geist getauft, wie in den Tagen der Apostel, und er sprach in anderen Zungen, wie in den Tagen der Apostel." Ich dachte: „Die Pfingstbewegung hat nicht erst im 20. Jahrhundert in Wales begonnen!" Ich erzähle den Walisern sehr gerne: „Vergesst eure Osterglocken und euren Lauch. Kehrt zu St. David von Wales zurück."

Ich predigte einmal in der Römisch-Katholischen Kathedrale von Liverpool. Als ich auf der Hope Street zur Anglikanischen Kathedrale ging, sah ich dort eine Glasvitrine mit einer handgeschriebenen Lebensgeschichte von St. David. Was ich dort las, verblüffte mich. Er weckte Tote auf und heilte einen Jungen von seiner Blindheit. Er setzte die Geistesgaben ein.

Gott hat sich selbst nicht unbezeugt gelassen, doch die Reformatoren waren offensichtlich nicht daran interessiert zu versuchen, das Wahre vom Falschen zu trennen. Sie verbannten alles miteinander als katholischen Aberglauben. Obwohl sie über den Heiligen Geist sprachen, beschränkten sie sein Wirken auf das Innere einer Person und auf sein Handeln durch die Bibel. Bis heute haben Evangelikale die Tendenz, das Wirken des Heiligen Geistes auf die Seele zu beschränken, statt auch den Körper einzubeziehen, und es auf die Bibel zu begrenzen, statt auch andere Worte gelten zu lassen. Diese Herangehensweise kommt nicht aus dem Neuen Testament, sondern von Augustinus, Aristoteles und den protestantischen Reformatoren.

Was geschah im 20. Jahrhundert? Voller Bedauern muss ich leider sagen, dass der Calvinismus das uneingeschränkte Wirken des Heiligen Geistes begrenzt hat. Er tendierte dazu, die Souveränität Gottes zu sehr zu betonen und dabei die Eigenverantwortung des Menschen zu vernachlässigen. Der Geist Gottes will alles tun, war er schon früher getan hat. Wir sind die Blockade. Einen Durchbruch führte ein Mann namens Arminius herbei, der sich nie mit Calvin stritt. Calvin selbst war gar nicht so calvinistisch, wie alle behaupten. Calvin glaubte daran, dass man seine Errettung wieder verlieren könnte. Das hat er in seinem „Unterricht der christlichen Religion" niedergeschrieben. Calvin glaubte, dass Jesus für alle statt nur für die Auserwählten gestorben ist. Es war ein Mann namens Beza, ein Schüler Calvins, der das ins Leben rief, was wir heute als Calvinismus kennen, einschließlich der fünf Hauptprinzipien und allem anderen. Mit diesem Beza stritt sich Arminius. Ich glaube, Arminius hatte Recht mit seiner Lehre, dass unsere Beziehung zu Gott nicht deterministisch, sondern dynamisch ist. Gott reagiert auf uns. Ich kann eine direkte Verbindungslinie zwischen Arminius und der modernen Pfingstbewegung erkennen. Sie führt über Wesley und die Heiligungsbewegung. Dabei nahm Wesley dieses neue Konzept einer dynamischen Beziehung zwischen Gott und Mensch auf. Ein anglikanischer Theologe, Dr. Conyers Middleton, schrieb im 18. Jahrhundert ein Buch gegen die Zungenrede. Wesley argumentierte gegen ihn und schrieb über Prophetie, Zungenrede und Heilung. Ich wurde zum Methodistenpastor ausgebildet, doch man erzählte mir nie, dass Wesley an Prophetie, Zungenrede und Heilung glaubte. Man berichtete mir zwar über seine Bekehrung am 24. März 1738 in der Aldersgate Street. Doch Folgendes erfuhr ich nicht: Am 1. Januar 1739 sagte eine ganze Gruppe, zu der auch Wesley gehörte: „Wir verlangen den Heiligen Geist, wir wollen ihn. Wir werden so lange beten, bis du uns den Heiligen Geist gibst", und in den frühen Morgenstunden wurden sie im Heiligen Geist getauft.

John Wesley schreibt in seinem Tagebuch: „Ich beschloss, in meinen Predigten viel mehr über den Heiligen Geist zu sagen." In seinem Brief an Conyers Middleton verteidigt er die Tatsache, dass es Prophetie, Zungenrede und Heilung in allen Kirchenströmungen gibt, und verortet sie bei den Hugenotten und vielen anderen Gruppen. Er schreibt: „Der einzige Grund, warum wir diese Gaben in der Kirche nicht weiterverbreitet sehen, liegt darin, dass die Kirche nicht mehr daran glaubt." Man kann nicht beides haben. Entweder hat Gott uns die Gaben entzogen, oder Wesley hat Recht. Man verkündete sie nicht und glaubte nicht an sie.

Wesley war der Begründer der Heiligungsbewegung, die begann, den Begriff „getauft im Heiligen Geist" zu benutzen. Leider bezeichneten sie damit einen zweiten Akt der Heiligung, statt die Taufe im Heiligen Geist ganz an den Anfang des christlichen Lebens zu stellen. Doch aus der Heiligungsbewegung entstand die Pfingstbewegung des 20. Jahrhunderts.

Die Tür zu einer dynamischen Beziehung mit Gott wurde erneut geöffnet, was letztlich zu einer Rückkehr zur hebräischen Sicht des Menschen als ganze Person führte. Der Geist Gottes kann Ihren Geist berühren, er kann Sie als ganzen Menschen berühren und physische Dinge tun. Die Lücke zwischen dem Geistlichen und Physischen schloss sich langsam wieder.

Wo stehen wir heute? Die gute Nachricht ist: Noch nie haben die Geistesgaben eine so weitverbreitete Akzeptanz in der Kirche erfahren wie heutzutage. Der pfingstlich-charismatische Strom entwickelt sich zur größten Bewegung in der weltweiten Gemeinde. Doch es gibt auch schlechte Nachrichten: Während man die *Gaben* des Geistes an vielen Orten akzeptiert, wird die *Taufe* im Geist vielerorts abgelehnt. Ich bin fest davon überzeugt: Die Geistesgaben werden den Verlust der Geistestaufe nicht überleben, denn das eine führt zum anderen.

Sehr Wenige diskutieren noch über die Geistesgaben. Wer behauptet, Zungenrede komme vom Teufel, befindet sich in gefährlicher Nähe zur unverzeihlichen Sünde. Diese Überzeugung habe ich kaum bei Nicht-Christen festgestellt, jedoch viel häufiger bei gläubigen Christen. Es ist schwerwiegend, das Wirken des Geistes als Handeln des Teufels zu bezeichnen.

Die Geistesgaben erfahren große Akzeptanz, doch die Taufe im Heiligen Geist wird vielerorts abgelehnt, und ich glaube, beide gehören zusammen. Jesus ist gekommen, um die Sünden der Welt wegzunehmen und um uns im Heiligen Geist zu taufen. Ich glaube, das wird einer der großen Konfliktpunkte sein. Ein weiteres großes Problem ist: Wenn wir, die wir die Geistesgaben erleben, die Bibel außer Acht lassen, verlassen wir die Grundlage unserer Unterscheidungsfähigkeit. Dann sind wir anfällig für die neuste Mode, den neusten Hype, wodurch wir die charismatische Erneuerung in den Augen der übrigen Kirche in Misskredit bringen. Das geschieht, wenn wir Prophetien nicht prüfen und beurteilen, in diesem Bereich nicht diszipliniert werden und nicht die Bibel und den Geist miteinander abgleichen. Ich bin ein totaler Befürworter von Theologie, weil jeder eine eigene hat. Theologie ist das, was Sie über Gott glauben.

Der Philosoph Descartes schreibt: „Ich denke, also bin ich", doch das war nicht richtig. Die Bibel hat den richtigen Ansatz: „Denn wie er in seiner Seele berechnend denkt, so ist er" (Sprüche 23,7; SLT). Es heißt dort nicht: „...so ist seine Meinung." Ich glaube fest daran: Die Theologie, die wir in unserem Herzen, in unserer Seele verankern, wird die Quelle von allem anderen sein. Ich glaube an eine dynamische Theologie, die ihren Ausdruck findet und erlebbar ist. Doch ich glaube nicht an eine Erfahrung, die nicht theologisch begründbar ist. Wort und Schrift müssen Hand in Hand gehen. Sie brauchen einander.

www.ingramcontent.com/pod-product-compliance
Ingram Content Group UK Ltd.
Pitfield, Milton Keynes, MK11 3LW, UK
UKHW020959270125
454275UK00013B/448